新文科·数智时代市场营销专业课程系列教材

市场调研

◎ 主　编　李小玲
副主编　李国鑫　王　锐

中国教育出版传媒集团
高等教育出版社·北京

内容简介

本书以大数据和互联网为新知识的基础，由市场调研的分类和特点、调研数据搜集方式、数据分析方法、研究报告撰写构成主体架构。随着大数据和互联网引入和发展，数据来源和数据搜集方式比传统的市场调研有了更多和更高质量的途径，数据分析技术也为市场调研结论提供了更可靠的分析和更可视的呈现。

本书主要特点包括：介绍多源数据搜集和分析方法；引入数据分析模型和可视化方法；理论和案例、教辅深度结合；将前沿信息科学的相关知识融入市场研究中，拓展调研数据的范畴、丰富调研设计的方法、挖掘调研背后的影响机制，从而有效分析调研结果。

本书既可供高等院校管理类、经济类专业的本科生、硕士研究生学习使用，也适用于从事相关研究和市场调研部门从业人员参考之用。

图书在版编目（CIP）数据

市场调研 / 李小玲主编；李国鑫，王锐副主编. --
北京：高等教育出版社，2023.12
    ISBN 978-7-04-061314-8

    Ⅰ. ①市⋯ Ⅱ. ①李⋯ ②李⋯ ③王⋯ Ⅲ. ①市场调研－高等学校－教材 Ⅳ. ① F713.52

    中国国家版本馆 CIP 数据核字（2023）第 211822 号

市场调研
Shichang Diaoyan

| 策划编辑 | 冯 漪 | 责任编辑 | 郭金录 冯 漪 | 封面设计 | 王 琰 | 版式设计 | 杨 树 |
| 责任绘图 | 马天驰 | 责任校对 | 刁丽丽 | 责任印制 | 赵 振 | | |

出版发行	高等教育出版社		网 址	http://www.hep.edu.cn
社 址	北京市西城区德外大街 4 号			http://www.hep.com.cn
邮政编码	100120		网上订购	http://www.hepmall.com.cn
印 刷	三河市宏图印务有限公司			http://www.hepmall.com
开 本	787mm×1092mm 1/16			http://www.hepmall.cn
印 张	23.75			
字 数	430 千字		版 次	2023 年12月第 1 版
购书热线	010-58581118		印 次	2023 年12月第 1 次印刷
咨询电话	400-810-0598		定 价	49.70 元

本书如有缺页、倒页、脱页等质量问题，请到所购图书销售部门联系调换
版权所有 侵权必究
物 料 号 61314-00

总前言

党的二十大报告明确提出"以中国式现代化全面推进中华民族伟大复兴",并将其确定为新时代新征程中国共产党的中心任务。与党的十九大报告相比,党的二十大报告中"中国式""现代化"与"科技"等词出现频率显著提升。可以预见,实现中国式现代化对于国家未来发展具有重要战略意义,而科技正是实现中国式现代化的核心动力,市场营销专业的老师和学生都有必要对其进行深入的研究和学习。

据中国信通院 2022 年统计,我国数字经济从宽口径来说占接近 40% 的 GDP,而其中有 80% 来源于产业数字化。这预示着,推动数字技术与传统产业的融合将为我国经济发展提供强大动力。高质量发展需要利用新技术来开辟新领域与新赛道,从而塑造新动能和新优势。例如,我国移动互联网的迅速发展,催生出以抖音为代表的短视频社交平台,推动了直播电商的迅猛发展。2022 年抖音国际版 TikTok 在国际市场下载量排名全球第一,体现了我国在数字经济创新领域的优势地位。正如彼得·德鲁克所说:"营销与创新是任何一个组织在设定目标时必须考虑的基本方面,只有这两个方面才能使企业获得产出。"

5G 时代的到来,进一步催化了信息技术中 A(artificial intelligence,人工智能)、B(big data,大数据)、C(cloud computing,云计算)技术的渗透和应用,在赋能企业数字化转型同时,也深深影响着消费行为模式,使消费呈现出沟通社交化(social)、决策场景化(local)和行为移动化(mobile)的特点,简称为 SoLoMo,而消费行为的 SoLoMo 特点又反过来推动着企业的数字化升级。以满足顾客需求、创造顾客价值为使命的营销部门,更需要适应市场这一深刻变化。当前不少企业采取营销信息化的模式,试图通过引入营销信息系统和网上营销来提升营销效率和适应市场变化,采取的是线上和线下两条腿走路的平行模式。但这种做法实际上是将市场数字化和营销升级割裂开来,过于简单化。事实上,由于移动互联网发展,消费行为日趋全景旅程化,企业营销投入日益网络化、数字化和智能化,企业营销策略也由原来企业主导与控制用户转向用户驱动与企业支持,这些都将深深改变着营销的底层逻辑。

反观当前高校培养的营销人才，普遍存在以下问题：一是缺乏对营销理论和知识的深度理解，导致在解决现实问题中只见树木、不见森林，难以提出系统性的问题解决方案；二是对营销技术的掌握不够，在营销实践中不能利用现代信息技术解决问题，不能将理论灵活运用于实践，或者生搬硬套营销理论，或者完全抛弃营销理论，难以提升营销效果；三是面对快速变化的新知识和新技术，对新营销问题和新营销模式缺乏敏感度，难以适应高度不确定的营销环境。

市场营销作为一个在改革开放后被引入中国的学科专业，从原来的照搬国外经典，到融合中国实践，再到体现中国场景和创新，急需在知识体系构建和教育培养上优化迭代。本系列教材在编写时，特别注意以下几点的协调与平衡：

传承与创新。为了更好地保持知识体系的传承性和融合性，应该采取升级更新而非推倒重来的思维模式，即在融合经典框架体系的基础上，植入网络化、数字化和智能化的底层逻辑，实现实质内容的升级。本系列教材的编写以具有高级职称的青年教师为主力，同时具有丰富教学和科研经验的资深学者，包括教育部高等学校教学指导委员会委员、学会领导等，作为顾问把关和指导。

知识与技术。营销本质上是通过洞察市场需求来创造性满足需求，其中洞察分析技术是支撑，认知概念能力是核心。所以，本系列教材在编写时，在注重技术应用的同时，强化认知和概念框架的介绍，避免因过度强调技术而淡化知识体系建构，造成本末倒置。为此，本系列教材全部由市场营销专业教师担任主编，同时吸纳跨专业的相关老师作为副主编，体现以市场营销专业知识为主，技术应用为辅的特点。

经验与跨越。营销是一个与技术和市场发展变化紧密相关的应用学科，很多既有的经验面临新技术的挑战。因此，对于部分与技术关联度高的核心教材，我们注重吸纳对营销新技术和新模式有系统研究和深刻理解的青年教师参与编写。本系列教材编写吸收了近20所重点大学的一线青年教师来合作完成，这些青年教师有深厚的研究功底和丰富的教学实践经验，能够将研究前沿与实践创新有机融合。

教材与教学。数智时代，营销教学不但要建立概念认知，还要培养技能实践能力，实现数智时代的文科认知与理工实践的深度融合。因此，教材建设还包含服务教学的配套教学资源建设，确保教材能用（知识）、好用（实践）、实用（提升）。本系列教材编写是一个系统工程，除了纸质教材以外，还配套有虚拟仿真系统、电子补充读物、在线慕课、微信公众号（研美

MEI 营销社）、教学辅助网站等多维度的教学资源作为支撑。

数智时代的营销教材编写必须以学生为本，从学生学习的角度出发，激发学生学习兴趣，提供学习平台，提升学生学习实践能力，助其实现知行合一和创新创造能力的全方位提升。本系列教材编写时，着力从以下三个方面培养知行合一的新营销人才：

思维升级。培养学生洞察新技术、新模式和新消费的新思维能力，将既有知识与新思维框架有机融合，点化学生的知识理解和认知。为此，本系列教材的内容编排上有三个显著特点。一是采取开篇案例的问题式导入，以此激发学生学习兴趣和思维敏锐性；二是选取新近发生的典型营销事件编写案例，增强代入感：三是增加知识拓展和附加案例以延展正文，拓宽学生知识面。

技能培养。数智时代需要有数据分析能力的人才。可遵循由浅入深原则来培养解读式数据技能、工具式数据技能、编程式数据技能。为此，本系列教材增加了综合实训内容，以练促学，真正提升学生的数据素养和技能；同时，通过配套教学辅助网站来指导综合实训和讲解操作指南，以降低教与学的难度。

结果导向。数智时代，学生需要知行合一和问题导向的培养。可采取问题场景化、思路模型化、实践数据化和结果可视化的虚拟仿真式训练。为此，本系列教材建立虚拟仿真系统，可以让学生在系统中尽快观察到实践结果。

本系列教材的编写得到了我主持的两个国家自然科学基金重点项目（72132008、91746206）的支持，融入了项目资助下的相关研究成果。木系列教材从组织编写到出版历时三年，首先，感谢高教社相关领导和编辑的大力支持。其次，要特别感谢我的博士生导师甘碧群先生。早在 2000 年，也是我刚而立之年，先生就支持我主导编写"面向 21 世纪课程教材"《电子商务》，开启了我二十多年的教、编、学的迭代过程，让我得以教学相长、终身学习和不断成长。再次，特别感谢中国高校市场学研究会会长、北京大学符国群教授的大力支持和帮助。我们的教学成果获得学会首届相关评比的一等奖得益于中国高校市场学研究会的大力指导和支持！感谢我的学习榜样、上海交通大学刘益教授的热心支持！感谢教育部工商管理类教学指导委员会副主任委员、华中科技大学田志龙教授鼎力相助！感谢热心助人和提携后辈的复旦大学蒋青云教授的指导！感谢我的挚友、浙江工商大学校长王永贵教授！还要感谢清华大学经管学院党委书记陈煜波教授的倾情支持！最后，要感谢我们合作的编写团队，是你们无条件的信任和无私奉献，才有这套系列教材的出版，要特别感谢上海财经大学的学科规划办副处长高维和教授、上海交通大学才凤艳教授、重庆大学的营销系主任李小玲教授以及湖南大学工商管理学院副院长王峰教授的组织和支持，还有武汉大学经管学院朱华伟教授的协助与安排，使得我们系列教材得以顺利出版。

黄敏学

于武汉珞珈山

2023 年 1 月

数智时代，大数据、人工智能、云计算、5G 和物联网等新技术正在不断重塑经济社会的发展格局、构建高等教育的新形态，加快了知识和技能淘汰与更新的速度，引发了知识获取方式、传授方式和教学关系的深刻变革。我们迈入了新一轮信息革命，数据要素和技术要素在重新被定义和审视，这给"新商科"的崛起提供了重要的机会。"新商科"是以数字经济为背景，打破传统管理学和经济学学科壁垒，融合现代技术的跨学科复合型商科。

正是在教学实践一线工作中深刻感知到课程教学和培养方式需要升级改造，本书主编和副主编牵头筹备编写了本教材。按照基础理论—市场研究方法—数据的整理与分析研究—统计分析软件应用的逻辑主线，对课程教学内容进行重组。同时，把一些企业在市场调研过程中遇到的问题和解决方法以案例形式展现出来，并纳入教材内容中，使教材内容与实际的调研问题紧密结合。

互联网和大数据赋予我们更便捷的工具和更丰富的数据，为市场调研课程提升教学内容设计提供了新的途径。本书按照市场调研的基本流程进行撰写，将前沿的信息和科学的知识融入市场研究中，拓展调研数据的范畴、丰富调研设计的方法、挖掘调研背后的影响机制、有效分析调研的结果、清晰阐述调研的发现。同时将这些理论知识和方法与企业的市场调研实践紧密结合，具有很强的实用性和可操作性。

本书更符合数字经济时代下市场调研课程的内容设计，有利于培养具有高素质的市场研究人才。使用本书的学生，将更好地实现一手数据采集设计与执行、二手数据提取与编码（数据爬取、不同模态数据特征提取）、宏观市场到微观个体分析设计与执行以及主观调研到客观实验设计与执行的一系列活动。

本书由重庆大学李小玲教授、哈尔滨工业大学李国鑫教授和北京大学王锐副教授共同完成。其中，李小玲教授负责第二、第八、第九、第十、第十一章的撰写，李国鑫教授负责第一、第五、第六、第七章的撰写，王锐副教授负责第三、第四章的撰写。华中农业大学龚璇老师（负责第六、第七章）、重庆大学王娟老师（负责第九、第十章）、西南政法大学翁莉佳老师（负责第三、第四章）、重庆工商大学黄清老师（负责第五、第六、第七章）参与了编写和校对工作。

特别感谢复旦大学的蒋青云教授对本书框架、内容给予的指导和帮助，以及武汉大学的黄敏学教授对本书定位、特色和推进给予的全面支持。

尽管本教材的编写者为教材编写付出了很多努力，但难免存在不足之处，我们也真诚地希望得到广大读者的批评和建议，以便在日后的修订中不断改进和完善。

李小玲

2022 年 10 月 10 日　于重庆沙坪坝

目录

市场调研概述

第一章 1

本章提要

　　本章主要介绍了市场调研的定义、功能、原则和分类，并介绍了网络市场调研的特点以及市场调研行业的发展与趋势。本章的重点是掌握如何选择合适的调研类型，并合理开展网络调研。本章的难点是理解和掌握市场调研行业的数智化发展趋势如何影响和改变中国市场调研的内容与方法。

学习目标

　　（1）知识目标：了解市场调研的内涵；明确市场调研在战略规划和决策制定中的功能；理解市场调研提供有效信息的三大原则；理解探索性和结论性市场调研的含义和方法；区别传统市场调研和网络市场调研；了解市场调研行业的数智化发展趋势和职业机会。

　　（2）能力目标：掌握如何选择合适的市场调研类型；掌握如何合理开展网络调研。

　　（3）素质目标：了解中国市场调研行业的发展现状，认清中国市场调研企业和国际知名市场调研企业各自的优势和机会。

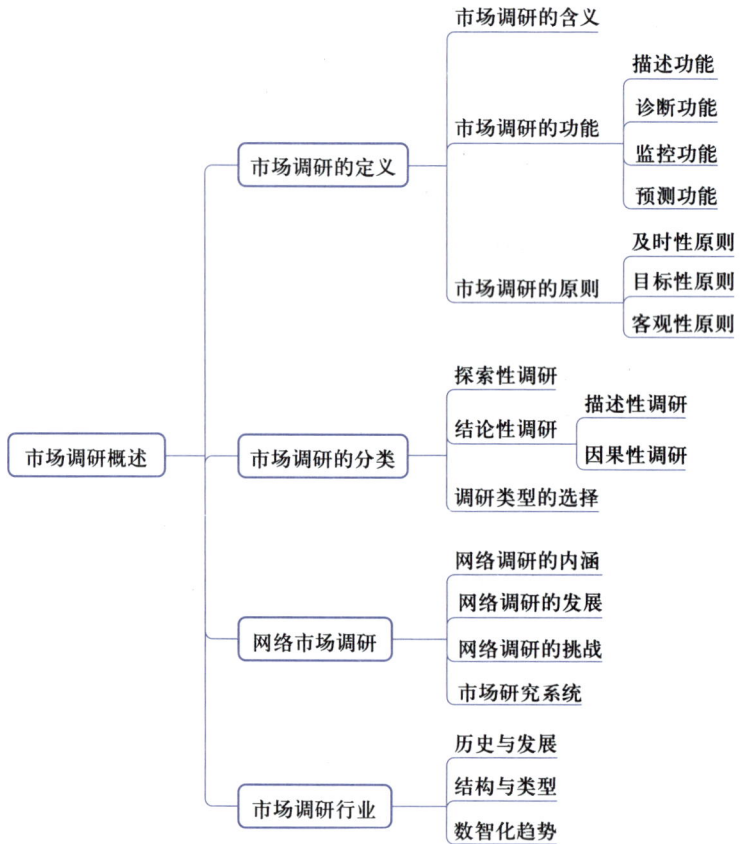

市场调研概述
市场调研的定义
市场调研的含义
市场调研的功能
描述功能
诊断功能
监控功能
预测功能
市场调研的原则
及时性原则
目标性原则
客观性原则
市场调研的分类
探索性调研
结论性调研
描述性调研
因果性调研
调研类型的选择
网络市场调研
网络调研的内涵
网络调研的发展
网络调研的挑战
市场研究系统
市场调研行业
历史与发展
结构与类型
数智化趋势

　　Ａ公司是一家全国大型家电品牌企业。在国家推行家电下乡补贴政策时，Ａ公司专门推出了一款面向乡镇市场的子品牌冰箱，因其价格便宜、实用，很适合农村市场。但现在补贴政策没有了，如果继续低价销售，肯定赔钱。如果上调价格，就失去了价格优势，销量会受挫，所以目前只能转型。

　　在全公司的大会上，市场总监向大家提出了一个问题："如何把我们的冰箱品牌改造成面向年轻人的潮流品牌？"市场总监希望在消费者心里塑造一个全新的产品品牌形象。会议结束后，市场调研部门的人员开始碰头，商量如何围绕市场总监的诉求进行市场调研设计，开展市场调研。

　　此次调研的注意力应放在品牌和消费者的关系上，现在受众群体是年轻人，所以先要了解一线城市年轻人的生活形态和审美标准是什么。冰箱家电行业的特点是技术密集度高、产品更新快、消费者需求多元，以前仅用于储存食物，现在还用于储存面膜等。新品上市要做的是识别进入年轻市场的机会，找到那些销量好的、年轻人追捧的潮流品牌的特点。市场调研要把管理决策问题转化为信息搜集问题，把抽象问题转化为具体问题，因此最后确定将"如何把我们的冰箱品牌改造成面向年轻人的潮流品牌？"翻译为"年轻人的生活形态和审美标准是什么？年轻人认为的好冰箱是什么样子？年轻人认为的潮流品牌具备哪些特点？"以上三个问题的答案就是此次调研的目标。

　　市场调研采用了定性的深度访谈和座谈会等方法，获取了消费者一手信息。一线城市年轻人的住房面积小，厨房大多是开放式的，冰箱是否能融入客厅很关键。所以，调研的结论是设计一款能融入年轻人客厅的冰箱。由于智能家居的普及，年轻人习惯用手机控制家电设备。因此，产品设计的方向是：一款功能极简的智能冰箱。显然，经过一系列的市场调研，调研结果为Ａ公司产品转型的决策制定提供了有价值的信息。

　　资料来源：浙江民营企业网.市场调研15个经典案例和解决方案[EB/OL].
（2019-12-30）

第一节　市场调研的定义

一、市场调研的含义

美国市场营销协会（AMA）将市场调研（marketing research）定义为：一种通过信息把消费者、顾客和公众与营销者连接起来的职能。这些信息用以识别和确定营销机会及问题，产生、改进和评估营销活动，监控营销绩效，增进对营销过程的理解。市场调研规定了解决营销问题所需的信息，设计了收集信息的方法，管理并实施信息收集过程，分析结果，最后沟通所得出的结论及其意义。

市场调研是为了满足营销管理的需要而系统地收集、分析和提供市场营销信息的职能活动，它向营销产品、服务或思想的决策者提供帮助。它既强调市场调研技术，又强调市场调研原则。它包括分析和解释收集到的数据。市场调研可以协助决策者，但它并不能取代决策功能。

市场调研的目的是提供制定决策所需要的信息。具体来说，市场调研是确定决策制定者的信息需求，获取必需的信息，在他们需要用信息帮助决策的时候，以一定的形式把信息提供给决策制定者。例如，某高档连锁餐厅开设在 8 个小型社区，提供高价优质食品。该公司的总裁想知道如果旗下餐厅的菜品单价调低 15%，将会增加还是降低餐厅的销售收入和利润。市场调研的开展就是为"是否降价"这个决策制定提供必要的信息。

图 1-1 显示市场调研是如何为决策者提供信息并影响决策制定的。可以看出，在进行市场调研时，调研的问题提出、信息收集和反馈会与客户和社会产生互动。在公司作出涉及整个组织的决策时，会针对调研问题对客户和社会进行信息收集。市场调研也提供营销决策的输入信息，通过市场调研

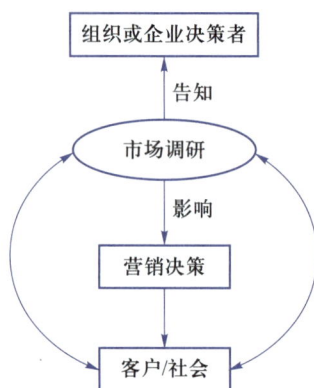

图 1-1　市场调研在组织或企业中的作用

信息而制定的决策对客户和社会产生特定影响，而客户和社会这两个方面都向机构提供反馈信息。仍然以上述餐厅为例，市场调研需要通过社区消费者的真实行为反馈，即消费者对餐厅降价的看法，提供"菜品单价调低 15%"后销售收入和利润的变化信息，即确定价格变动如何对销售收入和利润产生影响，从而为降价与否这个决策提供依据。

二、市场调研的功能

市场调研具有四种功能：描述、诊断、监控、预测。

1. 描述功能

描述功能包括收集并呈现对事实的陈述。如描述市场规模、消费者的购买力、可供选择的分销商以及消费者特征；描述价格变动的范围、频率以及消费者对价格变动的可能反应；描述媒体消费习惯以及特定电视节目与杂志的受众的特征；等等。例如，在争夺用户的过程中，各大品牌不吝创新，不断迭代的技术和全领域营销方式促成了美妆、护肤领域的格局不断改变。微梦传媒旗下的新媒体数据平台 KolRank 与多家社媒和电商平台联合，深度解析美妆护肤行业的消费数据与人群画像，从行业趋势、消费洞察、社媒生态等多角度入手，形成《2022 美妆护肤行业洞察报告》，该报告的描述功能可以提供丰富的行业分析，全局观的品牌营销链路整合，帮助各品牌商找到新型的战略突破口。

2. 诊断功能

市场调研的诊断功能通常用来解释数据和活动。例如，改变包装设计对销量有什么影响？如何改变产品和服务供应来更好地服务顾客和潜在消费者？亨氏（Heinz）公司每年大约有 50 亿盎司[①]的番茄酱是由儿童吃掉的，他们认为儿童对于如何更有趣地使用番茄酱更有发言权。亨氏通过调研儿童，倾听并观察他们如何使用番茄酱，最后形成了新的瓶子设计和名称，促成了亨氏 EZ Squirt 番茄酱的诞生。

市场调研的诊断功能也体现在促成、完善和评估潜在的营销活动。例如，方太是中国最具实力的厨电品牌之一，其市场份额和产品单价超过了许多国际品牌。为不断提升用户体验，方太使用净推荐值指标对客户进行市场调研，让用户对产品和营销活动进行评估。方太的用户体验管理部门的人员会向客户询问：您会把方太推荐给别人吗？如果不会，为什么？只要有用户提到不推荐，相关部门就会立即跟进并做出改善。

---

① 1 盎司 = 28.35 克。

3. 监控功能

市场调研也可以用来监控营销绩效。随着全球数字化建设的趋势，中国产业的数字化发展已驶入"快车道"，其中营销数字化越来越受到各大广告主的重视。2020 年，央视市场研究（CTR）AdMetric 全域数字营销广告监测平台正式上线。该平台有着完备的广告排期管理模块、数据报告模块以及支持在线分析展示的 BI 分析系统等。CTR 打破了当前数字化营销广告监测和效果评估的困局，建立起各个营销渠道数据的统一评估标准，借助大数据建立起千万级样本库以便更好地进行精准营销，并利用自身调研能力对广告覆盖过的受众投放问卷，科学地监测数字广告的效果，有效地帮助广告主降本增效。

另外一个监控调研的情况被称作追踪调研。追踪调研可以用来监控公司的产品在市场上的销售情况。AC 尼尔森公司和信息资源公司（Information Resources，Inc.）是两个擅长对在超级市场和其他零售终端销售的产品进行追踪调研的公司，它们监控有多少产品通过何种销售渠道以什么样的价格销售等各类情况。

4. 预测功能

预测功能能够确定市场机会和问题。在不断变化的市场中企业如何更好地利用出现的机会？例如，众引传播集团（MGCC）是一家提供互联网社交及数字媒体领域全方位服务的广告传媒集团，为许多品牌建立起自己的品牌概念和独特的产品价值。2021 年，MGCC 通过市场调研和天猫数据系统的相关数据，预测下一个阶段凡士林这类单品如果想要突破销售瓶颈，需要通过"认知破圈、跨品类拉新"的方式，赢得消费者青睐，获得最高效的转化。

三、市场调研的原则

1. 及时性原则

市场调研首先要遵循及时性原则，避免导致错误的决策。以汽车行业为例，美国汽车生产商通用汽车公司和福特汽车公司根据市场调研得到的需求预测和客户反应开发和销售了大量的运动型多功能汽车（SUV）。虽然这一销售战略在开始的一段时间非常成功，但是受到中东紧张局势、石油价格猛涨和新能源汽车发展的影响，客户对 SUV 的需求开始降低。由市场调研公司哈里斯互动调查公司（Harris Interactive Inc.）和汽车信息公司凯利蓝皮书（Kelley Blue Book）共同开展的市场调研发现，每六个汽车购买者中就有一个因为高昂的汽油价格而改变原购买计划。虽然汽车制造商在推出 SUV 前开展了大量的市场调研，但是该调研没有遵循市场调研的一个重要原则：及时性原则。在变化迅速的市场环境中，市场调研与新型 SUV 推出之间的时间间隔太长。虽然投资新产品开发的决策基于市场调研，但是在两到三年才推出产品是不妥的。

2. 目标性原则

仔细和明确地确定调研目标是取得准确而有效的市场调研结果的关键步骤。这里举一个失败的例子：微软公司是全球技术领先的公司，其曾经组建一个产品小组来开发 Ehome 产品。Ehome 是一种完全的网络居家概念。该产品小组决定瞄准美国家庭，并且在规定时间内成功开发出新产品。但由于它所需要的市场条件一直没有出现，导致这个产品一直没有上市。该小组的市场成员也曾经开展市场调研，确定 Ehome 潜在客户资料并瞄准这些客户群体。但是，由于他们没有考虑 Ehome 产品的关联技术必须符合相关的产业标准，当时未上市的具备互联网功能的家电是 Ehome 成功推出的关键。微软公司本来可以选择首先突破家庭中的某一主要领域，比如电视。但该公司选择推出视窗 XP 媒体中心（XP Media Center）产品线。这一产品线的重点是用视窗操作系统来改进收看电视、播放音乐或互联网冲浪的体验。由微软公司 Ehome 案例可以看出，高科技市场的调研目标必须覆盖新兴技术的所有方面。

3. 客观性原则

客观性原则是指不用市场调研来支持已经作出的决策。当管理者已经作出决策后，再开展市场调研已不是有效利用稀缺资源的活动了。摩托罗拉公司的钛星、苹果公司的牛顿个人数字助理、索尼公司的 Min-iDisc 产品等的市场调研都是由于没有足够重视这条原则，导致了大量的损失。这些公司的决策者开展市场调查只是用于支撑他们已经作出的决策。他们开展市场调研的目的只是确认客户购买意向，以客户的角度来印证自身决策的正确性，并没有对围绕这些技术的社会、文化、竞争和经济因素进行调研。比如，索尼公司的 Min-iDisc 产品在日本非常成功，但在美国却是失败的。因为市场调研没有研究新兴技术的所有方面，而只限于对新产品上市提供支撑理由，索尼公司的错误决策导致公司数百万美元的损失。

第二节　市场调研的分类

市场调研一般分为探索性调研与结论性调研，结论性调研又分为描述性调研与因果性调研（如图 1-2 所示）。

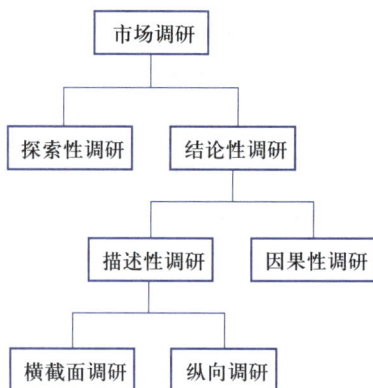

图 1-2　市场调研分类

一、探索性调研

（一）探索性调研的目标、含义与特征

探索性调研的主要目标是针对研究人员所面临的问题或情况提出看法与见解，并为未来的调研提供方向。当调研者面临以下情况时，就需要进行探索性调研：阐明或更准确地定义一个问题；识别调研情景的性质；确定备选的行动方案；提出假设；将主要变量及其相互关系分离以便进一步验证；确定目标和数据需求；寻找解决问题办法的思路；确定进一步研究的重点；等等。

探索性调研只是大体定义所需要的信息，采用的研究方法是灵活的、非结构化的，没有正规的研究方案与程序。例如，利用专家访谈而不是结构化问卷来得到数据；为了尽可能地吃透问题而选取的样本通常较小且没有代表性；原始数据从性质上来看属于定性数据，并用相应的定性方法进行分析。考虑到研究过程中的这些特征，探索性调研的结果往往被看作是初步的，或者作为进一步进行结论性调研的参考。因此，探索性调研的人员要善于捕捉探索性研究所产生的新想法和新观点，转变调研的重点并沿着新想法继续探索。研究人员的创造性在探索性研究中起着重要的作用。但有时探索性调研，特别是定性研究，就是所执行的整个研究。在这种情况下，应当谨慎地利用所得到的结果。

（二）探索性调研的方法

1. 专家意见调查

专家意见调查是指通过访问与调研情景有关领域内的专业人士开展探索性调研的方式，也被称为"关键信息提供者技术"。关键信息提供者技术是非常主观和灵活的程序，并没有标准的途径。在当今技术飞速发展的世界，少数个体拥有市场的大部分相关信息，因此必须慎重选择专业人士。表1-1提供了几个特定的情景以及与之匹配的专业人士可供参考。

表1-1 情景与专业人士参考

需要探索性调研的情景	能提供观点的专业人士
某公司生产的 X 牌去污剂是市场主导产品，因为生产饱和，该公司希望开发新产品来逆转下降的利润	消费品市场的主要调研经理和清洁产品的主要使用者
某新成立的非营利组织宗旨为协助有严重身体残障的人士。该组织在考虑应该如何制定慈善项目以及该采用何种战略以获得公众的捐助	公共服务机构人员，比如联合劝募会、红十字会和残障人士协会人员

2. 焦点人群访问

焦点人群访问（有时简称焦点人群或焦点小组）是由一个客观的组织者（称为主持人）以自然和非结构化的方式将某一主题介绍给一组受访者（通常 8~12 人），并引导受访者就给定主题展开非正式的讨论。主持人的主要任务是确保主题的关键方面被讨论并观察和记录参与者的反应。焦点人群访问可以在许多情景中使用，比如调研消费者关于新产品概念的观点、识别网购者对网站的评价标准、观察促销主题的反响、设计消费者问卷调查中的问题以及措辞等。

3. 二手数据分析

二手数据是指其他人已经收集好的数据。选用合适的二手数据开展探索性调研是快速又经济的方式。有时通过分析二手数据得出的观点便足以满足需求，没必要继续开展结论性调研。例如，X 集团是一个经营实业的综合性企业集团，连续三年入选中国企业 500 强。二十年来，该集团立足农业产业化经营，积累了丰富的农业产业化管理经验和集团化管理经验，形成了以产业经营为核心的产品经营、品牌运作、资本运营的能力。集团试图向东南亚地区拓展业务，谋求国际化发展。在用了三年的时间对周边国家的市场和产业、产品情况进行大量调研的基础上，集团才制订了企业的对外发展战略，并开始在越南建厂投资。其中，项目小组基于当地政策文献、新闻报道和行业商业报告等二手数据分析，对越南南方饲料市场、生产厂家、用户情况，包括当地的法律体系、办事程序和环节等各个方面的情况进行全面的调查，完成了多份调研报告，弄清了在越投资办厂的全部手续和程序，以及需要面对的所有法律问题。最终，集团进入国际市场，将成熟的饲料生产开发技术、品牌和资金带出国门，在越南投资兴建两家饲料企业，在菲律宾的饲料工厂也已投产。

4. 案例分析

案例分析是深度观察调研对象单位的一种方式。对象单位可以是客户、商店、销售人员、公司、市场地区、网站等。案例分析是非常有用的探索性调研方式，通常能够产生新的观点。例如，联盟协会公司（AAC）是拥有 500 个零售点的折扣连锁商店。在过去的几年中，该公司的销售迅速增长、盈利水平维持在行业平均水平之上。高层管理人员希望确认公司成功的关键因素并基于这些因素获得更多收益。如何开展项目以实现上述目标呢？采用案例分析，可以将 AAC 的每个零售点视为独立案例来分析，深入调查三个业绩最好的商店和三个业绩最差的商店的各个方面，包括商店规模和布局、经营产品线、员工士气、交易地区特点等因素。调研者也可以根据两种类型的案例（最好和最差商店）的相同和不同之处来理解 AAC 成功的关键因素。比如，如果业绩最好的三个商店的员工士气都要比业绩最差的三个商店的员工士气更高，那么员工士气可能是 AAC 成功的关键因素。相比之下，如果两类商店经营的产品线一致，则产品线因素尽管并非不重要，但却不是造成差别的原因。以上观点都可以帮助调研者识别 AAC 各商店不同业绩的关键因素。在 AAC 将精力和资源投入到案例分析所识别出的关键因素之前，公司的高层管理人员需要核实上述因素与旗下 AAC 商店业绩之间的关联。当然，这还需要结论性调研。AAC案例表明，案例数据的分析是非数量化的，而且最初需要大量的数据对照和比较。调研者必须能识别案例间的细微差别以及案例内各项因素的联系。

5. 观察法

观察法采用人工或机器设备来观察人们在购物或消费情景中的实际行为和事件。在观察法中，调研者使用人工或电子设备观察并记录事件发生时的信息或编辑过去事件的信息。这种方法适用于调研以下项目：产品使用、光顾商店的频率、有监护人陪同或无陪同的儿童购买行为、媒体使用、在特定网站花费的时间等。机械、电子、声音、图像监视器以及调研者可以提供行为的客观衡量。许多公司基于观察法调研来设计产品，比如惠而浦家用电器公司在观察全球使用者后为其产品设计了新的控制设施；福特汽车公司通过人口影像资料（用录像来记录用户和产品的互动）来收集观察数据，让设计者亲历目标客户群来帮助提出新的产品观点。

以上是探索性调研最常用的方法，但是探索性调研并不局限于这五种方法。探索性调研项目也可以是这些方法的变形或组合。

延伸阅读 1-1
粉丝公益行为参与动机研究——基于扎根理论的探索性调研

二、描述性调研

（一）描述性调研的目的

描述性调研是结论性调研的一种。结论性调研也被称为"核实性调研"，其目的是核实最初的观点并协助营销者进行决策。

顾名思义，描述性调研的主要目的是对调研对象进行描述，特别是相关人群单位的数据信息。具体目的如下：

（1）描述相关群体，如消费者、销售人员、组织、市场区域的特征。例如，经常在豪华商场购物的人群的特征。

（2）估计在特定群体中有某一行为的人的比例。例如，经常在豪华商场购物的消费者中也经常光顾打折店的人的比例。

（3）判断对产品特征的感知。例如，消费者选择商场所考虑的标准有哪些以及他们是如何看待各个商场的？

（4）确定与营销变量相关的程度。例如，逛商场与在外面吃饭有多大的相关关系？

（5）进行特定的预测。例如，在北京（特定的地区）鸿星尔克（特定的商店）时尚服装（特定的产品种类）的销售额将是多少？

描述性调研有一个前提，即研究人员对问题已有较多的知识。事实上，探索性调研与描述性调研的主要区别在于描述性调研预先设立特定的假设，以便清晰地定义所需要的信息。因此，描述性调研是预先计划的、结构化的，通常采用有代表性的大样本，清晰地设计出信息来源与数据收集方法。描述性调研要求明确研究中的 6W——谁（who）、什么（what）、何时（when）、何地（where）、为什么（why）、如何做（way）。

延伸阅读 1-2
世界经济论坛：全球专家对世界前景表示担忧

（二）描述性调研的方法

1. 横截面调研

横截面调研是营销中最常用的描述性调研方法。横截面调研是指一次性地从特定样本总体中收集信息，包括一次性横截面调研和重复性横截面调研。

一次性横截面调研是指在目标总体中仅抽取一个调查对象样本并只收集一次信息，也叫作抽样调查。横截面调研使用截面调查样本，它是专门为一次性数据收集而选取的一组调研单位（客户、商店、机构），在数据收集完毕后解散。然而，一些商业市场调研公司也将多用途专门小组用作截面调查样本来源，由调查结束后返回专门小组的人员来提供新一轮客户设计的截面调查样本。

重复性横截面调研是指有两个或两个以上调查对象的样本，并且只能从每一个样本中收集一次信息，不同样本的信息通常在间隔很长的不同时期获取。重复性横截面调研可以在群体水平而不是个体水平上进行比较，因为不同的时点所抽取的样本不同，无法比较某一个体在不同调查时期的指标。重复性横截面调研中有特殊意义的一种是队列分析。队列分析是指以恰当的时间间隔进行的一系列调查，其中队列是分析的基本单位。一个队列是在相同的时期经历同一事件的一组调查对象。

2. 纵向调研

纵向调研是指对目标总体中的固定样本组的同一组变量进行重复测量。纵向调研与横截面调研的不同在于前者的样本组随时间保持不变，主要目的是监测不同时间段的变化。因此，纵向调查比截面调查包括更多信息。但是纵向调查费用昂贵，而且两种调查方式的取舍也要基于调研目的。

纵向调研也意味着使用的是固定样本组（panel）。实际上，衡量不同时期变量的动态变化只有通过固定样本的"真实小组"才可以获得。该样本组一般是由家庭作为调查对象而组成的，他们同意在特定的时间段内长期提供信息，并会得到礼物、优惠券、信息或者现金作为参加样本组的补偿。

固定样本组的一个优点是它能够收集到相对大量的数据。固定样本组成员通常能得到一些补偿，所以他们愿意参加冗长而费神的访谈。另一个优点在于固定样本组数据比横截面数据更加准确。虽然截面调查也可以产生与时间段有关的纵向调查类型的数据，但数据的准确性严重依赖受访者对过去事项回忆以及对未来事项展望的准确性。在大多数情况下，受访者的回忆是不可靠的。与记忆类似，消费者的预期也不是衡量未来行为较好的指标。而使用固定样本组在接近事件发生的时间内开展持续监测，更少依赖受访者的记忆能力。

固定样本组的主要缺点是调查对象缺乏代表性，这可能是因为：①拒绝合作。许多个人或家庭不愿受固定样本组运作的打扰，因而拒绝参与。消费者固定样本组要求成员做好购买记录，它的合作率为60%或更低。②退出。同意参加固定样本组的成员也会因为他们搬家或者失去兴趣而退出，调查对象退出或者减少的比率可高达每年20%。③报酬。报酬可能会吸引特定类型的人，从而使样本组失去总体代表性。固定样本组的另一个缺点是回答的偏差。新的固定样本组成员经常在他们最初的回答中带有偏差，自觉或不自觉地增加所测量的行为，如食物购买。当调查对象不再对固定样本组感到新奇时，这一偏差会降低，所以应当除去新成员最初的数据。而固定样本组的老成员认为自己是专家，希望答案好看些或"正确"，因此他们也带有偏差。另外，偏差还来源于厌烦、疲劳以及不完整的日志记录。

3. 横截面调研与纵向调研的比较

纵向调研相对于横截面调研的一个主要的优势在于它针对同一样本组反复测量相同的变量，将行为变化与营销变量联系起来，因而可以洞察变化。表1-2总结了横截面调研与纵向调研的相对优劣。

表1-2　横截面调研与纵向调研的相对优劣

评价标准	横截面调研	纵向调研
洞察变化	−	+
收集大量信息	−	+
准确性	−	+
样本代表性	+	−
回答偏差	+	−

注：＋表示相对另一种研究设计具有优势，－表示相对具有劣势。

表1-3和表1-4说明横截面数据在有关时间变化方面如何误导研究人员。表1-3中的横截面数据显示在时段1和时段2中，品牌A、B、C的购买情况相同：20%的调查对象购买A，30%购买B，50%购买C。由此可知，C品牌是市场领导者且三个品牌的市场份额在不同周期都保持稳定。表1-4中的纵向数据以品牌转换的形式，说明了在研究期间品牌购买的重要变化。例如，在时段1购买品牌A的调查对象只有50%（100/200）在时段2仍然购买A。相应的重复购买品牌B与C的比例分别是33.3%（100/300）与55%（275/500）。因此，在这一时段，C的品牌忠诚度最高，而B的品牌忠诚度最低。表1-4提供了关于品牌忠诚度和品牌转换的有价值的信息，这种表称为品牌转换矩阵。

表 1-3 横截面数据不能反映变化

购买的品牌	购买人数	
	调查时段 1	调查时段 2
品牌 A	200	200
品牌 B	300	300
品牌 C	500	500
合计	1 000	1 000

表 1-4 纵向数据可以反映变化

调查时段 1 购买的品牌	调查时段 2 购买的品牌			
	品牌 A	品牌 B	品牌 C	合计
品牌 A	100	50	50	200
品牌 B	25	100	175	300
品牌 C	75	150	275	500
合计	200	300	500	1 000

延伸阅读 1-3
全球化的多用途专门小组

三、因果性调研

因果性调研是另一类结论性调研，用来获得原因与结果关系的证据。通过操纵假定的因果变量并控制其他相关变量的效应来收集数据，从而得出各变量间因果关系的正确推论，该方式克服了描述性调研项目缺乏控制力的问题。作为营销经理决策依据的因果关系假设应当通过正式的研究加以检验。例如，价格下降会导致销售和市场份额的增加，在竞争环境下是否依然成立。因果性调研有如下用途：①识别现象的原因（自变量）和结果（因变量）。②确定原因和所预测的结果之间的关系的性质。因果关系的验证需要在可控的环境中对自变量进行控制与操纵，满足影响因变量的其他变量尽可能多地被控制或监测，以此作为推断因果关系的依据。因果性调研的主要方法是实验法。

举一个具体的例子来进一步解释。一家消费产品公司希望了解广告对销售的影响，开展了如下工作：①选择一组有类似人口统计、社会经济和竞争者特征的不同市场区域。②变动各个市场上广告支出的不同水平，保持其他市场变量（比如价格和促销）的稳定。③监测足够长时间内的销售变动。④分析数据以确认不同市场之间销售变动的模式是否和广告支出变动的模式一致。为准确得出因果关系，调研人员必须操纵自变量（本案例中为广告支出）并有效控制其他变量，以上步骤保持了广告以外的其他影响销售的因素不变。另一前提是自变量（广告支出）和因变量（销售）必须符合时间发生顺序，即必须先改变广告投入水平，任何销售的变化都必须在之后衡量。那么，假定在调研期间内的一组市场中，外部条件没有重要的不同（比如失业率突然变化，或只局限于某些市场而不在其他市场开展的竞争行为），销售的变动可以被认为是广告支出变动的结果。

四、调研类型的选择

1. 探索性调研还是结论性调研

结论性调研通常比探索性调研更加正式和结构化，它建立在清晰的数据需求和有代表性的大样本的基础之上，定量分析所得到的结果从性质上来看是结论性的，可以用作管理决策的依据。探索性研究所得到的观点可以被结论性研究所验证。表1-5概括了二者的区别。

表1-5　探索性调研与结论性调研的区别

比较内容	探索性调研	结论性调研
调研目标	一般：提供对情景问题的看法与理解	特定：检验特定的假设，并验证特定的相互关系
数据需求	模糊地定义所需要的信息	清晰地定义所需要的信息
样本特征	样本小、不具代表性、为最大程度获得远见而主观选择	样本大、有代表性、为实现调研结果的演绎而客观选择
数据收集	研究过程灵活、非结构化 定性的原始数据分析	研究过程正式且结构化 定量的数据分析
结论	尝试性	结论性
结果	进一步的探索性调研或结论性调研紧随其后，更多为初步性的而非最终的	结果用作管理决策的依据，更多为最终的而非初步性的

在具体情景中选择最适合的调研类型（探索性或结论性）在某种程度上是非常主观的。该抉择不仅取决于情景的性质，也取决于决策者如何看待该决定。在决策者不明确调研方向和数据需求的情况下，探索性调研最适合。其他情况如决策者已经清楚所需要的数据类型时，应选用结论性调研。通过探索性调研获得的观点通常是更正式的结论性调研的基础。偶然的情况下，探索性调研可以强烈揭示未来的结论性调研是否有必要或是否有效益。

2. 描述性调研还是因果性调研

相比描述性调研，因果性调研获得的数据更能提供因果关系的强力证明。表 1-6 给出了三种调研类型的对比。

表 1-6　调研类型的对比

比较项目	探索性调研	描述性调研	因果性调研
目标	发现新想法与新观点	描述市场的特征或功能	确定因果关系
特征	灵活多变 通常是整个研究设计的起始	预先提出特定的假设 预先计划好的结构化的设计	操纵一个或多个自变量 控制其他变量
方法	专家意见调查 焦点人群访问 二手数据分析 案例分析 观察法	横截面调研 纵向调研	实验法

在需要开展结论性调研的情景中，到底选择描述性还是因果性调研取决于是否需要揭示调研目的中各变量的因果关系。如果需要揭示因果关系，则应选择因果性调研的某种形式；如果不需要，描述性调研就足够了。

实际上，与其将描述性调研和因果性调研看作界限清楚的范畴，不如认为结论性调研项目是从"纯粹无控制的描述性调研"的一端到"纯粹全控制和操纵的因果性调研"的另一端的序列。所有现实的结论性调研项目都会落脚于上述两个极端间的某个位置。因此，如果描述性调研得到良好设计和妥善开展，则有时可以基于该数据做测试性的因果推断。同样，实践中很少开展纯粹的因果性调研。图 1-3 是在特定情景下识别最合适调研方式的一般原则的流程图。

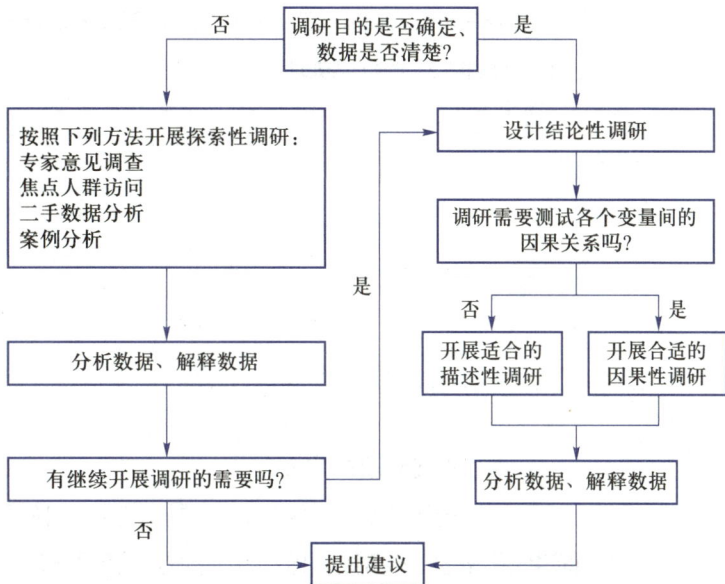

图1-3 选择最合适调研方式的流程图

实践应用1-1

探索性调研、描述性调研和因果性调研的比较和应用

调研问题的不确定性影响着调研项目类型的选择。在调研的早期阶段，当调研人员不能确定问题的性质时，通常实施探索性调研；当调研人员意识到了问题但对有关情形缺乏完整的认识时，通常实行描述性调研；当需要对问题严格定义时，则使用因果性调研。

三种类型的调研的使用可以看作一个连续的历程。探索性调研通常被认为是调研的起始阶段。"X牌一次性尿布市场份额下降了，为什么？"这个问题太大，不能用来引导调研，为了缩小、提炼这个问题，调研人员会使用探索性调研。在探索性调研中，重点将放在对销售额下降的可能解释上。如"消费者更愿意购买可重复使用的尿布"是通过探索性调研获得的假设，这一假设将在尿布行业市场趋势的描述性调研中得到检验。

如果描述性调研支持了假设，企业也许希望探究：母亲们是否愿意为可重复使用的尿布花更多的钱？什么特性（如更舒适或吸收力强）对她们来说更重要？这需要通过一次市场测试——一个因果性调研才能完成。

这样，调研历程的每一阶段，都是对问题更详细的调查。尽管调研人员一般应按探索性、描述性、因果性的顺序实行调研，但其他顺序也可能出现。如果一项假设被因果性调研驳回（例如，在测试市场中产品惨败），解析人员也许会退回到描述性调研，甚至是探索性调研重新进行研究，这取决于具体的调研问题和调研过程。

资料来源：东方财富网。

第三节　网络市场调研

一、网络市场调研的内涵

1. 网络市场调研的定义

网络市场调研也称网络调研，是指使用互联网等计算机网络，帮助实现市场调研的任一阶段，包括发现问题、调研设计、资料收集和分析以及报告写作和分发。计算机网络包括任何形式的计算机连接，诸如互联网和企业内部网等。当销售人员进行调查来描述顾客对一种新出现的产品的反应时，销售人员可能会使用公司内部网来调查潜在顾客对新产品的反应。其重要特征是：在调查过程中将使用计算机网络。网络调研相对于传统调研，区别如表1-7所示。

表1-7　网络调研和传统调研的区别

比较项目	网络调研	传统调研
调查费用	较低，主要为设计费和信息处理费用	较高，包括问卷设计、印刷、分发、回收、培训、信息录入和分析等费用
调查范围	全国乃至全世界	受成本限制往往为特定区域
运作速度	较快，设计或利用现有平台，数据库可自动生成	较慢，调研过程花费时间较长
调查时效性	全天候进行，也可实时检查数据，时效较高	人为编写问卷、实施访问需花费大量时间，时效较低
被访问者的便利性	非常便利，被访问者不受时间、地点、情景的约束	不太便利，会有约定下调研时间、地点、面谈压力的约束
可信性	缺乏对被访问者的行为规范，由此可信性受到消极影响	可信性高，一般有督导对问卷填写及回收等进行审核
适用性	适合长期大样本调查，或迅速得出结论的调研	适合面对面深度访谈，以及食品类等需要对受访者进行感官测试的调研
接受度	问卷填写者一般是自愿的，填写相对认真	有一定"强制性"
客观性	避免传统调研中人为因素的偏差，客观性较高	客观性较低，可能会受到现场调研人员的左右
应用范围	整个营销过程，包括了后续数据分析	前期数据收集，后续往往也需要借助计算机等设备用于数据统计分析

2. 网络调研、基于网络的调研与网上调查研究的区别与联系

如上所述，"网络调研"是指在网络环境下，以互联网为信息传递工具，进行调研设计、资料收集、分析咨询等一系列的活动。而"基于网络的调研"是针对网络应用的情况进行的调研。"基于网络的调研"有时和"网络调研"相混淆，但前者是把网络的一些应用项目作为调查的目标。在对这些基于网络的应用情况进行调研时，除了网络调研方法之外还可以使用传统的方法。具体而言，"基于网络的调研"可以是对网页本身受欢迎程度的调查，诸如"网站点击次数调研""网站上弹出广告的效果研究"，或者"消费者对网站不同组成部分的反应的调查"，这些以网络相关应用为对象的调研项目可以使用网络调研或传统调研方法来进行；而"网络调研"是一种新兴的调研方式或手段，是指在调研过程中使用网络，把网络作为工具来对某些特定目标进行调查与分析，如在网上发布问卷来调研消费者对某些产品的态度，对回收结果进行数据分析，然后将报告在公司内部网上传发布，利用网络实现其中任意一个阶段，而不是把"网络的应用项目"作为目标进行调研。

"网上调查研究"是指使用网络收集资料。其利用联机网络、计算机通信和交互式媒体等信息技术收集数据，了解信息，实现研究人员的研究目标。例如，使用公司内部网收集员工满意度资料，或者通过政府网站了解公开的行业信息及消费数据，这些都属于网上调查研究。现在很多调研公司都使用互联网收集调查资料，如数字一百、零点有数等。从本质来看，网上调查研究的重点在于通过网络进行数据的收集（该步骤属于网络调研过程的一部分），调研人员应该把它看成是网络调研的一个子集。

二、网络调研的发展

1. 网络调研的发展现状

目前国外较为著名的网络调研企业有 Survey Monkey 和 Qualtrics。2018 年 Survey Monkey 上市，估值 13 亿美元。2018 年思爱普（SAP）收购 Qualtrics，作价 80 亿美元，2021 年年初 Qualtrics 上市，开盘价 30 美元，当天股价暴涨 52%。两家美国网络调研企业均被投资者寄予厚望，且具有良好的发展前景，整个网络调研市场的规模也在不断扩大，是未来具有巨大潜力的市场。

我国的网络调研虽然起步晚，但发展迅速。如今国内较为著名的网络调研企业有问卷网、数字一百、问卷星等。问卷网先后于 2013 年、2015 年、2019 年和 2021 年获得四轮融资，融资金额分别为 900 万元人民币、

550万美元、1.4亿元人民币和1.8亿元人民币。2016年3月25日，A股上市公司科达股份（600986）宣布收购数字一百100%股权，收购价格约4.2亿元。从问卷数量来看，截至2023年4月，问卷星平台累计发布问卷2.19亿份，回收答卷175.43亿份，产品定位为"以问卷为基础的数据收集、存储和分析工具"；问卷网已帮助2 553万用户收集了20.2亿份答卷，从事问卷创建、发布、管理、收集及分析服务。此外，新兴的调研公司（如北京益派数据）和调研平台（如武汉大学大数据研究院互助调研平台）也通过搭建专业的云调查系统服务和调研工具，提供综合性的调查数据收集和分析服务。

通过网络调研，市场调研企业可丰富数据采集来源、缩短数据获取时间、降低实际调研成本。根据头豹研究院发布的《2020年中国市场调研行业概览》，现阶段常用的互联网市场调研数据收集方式包括网站问卷调查、网上固定样本调查、电子邮件调查、网上小组座谈、一对一网上深层访谈、文献资料分析、弹出式调查、网上观察、网上实验法等。其中，市场调研企业选择网站问卷调查占比最高，为59.8%，其次为网上固定样本与电子邮件调查，占比分别为27.7%和20.5%；独立使用互联网市场调研方式的企业数量占比为30.5%，以传统市场调研方式为主的企业占比为29.9%，互联网与传统调研相结合的占比为24.3%，从未使用过互联网市场调研的占比为15.3%。网络调研的商业价值不断受到市场调研企业的认可，其应用场景也愈加广泛，涵盖网络用户监测（如用户数量、结构、地理分布、消费行为）、网络广告监测（如网络广告发布量、点击率）、网站流量监测（如网站访问量、购买率）等多方面。

延伸阅读 1-4
北京益派数据有限公司云调查系统

延伸阅读 1-5
武汉大学大数据研究院互助调研平台

2. 网络调研增长的原因

网络调研日益受欢迎的主要原因有两个：一是效率，二是效益。应用网络不仅能够达成工作目标，而且能够比传统方法更快、成本更低。试想一下，一家专业的抽样公司获取样本的传统过程，首先需要与样本公司人员进行电话沟通，了解即将进行的调研项目的目标，其次由调研人员定义样本总体，最后在协议达成和样本产生后，寄出（或连夜送出）打印好的样本表格。然而，通过应用网络技术，一位调研人员可以在几分钟的时间内设计、整理和接收各种格式的样本。如果希望设计一个调查并得到来自全国300个个体的回复。传统调研可能需要花几周的时间，而网络调研只需几天就能完成整个过程。其关键是计算机和网络技术对市场调研产生了影响，工作被以最短的时间和最低的成本（效率）完成了（效益）。另外，网络调研还具有其他优点。例如，网络调研允许调研人员在输入调研结果时对其进行检查，采访人员的偏见可被排除；并且研究表明，相对于电话调研或面对面采访，受访者更喜欢网络调研。

根据中国互联网络信息中心第48次《中国互联网络发展状况统计报告》，截至2021年6月，我国网民规模为10.11亿，较2020年12月新增网民2175万，互联网普及率高达71.6%，手机网民规模为10.07亿，网民中使用手机上网的比例为99.6%。互联网的广泛普及，给网络调查带来了繁荣，使得网络调研被广泛用来代替传统调研的方式。其中，移动互联网的普及使得网络调研信息收集的广泛性、信息的及时性和共享性以及调研的便捷性和经济性等特征更加突出，能更好地扩大网络调研对象的数量，提升用户在线调研的便捷性，使更多的公司、组织有意愿使用互联网进行市场调研活动。

三、网络调研的挑战

1. 资料的代表性问题

资料的代表性方面会有人质疑：只从能够使用网络的受访者那里收集来的信息是否可以代表总体？那些愿意接受网上调查的受访者是否恰好能够代表所有的网上消费者？根据中国互联网络信息中心第48次《中国互联网络发展状况统计报告》，截至2021年6月，我国农村网民规模为2.97亿，占网民整体的29.4%；城镇网民规模为7.14亿。部分低收入群体、农村地区以及老幼群体无法通过网络调研获取相关信息；来自浏览特定内容、特定网站的参与调研的人群可能本身就已经属于一个特定群体，难以代表总体的相关信息。

面临这个挑战，网络调研人员需要找到具有创意的方法，去接触不大可能上网的细分市场。将在线调研和线下资源相结合，例如，在超市和娱乐场所为无法上网的人群提供暂时连入互联网的设备是不错的方法；有些公司会采用统计学模型来填补不能上网的消费者细分市场所造成的数据缺口。除此以外，也会有同一个被调查者多次重复提交填写的情况，早期《信息世界》杂志在进行其第一次网络调研时，就遇到了这样的情况，导致该次网络调研的失败。后来，在网络调研的相关网址或平台设计中，调研机构都会给每个参与者提供一个唯一的密码，这个密码只允许参与者参与一次网络调研。

2. 垃圾邮件问题

垃圾邮件是指未经允许而发送的电子邮件。在互联网向家庭开放之后不久，调查人员利用这个时机，通过简单地向被试者的电子信箱发送调查问卷，快速、低成本地取得了前所未有的调查数量。利用廉价的互联网对消费者的邮箱进行"狂轰乱炸"，当然不会受到消费者的欢迎。具体情景中，也许你由于一时的兴趣注册了某个网站，你便经常收到它批量发来的有关促销的电子邮件，相信有这种经历的消费者不在少数。人们真的愿意购买向他们发送令人生厌的邮件的公司推销的商品吗？违背消费者意愿发送的电子邮件不仅不利于传播企业的良好形象，而且会损害企业与其消费者已建立的关系体系，这对于企业的发展是极其不利的。消费者出现抵触反应是在预料之中的，消费者权利团体对这种不请自来的垃圾邮件的电子侵权行为提出抗议。尽管调研行业风风火火地取缔垃圾邮件调查，客户也对垃圾邮件逐渐漠视和忽略，但这仍是一个被关注的问题。

对此，美国学者菲利普·科特勒（Philip Kotler）对电子邮件营销的黄金法则进行了总结，他认为营销人员进行电子邮件营销必须遵循的一个基本规则是"征得消费者的同意"。另外，还要允许消费者随时退出收件人列表、给顾客一个必须做出答复的理由、使电子邮件的内容个性化以及为顾客提供一些他从直接邮寄邮件中所得不到的东西。

3. 隐私问题

网络隐私权是指个人对其在网上活动、储存、传递的个人资料具有支配权，未经其同意，任何组织和个人不得擅自收集和使用该信息，或将个人资料用于未经许可的目的。在网络调查中，调研者和被调研者是通过网络信息交互，调研者往往通过调查或其他手段占有较多的被调查者的相关信息，这些信息的过度收集、不当收集与交易处理等行为往往涉及网络隐私权问题。

（1）过度收集个人数据。有关机构为了调查的需要，不顾道德甚至法律的约束，采取多种形式来收集个人信息。

（2）个人数据的不当利用和交易。调查机构利用自己从网络上所获取的个人信息，建立起综合数据库，从中分析出更多的个人未曾透露的信息，进而开展调查数据的深度开发。个人数据交易，既包括调查机构对其所掌握的个人信息进行相互交换，同时也包括网络调查机构将自己所收集的个人信息向某些需求方进行售卖。

信息的隐私问题一直处于争议中。因为网络调研允许一对一进行，所以特别容易产生隐私问题。例如，对消费者如何在网站购物进行的调研，营销人员运用群体筛选技术，猜测顾客对什么产品和服务最感兴趣；使用cookies 来确定消费者访问了网站的哪些内容并以此判断"忠实度"；通过网络定向技术，以精准的渠道将营销信息传达给准确的目标受众群体；网络广告经营者为进行广告效果调查，也经常使用 cookies 来统计相应界面的点击率和点击量，从而分析网民与网络广告的接触率，并以此联系网民对相应商品的购买行动，调整经营策略与广告策略，甚至大数据"杀熟"。此类做法都引起了社会群体的不满。

网民的个人隐私和信息安全的相应标准也在讨论、制定和颁布。从国内来看，2021 年 6 月，滴滴在美股递交招股书，然而到了 7 月，"滴滴出行"APP 因存在严重违法违规收集使用个人信息问题，依据《中华人民共和国网络安全法》相关规定被下架。在滴滴之后，运满满、货车帮、BOSS直聘也被启动网络安全审查，2021 年数据安全审查的大幕由此拉开。滴滴事件背后，是互联网产品的相关数据和技术应用不但涉及个人权利、隐私，甚至还关系着公共安全乃至国家安全的议题。从 2017 年开始实施《中华人民共和国网络安全法》，到 2021 年 6 月颁布《中华人民共和国数据安全法》以及国务院出台关于"互联网 +"的相关行政法规，再到同年 11 月生效的《中华人民共和国个人信息保护法》，中国迎来了个人信息保护及企业数据合规采集使用的新纪元，这些法律法规规定了包括客户便捷拒绝，主体责任，个性化推送需要征得用户同意，平台收集，使用个人信息的每一个环节都必须符合法律规定，关联企业信息共享等多方面值得网络调研注意的事项。

在国外，1974 年，美国通过《隐私权法案》，对收集和使用个人数据的行为边界和责任做出了规定。随后，美国相继通过了《电子信息隐私法》《互联网保护个人隐私政策》《消费者数据隐私保护法案》以及《消费者隐私权利法案》，对最早的个人数据隐私保护相关法案作出补充。除了联邦法案外，美国各州也有自己的隐私保护法，在保护细节上不尽相同。2018年 5 月，欧盟《通用数据保护条例》（GDPR）在欧盟全体成员国正式生效，被广泛认为是欧盟有史以来最为严格的网络数据管理法规。这一条例全面加强了欧盟所有网络用户的数据隐私权利，明确提升了企业的数据保护责任，并显著完善了有关监管机制。条例要求企业必须以合法、公平和透明的方式收集处理信息，必须用通俗的语言向用户解释收集数据的方式，且企业有义务采取一切合理措施删除或纠正不正确的个人数据等，后续欧盟不断评估、完善相应的个人隐私保护条例。2021年1月22日，第一届东盟（东南亚国家联盟，ASEAN）数字部长会议批准发布《东盟数据管理框架》（DMF）以及《东盟跨境数据流动示范合同条款》（MCCs）。消费者的隐私保护随着互联网络技术的不断发展，也越来越受到各国的关注。在正式的法律文件以及人们的道德要求下，网络调研必须注意并遵守相应国家或地区的相关期望，以避免侵犯和泄露客户或被调查者隐私的风险。

四、市场研究系统

市场研究系统是一个包括人、设备和程序的体系，它将恰当的、及时的和准确的信息收集、挑选、分析、评估并分发给营销决策制定者。这些信息是由市场研究系统的四个子系统进行收集和分析的，即：内部报告系统、营销情报系统、营销决策支持系统和市场调研系统。

1. 内部报告系统

内部报告系统（internal reporting system）收集由内部报表所产生的信息，包括订单、应付账款、应收账款、存货水平、缺货水平等。在很多情景中，内部报告系统也被称作账目结算信息系统。尽管在内部报告系统所产生的财务报表（资产负债表和利润表等）中，相应的细节信息对于许多市场决策来说是不充分的，但该系统仍含有关于收入和成本的非常详细的资料，这对市场决策的制定是非常有价值的。比如，一个非常精细的内部报告系统能够产生有关特定产品、产品线、地址或区域等方面的历史信息，它包括：收入、产品成本（包括进货价格、发货或运输费用）、毛利、直接销售成本（如销售人员的佣金）、间接成本（通常称为"一般管理费用"，即"overhead"，包括零售场所的租赁费用、员工工资、运作成本，如安保费用）。

其他的信息也收集在内，如库存记录、销售催款记录和订单。一个好的内部报告系统能够为经理人员提供很多与公司内部运行相关的历史信息。当需要从公司以外的资源获取信息时，市场研究系统的其他组成部分就需要被利用起来。

2. 营销情报系统

营销情报系统（marketing intelligence system）是市场研究系统的

第二个组成部分，我们将其定义为：公司主管用以获得日常的关于营销环境发展的恰当信息的一整套程序和来源。营销情报系统包括非正式的和正式的信息收集程序。非正式信息收集程序涉及诸如浏览报纸、杂志和商业出版物之类的活动。正式信息收集程序则由公司职员执行，这些人被指派寻找与公司或产业有关的信息，之后，他们将这些信息进行编辑，分发给相应的成员或公司部门。很多提供在线信息服务的公司负责提供营销情报。如果某公司要使用该服务，需要在它的网站所提供的调研表格中输入关键字，包含关键字的信息会在订购者的计算机屏幕上一天出现好几次，通过点击包含关键字的文章的标题，订购者就可以阅读该文章的全文。这样，检索大量的信息资源，营销情报就会不断出现，以向决策制定者提供中肯的信息。

3. 营销决策支持系统

营销决策支持系统（marketing decision support system）的定义是：以帮助管理者制定决策为目的，使用工具和技术对收集的数据进行评估和分析。公司一旦收集了大量的信息，就把它们存储在大型数据库中，并且在有机会使用决策制定工具和技术（如盈亏平衡分析、回归模型和线性方程）时，允许公司提出例如"如果采取广告策略，产品销售是否会增长"之类的问题，决策制定者可以马上获得此类问题的答案。

4. 市场调研系统

市场调研系统（marketing research system），收集的是市场研究系统的其他子系统未收集的信息。市场调研系统旨在研究公司所面临的特定情况，与市场研究系统的其他组成部分不同，它收集特定情况下所需的特殊信息。比如，当《人物》杂志考虑应该使用三个封面故事中的哪一个时，它能从内部报告系统获取这类信息吗？不能。能从营销情报系统和营销决策支持系统获取这类信息吗？不能。通过为即将到来的特定问题提供信息，市场调研系统提供了市场研究系统的其他组成部分所未提供的信息，这就是业内人士把市场调研称为"ad hoc 研究"的原因所在。"ad hoc"是拉丁语，意为"与特定目的有关"。

市场调研系统还具有另外一个特征，使它得以与市场研究系统的其他组成部分区别开来。市场调研项目，不像前述的组成部分，它不是持续不断的，而是有开始也有结束。这也是市场调研系统有时被称为"项目"的原因。其他各组成部分可供持续使用。然而，市场调研项目只有在内部报告系统、营销情报系统或营销决策支持系统不能满足信息需求时才会被使用。

第四节 市场调研行业

一、市场调研行业的历史与发展

（一）市场调研行业

市场调研行业是现代信息咨询业的重要分支。它是根据特定目的，采用科学的调查手段，运用现代技术工具和研究方法，为解决经济、社会等方面问题而进行的咨询活动，是第三产业中有效利用信息资源服务于客户的智力密集型产业。现代咨询产业在纵向上可以划分为三个层次，即信息咨询、管理咨询和战略咨询。市场调研行业是咨询产业的基础层。发达的市场调研行业是现代市场体系的重要组成部分，也是衡量一个国家或地区市场经济发达程度的重要标志。

（二）国外市场调研行业的历史与发展

现代市场调研理论的研究者们通常将市场调研在国外的发展大体划分为五个阶段。

1. 成长初期：1920 年以前

从工业革命到 1920 年之间的这段时期称为早期发展时代。这一阶段发生的一些重要事件导致了企业对营销调研的需求。第一，工业革命给人类带来了永久性的冲击，在世界历史上人类第一次有能力进行大规模生产。第二，充分发展的运输系统实现了将数量庞大的商品从新工厂运出来的愿望。第三，随着 1895 年电报的导入和 1906 年无线电的应用以及人们文化水平的提高，通信方式得以改进，为那些在农村设置工厂的公司在远距离市场做广告提供了条件。此后，公司能够大规模生产产品、做广告以及把产品分销到距离很远的市场，这意味着商业经营者不再是就近销售或只销售给他们熟悉的顾客，这些配备了生产工具的新型公司需要通过营销调研来了解远距离市场中的消费者的情况，促进营销调研的发展。

有记载的最早的市场调研是 1824 年 7 月由宾夕法尼亚《哈里斯堡报》（Harrisburg Pennsylvanian）进行的一次总统选票调查。而真正为制定营销决策而开展的第一次系统调研则是 1879 年由广告代理商艾尔（N. W. Ayer）实施，旨在为农业设备制造者确定广告时间安排的市场调研。1895 年学术研究者进入市场调研领域。当时，明尼苏达大学的心理学教授哈洛·盖尔（Harlow Gale）使用邮寄问卷的调研方法研究广告。之后，西北大学的沃尔特·D. 斯克特（Walter D.Scott）采用实验和心理学方法来研究刚起步的广告应用实践，为市场调研行业做出了开创性贡献。19世纪末20世纪初杜邦公司对推销人员提交的有关顾客特征的报告进行了系统整理，标志着第一次系统地完成了顾客调研。

进入20世纪后，激增的消费者需求和大规模生产的发展导致更大、更远市场的出现，为适应这种需求，柯蒂斯出版公司（Curtis Publishing Company）在1911年设立了第一家正式的市场调研机构，并聘请调查专家配林先生担任其商业调研部经理。配林先生撰写了专著《销售机会》，并对实地调研技术作出了一系列的贡献，被推崇为市场调研学科的先驱。在这段时期，一些市场调研工具也逐渐面世：达尼尔·斯塔奇（Daniel Starch）创立了广告反应的认知测度，斯特朗（E. K. Strong）提出了回忆测度和市场调研量表等。

2. 未成熟期：1920—1950年

珀西瓦尔·怀特（Percival White）首次将科学调研方法应用到解决商业问题中。1922年，尼尔森（A. C. Nielsen）先生进入调研服务业，他在怀特早期工作的基础上提出"市场份额"概念以及其他很多种服务，为后来AC尼尔森公司成为美国最大的市场调研机构之一奠定了基础。到了20世纪30年代，问卷调查法得到广泛使用。

20世纪30年代末，广播媒体的发展使市场调研由一门不成熟的学科演变为一个界定清楚的专业，并作为正式课程在大学校园中得到普及。而此时，在实践方面，人们不再满足于对被调研人员回答的简单分析，开始根据收入、性别和家庭地位等方面的差异对被调研人员进行分类和比较。但使用这种方法的人必须有条件借助当时该领域先驱所做的工作，从而获得技术等统计资源，因此，这一方法并未得到广泛运用。

第二次世界大战迫使社会学家从事前线所要求的调研。一些战前被认为是很新奇的方法和工具被用于研究士兵及其后方家庭的消费行为，如实验设计、民意测验、人为因素调研和运筹学等。第二次世界大战后市场调查和预测作为一种应用科学被全世界广泛接受，一些在战争中被认为在处理情报方面行之有效的方法也进入了该领域，如随机抽样、心理测试等。

3. 技术成熟期：1950—2000年

直到20世纪50年代以后，市场调研才真正成为一门系统的学科，或者说一门应用科学，被企业广泛运用于经营管理。这一时期，由卖方市场向买方市场（源于第二次世界大战后被抑制的需求）的转变要求更好的市场情报。生产设备、广告、存货成本的上涨以及其他一些因素的成本增加，使得企业失败的可能性比以往大大增加，通过市场调研发现市场需求，然后生产满足这些需求的产品变得尤为重要。

20 世纪 50 年代中期，人们依据容易区分的顾客人口统计特征提出了市场细分概念。同一时期，人们开始进行动机调研，重点分析消费者行为背后的原因。市场细分、动机分析的基本概念与先进的调研技术的结合，产生了个人心理变化和利益细分等重要创新。20 世纪 60 年代，一些描述性和预测性的数学模型相继出现，如随机模型、马尔可夫模型（Markov model）和线性学习模型。更为重要的是 20 世纪 60 年代初计算机快速发展。个人计算机自诞生以来，便成为了计算机应用技术发展的催化剂。随着这些应用技术的发展，营销调研行业也有了新的进展：个人计算机上的字处理、电子表格程序、计算机辅助调查问卷设计程序、触摸屏资料收集程序、个人计算机统计程序和计算机电话程序等应用程序在营销调研行业得到快速推广。

4. 互联网时期：2000—2010 年

互联网给市场调研带来了意义深远的改变。据某次全球调查显示，94% 的调研公司在使用互联网进行在线调研。同时，一些公司正逐步集中于移动访谈，在智能手机、机器人等移动设备上进行自我完善。互联网给市场调研公司带来许多益处：一是提供更快的商业情报获得途径，有利于更好更快地制定决策；二是提高公司对消费者需求和市场变化的反应能力；三是促进实施进一步研究和纵向调研；四是削减劳动力和时间密集调研活动的相关成本，包括邮寄、电话营销、数据录入和报告的成本。

市场调研行业的互联网革命不仅仅体现在实施调研和分析大量用户数据上，同时也体现在对调研过程和信息传播的管理上，对以下几个关键领域的影响尤为重要：

（1）作为信息来源，替代了图书馆和多样的印刷材料。大量数据库（政府的和非政府的）中的信息都能够即刻从使用者的计算机、智能手机、电子书阅读器（如 Kindle）等中提取出来。

（2）征求建议书（RFP）的高效分配。公司现在能够快速高效地把征求建议书发送到调研供应商的可选择邮件列表中，然后供应商再把建议书和邮件给客户发回去。这大大节约了时间成本。

（3）客户和调研供应商有效协商调研计划。调研人员和客户在进行电话讨论时可以同时在计算机上查阅建议、征求建议书、报告或一些其他的统计分析资料，有利于随时对样本容量、指标和调研计划等方面的变化进行讨论并立刻做出调整。

（4）实时进行数据管理和分析。客户能通过调研供应商的安全网页很便利地看到他们的调查进展并且可以实时管理、分析已收集的数据。

（5）展示调研结果和报告分配。报告以及主要文字处理、总分析表和演示软件安装包的最新版本都可以用演示文稿等程序直接发布到网上，世界各地的管理者能即时看到发布结果。

（6）市场调研的客户端展示。全世界的管理者都可以在密码保护网页上看到并且听到真实的客户端展示，为公司节省了时间和金钱。

5. 大数据时期：2010 年至今

市场调研中最热的话题是大数据，即对大量信息的积累和分析。之前人们对排列数据的分析受限，直到 2009 年创建了分析非排列和自由形式数据的新算法，这一难题才得以解决。现在利用这一技术，数据科学家可以分析社交媒体的文章、网页点击行为、GPS 追踪数据、卫星影像、店内跟踪摄像机拍摄的视频等。

大数据的发展给市场调研行业的买方和卖方均带来了巨大利润。国际咨询公司麦肯锡指出，公司使用大数据并对其进行适当分析能使其生产力和利润比竞争者高 5%~6%。另外，大数据的巨大价值意味着大数据科技和服务市场增长 31%，调研行业的市场规模将会发生巨大扩张。

（三）国内市场调研行业的历史与发展

中国市场调研行业起步于 1988 年，发展至今共经历了行业起步阶段、快速发展阶段及技术革新阶段三个阶段。

1. 行业起步阶段：1988—1999 年

20 世纪 80 年代初期，中国尚未出现专业市场调研企业，最早开展市场调研业务的机构为国家统计局调查团队与信息咨询服务中心。1988 年 4 月，中国第一家市场调研企业（广州市场研究公司）成立，标志着中国市场调研行业的正式起步。进入 20 世纪 90 年代后，大量知名外资品牌进入中国（如宝洁、雀巢、可口可乐等），此类企业为开拓中国市场，需对特定行业及目标消费者进行调研，刺激了市场调研需求，推动了市场调研行业发展。1998 年，中国市场研究协会筹备委员会成立，负责制定行业规范与秩序，促使市场调研行业朝健康、有序方向不断发展。

2. 快速发展阶段：2000—2012 年

随着市场调研企业积累的行业经验逐渐丰富，业内企业专业度大幅上升，市场调研行业逐步朝细分化方向发展，如零售研究、媒介收视率研究、用户研究等方向。2004 年，中国市场信息调查业协会成立，负责完善行业执业标准（涵盖从业人员资质标准、企业服务标准与收费标准等）、监督行业行为并组织业内从业者进行业务培训与交流。此阶段，市场调研行业发展迅速，逐步走向成熟。

3. 技术革新阶段：2013 年至今

随着科技快速发展，市场调研应用技术和手段不断革新，朝着电子化、信息化、远程化方向发展。以焦点人群访问为例，其调研新技术涵盖电子人群访问（与传统方式不同，参与者无须现场参与焦点人群座谈会，仅需通过电子写字板便可发表意见，其意见可被实时数据化，有效提升了访问效率）、焦点人群录像会议（通过视频会议的方式连接各地调研参与者，为企业节省调研时间成本）等。

（四）市场调研行业的运作方式与技术发展

在市场调研行业内部，从 20 世纪 70 年代以来，市场调研的运作方式与技术发展呈现出以下三个特征。

1. 程序标准化

西方发达国家的市场调研企业形成了一套较完整、规范的程序与标准，涵盖了自用户接洽、委托协议直到实施监控、报告提交的全部过程，对企业监控调研服务流程、确保市场调研的质量产生重要作用。例如，英国的市场调研组织协会，建立了用以衡量市场研究公司调查的正确性和可信度的标准（quality control system for interviewing，QCSI），并使之适合 ISO 9000 质量认证体系。

2. 管理自律化

市场调研行业的发展和管理开始趋于规范化，市场化程度较高的国家纷纷在国内建立了行业内部的管理协会，如美国市场研究协会（American Marketing Research Assocision）、英国的不列颠市场调研公司协会等。我国于 1998 年 9 月成立了行业自律性组织——全国市场调查行业协会（筹），并于 2001 年 2 月正式注册成立"中国信息协会市场研究业分会"（China Marketing Research Association，CMRA），目前该组织已有会员单位 300 多家，基本包含了目前在中国市场上比较规范的、以市场调查为主营项目的大部分调研机构。与此同时，该组织也积极开展与国际调查行业相关组织的交流，加强与国际民意与市场调查协会、美国市场营销协会和世界民意研究协会（The World Association for Public Opinion Research，WAPOR）等机构的联系。

3. 技术多样化

市场调研的技术与手段随着市场调研的日趋盛行和产业技术革命而迅速发展和丰富起来。菲利普·科特勒教授把市场调研技术的发展分为六个阶段（见表 1-8）。

表 1-8　市场调研技术的发展

时间	时期	市场调研技术与方法
1880—1920 年	工业统计阶段	普查、直接观察、基本分析
1920—1940 年	技术阶段	随机抽样、配额抽样；问卷设计、相关分析
1940—1950 年	自觉阶段	概率抽样、固定样本调查；回归分析、高等统计理论
1950—1960 年	应用实验阶段	复回归和复相关分析
1960—1970 年	计址方法阶段	因素分析、类别分析；贝氏统计分析、计算机数据处理
1970—1980 年	消费理论阶段	计量经济模型、多属性态度模型；试销实验法、多元素尺度法
1980—2000 年	计算机应用发展阶段	电话辅助调查、电视监测器辅助调查方法
2000—2010 年	互联网阶段	网络在线调查；移动访谈、数据管理、在线分析方法
2010 年至今	大数据阶段	分析非排列和自由形式数据算法

20 世纪 80 年代以来，随着计算机技术、电子技术的发展，市场调研的专业方法、技术手段也日趋多样化，电话辅助调查、电视监测器辅助调查等现代技术大规模运用于市场调查。2000 年以来，随着互联网技术和大数据的应用与发展，市场调研应用技术手段逐渐朝电子化、信息化、远程化发展。网络在线调查、移动访谈、数据管理、在线分析方法等在该领域的应用越来越广。未来随着互联网技术的进一步发展，市场调研方法与互联网技术的结合将更为密切，也因此会给市场调研行业带来新的变革——数智化。

二、市场调研行业的结构与类型

（一）市场调研行业的结构

中国信息协会市场研究业分会 2020 年发布的《中国市场调查行业发展趋势报告》显示，我国 2020 年内地调查行业规模达到了 210 亿元人民币，受新冠疫情影响，行业增长率明显下滑，仅保持了 5% 的微增长。企业构成比较稳定，民营企业超八成；营业额 5 000 万元以上的大公司中股份制、合资企业占比略多，提供样本库、技术平台类的公司中合资企业占比较高。

全年营业收入在 1 万 ~99 万元的调研和咨询机构占调研总数的 3%；在 100 万 ~299 万元的调研和咨询机构占调研总数的 18%；在 300 万 ~999 万元的调研和咨询机构占调研总数的 35%；1 000 万元以上中大型调研和咨询机构占调研总数的 45%。

按市场调研和咨询的客户构成划分，公共部门业务占比保持了连续 2 年的增长，占 20%；制造（快消品）等传统业务相对占比下降，占 14%，其中食品饮料、化妆品等占比较高；汽车制造占比 11%；广播媒介占比 9%，是提供数据收集为主的调研企业的主力用户；来自公共部门的政府项目占比 3%，主要驱动了提供全方位服务和咨询服务企业的业务增长。

按境内外业务划分，2020 年境内客户营业额占总体营业额的 94.4%，是内地调查研究行业最主要的客户来源；国际客户营业额占比则一路下滑；海外执行项目占总营业额的 1%，有海外项目的公司中超过一半的公司海外营业额以 99 万元以内为主；受疫情影响，与 2019 年相比，出海项目营业额明显下滑。

按照服务类型划分，目前市场调研行业中超一半公司以提供全方位的服务类型为主，占比 59%；提供数据收集服务为主的机构占比 25%；提供咨询研究服务为主的机构占比 10%；提供样本库、技术平台或解决方案为主的机构占比 6%。

按照研究方式划分，定量研究依然是市场调查机构最主要的研究方式，占比 82%；定性研究方式占比 15%；其他如咨询、分析、报告服务等占比 3%。按研究项目类型划分，2020 年第三方评估、媒介研究在调查公司的研究项目类型中占比最高，均为 12%；其次为消费习惯和态度研究，占比 10%。

（二）市场调研公司的类型

1. 按执业主体性质划分

据中国市场研究协会资料，我国专业从事市场调研的公司已达 2 000 余家，其他有此职能部门的组织和企业可达上万家。按执业主体性质划分主要有五类：①外资或合资市场调查研究公司，如 AC 尼尔森市场研究公司、北京益普索市场咨询有限公司；②隶属政府职能部门的调查机构或国有调研公司，如各省市统计局的城乡调查队、经济信息中心；③独立的民营专业市场调查公司，如北京益派数据有限公司、立信（重庆）市场研究股份有限公司；④由科研、教育、新闻等事业单位创办的半市场化的调查机构，如北京大学社会调查研究中心、中国传媒大学调查统计研究所、央视－索福瑞媒介研究公司等；⑤隶属各类企事业单位的市场调查部门，如宝洁市场研究部、重庆时报研究院。其中，前三类占市场调查机构总数的 98% 以上，且在规模、市场定位、营销手段、面临的问题等方面都有着很大的差异。

第一类是外资或合资市场调查研究公司，其投资规模大，管理规范，拥有较先进的调研技术和手段，进入中国市场的直接动力是其服务的大型跨国公司对中国市场的调查需求，间接动力是中国庞大的市场服务的潜力。最初，它们主要在内地的部分一线城市设立办事处，由海外总部承接全球性的委托合同，实施其中国部分业务。随后，逐渐在国内设立独立营运的分公司或子公司，并在国内主要城市设立分支机构。这些外资调查公司多数具有以下特点：一是其项目质量的控制和全球性调研项目的要求相符。项目操作的规范性较强，公司各部门分工明确，如同一项目实地资料的搜集和后期分析是由不同部门负责的。二是业务量较为稳定，较少承接国内客户委托，在1997年以前极少在国内市场展开营销活动。三是研究人员素质较高，公司在调研方面的培训能力很强。其劣势主要有三方面：一是调查项目的报价很高，往往超出国内客户的预期和承受能力。二是高级管理人员和技术人员流动较大。外方掌握企业的主要决策权，人际关系和客户关系对公司的市场业绩有很大影响，加之调查行业的市场进入门槛低，以及国内调研企业的"高薪挖角"，因此常发生高级管理人员和技术人员"出走"的现象。三是外资调查公司的流程式、标准化运作更适于保证规范性研究项目的质量，对于客户较为特殊、针对性强的地域性项目，优势不明显。

第二类是有政府背景的国有调研公司，其优势一是能发挥其城乡调查队的网络优势，且办公场所、人员工资等支出普遍较低，项目成本很低；二是拥有政府信息资源，能够获得很多行业的背景数据；三是依靠政府和相关部门的影响力拓展客户群，企业的社会可信度也比较高。但它们也存在相当的劣势，一是国有企业的管理体制不畅，个人工作绩效与回报得不到保障；二是市场压力不明显，企业营销导向不明显；三是受政府部门管理，缺乏独立性；四是基层的调查队工作环境差、调研手段单一，调研工作质量得不到保证，数据误差较大。目前，它们中的佼佼者亦有与外资联合的趋势，如国家统计局下属的华通现代已与美国的Market Fact合资，中央电视台下属的央视调查咨询中心已与法国最大的收视率调查公司索福瑞集团（Sofres）合资。

第三类是独立的国内民营专业调查公司，以承接委托项目的市场调查为主要业务，部分规模较大的公司也涉足管理咨询、市场策划、信息发布、广告设计、人才推介等相关经营活动。管理者以个人独资或股份制合伙的形式投资创办公司，主要投资者往往同时也是调查公司的经营者和技术权威，具有从事市场调查工作的实践经历或较丰富的市场调研专业知识，熟悉市场调研的业务运作，公司所有权与经营权合一。它们的数量最多，在媒体上出现的次数也远远高于前两类调查公司。其优势在于：一是营运成本低，运作方式灵活，项目报价上具有明显的竞争优势。二是组织结构简单，员工没有太明确的专业分工，职能部门划分比较简单，常常根据委托课题的需要建立临时课题组（项目组）来完成调研业务，市场调查手段灵活多样。三是采用项目经理责任制，除前期客户沟通、业务洽谈外，一个项目从规划、设计、统计分析到报告撰写通常都由一位研究人员负责。责任明确，内部协调良好，但项目的质量也依赖于项目经理的个人素质和业务能力。四是市场营销能力较强，经常在媒体上发布调查结果，以增加知名度。对客户的反应迅速，服务意识较强。五是能够满足客户的特别需要，如某些难度较大的调研项目，民营公司往往能比外资、国有调研公司做得更好，因为它获得信息的手段较前两类公司灵活得多。但民营调查公司的劣势在于：一是企业规模不大，运作跨地区、多城市或比较复杂的调查项目的能力较差。因此其执行的调查业务一般局限于企业所在省、市范围内，客户也多数是当地企业。二是项目执行质量稳定性差。由于绝大多数民营调查公司都是在近10年内成立的，企业的技术水平和调研项目的质量与项目主持人、公司的主要技术人员的个人素质密切相关，故人员流失和变动对公司的项目质量有严重影响。三是市场开拓的难度较大，多数调查公司的知名度不高，人财物力有限，难以取得大公司的信任，难以获得金额较大的项目合同。

尽管三种类型的市场调研公司各具特色，但作为专业调研公司，它们之间亦具有一些共同点。第一，专业调研公司着眼于长期发展，在项目质量上基本是负责任的。第二，三类调研公司在决定调研结果准确性的实地工作中差异不大。在抽样框方面，由于难以获得精确到户地址的城市总人口样本框，故绝大多数调研公司都采用抽样员实地勘察的方法构建样本框；在访员素质方面，由于绝大多数访员都是兼职大学生，且相当多的大学生同时为几家公司担任访员，故各公司访员素质差异不明显。第三，对一些跨区域的实地调研工作，大多采用"分包"或"转包"，由当地的市场调研公司实施，目前还没有一个调研公司能在全国所有省设立分公司。第四，由于调研行业是智力密集型行业，企业的发展和原始资金的投入没有很大关系，故调研公司的兼并与重组在行业内经常发生。

2. 按调研供应者划分

在营销调研行业中，人们把营销调研信息的供应者称为调研供应者。依据纳雷希·马尔霍达（Naresh K. Malholta）分类法，可以将调研供应者分为内部供应者和外部供应者。如图1-4所示。

```
                    营销调研供应者
                          │
          ┌───────────────┴───────────────┐
        内部                             外部
                                          │
                    ┌─────────────────────┴─────────────────────┐
                  全面服务                                      有限服务
                    │                                            │
     ┌────────┬────────┬────────┐        ┌────────┬────────┬────────┬────────┬────────┐
  辛迪加    标准     定制     网络调研    现场     市场细分   抽样设计和  数据分析   专业调研
 信息服务   服务     服务     服务       服务     专业服务   分配服务    服务      技术服务
```

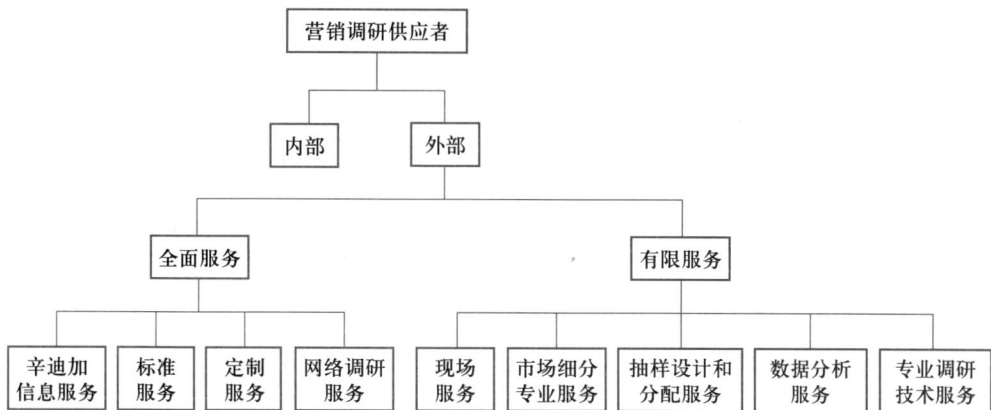

图1-4　营销调研供应者分类

内部供应者是指完成营销调研任务并提供调研信息的公司内部机构。如柯达、通用磨坊、福特和克莱斯勒公司都有自己的调研部。在内部有调研供应者的公司可以选择以下几种组织形式来完成调研功能：

（1）设立正式的调研部门。一个公司是否设立自己的调研部门，关键在于它能否支持这个部门的日常人工费和设施费用。许多大公司都有自己正式的营销调研部门，其最大的好处是，有专门的人了解公司的运作以及行业的变化情况，为它们在调研中识别机会和问题提供更好的洞察力。

（2）不设正式的部门，但有专人负责营销调研。如果公司不打算设立正式的营销调研部门，可以将营销调研工作分配给公司的其他部门或分支机构。使用这种办法的缺点是不易协调调研活动。在这种情况下，可以建立一个机构来协调各部门的调研工作，保证公司所有部门能投入到正在进行的调研工作中，并且从中有所收益。如此，既可以解决上述问题，又可以节约维持全职员工机构所需的固定成本。

（3）不设专人负责调研。在一些小公司中，可能没有人专职负责营销调研工作。一般经理会扮演很多角色，从战略规划者到销售人员，甚至是安全保卫人员。同时他也需要负责营销调研工作，以确保决策前信息的准确性。这种方式的优点是经理可以经常性、近距离与他们的消费者及供应商接触，持续获得最新的决策信息。

外部供应者是指公司外部受雇来满足公司营销调研需要的机构。不管是大公司还是小公司，营利组织还是非营利组织，政府机构还是教育机构，它们都会从外部供应者那里购买调研信息。与内部供应者一样，外部供应者用不同的方法组织营销调研。其组织的依据包括：功能（资料分析、资料收集等）、调研应用类型（顾客满意度、广告效果、新产品开发等）、地理（国内、国际）、顾客类型（卫生保健、政府、电信等），或者是前述某些项目的组合。通常把所有的外部供应者分成两类：全面服务机构和有限服务机构。

（1）全面服务机构。全面服务机构有能力完成其委托人所要求的全部营销调研工作，能够自己找出问题，进行调研设计，收集和分析数据，并完成最后的报告。一般来说，它们是一些大型公司。例如，博克营销调研公司、Market Facts、AC尼尔森、Roper Starch Worldwide、Information Resources，Inc.和Walker Information都是全面服务机构。它们可以进一步分为辛迪加信息服务、标准服务、定制服务和网络调研服务公司。

辛迪加信息服务公司为多个用户提供信息服务，它们以标准形式提供可以满足许多公司需要的信息或数据。标准服务公司提供辛迪加营销调研服务，而不是辛迪加信息，它使用标准化的数据收集过程，向每个客户提供不同的信息，比客户定制的服务项目更便宜。定制服务公司根据不同顾客的特殊要求提供定制服务，它们花费大量的时间与客户一起确定问题，然后，根据客户的特定问题设计调研，并作为一个特定的项目开展。网络调研服务公司专门提供网上服务。现在所有的调研公司至少在调研过程的一个或多个阶段中使用网络调研，但是只有那些专门从事网络服务的公司才能被称为网络调研服务公司，它们基于提供网络服务而存在。

（2）有限服务机构。有限服务机构是指那些专门从事某个方面或某几个方面调研工作的公司。它们或拥有专门技术，如目测和神秘购物技术；或定位于某个细分市场，如对老年人的调研和对某项体育项目的调研。这些有限服务机构可以根据从事的不同领域进一步分类，如现场服务、市场细分专业服务、样本设计和分配服务、数据分析服务、专业调研技术服务。由于在全国范围内进行访谈，人员费用很高而且难度很大，现场服务公司可以提供现场服务，如电话访谈、焦点小组访谈、拦截访谈或入户调查等。市场细分专业服务公司专门针对特定的细分市场进行数据收集，如儿童、少年、青年、产业消费者或位于国内或全球特定地理区域的人。通过这种专门化服务，这些有限服务机构就可以对客户所处的行业有更深的了解。样本设计和分配的公司向委托者提供和分发样本，有助于委托者快速、高效地针对全国市场使用概率抽样方案进行电话调研。数据分析服务公司在调研流程中采用复杂的数据分析技术，如关联分析等，为数据分析和解释提供技术帮助。专业调研技术服务公司通过熟练地使用一种特殊的技术向它们的客户提供服务，如预测试公司（Pretesting Company）专门从事眼球运动研究。

三、市场调研行业的数智化趋势

效率是市场调研行业的共识。将数智化和传统的调研方式相结合，将会是避免错过市场引入时机、提升调研效率的一条真正有效的捷径。数智化概念中的"数"代表数字，强调信息化层面的网络、技术、数据等；"智"代表智能，强调智能化的设备。将互联网、大数据、云计算、人工智能等数字技术与传统市场调研行业相结合，用数字技术赋能调研产业，会带来调研的"效率"和"效益"的不断提高。由此，在技术与互联网持续繁荣的大背景下，数智化持续不断地与市场调研相结合，并由此带来调研的多方面变革，是近些年来市场调研行业的重大趋势。在 20 世纪末、21 世纪初，营销调研人员使用信息技术以提高调研的速度和经济效率。这正是网络调研成为调研行业一个重要组成部分的原因。随着技术水平的进一步发展，自动化、大数据及网络的广泛普及给调研行业带来了巨大的机遇与挑战。

1. 自动化和 DIY 工具

当今世界竞争比以往任何时候都更加激烈，客户越来越希望市场研究合作伙伴做出快速、明智的决定，以保持在竞争中的领先地位。自动化和面向客户的自己动手（do-it-yourself，DIY）工具等技术的使用是提供解决方案的关键组成部分。自动化技术的火热投资和 DIY 工具的持续扩散，将继续为市场调研行业带来巨大的变化。

自动化的发展将改善市场研究人员和有洞察力的专业人士的工作生活，他们可以腾出时间专注于对关键客户问题的解决。人工智能和机器学习的发展已经使文本分析和报告创建的速度更快，使市场调研人员可以集中时间解决问题。如果做得好，自动化不仅为客户节省时间和成本，而且还与深入洞察问题和提供解决方案有关。在可能的地方自动化可以帮助较小的、资源紧张的调研团队为更广泛的、不断增长的客户提供服务。提供面向客户的 DIY 工具对研究人员和客户有着同样积极的影响。DIY 工具可以在一线决策者需要信息的时候，将信息准确便捷地送到他们手中。同时，这些工具也带来了新的挑战，例如，用户可能会误解 DIY 工具的使用，因为他们没有时间做长报告或演示这些工具，这使得工具设计和使用指导成为调研人员必须带头的关键工作，从而保证用户充分理解并正确使用。

2. 大数据与预测分析

技术的进步使市场研究人员能够比以往更快地收集和存储大量的消费者和市场的数据。大量的数据要么是结构化的、高度组织化的、可搜索的，要么是非结构化的、非代码的和神秘的。大数据通常使用机器学习进行计算分析，揭示人类行为和商业运作的模式、趋势和关联。大数据和机器学习的力量在于能够进行预测分析，开发从数据中学习的模型，识别模式，并在最少的人工干预下做出决策。该技术使市场调研行业能够实时收集大量数据，预测消费者和市场的未来发展方向和方式。这将在未来几年继续受到市场调研行业的重点关注。

大多数调研企业都开始重视和发展大数据和预测分析。未来 10 年，大数据和预测分析将充当一个过滤器，极大地改变市场调研的过程，实时收集和突出变化，用更少的资源捕获"什么"，更多的时间来确定"为什么"和"如何使用这些信息"。同时，帮助市场调研人员实时地收集、存储和分析大量的数据。新的、意想不到的数据来源也将从非传统的供应商那里出现。如何理解数据以推动决策，这对市场调研行业来说是一个巨大的转变。作为技术、数据科学家和决策者之间的桥梁，市场调研人员将在理解与解读大数据、交流结果和建议行动方面发挥关键作用。

3. 网络数据

网络调研是市场调研行业数智化不可缺少的一环。随时随地的数据收集也将成为网络调研未来发展的关键点。人们在网络上收集大量虚拟数据以及轻松获取、分析和共享信息的能力不断增强，但这也产生了对更严格的标准和透明度的需求。在大数据的背后，同样令人担忧的是收集了什么以及如何使用大数据。对此，市场调研行业需做到两个方面：第一，在研究过程的每个阶段都对客户完全公开；第二，在信任的基础上培养密切的合作伙伴关系。区块链技术的出现是透明度需求不断增长的另一种表现，在市场研究数据收集和验证方面具有潜在的应用价值。

以上三点为全球数智化趋势对市场调研行业的重塑。自动化、大数据及更为直接的网络调研拉近了市场调研行业内及与顾客之间的距离，极大地便利了相关项目活动的开展。根据《2020 年中国市场调查行业发展趋势报告》（中国信息协会市场研究业分会），大数据的行业应用与赋能是调研公司当前最关心的议题，营业额 1 000 万元以上的公司对大小数据融合、调研平台化和企业数字化转型等技术的应用有更多的关注。而发挥市场研究洞察力、向大小数据融合发展也被市场调研行业认为是第三大机遇。2020年 4 月 7 日，国家发展和改革委员会等部门印发《关于推进"上云用数赋智"行动 培育新经济发展实施方案》，其重点在于进一步加快产业数字化转型，壮大实体经济新动能，促进新经济发展，大力培育数字经济新业态。2022 年 1 月 12 日，国务院印发《"十四五"数字经济发展规划》，明确了"十四五"时期推动数字经济健康发展的指导思想、基本原则、发展目标、重点任务和保障措施。《规划》以数据为关键要素，以数字技术与实体经济深度融合为主线，提出赋能传统产业转型升级，培育新产业新业态新模式，不断做强做优做大我国数字经济，为构建数字中国提供有力支撑。相信在政策、技术等宏观环境下，市场调研行业的数智化趋势将会进一步扩大，为企业的营销活动带来新的机遇与变革。

本章小结　　市场调研是为了满足营销管理的需要而系统地收集、分析和提供市场营销信息的职能活动，它向营销产品、服务或思想的决策者提供帮助。市场调研具有四种功能：描述、诊断、监控、预测。市场调研大体上分为探索性调研与结论性调研，结论性调研又分为描述性调研与因果性调研。网络市场调研是指使用互联网等计算机网络，帮助实现市场调研的任一阶段，是一种有效率也有效益的调研方法。经过多年的发展，在互联网和大数据的驱动下，市场调研行业出现了自动化、大小数据融合与调研平台化等新的发展机遇。

即测即评

复习思考题　　1. 营销的作用是创造交易，市场调研在其中发挥了什么作用？

2. 市场调研有哪些类型？它们之间有什么差异？

3. 网络调研与传统调研相比有哪些区别？

4. 市场调研行业具有哪些特征？

5. 互联网和大数据是如何改变市场调研领域的？

综合实训　　中国信通院于 2022 年 5 月发布了 2022 年 3 月国内手机市场运行分析报告。报告显示，2022 年 3 月，国内市场手机出货量 2 146 万部，同比下降 40.5%，其中，5G 手机出货量为 1 618.5 万部，同比下降 41.1%，占同期手机出货量的 75.4%。

值得注意的是，2022 年以来，国内手机出货量同比持续下滑。1—3 月，国内市场手机总体出货量累计 6 934.6 万部，同比下降 29.2%。特别是 2022 年 2 月，出货量仅为 1 486.4 万部，同比下降 31.7%。从过往数据来看，2 月份一直是手机出货量的低谷时段，2022 年可以说是达到了"低谷中的低谷"。

任务目标：假如你是某品牌智能手机市场部经理，请你针对智能手机终端市场低迷的原因展开调研，并为企业提供发展建议。

任务要求：以小组为单位，结合本章所学内容，搜索互联网上有哪些数据库、报告和资料数据，可以为调研方案制定和执行提供参考。以 PPT 汇报的形式在课堂上给出市场调研结果。

考核标准：

作业考核采用小组互评的方式，总分 100 分。在评分时小组需要列出别的小组的优点和不足，同时小组需要给打出的特别分数（如本项获得满分或较低分数）予以说明。

（1）对调研方案及实施情况的考核（70 分）：调研目的明确（10 分）、调研方法得当（20 分）、调研分析有理有据（20 分）、调研结论真实合理（20 分）。

（2）整体汇报表现考核（30 分）：PPT 制作（15 分）、汇报人流利程度（5 分）、表现能力（10 分）。

案例分析

可口可乐：跌入调研陷阱

20 世纪 70 年代以前，可口可乐一直是美国饮料市场的霸主，然而，70 年代中后期，它的老对手百事可乐迅速崛起。1975 年，可口可乐的市场份额仅比百事可乐多 7%；9 年后，这个差距更缩小到 3%。

百事可乐公司请毫不知情的消费者分别品尝没有贴任何标志的可口可乐与百事可乐，并将这一对比实况进行现场直播。结果是，有八成的消费者回答口感较甜的百事可乐优于可口可乐，此举马上使百事可乐的销量激增。

对手的步步紧逼让可口可乐感到了极大的威胁，它试图尽快摆脱这种尴尬的境地。1982 年，为找出可口可乐衰退的真正原因，可口可乐出动了 2 000 名调查员，在全国 10 个主要城市进行一次深入的消费者调查。

可口可乐设计了"你认为可口可乐的口味如何？""你想试一试新饮料吗？""可口可乐的口味变得更柔和一些，您是否满意？"等问题，希望了解消费者对可口可乐口味的评价并征询对新可乐口味的意见。调查结果显示，只有 10%~12% 的顾客对新口味表示不安，大多数消费者愿意尝试新口味的可乐。

可口可乐的决策层以此为依据，决定结束可口可乐传统配方的历史使命，同时开发新口味的可乐。1984 年 9 月，他们终于拿出了样品。这种新饮料比可口可乐更甜、气泡更少，它的口感柔和且略带胶粘感，这是因为它采用了比蔗糖含糖更多的谷物糖浆。可口可乐公司组织了品尝测试，在不告知品尝者饮料品牌的情况下，请他们说出哪种饮料更令人满意。测试结果令可口可乐公司兴奋不已，顾客对可口可乐的满意度超过了百事可乐。而以前的历次品尝测试中，总是百事可乐打败可口可乐。可口可乐公司的市场调研人员认为，这种新配方的可口可乐至少可以将公司在饮料市场所占的份额向上推动一个百分点，这意味着多增加2亿美元的销售额！

为确保万无一失，在新可口可乐正式推向市场之前，可口可乐公司又花费数百万美元在13个城市进行了更大规模的口味测试，邀请了近20万人品尝无标签的新、老可口可乐和百事可乐。结果让决策者们更加放心，在新、老口味可口可乐之间，60%的人选择新口味可口可乐；在新口味可口可乐和百事可乐之间，52%的人选择新口味可口可乐。至此，推出新口味可口可乐似乎是顺理成章的事了。

可口可乐不惜血本协助瓶装商改造了生产线，而且，为配合新口味可口可乐上市，可口可乐还进行了大量的广告宣传。1985年4月，可口可乐在纽约举办了一次盛大的新闻发布会，邀请200多家新闻媒体参加，依靠传媒的巨大影响力，新口味可口可乐一举成名。

1985年5月，可口可乐公司将口味较甜的新口味可口可乐投放市场，同时放弃了原配方的可乐。在新口味可口可乐上市初期，市场销售不错，但不久就销售平平，越来越多的老口味可口可乐的忠实消费者开始抵制新口味可口可乐。对于这些消费者来说，传统配方的可口可乐意味着一种传统的美国精神，放弃传统配方就等于放弃美国精神。公司每天从愤怒的消费者那里接到1 500多个电话和很多的信件，一个自称原口味可乐饮用者的组织举行了抗议活动，并威胁除非恢复原口味的可口可乐或将配方公之于众，否则将提出集体诉讼。

迫于原口味可口可乐消费者的压力，在1985年7月中旬，即在新口味可口可乐推出的两个月后，可口可乐公司恢复了原口味的可口可乐的生产，从而使新口味可口可乐与原口味可口可乐在市场上共存，但原口味可口可乐的销售量远大于新口味可口可乐的销售量。

资料来源：曾亦钢.可口可乐一次失败市场调研的启示[J].市场观察，2010（01）：27.

思考：

（1）新口味可口可乐配方的市场营销调研中存在的主要问题是什么？

（2）新口味可口可乐配方的市场调研的内容应包括哪些方面？

（3）假如你是可口可乐公司的市场调研人员，你会如何进行市场调研设计？

本章参考文献

[1] 汪劲松. 市场调研——行业发展与企业运营 [M]. 北京：科学出版社，2013.

[2] 陈娟，吕波. 连锁经营数智化转型的路径选择与实践创新——第十届中国商贸流通企业发展论坛暨数智化连锁经营高峰会观点综述 [J]. 中国流通经济，2021，35（01）：113-128.

市场调研设计 2 第二章

本章主要阐述了市场调研的流程设计、目标设定、设计方案及不同类型的实践运用。本章的重点是理解市场调研的流程并掌握如何定义调研问题和确立目标，本章的难点在于掌握市场调研的设计要点，并撰写合理的调研设计方案。

（1）知识目标：理解市场调研的流程设计；了解调研问题和目标的设定；了解影响调研设计方案的关键要素。

（2）能力目标：掌握调研设计方案的撰写和评价。

（3）素质目标：结合中国网络市场发展特点来了解市场调研的执行原则变化，培养科学开展市场调研的精神，建立市场调研的道德观。

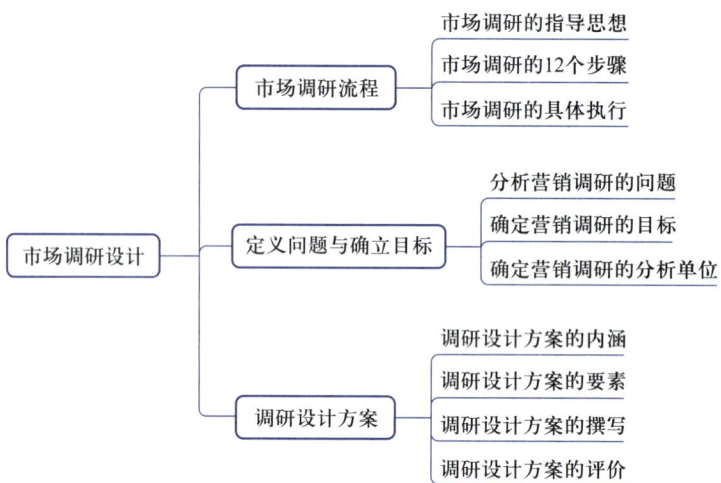

腾讯问卷——网络调研的繁荣

在市场研究中，问卷调查是一种常用的手段。它可以帮助市场研究者进行调研、投票、测试等，它的数据是营销管理人员参考和分析决策的重要证据。但随着科技发展，传统问卷已经逐渐淡出了用户视野，取而代之的是简单方便的网络调查。网络调查是互联网逐渐普及情况下的产物，它是在原来的面访、笔访的基础上，发展出来的计算机辅助访问方式，它可以在更为广泛的范围内、对更多的人进行数据收集，资料庞大。其及时性、经济性、交互性、客观性是一些传统调研手段不具备的特点和优势，使其获得市场研究人员的青睐。腾讯问卷就是网络调研的一个明显例子，其官网页面如图 2-1 所示。

图 2-1　腾讯问卷

腾讯问卷是腾讯公司推出的在线问卷调查平台。腾讯问卷不仅提供单选、多选、量表、填空等题型，还有实时统计、交叉分析、逻辑跳转等功能，更具有多方式问卷创建编辑、数据实时在线统计分析、跨终端跨平台自适应三大特色功能，帮助解决问卷撰写问题。解决了问卷撰写难题，市场研究人员在进行调研时还面临着样本量不足的问题。腾讯问卷推出的"卷叔填填圈"帮助解决样本量少的问题。填填圈可以根据调研需求，对回答人群按照性别、婚姻状况、学历、年龄、地域、行业属性、职业状况、手机品牌型号、手机系统等属性进行区分，并定向投放问卷。现在，腾讯问卷已经拥有免费版、团队版、私有化三大版本，努力满足各类卷友的不同需求。因此，在许多卷友眼里，腾讯问卷是撰写调研报告、写论文、市场调查、用户调查等的重要工具。

近年来，产生了越来越多的网络调研工具，除腾讯问卷外，常见的网络调研工具还有百度指数搜索、艾瑞数据、易观数据、生意参谋等。百度数据是一个用来探索市场的需求点、未来趋势的数据工具，通过百度指数搜索，市场调研人员可以知道所输入产品的研究趋势、需求谱、地区分布、热点词分布、人群分布等；艾瑞数据可以搜索到行业的市场调研报告，为企业做宏观市场分析提供了参考数据；易观数据可以输入产品或行业关键字，搜索的结果将会呈现相关内容与数据，呈现对比分析，锁定关键领域；生意参谋是阿里巴巴旗下平台，应用于淘宝卖家数据咨询，集数据作战室、市场行情、装修分析、来源分析、竞争情报等于一体。

资料来源：腾讯问卷官网。

第一节 市场调研流程

一、市场调研的指导思想

市场调研是为了帮助市场工作找出问题和解决问题。合理可靠的结果是对调研"真实性"的保证。从这一角度而言，我们可以把市场调研的指导思想总结归纳为：获得真实的、能够帮助企业做出正确决策的数据或信息。开展市场调研时，调研员需要遵循一定的原则和职业规范。

1. 科学性

调研员应遵守严格的规章制度、科学的工作标准，同时应许诺调研过程中运用科学、合理的调研工具和方法，确保调查问卷、访谈提纲、信息收集、走访调查的设计严谨科学，坚持问题导向。对调查过程也应当进行科学的安排，对采用的调查方式、调查对象、问卷拟订方式等都应该认真钻研，确保对调研目标的适用性。同时在调研过程中也要避免出现违背科学性的行为，如为了更快、更方便地收集数据，不遵循设计好的调研方案，或不遵循受访者筛选标准，随便选择受访者进行访问调研。

2. 客观性

调研工作需要从客观实际出发，不加入个人主观因素，也不受其他权威人士的影响。客观性包括事实和公正两个方面：事实是指信息的真实性和相关性；公正是指保持中立态度，不带有个人主观态度，不人为干预整个调研活动。客观性是对调研员的态度的基本要求，因为与大部分商业活动一样，市场调研行业中也可能会存在许多非道德的行为：在调研过程中为了某种目的人为引导受访者回答某个答案；没有进行数据获取与收集而直接编造出数据；在数据分析时为获得某种结果，人为更改收集到的数据等。

3. 数据保护

调研员应对调研获得的数据加以保护，防止出现资料或数据被他人篡改或意外丢失等情况。数据是之前辛苦调研工作的成果，也是接下来分析工作的基础，只有正确且完善的数据才能反应市场的真实情况，才能通过市场调研解决问题。若数据发生意外丢失，意味着之前的努力付之东流，需要重新花费时间和精力，但好的投资机会经不起拖延；若发生人为篡改事件，意味着之后的调研分析将全部基于错误的数据，可能会诱使企业做出错误的判断和决定，这往往比重新收集数据带来的后果更为严重和恶劣。所以调研员应该提高数据保护意识，重视数据的保护，并运用数据备份、设置访问权限、密钥加密等手段对数据进行保护。

4. 隐私保护

调研员在进行问卷调查、行为观察等涉及收集与被调查者个人相关的信息的活动时，需要充分告知被调查者，在获得同意后才能进行下一步的调研，并在后续活动中对被调查者身份保密，对被调查者提供的相关信息保密。

近年来，我国对公民的隐私保护意识越来越强，我国于 2021 年 11 月正式施行《中华人民共和国个人信息保护法》，明确完善了企业对个人信息处理的规则：企业应该"最小范围"地收集个人信息，且需要在告知并取得同意的情况下才能收集信息；无论个人信息用于何种合法事由，个人信息处理者都需要履行事先告知的义务，即事先说明信息的用途，取得同意后才能进一步使用；个人信息主体在信息的收集、使用、保存、共享的过程中都有撤回之前"同意"的意思表示的权利，即个人信息主体行使撤回同意的权利不只局限于在企业收集个人信息的初始阶段，而是在企业对个人信息使用的全过程中均有效。

调研员在市场调研的全过程中，都应高度重视个人信息，确保收集到的个人相关信息都是取得个人的同意、通过合法途径获得，且在信息使用、保存的过程中也要注意保密性，防止信息以及个人隐私的泄露。

二、市场调研的 12 个步骤

市场调研是一个科学的过程，也是一项专业的技术活动，因此需要一个有序、科学的调研步骤框架，来帮助调研人员全面考虑问题，降低因调研人员认知程度不同、专业水平不同而产生的主观性、偏激性，降低因盲目开展市场调研而可能带来的金钱和时间浪费。市场调研流程可以说是调研的骨架，流程的逻辑性和专业性保证其在种种环境均能适用；市场调研流程也可以说是一张地图，能引导调研人员高质量识别市场。根据调研项目的共性，在此给出市场调研的 12 个步骤，帮助实践中的调研人员高效地、科学地展开调研活动。

在此我们将简单地介绍市场调研的 12 个步骤，具体的技术和实操将在后续的章节里详细介绍。

1. 确定市场调研的必要性

开始调研之前，首先需要确定现行条件下，进行市场调研是否是最好的选择。因为市场调研是一个科学的过程，需要经过信息设计、信息发送、信息反馈、总结分析等一系列步骤，其科学性使市场调研注定是一个耗费时间、耗费人力、耗费财力的过程。所以决策者在决定市场调研时，首先应该思考市场调研是否是必要的。

而在一些可能不需要或不适合进行市场调研的情况下，决策者需要慎重考虑是否可以用其他手段替代市场调研。比如：①已经获得所需要的信息；②必须马上做出决策；③缺乏足够的资金；④成本超过市场调研带来的收益；⑤可以通过其他非调研手段获得；⑥对调研目的缺乏明确定义；等等。

2.定义问题

市场调研者，大多能观察到有问题的现象，但却很难找到解决问题的根源，这是由于问题定义不清导致的。我们进行市场调研，可能是为了解决企业经营活动中所面临的问题；可能是因缺乏相关领域的信息而无法进行决策；可能是经营活动的过程中出现了某些失误点，企业想要探明问题所在；可能是探究对新产品应采用什么样的营销方式最为有效；可能是想对企业现行营销策略进行改进或者考核；等等。

定义问题的步骤首先是发现经营过程中的现象或症状，然后采取一些初步的研究，如二手数据分析、定性研究、环境分析等，最后用精炼的语言描述调研问题。定义调研的问题，实际上就是界定想要通过市场调研解决什么。如老师在课堂上给同学们布置的作业一样，如果问题界定不清，那就会让同学们摸不着头脑，最终同学们做出的回答自然也是千奇百怪。

3. 确定调研的目标

既然知道了问题所在，就要为了解决问题而给出具体可实行的方案，第一步就是确定进行市场调研的目标，即确定调研是"为了什么"，调研目标的确定将帮助我们获得解决问题所必需的信息。团队合作时，有了明确的目标，团队成员才能直奔主题收集相关数据，而不是浪费大量时间在没有必要的事情上。调研的目的可以是确定产品市场布局、确定产品的定价策略、了解竞争企业的商业模式、探索顾客的消费行为、预测市场未来发展趋势等。明确的调研目标是整个市场调研的领军之旗，指明了接下来的每一步的方向。

4. 确定调研设计方案

按收集、分析数据的方法和流程可归纳出三种调研设计方案（简称调研方案），如图2-2所示。这三种方案已在第一章讲解，此处不再赘述。

探索性调研	描述性调研	因果性调研
在没有特定结构且非正式方法下收集数据。	描述市场上的各种情况，主要可以通过回答who、what、when、how、why等问题来完成调查。	即设计实验，提出自变量和控制变量等，在进行实验后获得与调研目的相关的结果。

图 2-2　调研设计方案种类

5. 确定信息的类型和来源

通常，营销人员能得到的信息有两种类型：第一手资料和第二手资料。第一手资料也叫原始资料、一手资料，是由企业自发的调查验证所得的原始资料，如原创的文献资料、实验数据、当事人亲身经历后的口述等；第二手资料也称二手资料，是指那些出于其他目的而收集的资料，可以来源于企业外部，也可以来源于公司内部，如公司资料库里的顾客信息、人口学特征、客单价、购买频率、最近一次购买信息等。

6. 确定收集资料的方法

一旦确定了所需的信息类型，研究人员就应确定收集资料的方法。与一手资料相比较，收集二手资料相对简单得多。对于来源于企业内部的资料，营销人员可通过公司记录、销售人员、官网点击流数据、销售数据、用户评价等来收集信息，其只需要获得企业授权即可。对于企业外部的资料，可以直接向相关机构进行购买，也可以通过互联网、书籍等获得。

在数字化时代，对大数据的深层次挖掘也是企业收集资料的重要方法。如社交媒体平台上各种类型的用户生成内容，包括对产品的评论、推荐、抱怨等，这些非结构化的内容包含了丰富的企业所关注的信息，且是未经指引、消费者自愿表达的产物，更具有客观性。所以企业可以对社交媒体上相关帖子进行收集，作为分析资料的重要来源。

7. 设计资料收集表格

营销调研需要收集信息，因此用于询问并记录信息的问卷的科学性和客观性尤为重要。

问卷基本结构包括：问卷说明、填答说明、问题及选择答案、其他资料、结语。在设计问卷时，需要在问卷说明上用简短的语言说明问卷的目的，告知本问卷是匿名回答还是需要实名记录，并保证对个人资料和回答信息将严格保密，填答说明为填写者提供如何回答问卷的问题的指导。

我们可以给出一个填答说明的示例供读者参考：您的回答没有对错之分，请在每一个问题后结合自己的情况选择，或者在空白处填写恰当的内容。若无特殊说明，每个问题只选择一个答案。

在问卷设计时，注意问题的表述遵循以下原则：①问题描述通俗易懂，简明扼要；②备择答案设计完备且互斥；③保持中立态度，无引导性、带有感情色彩的词语出现；④有逻辑性。

问卷的发放包括当面发放收集、邮寄调查问卷和网上发放问卷，在收集问卷时，注意剔除无效问卷以及计算回收率。另外，如有可能，还可以做小范围内的跟踪调查或访谈调查，确保问卷的真实性，以防止问卷结果分析的片面性和可能存在的误差。

当然，收集的资料并不止是问卷，还可以是通过爬虫得到的大量数据，企业可以建立数据库来实现对数据的整理、清洗，最后以一定的格式实现分类。

8. 确定抽样方案和样本容量

在商业活动中，企业几乎没有能力也没有必要进行普查，所以抽样调查是实际中应用最广的调查方法。市场调研中的抽样与统计学的抽样相同，中心思想都是从样本的特征去推断总体的特征，统计学中的简单随机抽样、分层抽样、系统抽样、整群抽样在市场调研中同样适用；同时，由于市场调研特殊的商业背景，调研者可以根据实际情况选择不同的抽样方法或方法组合。

确定抽样方法往往很简单，但抽样方案的确定却需要谨慎考虑。抽样方案是指根据调研对象特征挑选样本所包含元素的过程。如调研人员想要调查高收入家庭对新能源汽车性能的偏好，那么抽样方案就可以告诉企业如何从所有高收入家庭中选择一部分高收入家庭来作为样本，往往抽样方案能确定抽样样本对总体的代表性。上面的例子看起来很简单，但仔细思考，什么样的家庭才算高收入家庭？是用年收入、家庭净资产还是人均可支配资产来判定呢？假如确定以年收入高于60万元人民币的家庭为高收入家庭，那我们又从什么地方找到符合这些标准的家庭来回答？他们分布在什么地区？是邀请家庭成员中的某一个成员还是所有家庭成员作答？在实际调研过程中，找到符合抽样标准的样本并获得他们的回答其实是一件困难的事，也是一件花费较高成本的事，这往往需要巧妙的抽样方案设计和调研员较高的职业素养。这也不难解释为什么对市场调研会有科学性、客观性的要求，因为调研员往往会在缺少他人监管时为了完成任务而选择容易获得但可能不符合抽样要求的人作答，从而产生不道德行为。

样本容量是指调研过程中从既定总体中抽取的样本元素的数量，通常样本容量越大准确性越高，但随之调研费用也会增加。往往可以根据调查问题的性质、抽样误差的要求、抽样费用的限制来决定样本容量的大小。在统计学中，一般认为样本容量大于 30 就为大样本，遵循中心极限定理：样本容量越大（通常 $n \geqslant 30$），样本均值的抽样分布越接近正态分布。通常，一条测量语句，要保证至少有 10 个样本，考虑到无效样本的可能性，最好保证有 15 个样本，因此，总样本数是测量语句的 10~15 倍。

9. 收集资料

收集到的资料是调研人员之前所有辛苦工作的果实，在资料收集的过程中，可能会产生许多非抽样误差。非抽样误差是由调查过程中相关工作失误造成的，包括调查方案中有关规定或解释不明确所导致的填报错误、抄录错误、汇总错误。非抽样误差在抽样调查，数据搜集、汇总和整理的过程中都有可能发生。但从理论上这类误差是可以避免的。在收集资料的过程中如何将误差降至最低应该是调研人员应该着重关注的，调研人员应该注重运用科学的方法，加强填报时和汇总时的数据检查。

10. 分析资料

分析是从数据和资料中挖掘企业真正需要的信息，从而解决企业进行市场调研的待解决问题，实现调研的目标。获得数据和相关资料后，需要专业人员运用相关的工具来分析数据和资料。资料分析包括资料输入、检查错误、计算和各种统计检验。几种常见的市场调研定性分析方法包括：

（1）PEST 分析法：即对企业所处的宏观环境分析。

（2）SWOT 分析法：确定企业自身的竞争优势、竞争劣势、机会和威胁。

（3）4P 分析法：对企业产品进行营销分析。

（4）5W2H 法：What、Why、When、Where、Who、How、How much，简单易于理解又有助于弥补考虑问题时的疏漏。

（5）逻辑树分析法：帮助理清思路，将庞大的资料细分为多个有条理的部分。

以上提到的都是较为简单的定性分析方法，而实际应用的分析方法会更加技术化和专业化，很多时候需要借助计算机网络、人工智能来进行分析。在后面的章节中，我们也会详细讲到相关的资料分析的方法。

11. 评价调研结果

企业进行了市场调研后，其调研结果的好坏其实是缺少评判标准的。对调研结果的评判应该从两个方面入手，一个是对企业方面，是否解决了企业当前战略方面的问题，即是否应该推出新的营销计划、推出新的产品或及时取消不合理的资金投入等；另一个是市场效果方面，即调研结果是否符合市场规律，是否能得到众多消费者的认可等。

企业可以通过营销组合模型和营销透视器等工具和方法对市场调研后的改进效果进行测量。其中，营销组合模型（marketing mix modeling）是一种运用量化思维的营销分析方法，倡导通过数理统计建模来评估营销绩效，进而科学地制订和改善营销策略。

营销组合模型可以由一系列数据组成，如图 2-3 所示。

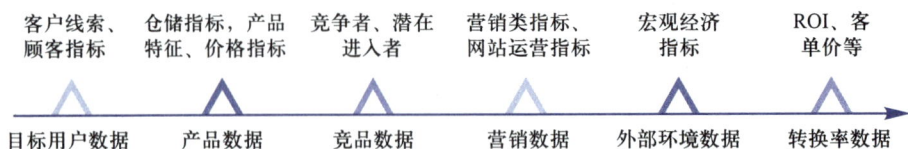

客户线索、顾客指标	仓储指标，产品特征、价格指标	竞争者、潜在进入者	营销类指标、网站运营指标	宏观经济指标	ROI、客单价等
目标用户数据	产品数据	竞品数据	营销数据	外部环境数据	转换率数据

图 2-3　营销组合模型

营销组合模型可以用来量化不同营销活动对销售、品牌、市场份额等重要指标究竟产生了多少影响，可以了解每个营销活动或渠道投入了多少费用等，以此进一步帮助公司优化未来每个不同的营销渠道所需要投入的预算。企业可以通过营销组合模型改变不同渠道的支出来对关键指标进行模拟。例如，企业可以在营销组合模型上模拟增加 5% 的微博推广费用支出，减少 5% 的垂直类社交媒体广告支出，并增加 15% 的付费搜索渠道支出，通过模型预测出在未来的某一个时点上，总预算、潜在客户数量会有什么变化，并以此算出获客成本是增加了还是降低了，从而对调研结果中营销渠道的投入可能带来的影响做出预判。

对模型的构建需要专业的人员运作，但决策者往往需要的只是各种指标数据，以此作为决策依据。这个时候，将营销组合模型数据结果可视化的营销透视器就应运而生。营销透视器可以帮助企业通过指标的变化直接观察到企业战略方面和市场反应方面的数据变化，从而帮助企业判断市场调研的效果是否达到。

理论前沿 2-1

数据展示方式与风险判断

来自新加坡管理大学的金俊汉（Junghan Kim）与来自美国纽约州立大学布法罗分校的阿兰·拉卡思曼南（Arun Lakshmanan）发现：动画呈现数据的方式越来越普遍，而在营销领域，却鲜有研究探讨动画数据显示如何影响消费者的决策。因此他们针对此现象展开研究，结果发现：

动态显示的数据（如股票或商品价格等）会增强消费者的风险判断。

展示数据的方式可分为数字与图形两种。与直接展示数字相比，图形显示提供了一种更易于识别的方式，帮助我们从数据中获得变化趋势。其中静态图形展示数据是一种常用且有效的方法，而使用动态图片则是在静态基础上对数据变化趋势的进一步强调。数据字符串的动态显示会实时地将观众的注意力吸引到数据点随时间变化而产生的变动上，如此一来增强了数据点之间转换的显著性（transition salience）。

已有文献指出：当股票价格以静态图形方式呈现时，其价格极值（最高与最低价格）与其余价格相比显得更为显著，这种相对显著性使得其更有可能被用来推断风险。同理，相较于静态图形，动态展示方式进一步增强了数据随时间转换的显著性。从而提高了风险判断，其作用机理如图2-4所示。

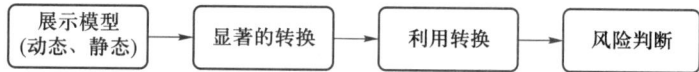

图 2-4　风险判断作用机理示意图

研究认为提高在特定刺激上的显著性会引导观众的注意力，该刺激所包含的信息就更有可能在观众做判断的过程中被利用，最终对判断产生显著影响。使用动态展示方式展示数据时，数据随时间的变化量得到凸显，即时间转换显著性增强。这将导致数据随时间波动的信息的利用率提升，最终增强用户的风险判断。

资料来源：Kim, J., Lakshmanan, A. Do Animated Line Graphs Increase Risk Inferences? Journal of Marketing Research, 2021, 58（3），595 613.

12. 撰写最终调研报告并演示

报告与演示是与客户恰当地沟通研究结果，如果不能有效地沟通汇报，那么调研过程中所花费的时间和精力就白费了。这一部分在理论上可能看上去是一个简单的步骤，但在实践中，几乎决定了研究成败的80%，有效地传递调研结果是开展下一项工作的重要前提。撰写最终调研报告的具体步骤也会在后面章节中详细介绍。

三、市场调研的具体执行

市场调研的12个步骤是一个有序又按部就班的流程，然而在实践中，很少会有调研完全遵循这 12 个步骤进行操作，因为调研往往并不是一个固定的流程，而是一个有很强交互性的过程，调研员可以根据需要跳过或延伸某些步骤，或发现问题后又跳回之前的步骤。但不可否认这 12 个完备的步骤使我们更加全面周到地思考问题，更缜密地开展研究活动。

在市场调研的具体执行方面，可以根据市场调研的步骤给出五个关键的执行进程，这是市场调研的核心部分，几乎所有的市场调研都应该以这五个方面的内容为核心展开，接下来，我们将结合浑水（Muddy Waters）公司利用市场调研的方法调研上市公司财务经营状况的案例，来具体阐述市场调研方法在实践中的用武之处。

在此简单介绍一下浑水公司这家注册在美国的调研公司，其创始人是卡森·布洛克（Carson Block），公司名字取自中国的成语"浑水摸鱼"。这家调研公司主要依靠揭露上市公司的"秘密"来盈利。浑水公司曾在 2010 年到 2020 年期间，"狙击"了 16 家上市企业，部分是我国的上市公司。

2020 年 2 月 1 日，浑水公司针对瑞幸咖啡发布了长达 89 页的做空报告，使瑞幸咖啡盘中跌幅达 24%。但在经历相当长的沉寂期和反复改革求生的努力后，瑞幸咖啡实现了一个发展拐点。我们将以瑞幸咖啡为例进行分析，该案例对我国许多海外上市的企业具有很大的启示作用，可以从中学习运营经验并提高品牌资产的价值。

瑞幸咖啡，一家于 2017 年成立，并在 2019 年登陆美国纳斯达克的中国企业，是世界范围内从成立到 IPO（首次公开募股）最快的公司。截至 2019 年年底，瑞幸咖啡直营门店数达到 4 507 家，交易用户数突破 4 000 万，是中国最大的连锁咖啡品牌。瑞幸咖啡是我国一家发展势头强劲的上市公司，其发展速度远远超越了星巴克。瑞幸咖啡的高速增长吸引了浑水公司的关注。

浑水公司揭露上市公司的存疑问题就是通过专业调研人员进行市场调研收集证据，最终将证据充足的调研报告变成一个"重磅炸弹"。浑水公司启动调研后，动用了 92 名全职和 1 418 名兼职人员在现场进行监控，记录了 981 个经营日的客流量，覆盖了 620 家店铺 100% 的营业时间，总计时长为 11 260 个小时，同时还收集了 25 843 张消费小票。

1. 界定调研问题：界定清楚问题是成功解决问题的关键

瑞幸咖啡的商业模式是试图通过较大的折扣甚至免费的方式向中国消费者灌输咖啡文化，而浑水公司认为，这种商业模式从根本上就是会破产的，所以浑水公司根本不认可瑞幸咖啡这种烧钱补贴中国消费者喝咖啡来扩展中国咖啡消费市场份额的商业模式。然而从 2019 年第 3 季度开始，瑞幸咖啡的财务报表就展现出一片繁荣，推动其股价上涨了 160%，随后成功在 2020 年 1 月募集了 11 亿美元。发现这个现象后，浑水公司认为瑞幸咖啡一定存在门店销售数量的谎报，即认为门店实际销售数量远远低于财报中宣称的销售数量。为了证明这一推断，浑水公司展开了调研。

2. 设计调研方案：调研方案是实现调查目标、开展调研活动的具体实施计划和行动步骤

虽然已经有很多更先进的调研方法，但浑水公司还是采用了最原始的考察办法：雇用了 92 个全职员工、1 418 个兼职员工，从瑞幸咖啡 4 409 家门店里，选取了比较头部的 1 832 家门店进行实地观察。调研人员每天在店门留守 12 个小时，采用全程录像的方式，利用购买者人头数和配送人员取走的纸袋数量估计这些门店每日的销售杯数。

3. 搜集市场数据：根据调研方案施行的一系列信息搜索、数据采集、问卷调查活动

搜集市场数据的每一天，浑水公司的调研人员都会坐在商店中一个能观察到收款台的位置，并在录制视频的同时统计购买瑞幸咖啡产品的客户数量。如果一笔外卖订单被配送人员取走，调研人员会计算配送人员手中包装纸袋的数量，因为每个配送人员一次可以取走一个以上的订单（一个订单可能包括多个袋子），所以调研人员可能会过多地计算订单数。

调研人员在搜集市场数据时认为自提产品的顾客数量 + 配送人员取走的包装纸袋数量，可以很好地代表单个门店每天的订单数量。再将订单数量乘以每个订单的商品数，便得到待验证的关键指标——单个门店每天销售的商品数量。

4. 整理分析数据：对收集到的数据进行整理、描述、可视化、分析、推断的过程

浑水公司拍摄了共 11 260 个小时的视频，统计了每个门店的人流量并记录了从门店开业到关闭的每天的录像视频。

在整理数据时，浑水公司为了使所有展示的成功数据都是 100% 完整的，再次检查人流量计数和录像，如果发现某天的监控视频丢失超过 10 分钟的镜头，浑水公司就会丢弃一整日的数据。最后浑水公司成功记录了 981 个经营日的门店流量，覆盖了 620 家门店 100% 的营业时间。

获得上述数据后，调研人员通过严谨的统计分析，最终统计出了单个门店平均每天订单数为 230 个，乘以每个订单的商品数 1.14 后，得到单个门店每天销售的商品数约为 263 个。这当中，调研者还基于咖啡的特性对工作日和周末进行了分别统计，得到单个门店工作日平均每日订单数为 251.2 个，周末为 199.4 个。

5. 撰写实验报告：实验报告是研究结果的载体，使决策者了解调研的研究方法、调研过程和最终结果

最后浑水公司做出了一份长达 89 页的英文报告，且文本框架清晰，逻辑严密，数据翔实，关键地方采用了描红和加粗，具体阐述了整个调研的研究方法、调研过程和最终结果。报告里不仅从实际门店销售商品数量严重低于报表数据来说明瑞幸咖啡财务造假，还给出了多个证据，其中通过"跳号"来营造出"虚假的繁荣"，如正常餐号顺序为"70、71、72"，而瑞幸咖啡通过系统使餐号变为"70、72、73"，一些取餐号被随机跳过，从而使总取餐号呈现一个较大的数字。报告还指出瑞幸咖啡存在在年报上虚增每件商品的价格，虚报至少 150% 的广告支出来填补虚报收入上的窟窿等欺诈行为。

调研事件后，瑞幸咖啡做了一系列变革。公司意识到内部控制的重要性，组建了一支由经验丰富的专业人员组成的内部控制团队。此外，公司还聘请了一名专业顾问，协助管理层审查、测试和优化内部控制。瑞幸咖啡充分利用基于移动互联网和大数据技术的新零售模式，从门店选址到产品研发，再到门店运营和人才培养等，建立数字化高效管理运营体系。在一份媒体披露品牌榜单中，瑞幸咖啡的品牌偏好度首次在连锁咖啡类目中排名第一，超越 Manner 和星巴克。瑞幸咖啡定位年轻群体，深谙消费者心态，十分重视品牌视觉形象设计、APP 设计以及体验店设计等方面，利用代言人给自己带来了大波的品牌热度，并积累了可观的私域流量。

2022 年第二季度，瑞幸咖啡各项业绩指标持续稳定增长，总净收入同比增长 72.4%，自营门店同店销售增长 41.2%，自营门店层面利润率达到 30.6%。通过对浑水公司在做空瑞幸咖啡时进行的市场调研过程的描述，可以帮助读者生动理解市场调研在实践中如何具体执行。

第二节 定义问题与确立目标

市场调研是为了帮助市场工作者找出问题和解决问题，所有的工作是奔着问题去的，一个问题的确定是市场调查成功的关键，而确定调研目标又是设计调研方案的第一步，可见二者在市场调研步骤中的重要性。本节将重点介绍如何定义调研问题与确立目标。

一、分析营销调研的问题

问题的产生离不开对现象的观察，离不开具体的环境与背景。因此，应从一个市场调研工作者的角度去思考问题，将问题放在一个特定的场景里，思考自己是因为想要解决一个什么样的困惑而选择进行市场调研。

（一）发现问题

调研问题跟创作灵感不同，不是一拍脑门突然想出来的，而是基于观察得到的。这一点和科学问题很相似，如詹纳观察到挤奶女工几乎都没有患天花，谢皮罗在洗澡时无意观察到在不同纬度地区水漩涡的旋转方向不同，他们从令他们疑惑的现象中提出问题和假说，然后再通过严谨的科学实验来证实。市场调研中的问题也是从各种现象中挖掘出来的，但前面提到，经理们总是善于发现现象却不善于提出问题。那么当我们发现令我们感兴趣的现象时，怎么去转化成一个可以指导团队进行调研的问题呢？

1. 从商业现象中发现调研问题

很多时候某一商业现象的发生往往并不是只受单一因素的影响，但我们很难去完整列出全部问题；有时我们只能看清商业现象，却想不出也问不出具体原因是什么；有时我们或许对某一商业现象习以为常，难以发现里面暗藏的危机。

这时我们可以多问几个"为什么"，试着层层推进：

现象：某品牌的新能源汽车在重庆市的销量明显低于其他城市。

追问：是本品牌在重庆市的认可度不高吗？是重庆市对新能源汽车的推广程度不高吗？是重庆市独特的地理因素使人们对本车性能存疑吗？是消费者认为外观设计太像重庆市本地出租车吗？是因为本品牌在重庆市出过较大交通事故而造成的品牌危机吗？

挖掘现象中的本质，是每一个市场调研员应有的品质，但哪一个问题才是企业真正应该展开去调研的？哪一个问题又是企业可以直接得出结论的？还需要多方收集数据，再做判断。

2. 从探索式调研中发现问题

在观察到某些现象时，可以试着先提出一个比较模糊的问题，尝试着进行探索式的调研，如发放少量问卷、街头随机采访等，往往只需要简单的步骤、较少的人员投入就可以完成。非正式的探索有助于调研人员去逐步明晰调研问题，在探索时对现象可以产生更深入的认识，减少因为先入为主而产生的偏激性，从而正式提出市场研究的问题。

3. 从顾客反馈中发现问题

从顾客反馈中发现问题的方法可以是调研员随机采访十几位来店顾客，也可以是着重访问几位核心顾客。但这时的问题是更多地倾听核心客户的声音和抱怨，还是更多倾听边缘客户的话语和不满？核心客户来店次数更多，对店更了解，但也许会提出更挑剔、苛刻的要求；边缘客户或许只是第一次来到本店，当时的进店体验很大程度上会影响他的回答，但也许会给出更直接、更意想不到的建议。从顾客的反馈中发掘的问题，无疑给市场调研的问题提出指明了方向。

4. 从市场行业环境中发现问题

前面提到，有些企业进行市场调研的目的是开拓新的市场，对进入一个本企业完全不熟悉的新的市场，市场调研应该格外谨慎。对市场行业环境的分析，可以采用波特的五力模型，从竞争者、替代品、供应商、购买者、潜在竞争者五个方面，分析对本企业可能产生最大威胁的力量，从而进行市场调研。

5. 从公司的营销绩效指标发现问题

对于公司内部的运营情况，可以通过营销绩效指标直观地看到。例如，最近网站新增访问量很低，最近订单数量下降了，客服平均处理问题的时间增加了不少，客单价降低不少等。这些定量的数据在营销透视器中一眼就能识别出来，但引起变动的原因又是什么？

这个时候，我们可以逆向思考，从组成指标的各项数值入手。举例说明，一个生产和销售新能源汽车的企业经理发现了本段时间的获客成本上升，而客单价、注册会员数等并没有提高。拆分组成获客成本指标的各项数值：获客成本 =（营销总费用 + 销售总费用）/ 获取新客数。当经理将营销总费用、销售总费用以及获取新客数三个数据汇集在面前时，发现本期销售总费用、获取新客数并无太大大变化，但营销总费用增加了很多。再究其根本，发现本期企业营销费用排名前三的是：①三个月前在各大写字楼投放了一则电梯视频广告；②一个月前在汽车类垂直媒体投放了一条软广；③在充电桩周边 5 千米投放了地铁站、公交车站广告。这时企业可以据此提出市场调研的问题与目标，组织专业调研人员进行一次规模不大的市场调研，判断哪个广告的投入效果不佳。可见效率指标可以帮助企业更精准地找出市场调研问题，制定调研目标。

延伸阅读 2-1
营销绩效指标

（二）问题的拟订方式

问题的提出也应该完整清晰，让人明白这个市场调研所要调研的内容是什么。一个问题的提出可以包括以下几个因素：①调研区域；②调研行业；③调研产品名称；④调研群体；⑤所关心指标变量。虽然是问题，但并不一定要用问句的形式。

以下给出几个调查的问题的示例：华东五市消费者对新能源汽车推广政策的了解度；华东地区市场对家庭扫地机器人的功能诉求；重庆地区大学生群体对火锅客单价的接受范围。

二、确定营销调研的目标

问题终究是一个宽泛的概述，缺少了具体行动的指标和考核的标准，而目标的设定可以帮助调研人员制定具体行动的方案。经理和调研人员在整个市场调研的过程中关注的侧重点并不相同：经理一直关注的是"如何才能解决这个问题"，而市场调研人员往往关注的是"如何收集与问题相关的信息来解决这个问题"。

（一）调研问题的分解

调研目标是确定调研"为了什么"，是用陈述句的形式将解决市场调研问题的过程拆分成若干个可以分别实现的目标表述出来，从而指导团队一一击破。目标的确定是将一个庞大的市场调研任务化解为若干个可以实现的部分，再对每部分分别设立相应的评判指标。表 2-1 为调研目标示例。

表 2-1　调研目标示例

调研问题	调研目标
面对千禧一代，车载显示屏如何设计才能更吸引人	目标群体对车载显示屏的功能需求； 什么样的显示器外观才能更吸引目标群体； 不同方案的成本和经济性
什么样的听书软件更能获得白领群体的青睐	白领群体愿意为溢价服务支付的成本为多少； 白领群体偏爱的听书软件的界面设计； 白领群体对听书软件的功能诉求

（二）确定各阶段的调研目标

1. 确定所需调研的信息

明确了调研问题，就要进一步确定去用什么调研，即确定所需要收集、分析、处理的信息是何种类型，可以通过什么方法得到，可以通过什么方法分析，以及获得、分析信息的过程是否都具有可行性。这时就可以确定数据收集的目标（要收集数据的容量为多少，精确度或回收率为多少）、分析数据的目标（数据的分析要达到什么效果，可以用来解决什么问题）、市场调研的目标（整个市场调研是为了解决什么问题）。

2. 确定各个工作的截止日期

市场调研是一个复杂的工作，也是一个连续性的工作，每项流程之间都有必然的联系。管理者不应该只设置整个调研活动的截止日期，更应该细分到每一个流程，才能保证整个工作的效率和调研的进展。

3. 确定各流程的完成度目标

具体来说就是要制定各个流程的考核标准，如问卷应该收集多少份，回收率应大于多少等。有了明确的考核目标更能激发相关调研人员的积极性，减少渎职行为的发生。如前面提到瑞幸咖啡的案例，调研人员完成一天调研工作的任务目标就是录制一天中购买瑞幸咖啡的全部人流量并确保不会出现超过 10 分钟的镜头缺失。

三、确定营销调研的分析单位

一项社会调查中所研究的对象，称为分析单位。分析单位的类型包括个人、群体、组织、社区、社会产品。研究收集的资料，需要直接描述分析单位中的每一个个体的特点。将这些对个体的描述聚合起来，就可以描述由这些个体所组成的群体（研究的样本），以及由这一群体所代表的更大的群体（总体），或者用这种描述的聚合去解释某种社会现象。

在市场调研中较常用的分析单位就是个人，但并不局限于个人，也可以是一个家庭、一对夫妻、一个班级、一个学校、一个公司等。分析单位的确定需要以市场调研的问题为依据，例如，如果想调研企业对政府关于碳排放权制度的态度，分析单位就应该是企业。

我们可以用统计学的知识来理解这几种关系：市场调研往往是要研究一个总体对相关事件的态度（如调查大学生群体对国潮的看法），我们没有能力也没有必要去获得所有大学生关于这个问题的回复，只需要通过科学的随机抽样方法抽取样本（在 ×× 大学随机抽取 100 名在校大学生，询问他们关于国潮的看法），而我们的分析单位就是回答这个问题的每一个大学生。在前面的章节里，我们强调过样本要具有代表性，也强调过对总体的定义要准确，放在这里，即总体的所有特征分析单位都要有，且分析单位的聚集能代表总体。

选择分析单位时，要防止以下两类选择偏差导致的错误推理：

（1）区位谬误：在只对群体进行观察的基础上错误地得出个体层次上的结论。

（2）个体谬误：在只对个体进行观察的基础上错误地得出群体层次上的结论。

延伸阅读 2-2
新产品调研和目标消费群体确定

第三节　调研设计方案

确定调研问题和目标后，调研设计方案的制定尤为重要，它是整个市场调研的行动指南，本节将具体介绍市场调研流程中确定调研设计方案这一步骤。

一、调研设计方案的内涵

调研设计方案是开展活动的具体行动步骤与实施计划，内容上应该详细、具体且具有可操作性。调研设计方案是市场调研过程中统领性的操作指南，具体阐述了调研过程中的各项安排：市场数据的类型、市场数据的来源、市场研究所使用的方法、数据分析的模型、调研数据的分析方法等。

简单来说，营销调研方案有三个作用：①界定市场调研的问题；②确定营销调研的目标；③详细列出调研人员为完成调研目标所使用的方法。

但很明显，调研设计方案存在所有方案都面临的难题——计划赶不上变化，即事先设计好的方案中的某个环节有时会在具体实践环境中行不通，这时应该灵巧地应对问题，不照本宣科，重大方案变更应该与整个团队讨论并获得通过，较小的方案变更也应提前获得上级人员的批准，并告知其他调研人员。

二、调研设计方案的要素

调研设计方案的要素顾名思义就是构成调研方案的必要因素。虽然不同的调研方案侧重点不同，但和前面市场调研的 12 个步骤一样，往往可以根据调研方案的共性给出以下的调研设计方案的要素，如图 2-5 所示，从而帮助调研员高效地、科学地撰写调研方案。

1. 确定调查目的和任务

市场调研是为解决一定的调研问题服务的，所以制定调查方案的首要步骤就是明确调查的目的和任务。调研目的前面已经介绍，而这里调查的任务是达成调研目的的具体安排。可以比喻成老师给同学们布置的作业，包括了作业具体是什么、题目要求有什么、什么时候交、交给谁等一系列安排。

2. 确定调查对象和分析单位

确定调查对象和分析单位，是为了回答向谁调查、由谁来具体地提供统计资料的问题。调研对象的确定主要取决于调研问题是什么，而分析单位的确定涉及抽样方法、样本与总体的确定，在前文中已有具体的介绍。

3. 确定调查项目，设计调查表

调查项目就是调查中所要登记的分析单位的特征，这些特征统计学上也称为标志。确定调查项目所要解决的问题就是向分析单位具体调查什么。

而将反映分析单位特征的调查项目，按一定的顺序排列在一定的表格上，就构成了调查表。

4. 确定调查的时间、空间和方法

调查时间包括三个方面的含义：①指调查资料所属的时间，如果所调查的是时期现象，就要明确规定反映的调查对象从何年何月何日起，到何年何月何日止的资料；如果所要调查的是时点现象，就要明确规定统一的标准时点。②指调查工作进行的时间，即指对调查单位的标志进行登记的时间。③指调查期限，即整个调查工作的时限，包括搜集资料及报送资料的整个工作所需要的时间。

调查空间是指确定分析单位在什么地方接受调研，也规定调研人员在什么地方进行调研。

调查方法包括调查的组织形式和搜集资料的具体方法，调查方法种类多种多样，将会在以后的章节里详细介绍。

5. 制订调研工作的组织实施计划

为了保证整个统计调查工作顺利进行，在调查方案中还应该有一个经过周密考虑的组织实施计划。其主要内容应包括：调查工作的领导机构和办事机构；调查人员的组织；调查资料报送办法；调查前的准备工作，包括宣传教育、干部培训、调查文件的准备、调查经费的预算和开支办法、调查方案的传达布置、试点及其他工作等。

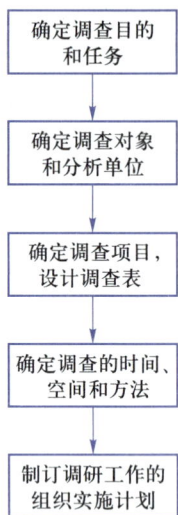

确定调查目的和任务

确定调查对象和分析单位

确定调查项目，设计调查表

确定调查的时间、空间和方法

制订调研工作的组织实施计划

图 2-5　调查设计方案的过程

三、调研设计方案的撰写

撰写调研设计方案是为了通过规则、严谨的方案的形式让所有成员理解本次调研的过程，传达本次调研任务践行的思想。因为要将方案传达给所有成员，应注意撰写时使用通俗易懂的语言，以及对可能产生歧义的地方做充分详细的说明。

撰写一份完整的调研设计方案主要包括了以下几个部分：

1. 题目

题目非常重要，它能使第一次看到调研设计方案的人大概了解此调研所涉及领域的方向；更能迅速将大家的注意力吸引到项目上，并使大家注意到关键问题。题目可以根据团队风格或活泼、或严肃，但核心要义一定是简洁、明了、传神。如可以是"对长三角地区家庭智能机器人消费行为偏好调研方案"，也可以是"掌上'名猪'——对品牌生鲜猪肉消费驱动与障碍调研方案"这样活泼的题目。

2. 方案摘要

摘要即对整个方案内容高度地提炼与概括，能用简单的话语输出整个方案所表达的意思以及调研的思路，使读者能从摘要中立刻获得本方案的各个关键信息。在撰写调研设计方案时，因为摘要对整个方案有统领性，建议撰写者可以在完成整个方案撰写后再进行概括，组织撰写方案摘要，从而更好地统领整个方案的内容。

3. 问题定义

问题定义即用通俗易懂的话阐述企业所确定的调研问题，并用一个清晰又准确的定义抓住问题的核心。

4. 调研背景

调研背景需要界定本次调研的性质，同时还需要陈述市场调研的原因，包括陈述问题产生的市场背景以及企业进行市场调研的必要性和期望取得的成功。

界定调研性质可以按以下标准划分不同的类别：

被调研者类型：客户调研、B2B调研、特定人群调研、随机人群调研。

调研主题：广告调研、营销方案可行性调研、产品开发调研、受众调研。

调研定位：跨国调研、国内调研。

5. 调研目的

调研目的就是阐述开展此项调研为了什么，主要包括解决之前所定义的调研问题并完成其他想要达成的目标。上面的章节已经介绍了如何确定调研目的，在此需要用言简意赅的文字表述出来。

6. 调研方法

研究设计的详细撰写是整个方案最为重要的部分，具体方案如何设计将不在此处赘述，这里将着重描写撰写时的注意事项：①比起文字描述，可以使用流程图、表格来更生动地描述方案；②注意对可能混淆的名词、工具名词、方法名词用批注详细进行解释，防止其他人员产生误解。

7. 资料、数据采集方法

此处应该阐明调研所需要的资料、数据类型和要采用的调研方法。应清楚阐述资料、数据的具体来源，资料、数据的格式。同时，数据类型可以更加详细阐述：如用"1"表示收到肯定的回复，用"0"表示得到否定的回复；涉及小数的应该规定精确度为多少。确保整个市场调研过程中资料和数据格式的统一，不会在资料、数据的处理时产生理解的偏差。

8. 具体人员分工和时间安排

市场调研是一个团队的工作，如何在调研设计方案中统筹各方力量、合理安排人手也是调研设计方案撰写时应该明确给出的。人员分工安排包括小组负责人是谁，小组成员有哪些，汇报对象为谁等，当然，还应包括各个团队完成各项任务的开始日期和截止日期，并对其应报告的内容做出说明。

如果在调研过程中需要进行问卷调查或使用观察法，调查时间的选择也是需要在调研设计方案中进行规范的，因为对人口活动时间规律的忽视可能会造成"幸存者偏差"，如一天不同的时间段，超市的人群流量存在很大的差异；在一周中，工作日和休息日的人流量也有很大差别，所以不能用一个时段的人流量代表超市受欢迎程度。同时不同职位、不同年龄段的人的作息时间也有很大差异，所以应该先对调研目标有更深的认识，但又不能直接代入主观刻板印象，来对调研时间有一个更好的规划。

9. 调研经费预算

制定预算可以支持调研人员更大胆地在实践中施展拳脚，所谓"家有余粮，心里不慌"，同时也能防止经费被滥用。

调研经费的多少与调研的范围、样本量的大小、时间的长短、调研方法均有关系，企业应该根据实际情况详细制定并要求调研人员保管好每一次支付的发票。

四、调研设计方案的评价

1. 可操作性

可操作性是调研设计方案的最基本要求，简单来说调研设计方案中的原则、方法、标准在现实生产中能够具体实现。

对可操作性的评价还可以直接通过试点法来进行，即小范围地按调研设计方案展开调研，如上述浑水公司做空瑞幸咖啡的案例，调研员就可以先在一家瑞幸咖啡店进行试点调查，从而判定该调研方案是否可行。试点对于大规模市场调研来讲尤为重要，企业可以通过试点调研提前发现问题，从而避免盲目开展大规模市场调研而造成的资源浪费。

2. 经济性

市场调研是一种市场活动，在变化莫测的经济世界里，经济性是企业管理层和经理最关注的地方。对调研设计方案的经济性评价可以从两个方面入手，一方面是执行了调研方案对企业来说是否是经济的，可以理解为企业经过市场调研后是否有利可图；另一方面是调研方案的设计是否是经济的，即满足了成本最低但效率最高的经济原则，并判断是否存在浪费预算或者当前预算下任务无法完成的可能。

3. 时效性

商场如战场，每天有企业注册成功，也有企业销声匿迹；有企业因没有抢到先发优势而以失败告终，也有企业因生产滞缓而错过了发行产品的最佳时期，所以时间对企业来说都至关重要。因此，经常出现企业要求调研人员尽快完成调研任务的现象。但我们评价调研方案的指标为时效性，并不能单从完成调研的时间长短判断，而应评价给调研任务分配的时间是否有效率，人员、资源的配备是否合理。

4. 道德性

如前面所言，与大部分商业活动一样，市场调研行业中也可能存在许多非道德的行为或违法行为，所以在评价方案时，应注意其数据获得、资料收集等的手段是否在法律框架、道德框架内。市场调研活动中的欺骗行为、虚假调查、泄露商业机密、侵犯隐私和滥用调研经费等都应杜绝。若发现方案中有违背道德和违反法律的因素存在，无论调研设计方案的设计如何精妙绝伦，都应该立刻将其否定，很明显，违背道德和违反法律的市场调研不可能为企业带来长久的利益，甚至会使企业面临更严重的法律后果。

在评价调研设计方案时，我们可以设计一个满分为100分的调研设计方案评价表，帮助量化各种指标，从而实现多种调研设计方案的比较；对于不需要在多个方案中比较的，也可以通过评价打分，对平均得分较低的项目进行修改，从而进一步完善调研设计方案。

接下来本书给出一个可以用来评价调研设计方案的打分表的示例（表2-2），在实际操作中，企业可以根据自身特点设计打分标准和分值的标准。

表 2-2　调研设计方案打分表的示例

项目	内容	分值	得分
可操作性 （总分 55 分）	整个方案结构严谨、逻辑性强，有恰当的框架结构	8	
	紧扣调研问题，目标和任务的提出深刻且准确	8	
	调研方法在人力上、物力上、财力上都可行，且方案清晰易懂，不会让人产生歧义	12	
	设计的抽样方案，包括确定的调研范围、抽样方法、抽样程序、样本容量可行	12	
	样本单位的选择具有较强代表性，能代表总体	10	
	调查问卷的问题清晰，语言易懂，用词准确	5	
经济性 （总分 15 分）	本调研方案的施行对公司解决问题确实具有无可替代的价值，且是目前最有价值的方法	9	
	方案中的各种预算科学并详尽	6	
时效性 （总分 14 分）	调研方案的设计时间紧凑、有效率	8	
	人员、资源的配备是否合理，是否用最多的资源去解决最重要的部分	6	
道德性 （总分 16 分）	调研方案不违背营销伦理，整个流程都遵守法律法规	8	
	调研人员的调研行为遵守职业道德，并实事求是、认真负责	8	

实践应用 2-1

一次失败的电影调研

2016 年年初，某企业决定开展一次针对中国电影行业的大规模草根调研。当时，中国电影市场可谓"烈火烹油、鲜花着锦"——2015年票房收入增长 49%，2016 年第 1 季度票房收入又同比增长 51%。《港囧》《夏洛特烦恼》《美人鱼》……国产大片不停创造着票房神话，上市公司和土豪争相投资电影。彼时彼刻，全世界投资者对中国电影市场的兴趣高涨，开展这么一场草根调研可谓恰逢其时。

该企业开设了一个庞大的"亚洲草根调研团队"，其中大批人马驻扎在中国大陆，覆盖了几十个大中城市。调查问卷里面的问题聚焦于：消费者对中国院线电影满意吗？他们今后打算看更多电影吗？他们如何做出看不看某部电影的决策？他们更喜欢什么类型的电影？从哪里购买电影票？对票价怎么看？等等。

因为"调研范围太广、问题太复杂"，数据收集和整理花费时间远超预期。一直拖延了 5 个多月才开始调研。然而，所有问题都是围绕2016 年 2 月以前的情况设置的，完全无法对最新情况做出反映。当拿到调研数据时，有的结论是违反常识的：

（1）有超过50%的受访者自称"平均每月去一次电影院"，这是不可能的。2016年，中国人均观影次数只有1.06次；美国也只有4.1次。该企业调研的主要是一二线城市，但是在这些地方，平均观影次数也不可能达到12次之多。

（2）大部分受访者表示，过去一段时间，他们去电影院的次数在增加；未来12个月，他们仍计划增加去电影院的次数。这也不符合事实：至少从2016年3月开始，人均观影次数已经开始下降，这个趋势直到2017年8月才扭转。当然，我们不可能知道后来的事情；但是可以判断，这不符合此前一个季度的统计数据。

（3）在网络售票平台中，最受欢迎的是"淘宝电影"（后来改名"淘票票"），市场份额高达70%！猫眼、微票、格瓦拉、百度糯米……加起来还比不上淘票票的一半。这是彻头彻尾的疯话：淘票票从来未曾占据70%的市场份额。这个诡异的答案，给整个草根调研的公信力判了死刑。

（4）绝大部分受访者对电影票价"不敏感"，能够接受较大幅度的提价，甚至涨价50%也无所谓。他们也愿意为3D、巨幕等格式付出更高的溢价。这仍然不符合事实，因为自从2013年以来，中国电影票价几乎就没有涨过，观众对票补、折扣非常敏感，直到今天还是如此。

调研小组又讨论了调研数据中的其他异常现象。大部分异常都可以用受访者的"漫不经心"以及问卷设计得不合理来解释：

一般人不会清晰地记得自己去过多少次电影院。在问卷上，"你平均多久去一次电影院"有四个选项：A. 一个月多次；B. 一个月一次；C. 三至六个月一次；D. 一年一次或更少。一二线城市居民，每年一般会去不止一次电影院；但是，每月一般也不会去很多次。所以，他们会在B和C之间选一个，漫不经心地就选了B。

这里涉及一个常见的心理错觉：我们的记忆靠不住，往往会夸大自己做某些事情的频率。例如，你印象中"经常去"的餐馆，事实上可能一年就去了三次；印象中"经常玩"的游戏，可能总共就玩过十几小时。在缺乏日常记录的情况下，消费者很容易把"一年去四次电影院"记忆成"一年去十二次电影院"。

除了心理错觉，消费者可能也会有意识地做出歪曲的回答。例如，面对"如果电影票价上涨，你会不会减少去电影院的次数"这个问题时，他们在潜意识里会想：电影票不过三四十块一张，如果我承认自己对涨价很敏感，岂不显得自己很穷、很斤斤计较？所以，他们故作豪爽，甚至声称"哪怕涨价50%也无所谓"。其实，只要票补减少五块钱，他们就不去电影院了。

资料来源：互联网怪盗团.如何做"正确的市场调研"——从一次失败的电影行业草根调研说起 [EB/OL].（2019-06-15）

本章小结

市场调研是一个科学的过程，也是一项专业的技术活动，所以需要设计出一套科学的市场调研流程来指导企业执行调研任务。本章主要从理论的角度，简要介绍了市场调研的流程，着重介绍了如何提出调研问题、调研目标，如何确定分析单位以及如何对调研方案进行撰写和评价。

本章的目的是搭建一个清晰的框架，意在使大家了解完整的市场调研流程是什么样的。本章对各种调研方法、如何执行仅仅是简单提及，并未完全深入，更多涉及技术、大数据、方法的内容将在后面的章节展开论述。读者可以在本章搭建好自己的知识框架，然后在后面的章节中用所学习到的内容填充框架，从而做到全面掌握，融会贯通。

即测即评

复习思考题

1. 市场调研的指导思想有哪些？
2. 简述市场调研的步骤。
3. 如何确定营销调研的目标？
4. 调研设计方案的要素有哪些？
5. 如何对调研设计方案进行评价？

综合实训

尽管智能手机终端市场整体表现低迷，折叠屏细分市场却逆势增长，其中华为排名第一。2022 年上半年，国内折叠屏手机出货量超过 110 万部，同比增长约 70%。从厂商排名来看，华为以超过 63% 的市场份额排名国内第一。Counterpoint Research 预计，2022 年下半年手机厂商将推出 4~5 款新的可折叠手机产品。预计 2022 年全年中国折叠屏手机市场的出货量将同比增长 225%，达到 270 万部。

任务目标：某手机品牌企业准备研发一款折叠屏手机，想要了解折叠屏手机用户群体特征以及相关用户行为。请你结合所学内容，针对"折叠屏手机用户行为分析"展开调研，帮助企业了解目标群体对折叠屏手机的价格、功能、配置等方面的偏好以及担忧。

执行要求：

（1）以小组为单位，撰写一份调研设计方案，具体内容包括：方案题目、方案摘要、问题定义、调研背景、调研目的、调研方法、资料和数据采集方法、人员分工和时间安排、调研经费预算。

（2）在能力范围内实施上述调研设计方案，以PPT汇报的形式在课堂上给出市场调研结果，并给出该品牌折叠屏手机研发建议。

考核标准：

作业考核采用小组互评的方式，总分100分。在评分时小组需要列出别的小组方案和计划的优点和不足，同时小组需要给打出的特别分数（如本项获得满分或较低分数）予以说明。

（1）对调研设计方案的考核（40分）。从四个角度对方案进行考核：可操作性（10分）、经济性（10分）、时效性（10分）、道德性（10分）。

（2）对调研方案实施的考核（40分）。根据小组汇报内容酌情打分，如对调研的展开是否科学合理；调研结果的分析是否准确；给出的建议是否合理。

（3）整体汇报表现考核（20分）。PPT制作（10分），汇报人流利程度、表现能力（10分）。

案例分析

润妍的"没落"

润妍是宝洁旗下唯一一款针对中国市场原创的洗发水品牌，也是宝洁利用中国本土植物资源的唯一的系列产品。润妍曾经被宝洁寄予厚望，无数业内外人士对它的广告与形象赞不绝口，但2002年润妍已经全面停产，退出市场。

润妍上市前后两三年里，中国洗发水市场竞争异常激烈。宝洁公司为了能找到新的增长点，开始在市场中寻找机会，进行市场调查。真正坚定调查员信心的是被访者不经意的话——总是希望自己"有一头乌黑的秀发，一双水汪汪的大眼睛"——这不正是传统东方美女的模型吗？宝洁公司的"让秀发更黑更亮，内在美丽尽释放"的润妍洗发水就此诞生。

宝洁一向有注重市场调查的习惯和规定，而且其为市场调查投入的人力、物力和财力以及所做工作的一丝不苟让各个竞争对手汗颜。下面是宝洁在润妍上市前做的市场调查工作。

1."蛔虫"调查——零距离贴身观察消费者

包括时任润妍品牌经理黄长青在内的十几个人分头到北京、大连、杭州、上海、广州等地选择符合条件的目标消费者，和他们48小时一起生活，进行"蛔虫"式调查。从被访者早上穿着睡衣睡眼蒙胧地走到洗手间，开始洗脸梳头，到晚上洗发卸妆，女士们生活起居、饮食、化妆、洗护发习惯尽收眼底。黄长青甚至会细心揣摩被访者的性格和内心世界。

调查结果表明，使用专门的润发露可以减小头发断裂指数，而国内大多数消费者还没有认识到专门润发步骤的必要性。宝洁推出润妍一方面是借黑发概念打造属于自己的一个新品牌，另外就是把润发概念迅速普及。

2. 使用测试——根据消费者意见改进产品

根据消费者的普遍需求，宝洁的日本技术中心随即研制出了冲洗型和免洗型两款润妍润发产品。产品研制出来后并没有马上投放市场，而是继续请消费者做使用测试，并根据消费者的要求，再进行产品改进。

最终推向市场的润妍产品是加入了独特的水润中草药精华、特别适合东方人发质和发色的倍黑中草药润发露。

3. 包装调查——设立模拟货架进行商店试销

宝洁公司专门设立了模拟货架，将自己的产品与不同品牌特别是竞争品牌的洗发水和润发露放在一起，反复请消费者观看，然后调查消费者究竟记住和喜欢什么包装，忘记和讨厌什么包装，并据此做进一步的调查与改进。

最终推向市场的"润妍"倍黑中草药润发露的包装强调专门为东方人设计，在包装中加入了能呈现独特的水润中草药精华的图案，包装中也展现了东西方文化的融合。

4. 广告调查——让消费者选择他们最喜欢的创意

宝洁公司先请专业的广告公司拍摄一组长达6分钟的系列广告，再组织消费者来观看，请消费者选择他们认为最好的3组画面，最后，概括绝大多数消费者的意思，将神秘女性、头发芭蕾等画面进行再组合，形成润妍的宣传广告。广告创意采用一个具有东方风韵的黑发少女来演绎东方黑发的魅力。飘扬的黑发和少女明眸将"尽洗铅华，崇尚自然真我的东方纯美"表现得淋漓尽致。广告片的音乐组合也颇具匠心，现代的旋律配以中国传统的乐器如古筝、琵琶等，进一步呼应润妍产品现代东方美的定位。

5. 区域试销——谨慎迈出第一步

润妍的第一款新产品是在杭州面市，在这个商家必争之地开始进行区域范围内的试销调查。其实，润妍在选择第一个试销的地区时费尽心思。杭州是著名的旅游风景城市，既有深厚的历史文化底蕴，富含传统的韵味，又具有鲜明的现代气息，受此熏陶兼具两种气息的杭州女性，与润妍要着力塑造的现代与传统结合的东方美女形象吻合。

6. 委托调查——全方位收集信息

上市后，宝洁还委托第三方专业调查公司做市场占有率调查，通过问卷调查、消费者座谈会、消费者一对一访问或者经常到商店里看消费者的购物习惯，全方位搜集顾客及经销商的反馈。

7. 市场推广——不遗余力

市场调查开展了三年之后，意指"滋润"与"美丽"的润妍正式诞生，其针对 18~35 岁女性，定位为"东方女性的黑发美"。为了更好地推广，宝洁专门建设网站进行网上和网下宣传活动，成立了润妍俱乐部，这曾被认为是成功的推广手段。在润妍网站，提供了从问卷调查、电视广告回顾、动画到美发科普等内容的系列推广。润妍问世后，宝洁还启动了两个令人印象深刻的公关活动：赞助《花样年华》和"周庄媒体记者东方美发秀"。

8. 结果——业绩平平，悄然退市

但润妍推出的两年时间中，其市场表现却令宝洁上下感到失望。资料显示，润妍在上市后的销售额大约在 1 亿元左右，广告费用约占 10%。两年时间里，润妍虽获得一些消费者认知，但其最高市场占有率从未超过 3%，这个数字，不过是飘柔市场份额的 1/10。在润妍上市半年后，一份对北京、上海、广州和成都女性居民的调查也显示，在女性最喜爱的品牌和女性常用的品牌中，润妍榜上无名；另一份调查则表明，看过润妍广告的消费者中，愿意尝试或购买的还不到 2%。

资料来源：曾朝晖，王逸凡. 润妍宝洁的中国之痛 [J]. 现代营销（学苑版），2005（03）：42-43.

思考：

（1）宝洁公司是如何发现调研问题并确立调研目标的？

（2）结合案例，分析宝洁公司是如何开展市场调研的。

（3）宝洁公司针对润妍的市场调研有何可取之处？

（4）请你从市场调研的角度谈谈润妍产品最终失败的原因。

本章参考文献

[1] 阿尔文·C. 伯恩斯，罗纳德·F. 布什. 营销调研：网络调研的应用 [M]. 梅清豪，等，译. 北京：中国人民大学出版社，2007.

[2] 菲利普·科特勒，凯文·莱恩·凯勒. 营销管理：第十五版 [M]. 何佳讯，等，译. 上海：格致出版社、上海人民出版社，2016.

[3] 伊冯娜·麦吉温. 市场调研实务 [M]. 李桂华，等，译. 北京：机械工业出版社，2017.

[4] Kim J, Lakshmanan A. Do Animated Line Graphs Increase Risk Inferences? Journal of Marketing Research, 2021, 58（3），595-613.

定性调研方法 3

第三章

本章提要

定性调研是指从定性的角度，对所研究的对象进行科学抽象、理论分析、概念认识等，而不对研究对象进行定量分析。它与定量调研相互补充、相辅相成，是市场调研中不可或缺的方法。定性调研能较好地了解被调查者的动机、态度与感觉，其调研成本相对定量调研较低，也可获得丰富的资料。

本章主要从概念、特点和应用等几个方面详细介绍定性调研方法。重点介绍深度访谈法、观察法、焦点小组法和头脑风暴法这四种主要的定性调研方法，并简略介绍其他定性研究法；本章的难点是掌握各种基本定性调研方法，了解各种定性调研方法的异同，辨析各种定性调研方法的优劣，以及它们在实践中的应用范围。

学习目标

（1）知识目标：了解定性调研的几种方法以及各自的优缺点；学会分析定性调研的结果，并进行调研设计。

（2）能力目标：通过对已有定性调研方法的分析，培养设计调研的能力；通过观察法和深度访谈法问题的设计，培养观察研究对象以及互动交流的能力。

（3）素质目标：通过对定性调研方法的学习，更加了解实际问题，做到理论联系实际。

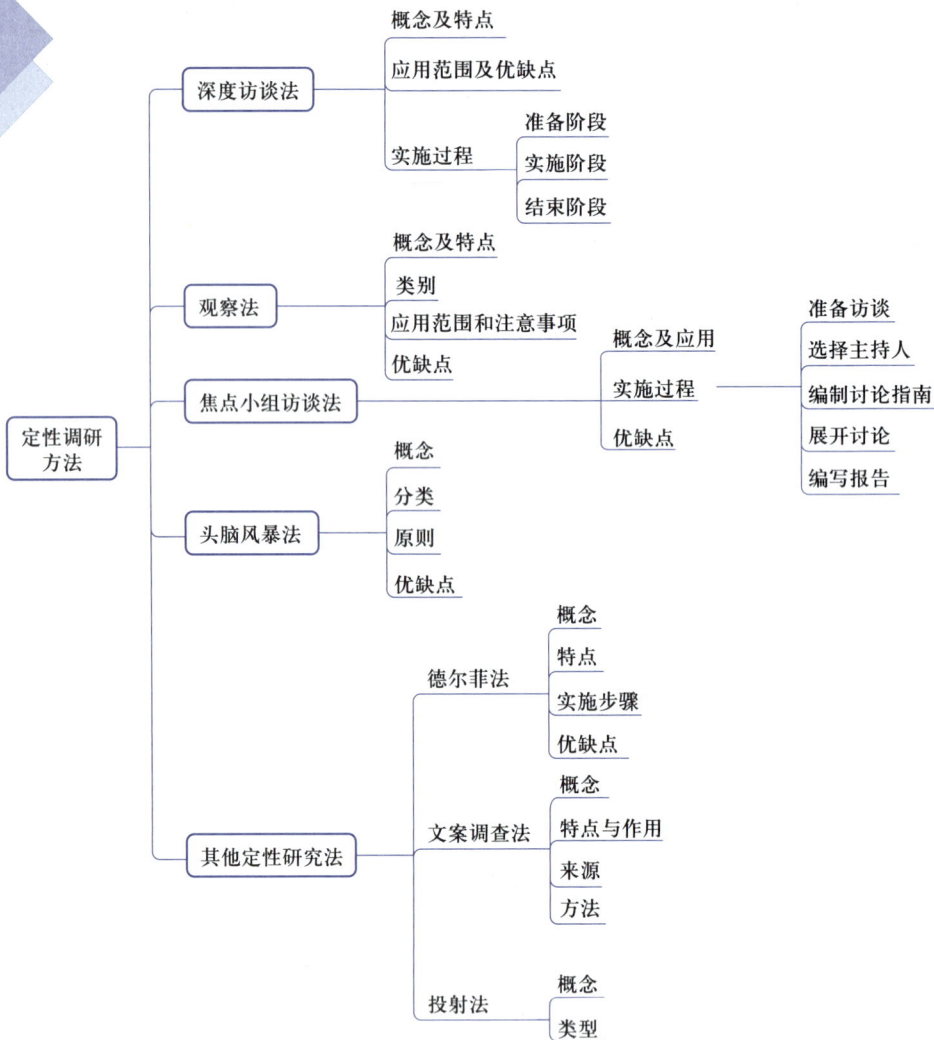

深度访谈法
　概念及特点
　应用范围及优缺点
　实施过程
　　准备阶段
　　实施阶段
　　结束阶段

观察法
　概念及特点
　类别
　应用范围和注意事项
　优缺点

焦点小组访谈法
　概念及应用
　实施过程
　　准备访谈
　　选择主持人
　　编制讨论指南
　　展开讨论
　　编写报告
　优缺点

头脑风暴法
　概念
　分类
　原则
　优缺点

定性调研方法

其他定性研究法
　德尔菲法
　　概念
　　特点
　　实施步骤
　　优缺点
　文案调查法
　　概念
　　特点与作用
　　来源
　　方法
　投射法
　　概念
　　类型

"小罐茶"案例

即使你是不爱喝茶的人，也可能听说过"小罐茶"。精美的小罐包装、高端的品牌形象让小罐茶迅速成为市场的宠儿。

"小罐茶"，这个以包装特点命名的茶叶品牌，为什么会走红呢？这和品牌创始人在开创品牌之前进行了深入的市场和产品定性调研有很大的关系。

众所周知，中国人自古爱喝茶。但是现在，很多人却不懂茶，特别是年轻人，在众多的茶叶中，想喝茶却不知道喝什么。为此，"小罐茶"创始人从茶叶的选择和包装等方面进行定性调研。他们成立了专门的调研团队，采用了不同的定性调研方式，遍访了国内各地的茶农、茶企与行业专家，用了三年多时间开展自己的"寻茶"之旅。

"小罐茶"的调研团队，通过市场观察、访谈等方法，最终发现，消费者最青睐于大红袍、普洱、铁观音和霍山黄芽这样的茶叶，因此，"小罐茶"创始人将茶叶定位在"名牌"上。但是在众多的"名牌茶叶"中选哪一种呢？这还需要进一步定性调研。

为此，"小罐茶"调研团队又走遍了各种名茶的主产地，深入访谈当地茶农和茶叶专家，从历史渊源、茶叶属性、制作方式特点和市场情况等多方面了解茶叶。但众多的中国名茶各有特色，让"小罐茶"的创始团队一时难以选择。直到在武夷山调研时，访谈了几位茶叶技术的非遗传承人，才给"小罐茶"团队带来了灵感，使公司的负责人意识到，如果公司拥有原产地的优质茶叶，再结合非遗传承人的制茶技艺，就可以制作出高端好茶，让更多爱茶人喝到中国好茶，为其建立起统一的认知标准。

资料来源：经济观察网．多泡装的背后：小罐茶的"大市场"[EB/OL].（2019-05-27）

第一节　深度访谈法

市场调研人员希望能发现消费者行为的真正原因，而不仅仅局限于观察其表面的活动，于是希望与被调查者进行充分接触，并在调研的开始阶段采用相对无序或范围很广的访问，以探查被调查者的内心活动，这就促成了深度访谈法的运用。

一、深度访谈法的概念及特点

在质性研究中，深度访谈法（in-depth interview）是探查个人主观经验、收集数据资料的关键方法。它是研究者与受访者之间的一种会话以及社会互动，在这个互动过程中，通过与受访者进行交流，了解其对事件的态度、感受及认知等，研究者最终可以获得对研究问题或研究现象更为深入的理解。具体而言，深度访谈就是受过严格训练的访谈人员，在一种无结构、无预定程序、直接的个人访问中，与被调查者围绕某一问题进行面对面的深入讨论，以揭示被调查者对这一问题的隐藏动机。

深度访谈法的主要特点就在于它是无结构的、直接的、一对一的访问。因深度访谈是无结构的访问，随着访谈的逐渐展开，其走向视被调查者的回答而定。因此访谈人员要善于掌控，使之不偏离主题。例如，一次关于小食品主题的深度访谈可以从探讨小食品为什么受欢迎开始，然后转向讨论对不同小食品成分的看法，接下来又讨论小食品如何具有社会性，等等。

深度访谈法的另一特点就是适合了解一些复杂和抽象的问题。这类问题往往无法通过三言两语表述清楚，只有通过自由交谈才可以了解详尽。深度访谈是一对一的访问，被调查者有很多说话的机会，能够把自己的观点完全表达出来。深度访谈可以进行诸如动机、意见、态度的调查，以及正式研究之前确立研究假设的预备性研究和调查研究之后有关问题的深入探讨等。

二、深度访谈法的应用范围和优缺点

深度访谈法主要用于获取对问题理解的探索性研究，适合了解复杂、抽象的问题，常用于详细探究被调查者的想法。它适用于对复杂行为，保密、敏感的话题，竞争对手、专业人员或高层领导，以及特殊商品等的研究。只有通过自由交谈、深入探讨，才能从中概括出所需信息。

1. 深度访谈法的优点

（1）可以获得比较全面的资料。访谈形式轻松自由，没有对答案加以限制，可以获得被调查者意想不到的资料。

（2）适合了解一些复杂和抽象的问题。这类问题往往无法简单地表述清楚，只有通过自由交谈才可以详尽阐述。

（3）有较多机会评价所得资料或答案的效度和信度。访谈人员可以从被调查者的行动、表情和语调来观察他们的动机和态度，分辨他们的回答是真是假。

（4）访谈弹性大。可以重复询问，可以对问题作出解释，以保证被调查者明白问题的含义，访谈人员明白被调查者回答的真正意思。

2. 深度访谈法的缺点

（1）调查的结果在很大程度上取决于访谈人员自身的素质和技巧。由于事先难以确定调查的程序结构，而访谈人员的素质参差不齐，难以保证每个人都具有高水平，所得调查结果的质量也有高有低。

（2）数据不易分析。深度访谈后的结果数据不是传统的"数字"数据，有时难以解释，需要专业的心理学家帮助解决这一问题。

（3）样本量小，偏差或误差较大。深度访谈法需要一对一地访问，所耗时间和经费较多，导致在一个调研项目中采用深度访谈的数量十分有限。同时，由于个体差异，会出现结果偏差或误差较大情况。

三、深度访谈法的实施过程

1. 准备阶段

（1）明确访谈主题。为保证获得必要的信息，访谈人员在访谈之前必须对访谈的重心有所思考、准备，如果不清楚访谈的主题，就很难把握应该问什么样的问题，也无法判断被调查者回答的信息是否有用、是否偏离了主题、是否偏离了研究的目的。

（2）选择被调查者。不同于定量研究对样本量的关注，深度访谈研究对样本量的要求通常很小，但它对样本（被调查者）质量的要求很高，需要被调查者了解本研究主题所需信息，并能准确、完整地回答研究问题。因此，选择合适的被调查者是深度访谈成功的关键，且在选取被调查者时，访谈人员不能遵循随机原则，而要运用目的性抽样方法（purposive sampling），以确保能获得与研究主题相关的最大信息量。例如，如果研究主题是直播商务，那么访谈人员要招募的被调查者必须具有一定的直播购物经验。同时，为使样本更具代表性，被调查者应涵盖各年龄段，并保证职业的多样性。以直播商务作为研究主题为例，访谈人员在选择被调查者时可以基于以下标准：①被调查者采用直播购物年限至少一年以上；②被调查者年龄在16~60岁，因为这个年龄段的消费者有时间观看直播，有精力了解产品，也有直播消费的经济实力；③男女比例各占一半。例如，表3-1是使用直播购物的被调查者基本信息。

表 3-1　直播购物被调查者基本信息

访谈编号	年龄	学历	职业	使用直播的年限
A女士	17	高中	学生	2
B男士	48	高中	自由职业者	2
C女士	16	高中	学生	1
D男士	31	硕士	教师	2
E女士	20	本科	学生	2
F女士	33	高中	公务员等公职人员	3
G女士	29	高中以下	家庭主妇	3
H男士	26	硕士	公务员等公职人员	2
I女士	22	本科	自由职业者	1
J男士	27	硕士	自由职业者	1.5
K男士	21	本科	学生	2.5
M男士	24	高中以下	企业员工	1
N女士	22	本科	学生	3.5
O男士	43	硕士	医护人员	2
P男士	23	大专	企业员工	1.5
Q男士	29	本科	教师	4
R女士	20	本科	学生	2
S女士	19	大专	学生	1.5
T女士	28	硕士	公务员等公职人员	3
U女士	26	高中以下	家庭主妇	3
V男士	20	大专	学生	2
W女士	24	本科	企业员工	4
X男士	23	本科	公务员等公职人员	3.5
Y男士	24	高中以下	自由职业	2

（3）选择访谈人员。在深度访谈中，访谈的重点是被调查者的观点。因此在访谈过程中，访谈人员应保持一种参与者姿态，多关注被调查者关心的问题，通过使用开放性问题（例如，您最关心电商主播的哪些特征），避免先入为主的引导和提示。根据一定的访谈技巧，访谈人员应以谈心的方式调动被调查者的积极性，鼓励他们说出对特定问题的真实看法。

（4）预约访谈时间和地点。确定访谈主题和被调查者后，访谈人员应提前与被调查者约定好访谈时间和地点，以确保访谈顺利进行。一般来说，深度访谈时间最好控制在半个小时至一个小时。时间过短不利于访谈人员获得有效信息，而时间过长则会导致访谈人员和被调查者精力耗尽，不能达到较好的访谈效果。

（5）准备访谈用品。访谈前，访谈人员除了准备好自身的证件、访谈记录用品（如录音笔、智能手机等）之外，还应准备好赠予被调查者的礼品或适当的礼金。因为礼品或适当的礼金可以快速拉近与被调查者之间的距离，较好地提高访谈的质量。

2. 实施阶段

在上述准备工作就绪后，深度访谈就可以进入正式实施阶段，这一阶段的任务是与被调查者交谈，以最大限度地获取所需资料。在这一阶段，访谈人员应注意以下几点：

（1）采取合理的方式接近被调查者。在没有事先与被调查者取得联系的情况下，接近被调查者主要有两种方式。最常用的是正面接近，即开门见山介绍自己的身份，直接说明意图，之后就可以开始正式访谈。自我介绍是为了取得被调查者的信任，必要时可出示相关证件以打消被调查者的顾虑。例如："张女士，您好！我是此次的访谈人员XXX，我是XX大学就业指导中心的工作人员。"如果遇到不太友善的被调查者，访谈人员一定要忍耐，不要因为别人的偏见和无礼而影响自己的情绪和态度，更不要与被调查者争吵。还有一种方式是侧面接近，即先不公开身份，在某些共同的活动中接近被调查者，如与被调查者一起开会、学习、住宿、娱乐等，等到与被调查者建立起一定的友谊时，再在一种自然和谐的气氛中说明来意，进行正式访谈。这种方式有利于消除对方的戒备心理，但是费时又费力。

（2）详细介绍访谈主题和目的。在交谈开始后，访谈人员应详细地介绍此次访谈的目的和意图、被调查者回答的意义和重要性等，应指出被调查者的回答对其自身没有任何不利的影响，并要尽量营造友好、轻松的氛围，让被调查者无拘无束，充分发表自己的意见。例如：

非常感谢您在百忙之中抽出时间参加此次访谈。我想了解您在观看电商直播时对主播的看法，以及影响您在直播间购物的原因等。此次访谈时间约为一个小时。为了后续处理访谈资料，我需要对本次访谈进行录音，录音内容仅会用于学术研究，不会外泄。

（3）提问关于访谈对象个人信息的问题。在正式的访谈过程中，访谈人员应该首先提问被调查者一些有关个人信息的一般性问题。例如：

①请问您的年龄是多少岁？
②请问您的职业是什么？
③请问您的学历水平是什么？

（4）根据具体情境调整访谈进程。访谈的内容并不局限于访谈提纲，根据访谈时的具体情境，访谈人员可以对访谈问题、节奏、顺序、提问方式等进行弹性调整，以获得更多资料。面对被调查者的答案与研究主题完全无关的情况，访谈人员可以通过技巧性引导，将访谈内容引回到研究主题上。

（5）保持中立与谦和有礼的访谈态度。在访谈过程中，访谈人员应该始终保持中立的态度，让被调查者可以自由发言，以便获得最有用的信息。同时，访谈人员还应文明有礼，用语准确明了、贴切恰当，尽量避免使用生僻的专业术语，不要以审讯或命令的口吻提问，不要随便打断对方的回答，或表现出厌烦或无奈的情绪，更不要使用对方忌讳、反感的语言。

（6）适当引导和追问。在访谈过程中，当出现被调查者对所提问题不理解或产生误解或对某一问题的答案有所顾虑或漫无边际闲谈的情况时，访谈人员要礼貌且巧妙地加以引导。而当被调查者的回答含糊不清、过于笼统或残缺不全时，访谈人员要适当追问，以使访谈顺利进行。

（7）认真倾听被调查者的观点。在被调查者回答问题或陈述观点时，访谈人员要认真倾听。为表明认真倾听了被调查者的意见，访谈人员要表示出兴趣，这会鼓励被调查者多说。倾听可以加深理解，从而得到更深入的提问线索。

3. 结束阶段

结束阶段是深度访谈的最后一个环节，这个环节也很重要，访谈人员应注意以下几点：

（1）访谈结束时，访谈人员应该迅速回顾访谈结果或检查访谈提纲，确保已获取到相关信息，避免遗漏。

（2）不要在被调查者回答完提纲中的问题后就马上离去，应再次征求被调查者意见，了解他们还有什么想法和要求等，这样可能会掌握更多的情况和信息。例如：

①您还有什么需要补充的吗？

②如果您之后有新的想法，欢迎随时与我沟通。

（3）要真诚感谢被调查者对本次调查工作的支持与合作，同时将准备的礼品或礼金送给对方。例如：

非常感谢您能参与此次访谈。

延伸阅读 3-1
深度访谈法对访问员的要求

第二节 观察法

观察法是市场调研活动中使用最为频繁的调研方法，它的结果直观可靠，方法简单易行。本节介绍观察法的相关概念，以及如何有效准确地在市场调研中实施观察法。

一、观察法的概念及特点

1. 观察法的概念

观察法（observation methods），是指观察者根据研究的目的，通过自身的感官和辅助仪器，有目的、有计划地对处于自然情景下的人、物体或实践进行系统感知和观察的一种科学研究方法。通过观察法，观察者直接或利用仪器对所要研究的个人行为、活动、反应、感受以及现场事物等进行亲自检查、观测与记录，从而获得第一手资料。它是市场调研活动中使用最为频繁的方法，然而也是在实际操作中最容易被忽视的方法。

观察法常用于街头消费者行为和店铺内顾客选购行为等方面的调查，例如外形观察、店铺观察、流量观察等，不适宜做大面积的调研。其具体做法有：观察者到现场，通过自己的感觉直接观察被调查者，而不与被调查者接触，比如通过听觉观察声音，通过视觉观察行为，通过触觉观察形态；利用仪器对被调查者的行为进行测录；通过一定的途径，观察事物发生变化后的痕迹，收集有关信息；等等。虽然作用有限，但是观察法的成本低、难度小，使用场景相当广泛，许多公司都使用这种方法来优化其顾客体验。例如，宣称"苹果从不做市场调研"的乔布斯，就曾悄悄躲在苹果体验店外，观察店内顾客的一言一行。观察法的应用举例见表 3-2。

表 3-2 观察法的应用举例

观察类型	主要使用范围
外形观察	对消费者动作、穿着、外形进行观察
店铺观察	对商场购物环境、商品陈列、服务态度等进行观察，也可以针对某一产品或某个要求到各有关店铺进行观察。这种方法有利于了解消费者购买行为、购买动机、购买偏好等
流量观察	在选择店铺地址及调研某一街道的商业价值时经常采用这种观察调研法。观察者要观察在该位置上相关店铺的顾客流量、流速，以便分析开店的价值

延伸阅读 3-2
观察法的实施过程

2. 观察法的特点

第一，客观性。观察所获得的现象和过程能如实地反映客观事实。所获得的是"眼见为实"的资料。观察法所观察的是当时正在发生的、处于自然状态的市场现象。对市场现象的观察，可以在自然状态下进行，也可以在实验室条件下进行。所谓自然状态下的观察，就是不带有任何人为制造的假象，完全依市场现象所处时间、地点、条件下的客观表现进行观察，以保证观察结果的客观性。所谓实验室条件下的观察，是在人为创造的特定条件下对市场现象进行观察，这种观察法在自然科学研究中应用较多，在市场现象的研究中也被采用。采用观察法时往往不会让被调查者知道自己正在被观察。观察者不与被调查者发生接触，而是通过直接观察或间接借助仪器的方式，把被调查者的实际情况记录下来。因此，被调查者的行为反应真实可靠。

第二，能动性。观察法是观察者根据研究市场问题的某种需要，有目的、有计划地收集市场资料，是为科学研究市场而服务的。在观察过程中所观察的内容都是经过周密考虑的。它不同于出门看天气、到公园赏花等仅仅是为了安排个人生活或调节个人行为的观察活动。市场调查中应用的观察，是为了研究市场问题收集资料的过程。

第三，全面性。在实地观察之前，必须根据市场调查目的对观察对象、观察项目和观察的具体方法等进行详细计划，设计出系统的观察方案。对观察者必须进行系统培训，使之掌握与市场调查有关的科学知识，具备观察技能，这样才能做到对市场现象进行系统科学的观察。显然，科学的观察与日常生活中的无系统、片面的一般观察是不同的。科学的观察必须通过对观察过程的周密计划，对有限时间、空间内发生的事物以及新出现的市场现象进行详细记录和全面反映，多侧面、多角度、全方位地观察市场以获得所需结果。

二、观察法的类别

在决定运用观察法进行调查后，要根据调查的目标和要求选择一种合适的观察方式。按照不同的标准，观察法可以分为不同的类型。

（一）按观察的方式分类

按观察的方式，观察法可分为直接观察和间接观察。

1. 直接观察

这一方法一般应用于对商店客流量、道路车流量、街头流行服饰以及特定刊物的阅读情形的调查等。直接观察大致分为两类：

（1）参与观察，是指观察者置身于观察活动之中进行观察，是企业获取信息的重要方式之一。例如，佳能公司曾发现其产品在美国的市场份额逐步被蚕食，经过初步调查分析，认为主要原因在于美国经销商没能给予足够的支持，为此公司决定采取措施。不过，佳能公司并没有从庞大的消费者群体中获取数据，而是将三位经理派往美国，寻找问题所在。三位经理在美国待了六个星期，每天就像普通顾客那样进入商店，主要观察照相机是如何摆放的，店员是怎样对待顾客的等。他们发现，经销商对佳能照相机的销售缺乏热情，杂货店和其他折扣店也并不是有效的销售渠道，甚至会对品牌产生不利影响。根据他们观察的结果，佳能公司决定在美国开设自己的销售分公司，最终扭转了市场份额下滑的势头。

（2）非参与观察，是指观察者置身于调查群体之外，以旁观者的身份进行的观察。在非参与观察中，观察者像新闻记者一样进行现场观察，不参加被调查者的任何活动。非参与观察一般适用于观察者无法或无须介入被调查者的情况，一般用于预测试、探索性调查和简单观察。这种方法简便客观，但难以深入了解事实真相。避免非参与观察法的局限性的关键在于：一要保持在自然状态下进行观察，观察者的观察活动不能影响和干扰被调查者的正常活动；二要保证观察的持续性，要对观察对象作较长时间的深入观察。

2. 间接观察

这是观察者利用专业的仪器设备，或者采用一定的手段间接观察被调查者，以获得所需资料的方法。这种方法的观察结果较客观，准确率也高，但成本较高，难以普及。间接观察中使用的仪器主要有以下几种：

（1）视向测定器（又称为眼睛照相机）。它可以在一秒钟内拍摄人的多个视线动作，用于探测被调查者对广告的反应。用这种仪器虽然可以测出视线的停留位置和时间，却难以测试视线的移动情况。

（2）瞬间显露器。这种仪器可在短暂的时间内显示广告，显示的时间可以从 5‰秒至 10‰秒作适度调整。利用它，可以观察到广告的各个构成要素所需的时间。

（3）自动记录器。这是指装在收音机、电视机上可自动把样本收听、收视的频道及时间记录下来的仪器。这种仪器在做关于广播、电视的视听率调查时应用比较普遍，可与计算中心相连，但成本较高，而且样本要求严格。

还有一些其他可用的仪器，包括行为观察仪、皮肤电流反射器、单面镜、记忆鼓等。

（二）按观察结果的标准化程度分类

按观察结果的标准化程度，观察法可分为结构性观察和非结构性观察。

1. 结构性观察

结构性观察是指观察者在观察过程中，对观察对象、观察范围在某种程度上进行人为控制的观察。这种方式适用于因果性调查，根据观察目的预先规定观察范围，并在实施观察时使观察技术、观察手段、观察程序和记录方式标准化。例如将消费者请入实验室观察其购买行为就属于结构性观察。

2. 非结构性观察

非结构性观察是指观察者对观察目的、程序等不做严格规定，记录也可采取随意的方式，使观察对象处在完全自然的环境当中。这种方式比较灵活，适用于机会调查、探索性调查或有深度的专题调查。例如，在普通购物场所观察消费者的购买行为就属于非结构性观察。

（三）按获取资料的时间特征分类

按获取资料的时间特征，观察法可分为纵向观察、横向观察和纵横结合观察。

1. 纵向观察

纵向观察又称时间序列观察，指在一定时间段内连续观察同一现象或事物并进行一连串的记录，使之保持时序性。如对广告处理的调查即可用此方法，第一次刊播广告后记录一次产品销售情况，第二次、第三次刊播后，再分别观察记录产品销售情况，依此类推。这样一方面可以测定出广告的总体效果，另一方面还可以寻找到最佳广告刊播次数。

2. 横向观察

横向观察又称静态观察，指在某一特定时间内观察同类现象或事物，取得横断面的记录。例如观察几个商店销售的同种商品，可在同一时段安排几个观察者分别对不同商店的同类商品销售情况进行观察。

3. 纵横结合观察

纵横结合观察是指为保证观察结果更准确，把纵向观察与横向观察两种形式结合使用的方法。这种观察方式操作比较麻烦，一般在有时间和精力的情况下才采用，但它更容易了解到调查对象的真实情况。关于品牌、商标对顾客影响力的调查，可使用此法。

（四）按观察的具体形式分类

按观察的具体形式，观察法可分为现场观察、实际痕迹观察和比较观察。

1. 现场观察

现场观察又可依具体情况不同分为以下三种：

（1）供应厂家现场观察，即派人到原材料、配套件、协作件的生产企业，观察它们的生产条件、技术水平、工艺过程，以了解其所生产产品能否满足要求，或到商业企业观察货源的准备情况。

（2）销售现场观察，是指观察者到商场、经销店、展销会、交易会等现场，亲自观察和记录顾客的购买情况、购买情绪、踊跃程度、同类产品竞争程度、新产品的设计以及各种商品的性能、式样、价格、包装等。

（3）使用现场观察，是指在用户的使用现场，了解用户使用本企业生产或经营的商品的情况，包括用途、使用条件、顾客在使用时遇到的困难、顾客要求等，以发现问题并及时改进。

2. 实际痕迹观察

实际痕迹观察是指根据被调查者实际留下的痕迹进行调查。例如为调查媒介传播效果，可以在几种媒介上刊登广告，并附有意见回条，顾客凭回条购买商品可优惠。企业根据各回条的比例数和内容，就可判断出哪种媒介能更好地把商品信息传递给消费者。

3. 比较观察

比较观察是指观察者对事物所做的对比观察。例如，某企业要了解何种包装的洗衣粉对消费者最有吸引力，于是把需要比较的各种包装（规格、容器、精美程度等有所不同）的洗衣粉放在同一商店内销售，现场观察消费者的购买态度，结果发现，小包洗衣粉最受欢迎，企业据此组织批量生产，促使销量大增。

三、观察法的应用范围和注意事项

1. 观察法的应用范围

（1）对消费者需求情况的观察。在商品销售现场、展销会、展览会等地点，直接观察消费者喜爱的商品品牌、款式、规格、花色、包装、价格等信息，通过记录分析，可以掌握大量真实的第一手资料；也可借助行为观察仪，记录消费者进入现场后的目光、行走、表情以及购买等行为，使用仪器观察的资料不仅详尽、精确，还可避免人员观察的诸多不便。通过资料分析，可以掌握市场上商品需求的趋势。

（2）对企业经营环境状况的观察。通过对各个企业经营环境的观察、对比，可以了解这个市场的经营状况。可以对各个企业的商品陈列、橱窗布置、店员的服务态度、客流量等情况进行观察，从而获取比较真实全面的资料。

（3）品牌调查。用于调查消费者对某品牌产品的需求强度以及其他品牌同类产品的替代强度。譬如，消费者在某商店需要某一品牌的商品，而销售人员并不按要求提供，却代之以其他品牌的同类商品，通过多个消费者接受替代品的情况来确定某一品牌的替代强度。

（4）对商品生产数量和质量的观察。对生产现场和使用现场进行观察，了解商品生产过程和商品质量以及商品性能、操作技巧和维修等情况。农副产品生产情况更应深入田间或动物饲养地，实地观察其生长情况和应采取的对策，这样才能获得真实的第一手资料并作出正确的判断和决策。

（5）对广告效果的观察。观察各种广告媒体的效果，可以通过消费者对不同广告的注意程度、记忆和理解度、知名度和视听率来推断，还可以借助专业仪器记录人们收听、收看广播电视节目的时间、频率等。

2. 使用观察法的注意事项

第一，为了使观察结果具有代表性，即可以反映某类事物的一般情况，应该设计好抽样方案；第二，在进行实际观察时，最好不让被调查者有所察觉，否则，就无法了解被调查者的自然反应、行为和感受；第三，观察者在实际观察时必须实事求是、公正客观，不得带有主观偏见，更不能歪曲事实真相；第四，调查人员的记录用纸和观察项目最好有一定的格式，便于尽可能详细地记录调查事项；第五，为了观察客观事物的发展变化过程且能进行动态对比研究，需要做长期反复的观察。

实践应用 3-1

BBDO 公司观察法的应用

著名广告公司 BBDO 接到了英国国民健康局的一个指示，要针对年轻人发起一场大规模的反吸烟行动，尤其是十几岁的女生。

拿到这个任务之后，BBDO 的调研员们在市中心找了一家咖啡馆应用观察法进行调研。他们每天坐在最中间的位子上，通过自己的感觉直接观察被调查者，而不与被调查者接触，比如通过听觉听年轻女生们的谈话，通过视觉观察年轻女生们的行为；利用录音机对年轻女生们的谈话行为进行测录。在观察法应用过程中他们发现，女生谈论最多的话题都是关于买衣服、做头发、化妆、减肥、整容、唇膏粉底眼线笔、面霜眼霜指甲油等。这些调研员突然意识到，对于这些年轻的女孩们而言，最重要的事莫过于她们的外表，也就是她们看起来怎么样。

于是 BBDO 发起了一项传播战役——吸烟损害容貌。吸烟会让你皮肤黯淡、牙齿发黄、眼角生纹、口气变臭……这一系列广告取得了显著效果。这一整套传播方案及其用户洞察其实都来源于成功应用了观察法对被调查者进行了非常直观的调研。

资料来源：人人都是产品经理. 市场调研吐槽大会（不是）[EB/OL].（2021-09-17）

四、观察法的优缺点

1. 观察法的优点

（1）调查结果直观。观察法可以直接记录调查的事实和被调查者的现场行为，收集的是基于事实的第一手资料。这些调查结果非常直观，为后续进一步地分析提供了便利。

（2）获取信息比较客观。观察法基本上是观察者的单方面活动，一般不正面接触被调查者，不依赖语言交流，不会受到被调查者意愿和回答能力等的困扰，在被调查者未意识到自己被观察的情况下得到的数据，有利于排除语言交流或人际交往中可能产生的各种误差和干扰。

（3）简便易行，灵活性强，可随时随地采用。观察法只需通过自身的感官和一些辅助仪器，就能对处于自然情境下的人、物体或实践进行系统感知观察，相较其他方法更容易上手，是市场调研活动中使用最为频繁的方法之一。

2. 观察法的缺点

（1）只能客观反映当前的公开行为。观察法一方面只能观察到公开出现的行为，私下的行为超出了观察的范围；另一方面观察到的公开的行为只代表当前行为，并不能代表未来的行为。同时，观察法不能进一步说明发生的原因和动机。

（2）容易受时间、空间和经费的限制。观察法需要大量的观察者到现场做长时间观察，调查时间较长，调查费用较高，一般仅适用于小范围的微观市场调研。

（3）对观察者的业务技术水平要求较高。观察法的结果受观察者本身水平影响较大，如要求观察者需要具备敏锐的观察力，良好的记忆力，必要的心理学、社会学知识及现代化设备的操作技能等一系列的素质与技能。

第三节　焦点小组访谈法

一、焦点小组访谈法的概念及应用

焦点小组访谈法又称小组座谈法，由 7~12 名被调查者组成小组，在一名经过培训的主持人的引导下，针对某一特殊主题或概念，以一种无预定程序的自然形式进行深入讨论，其目的是了解人们对某一主题的想法及其原因。在小组讨论过程中，可借助仪器观察小组成员的表情及发言情形。

焦点小组访谈与人们日常工作中的座谈会和深度访谈类似，但又不完全相同。它虽然无预定程序，但经过事先精心的组织安排，不同于随意进行的聚会闲聊，也不同于一对一的访问。焦点小组访谈法可以应用于了解被调查者对某类产品的认识、偏好和行为；获取被调查者对新产品概念的印象；进行广告创意、广告脚本的测试；研究产品的合理定价；了解被调查者对某项市场营销计划的初步反应；等等。

在焦点小组访谈中，主持人的重要作用体现在他要从小组中获取最好的、最具有创新特性的观点，为主办者提供有助于深入研究的建议。因此，主持人应容易被小组成员所接受，且有能力掌控小组讨论重心；反应敏捷，善于发现并记录小组讨论产生的新观点，并有效激发小组成员的热情。

参与讨论的小组成员对小组讨论结果有不同影响。因此，为保证讨论质量，小组成员应具备相似特质，例如年龄、学历、职业等相同；同时，他们还应对讨论主题有一定程度的了解，以免造成沟通障碍，导致无效讨论。此外，小组访谈的环境也很重要，轻松、非正式的气氛能有效激发被调查者的兴趣，促使他们自由、真实地发表评论。

二、焦点小组访谈法的实施过程

（一）准备焦点小组访谈

1. 征选被调查者

一般调研者在商业街上随机地拦住一些人或是随机选择一些电话号码

来征选被调查者。征选时应极力避免在小组中出现重复的或"职业"性被调查者。一个小组一般包括 7~12 名被调查者。注意，并不存在理想的参与人数，这应根据小组的类型而定，经历性的小组比分析性的小组所需的被调查者要多。

2. 环境

焦点小组访谈一般在测试室中进行，主要设备包括话筒、单向镜、室温控制器、摄像机。访谈通常在开放而舒适的环境中进行，以便参与者能够自由地表达自己的想法。

（二）选择主持人

拥有合格的被调查者和一个优秀的主持人是焦点小组访谈法成功的关键因素，焦点小组对主持人的要求是：第一，主持人必须能恰当地组织一个小组；第二，主持人必须具有良好的商务技巧，以便有效地与委托商的员工进行互动。

（三）编制讨论指南

讨论指南的编制一般采用团队协作法。讨论指南是一份关于小组会中所要涉及的话题概要，主持人要根据讨论指南按一定顺序引导小组讨论所有关键的问题。讨论指南一般包括三个阶段：第一阶段是建立友好关系、解释小组中的规则，并提出讨论的主题。第二阶段是由主持人引导深入地讨论。第三阶段是总结重要的结论。

（四）展开讨论

根据讨论指南，由主持人主持，针对主题展开深入的讨论。讨论过程中，为使小组成员能够畅所欲言，主持人应引导成员自由发言，自由想象，自由发挥，相互启发，相互补充，然后将会议发言记录进行整理。

（五）编写焦点小组访谈报告

访谈结束后主持人可做一次口头报告。正式的报告，开头通常解释调研目的，申明调研的主要问题，描述小组参与者的个人情况，并说明征选被调查者的过程。最后，总结调研结果。

焦点小组访谈法一般流程如图 3-1 所示。

征选被调查者 → 选择环境 → 选择主持人 → 编制讨论指南 → 展开讨论 → 编写报告

图 3-1 焦点小组访谈法流程图

焦点小组访谈的具体活动流程以及活动时长可以参考表3-3。

表3-3　焦点小组访谈的活动流程和时长

时长	活动
1~2天	确定研究主题和目标用户
1天	编写筛选问题
3~7天	招募和筛选被调查者
1天	预选候选人、初排日程
0.5天	发送邀请给主要合格候选人，预留备选
0.5天	访谈前通知提醒
1~2天	撰写访谈大纲，准备试前问卷、材料和使用工具
0.5天	预演一场焦点小组访谈
1~3天	执行焦点小组访谈
1天	输入数据，保存影音材料
1~5天	执行总结会和撰写报告

注：各项活动具体时长视焦点小组访谈的规模而调整，招募阶段至少需要2天时间，访谈执行每天不应超过3场，撰写报告需要预留一周左右时间。

三、焦点小组访谈法的优缺点

1. 焦点小组访谈法的优点

（1）协同增效。与询问某个人得到的私人性、保密性回答相比，将一组人放在一起讨论可以得到更广泛的信息、更深入的理解和看法。

（2）滚雪球效应。在焦点小组访谈中，一个人的评论会启动被调查者的一连串反应，这就是滚雪球效应。

（3）刺激性。访谈期间，随着小组成员对所谈论问题的兴奋水平提升，被调查者想要表达他们的观点和感情的愿望也会增强。

（4）安全感。因为被调查者的感觉和小组中其他成员是类似的，所以被调查者感到比较舒服，并愿意表达他们的观点和感情。

（5）自发性。被调查者没有被要求回答某个具体的问题，他们的回答可以是自发的、不遵循常规的，因而能够准确表达他们的看法。

（6）发现灵感。与一对一的访问相比，小组的讨论更容易激发灵感、产生想法。

（7）专业化。因为多个被调查者要同时参与，所以雇用一个受过高水平训练的主持人是必要的。

（8）科学监控。焦点小组访谈允许对数据的收集进行密切监控，调研者可以亲自观看访谈的情况，并可以将讨论过程录制下来用于后期分析。

（9）结构灵活。焦点小组访谈在覆盖的主题的广度及深度方面都可以很灵活。

（10）速度快。同一时间能同时访问多个被调查者，因此数据收集和分析过程都是比较快的。

2. 焦点小组访谈法的缺点

（1）误用。焦点小组访谈是探索性的，但可能会误用和滥用，将结果当作是结论性的来对待。

（2）错误判断。焦点小组访谈的结果比其他数据收集方法的结果更容易被错误地判断。

（3）影响因素多。焦点小组访谈特别容易受客户和调研者偏差的影响；且难主持，高素质的主持人很少，而调查质量对主持人的技术有很强的依赖。

（4）结构性差。回答的无结构性使得编码、分析和解释都很困难。焦点小组访谈得到的数据是凌乱的。

（5）错误代表。焦点小组访谈的结果对总体是没有代表性的，因此不能把结果当作决策的唯一标准。

第四节　头脑风暴法

一、头脑风暴法的概念

头脑风暴法又称智力激励法、BS（brain storm）法、自由思考法，是美国 BBDO 广告公司经理奥斯本（A. F. Osborn）提出的。《牛津高阶英汉双解词典（第6版）》（商务印书馆）对此的解释是："A way of making a group of people all think about sth at the same time, often in order to solve a problem or to create good ideas."中文意思是：一种让一群人同时思考某事的方法，常常是为了解决一个问题、萌发一个好创意。有点类似汉语的"集思广益"的意思。

当一群人围绕一个特定的兴趣领域产生新观点的时候，这种情境就叫作头脑风暴。由于团队讨论使用了没有拘束的规则，人们就能够更自由地思考，进入思想的新区域，从而产生很多的新观点和问题解决方法。当参加者有了新观点和想法时，他们就大声说出来，然后在他人提出的观点之上建立新观点。所有的观点被记录下来但不进行批评。只有头脑风暴会议结束的时候，才对这些观点和想法进行评估。头脑风暴的特点是让与会者敞开思想，使各种设想在相互碰撞中激起脑海的创造性风暴。其可分为直接头脑风暴和质疑头脑风暴。前者是在专家群体决策基础上尽可能激发创造性，产生尽可能多的设想的方法，后者则是对前者提出的设想和方案逐一质疑，分析其现实可行性的方法。

头脑风暴法是一种集体开发创造性思维的方法，其基本原理是围绕某一问题召开专家会议，通过共同讨论进行信息交流和相互诱发，激发出专家们创造性思维的连锁反应，产生许多有创造性的设想，从而进行集体判断预测。

延伸阅读 3-3
头脑风暴法的操作程序

二、头脑风暴法的分类

头脑风暴法，可以采用以下分类标准进行区分。

（一）按照发明技法分类

头脑风暴法已发展为一个发明技法群，包括三菱式智力激励法、卡片式智力激励法、默写式智力激励法等。

1. 三菱式智力激励法

奥斯本智力激励法虽然能产生大量的设想，但由于它严禁批评，这样就难以对设想进行评价和集中，日本三菱树脂公司对此进行改革，创造出一种新的智力激励法——三菱智力激励法（简称 MBS 法），又称 MBS 延伸头脑风暴法。会议时首先要求与会者预先将与主题有关的设想分别写在纸上，然后轮流提出自己的设想，接受提问或批评，接着以图解方式进行归纳，再进入最后的讨论阶段。

2. 卡片式智力激励法

卡片式智力激励法也称卡片法，又可分为 CBS 法和 NBS 法两种。CBS 法由日本创造开发研究所所长高桥诚根据奥斯本的智力激励法改良而成。CBS 法的特点是可以对每个人提出的设想进行质询和评价。NBS 法是日本广播电台开发的一种智力激励法。它与 CBS 的不同之处在于，对时间的把控更为严格。

3. 默写式智力激励法

德国创造学家鲁尔巴赫对奥斯本智力激励法进行改造进而创立了默写式智力激励法，又称"635"法。与奥斯本智力激励法基本相同，其不同点是把设想记在卡片上，用书面阐述来激励智力。奥斯本智力激励法虽规定严禁评判，自由奔放地提出设想，但有的人对于当众说出见解犹豫不决，有的人不善于口述，有的人见别人已发表与自己的设想相同的意见就不发言了。而"635"法可弥补这种缺点。

（二）按照评判时间分类

1. 直接头脑风暴法

即奥斯本头脑风暴法，群体决策并尽可能激发创造性，产生尽可能多的设想，然后再"会后评判"。

2. 逆向头脑风暴法

其也称反头脑风暴法或质疑头脑风暴法，由热点公司（Hotpoint）发明，这是一种小组评价的方法，其主要用途是发现某种创意的缺陷，并预期如果实施这种创意会出现什么不良后果。在逆向头脑风暴法实施的过程中，必须先确认某一创意所存在的各种问题，然后再就如何解决这些问题展开讨论，对前者提出的设想、方案逐一质疑评判，分析其现实可行的方法。

逆向头脑风暴法和直接头脑风暴法类似，唯一不同的是在逆向头脑风暴法中允许提出批评。直接头脑风暴法是用来刺激创造新创意、新思想，而逆向头脑风暴法则是以批判的眼光揭示某种创意的潜在问题。事实上，这种方法的基本点就是通过提问发现创意缺点。逆向头脑风暴法可以结合直接头脑风暴法，也可以在其他创意方法之前使用，它能有效地激发创造性思维。

（三）按照结构化分类

1. 结构化头脑风暴

对于主持人提出的问题，团队成员一个接一个提出自己的创意，每人每次只能提一个。当某个成员再也没有新的想法时则可以跳过。所有的创意都应记录在白板上。这种方式还可以用于比较敏感的主题。

2. 非结构化头脑风暴

非结构化头脑风暴属于自由滚动式，为团队成员提供了自由地提出创意和意见的机会。这种方式鼓励成员任意地贡献尽可能多的创意，直至没有人再有新想法为止。

这两种类型的头脑风暴各有优缺点，需要根据不同的情况采取不同的方法。

三、头脑风暴法应遵循的原则

1. 庭外判决原则

对各种意见、方案的评判必须放到最后阶段，此前不能对别人的意见进行批评和评价。认真对待任何一种设想，而不管其是否适当和可行。也就是说，在畅谈阶段，既不能肯定某个设想，又不能否定某个设想，也不能对某个设想发表评论性的意见。一切评价和判断都要延迟到会议结束以后才能进行。这样做一方面是为了防止评判约束与会者的积极思维，破坏自由畅谈的有利气氛；另一方面是为了集中精力先开发设想，避免把应该在后阶段做的工作提前进行，影响创造性设想的大量产生。

2. 自由创新原则

鼓励参加者各抒己见，自由鸣放，营造一种自由、活跃的气氛，从而激发参加者提出各种想法，使他们思想放松，这是头脑风暴法的关键。参加者从不同角度、不同层次、不同方位，大胆地展开想象，尽可能地标新立异、与众不同，提出创新性的想法。

3. 以量求质原则

意见越多，产生好意见的可能性越大，这是获得高质量创造性设想的条件。头脑风暴会议的目标是获得尽可能多的设想，追求数量是首要任务。参加会议的每个人都要抓紧时间多思考、多提设想。至于设想的质量问题，自可留到会后的设想处理阶段去解决。在某种意义上，设想的质量和数量密切相关，产生的设想越多，其中的创造性设想就可能越多。实践过程中，一般在参加者 5 至 10 人、会议时间控制在半小时至一小时的基础上，尽可能多地提出创新性设想。

4. 综合改善原则

探索取长补短和改进的办法。除提出自己的意见外，鼓励参加者对他人提出的设想进行补充、改进和综合，强调相互启发、相互补充和相互完善，这是头脑风暴法能否成功的关键。

四、头脑风暴法优缺点

1. 头脑风暴法的优点

（1）易操作执行，具有很强的实用性。头脑风暴法操作程序简单明了，能够快速上手操作。同时，该方法能够产出许多创新性设想，从而创造出较高的实用价值。

（2）有利于激发创新性思维。头脑风暴法通过信息交流，能够快速捕捉到参加者瞬间的思路，并激发出群体内成员创造性思维的连锁反应，产生富有创见性的思想"火花"。

（3）能够提高工作效率。头脑风暴法获取的信息量大、考虑的因素多，所提供的计划、方案等也比较全面和广泛，能更快更高效地解决问题。

2. 头脑风暴法的缺点

（1）可能缺乏代表性。受参加者人数限制，可选择的专家人数少，无法保障各个领域的专家都能参加，导致得到的讨论结果可能有偏差，缺乏代表性。

（2）容易出现无法真实表达意见的情况。职位不高又有独特见解的专家容易受"权威""会议气氛"和"潮流"等因素的影响，而不能真实地表达自己的意见，最终导致结果过于统一、缺乏多元性。

（3）讨论结果易受表达能力的影响。通过会议发言表达专家见解，表达能力不强的专家不能很好地表达自己的想法，这也会影响意见的收集。

（4）结果逻辑不严密。由于是即兴发言，因而不可避免存在逻辑不严密、意见不全面、论证不充分等问题。头脑风暴法不适用于一些具有机密性和高技术含量及专业性的问题。

第五节　其他定性研究法

定性调研方法有很多，除了以上几种方法，还有德尔菲法、文案调查法、投射法等，虽然采用这些方法得到的调研结果差异不大，但这些方法各具特色，在不同的领域发挥着独特的优势。

一、德尔菲法

（一）德尔菲法的概念

德尔菲法（Delphi method）是20世纪40年代由美国兰德公司（Rand）首创和使用的一种特殊的调查方法，在西方非常流行。德尔菲是古希腊的一个地名，因阿波罗神殿而闻名。由于传说中的阿波罗有着非凡的预测未来的能力，德尔菲就成了预言家的代名词。

德尔菲法是指按照规定的程序，采用函询的方式，依靠分布在各地的专家小组背对背地作出判断分析，并对结果反复征询，使不同意见趋于一致，得出调查结果的方法。

（二）德尔菲法的特点

1. 匿名性

为克服专家会议易受权威和心理因素影响的不足，德尔菲法采用匿名函询的方式征求意见。应邀参加预测的专家之间不发生联系，专家们可以不受任何干扰，独立对调查表所提问题发表自己的意见，而且有充分的时间思考和调查研究，查阅资料。匿名性保证了专家意见的充分性和可靠性。

2. 反馈性

德尔菲法一般要经过几轮的函询与反馈。组织者要对每一轮函询的结果进行整理、分析、综合，作为反馈材料再寄给每位专家，达到相互启发的目的。

3. 统计性

为了给出预测结果，德尔菲法采用统计方法处理每一轮的专家意见，使预测结果具有统计性特点。预测结果往往以概率的形式出现，它既可反映专家意见的集中程度，又可反映专家意见的离散程度。

（三）德尔菲法的实施步骤

1. 拟定意见征询表

意见征询表是专家回答问题的主要依据，也是进行德尔菲法调查的主要手段。调查机构根据委托方的要求，拟定需要调查了解的问题，制成意见征询表。拟定意见征询表应注意以下几点：问题要简单明确，数量不宜太多；问题的内容要尽量接近专家所熟悉的领域，以充分利用专家的经验；意见征询表中还要提供专家作出判断时可参考的背景资料。

2. 选择征询专家

专家的选择是否合适，直接关系到德尔菲法的成败。在选择专家时要注意以下几个方面：按照调查客体涉及的专业范围，选择业务精通、见多识广、熟悉市场情况、具有分析能力和预见能力的专家；专家人数的多少要视客体的大小和涉及面的宽窄而定，一般在 8~20 人；专家之间能做到不联系。

3. 轮回反复征询专家意见

第一轮，将意见征询表和现有的背景材料寄给专家，要求专家明确回答征询中的问题，并在规定时间内将答案寄回，调查人员对各个问题的结论进行归纳和统计。

第二轮，将第一轮汇总过的专家意见及新的调查要求寄给专家，要求专家在了解全局情况后提出自己的见解。在这个阶段，他们可以保留或修改自己的意见，对于所持意见和总体结论差异较大的专家，应请他们充分陈述理由。这样，可再次将专家寄回的资料进行统计，并提出新的要求。

如此经过几轮的反复征询，使专家意见逐步趋于一致。征询的轮次和征询的时间间隔不能一概而论，需视调查内容的复杂程度、专家意见的离散程度而定。通常征询轮次为 3~5 轮，征询时间间隔为 7~10 天。随着互联网的发展，社会化媒介、即时通信工具日趋普及，采用这类新媒介进行沟通，可大大提高沟通效率，缩短调查时间。

4. 得出调查结论

根据几轮提供的全部资料和记录、反复修改的各方面意见，由调查人员得出最后的调查结论。

（四）德尔菲法的优缺点

1. 德尔菲法的优点

（1）调查的组织和实施简便灵活。对组织工作要求不高，不需要太多的人力、物力、财力，也不需要组织大型的讨论会或人员众多的调查活动。对工作场所、工作时间也没有严格要求，比较灵活。

（2）便于征询对象独立思考、独立判断。使用调查表征询专家意见时，专家采用匿名方式，专家之间没有联系，避免了专家之间互相干扰和影响，专家的回答是独立思考和独立判断的结果。

（3）有利于专家探索式地解决问题。专家之间是背对背地回答问题，每个专家对调查问题的回答必须依赖自己对问题的独立研究，探索调查问题内在的联系与规律性，寻求解决问题的途径方法。

2. 德尔菲法的缺点

（1）缺乏客观标准，有一定的主观片面性。专家对调查问题的回答全凭自我判断，主观色彩较为浓厚，甚至有较强的主观片面性，因而这种方法主要适用于缺乏历史资料或未来不确定因素较多的调查问题。

（2）调查时间较长。需经过多轮的反复征询，由于反馈次数较多，因而需要耗费较长时间。调查过程中还可能发生有的专家由于个人原因而中途退出的情况，影响调查结果的科学性，甚至可能破坏整个调查方案。

（3）调查结论有可能趋于中位数和算术平均数。有的专家在得到调查组织者汇总的反馈资料后，由于水平不高或对调查问题的回答不够认真，或不了解其他专家所发表看法的依据，可能作出趋于中位数或者算术平均数的回答，影响调查结论的准确性和科学性。

为了克服上述不足，可以采取以下措施：向专家说明德尔菲法的原理，让他们了解这种方法的特点；向专家提供尽可能详尽的与调查项目有关的背景材料；请专家对自己的判断结果给出最高值、一般值和最低值，并分别估计其概率，以保证整个判断的可靠性，减少轮回次数；在第二轮反馈后，只给出专家意见的极差值，而不反馈中位数或算术平均数，以免发生简单求同现象。

二、文案调查法

（一）文案调查法的概念、特点与作用

1. 概念

文案调查法又叫间接调查法，是指通过收集多种历史和现实的动态文献资料，从中摘取与市场调查课题有关的情报，对调查内容进行分析研究的调查方法。文案调查法是对二手资料的收集、整理、加工和分析，是一种高效的调查方法。

2. 特点

文案调查法必须选用科学的方法，调查方法的选择恰当与否，对调查结果影响甚大。各种调查方法都有利有弊，只有了解各种方法，才能正确选择和应用。

与实地调查相比，文案调查有以下几个特点：

（1）收集加工过的文案，而不是原始资料。

（2）以收集文献信息为主。

（3）收集的资料包括动态和静态两个方面，偏重于从动态角度收集反映市场变化趋势的历史及现实资料。

（4）不受时空限制，可以获得大量历史资料。

3. 局限性

文案调查法存在一定的局限性，具体表现在以下几个方面：

（1）较多地依赖历史资料，难以很好地反映新情况。

（2）调查的项目多数为现在正在发生的问题或者即将发生的情况，收集的历史资料往往与调查目的不能很好地契合，数据对要解决的问题不完全适用。

（3）文案调查法对现有资料的收集必须周详、广泛，要求调查人员具有丰富的理论知识、较深厚的专业知识和技能，否则将感到无能为力。

由于存在以上局限性，在运用文案调查法进行资料的分析研究时，首先要对资料的质量进行评估。

4. 作用

根据市场调查的实践经验，文案调查法常被作为市场调查的首选方式。几乎所有的市场调查都开始于收集现有的资料；只有当现有的资料不能解决实际问题时，才会进行实地调查。所以，文案调查法可以作为一种独立的调查方法使用，这将有助于确定问题、定义问题、拟订问题的研究框架、阐述适当的研究设计、回答特定的研究问题、更深刻地解释原始数据等。在人手少、时间紧的情况下，文案调查还可以采取间接的方式，委托专业机构进行专题调查，然后综合整理。在信息产业日益发达的今天，这种方法的应用越来越普遍。

（二）文案调查资料的来源

文案调查资料的来源包括企业内部资料和外部资料。

1. 内部资料

这些资料主要反映企业在市场中的经济活动，主要包括业务资料、统计资料、财务资料以及企业积累的其他资料等。

2. 外部资料

企业外部资料是文案调查最主要的资料来源。这些资料是公共机构提供的已出版或未出版的资料。例如，统计部门、政府机关公布的资料及其官方网站发布的信息；其他市场调研机构提供的资料；从各种媒体、官方微博、微信订阅号、广告、博览会、展销会等获得的资料。

（三）文案调查的方法

1. 参考文献筛选法

这是从各类有关文献资料中分析和筛选出与调查目的相关联的信息和资料的方法。在我国，最常用的是从印刷文献资料中筛选。印刷文献一般有统计年鉴、论文集、科研报告、专利文献、政府政策条例、内部资料等。此外，也常利用一些数据库进行文献资料的筛选。此种方法主要是依据调查目的和要求，有针对性地去寻找有关的文献，以提高文献资料的准确度。

2. 报刊剪辑分析法

这是一种由调查人员从各种报纸杂志、在线刊物以及微信、微博等新媒体所发文章、报告中分析和收集情报信息的一种方法。市场信息瞬息万变，这种变化在日常新闻报道中有所体现，只要平时用心观察、细心收集分析，便能得到很多对今后的调查有用的信息。

3. 情报联络网法

企业在一定范围内设立情报联络网，可使资料收集工作延伸至企业想要涉及的地区。互联网的普及使情报联络网法成为文案调查的有效方法。

三、投射法

（一）投射法的概念

投射法来源于心理学，是通过一种无结构的、非直接的询问形式，鼓励被调查者把他们所关心的问题的潜在动机反映出来。简言之，投射法的目的是探究隐藏在表面反应下的真实心理。在投射法中，并不要求被调查者描述自己的行为，而是要他们解释其他人的行为。在解释他人的行为时，被调查者就间接地将自己的内在情感投射到了有关的情境之中。使用投射法的根本理由在于，人们通常不愿或不能表达深层的情感。

（二）投射法的类型

1. 文字联想法

文字联想法是向被调查者呈现一连串的词语，每给出一个词语，都让他们回答首先想到的是什么词（称为反应词），并记录下口头或非口头的反应行为，如犹豫不决等。为了掩盖研究的真正目的，在给出的词语中有一些是凑数的、没有测试价值的。例如，研究人员对销售人员说出一系列工作任务，希望通过这种联想法揭示出他们对这些任务的真实感受。销售人员的第一个想法大概是自发的，因为他没有足够的时间来思考对自己有利的答案。

对回答或反应的分析可计算如下几个量：每个反应词出现的频数；在给出反应词之间停顿的长度；在合理的时间段内，对某一词语完全无反应的被调查者数目；等等。研究者常常把这些联想分为赞成的、不赞成的和中性的三类。一个被调查者的反应模式及反应的细节，可用来确定其对所研究问题的潜在态度或情感。

文字联想法可用于测试潜在的品牌名称。如酒水生产商希望推出一种无色轻度威士忌，并测试了很多品牌名字，如 Frost、Ultra、Verve、Master's Choice 等。最终显示的结果是消费者对 Frost 一词特别偏爱。

类似地，该方法还可以用于测试产品的消费动机和消费者偏好。

2. 句子完成法

该方法也是建立在自由联想的基础上，被调查者需要将呈现给他们的未完成的句子，用最先想到的词或短语来填补完整。需要注意的是，为了避免被调查者产生防备心理，在未完成的句子中一般不使用第一或第二人称。

在分析和解释所获得的资料时，研究者需要具备专门的知识（如心理学专业知识），这样才能准确地解释答案的真正含义，如对于"拥有一只金表是_____"，女性被调查者的回答是"拥有一只金表是很好的事"，男性被调查者的回答则是"拥有一只金表是必需的"。据此可以推断，女性消费者认为拥有一只金表是很体面的事，而男性消费者则把一只金表看成是一种必需品。这种资料对广告宣传策略、营销策略的确定都很有意义。

3. 图画测验法

该方法是将一幅图画（一般是漫画）展示在被调查者面前。图画内容表示一种对话情境，其中有一方提问题，另一方的回答是空白的，要求被调查者替图画中的另一方作答。

例如，图画内容可能展示的是在一家时装店柜台前，服务员与顾客的对话情境。服务员向顾客问道："请问您需要什么？"顾客的回答则留下了空白。被调查者替顾客作出的回答可能是："您可以推荐一下什么较好吗？"如果答案如此，说明被调查者对今年流行的时装态势不太了解；如果被调查者的回答是某种经典款式的连衣裙，则说明被调查者对该类时装比较偏爱。

采用图画测验法时应注意，图画的内容要尽量简略，特别是人物面部表情要一目了然，不应对被调查者的回答产生影响；而且应当提醒被调查者，要注意的对象是文字和所提出的问题，而不是图画中的人或物。

由于图画测验法成本较高、所得的信息较少、不便于统计分析等，所以在实际调查中运用较少，一般只用作辅助性调查手段。

4. 故事构建法

该方法与图画测验法类似，由研究者向被调查者展示一张（或多张）照片或图片，要求他们根据自己的理解虚构一个故事或者虚构出图片中人物的内心想法。例如，图片上可以展示一位时尚女性，面对一款非常经典时尚的长款大衣陈列架。被调查者看后要谈谈时尚女性在想什么。被调查者的回答可能是："这位家庭主妇看到漂亮的长款大衣犹豫不决，因为没有试穿过，不知道自己穿上好不好看，但是又想买来试一试。"那么可以认为这位被调查者喜欢长款大衣，而且对款式、颜色很讲究。被调查者的回答也可能是："她看到产品正在打折，准备购买。"那么这位被调查者可能比较看重价格因素。

5. 图片分类法

图片分类技术是美国 BBDO 广告公司开发的一种投射法。具体做法是给被调查者一些图片，图片中展示的是从商务经理到大学生等各种各样的人，让被调查者将人与品牌联系起来，即判断什么样的人使用该品牌。BBDO 广告公司在为美国通用电气进行图片分类时发现，被调查者认为该品牌最吸引保守的、年龄大的商人。为了改变这样的形象，通用电气开展了名为"Bring Good Things to Life"的活动。BBDO 广告公司还利用图片分类技术访问了啤酒目标市场100名消费者（男性，21~49岁，每周喝6次以上啤酒）。调查人员给每个被调查者展示98张图片，要求他们将每一张图片与啤酒品牌进行匹配。结果显示，80%的产品是给男性消费的，而有些产品与女性形象有一定的联系。

本章小结

　　本章主要介绍了定性调研方法，包括深度访谈法、观察法、焦点小组访谈法、头脑风暴法以及其他定性研究法。这些方法都是围绕一个特定的主题取得有关定性资料的调查方法。

　　深度访谈法是一种逐步深入了解被调查对象看法和经验的方法，通常需要与被访问者进行一对一交流。观察法则通过观察被调查对象来了解他们的态度和行为模式，通常采用直接观察或间接观察来实现。焦点小组访谈法是一种通过一组被调查者的集体讨论来获取信息和意见的方法，可以促进互动和创造性思考。头脑风暴法则鼓励群体成员自由表达观点和创意来产生创新思路。其他定性研究法包括德尔菲法、文案调查法和投射法等。

　　在实践中运用时，要想有效地施行调研，我们要按照调研方法自身的特点和优势以及实际情况，选择最适合的调研方式。并且，一个主题可以采用多种调研方法，相互补充、相互完善。

即测即评

复习思考题

　　1.什么是观察法？应该如何运用观察法获取资料？

　　2.深度访谈法的优缺点有哪些？访谈人员应具备哪些素质？

　　3.焦点小组访谈法的主持人应具备哪些素质？

　　4.对比深度访谈法和焦点小组访谈法。

　　5.在所阐述的各种定性调研方法中，调研的侧重点具有怎样的差异？

综合实训

　　2022年9月，一个"年轻人为什么换不动手机了"的词条冲上热搜。根据CINNO Research 数据，2022年2月国内市场手机销量约为2 348万部，同比下降20.5%，环比下滑24%。国内头部手机品牌，小米、OPPO、vivo厂商的销量同比下降了 45% 左右，接近腰斩，苹果手机的销售也不容乐观。

任务目标：请你就大学生手机更换情况进行深度访谈研究。探究大学生手机更换的频率、原因以及最近一次更换的详细情况等。分析大学生手机更换频率是否发生变化，并尝试为手机供应商提出建设性意见。完成包括以上内容的小组报告。

任务要求：

（1）以小组为单位，选择 3~5 人进行深度访谈。

（2）各小组进行深度访谈的前期准备工作包括：熟悉访谈的实施过程；筛选以及收集被访者资料；阅读相关的文献及网上相关资料，形成初步认识；统一工作思路，明确主题，完成访谈提纲。

（3）在组长带领下进行访谈，完成第一手数据资料的收集，并进行整理。

（4）由组长组织小组课外讨论，形成小组报告，进行课堂展示与报告。

考核标准：考核采用小组互评的方式，总分 100 分。在评分时小组需要从访谈准备、实施和结束三个阶段列出别的小组的优点和不足，同时小组需要给打出的特别分数（如本项获得满分或较低分数）予以说明。

案例分析 神秘顾客调查法

神秘顾客常常也被称为"秘密购物者""服务评估者""客户研究员""客户服务研究员""稽查人员""侦查员"或"市场调研员、评估员"。神秘顾客是指接受过相关培训或指导的个人以匿名的潜在消费者或真实消费者的身份对任意的一种或多种服务质量和服务过程进行真实的体验和评价，最后通过不同方式（如填写问卷、书写报告）详细地、客观地反馈其消费体验。

A 银行利用自己独特的优势在众多的银行竞争品牌中取得了不俗的市场业绩，为帮助全北京各营业网点不断提升竞争力，使顾客享受到更规范、专业的金融服务，发现与竞争银行的差距，A 银行委托某市场咨询公司启动神秘顾客监测项目。

调查公司经过历时 7 天的实地执行，成功完成了对 A 银行各网点与竞争银行星级网点共 100 家网点的神秘顾客监测。

访问开始前，调查公司对所有"神秘顾客"进行上岗前项目培训与测试、对调查区域进行划分、对调查时间和办理业务进行分配，以考察 A 银行在一天内不同时间段、办理不同业务时的服务状态与水平。

访问进行中，调查员从银行网点进入视线时就开始正式的监测，监测内容包括营业厅外部环境、营业厅内部环境、员工仪容仪表与工作面貌、员工服务、大堂经理履行职责情况、亲身体验柜台服务等几个部分。

访问进行后，调查员在与督导取得联系后快速填写问卷，并记录监测时间、营业员编号、大堂经理姓名等信息。调查结束后的当天，调查员要将问卷录成电子版，检查问卷同时回忆监测的场景，对需要调整的分数进行修正。由研究人员进行后期的数据统计分析，报告撰写与陈述。

资料来源：景奉杰，曾伏娥. 市场营销调研 [M]. 北京：高等教育出版社，2010.

思考：

（1）神秘顾客调查法运用了哪种定性调研方法？

（2）案例中的调研公司是如何开展神秘顾客调查的？

（3）你认为神秘顾客调查法有何优缺点？

本章参考文献

[1] 吴古义. 电子商务理论与案例分析 [M]. 北京：人民邮政出版社，2008.

[2] 阿里学院. 网络整合营销（外贸篇）[M]. 北京：电子工业出版社，2013.

[3] 夏丽萍. 电子商务基础与应用 [M]. 北京：北京师范大学出版社，2007.

[4] 郝大海. 社会调查研究方法 [M]. 4 版. 北京：中国人民大学出版社，2019.

[5] 景奉杰，曾伏娥. 市场营销调研 [M]. 北京：高等教育出版社，2010.

[6] 伊冯娜·麦吉温. 市场调研实务（原书第 4 版）[M]. 李桂华，等，译. 北京：机械工业出版社，2017.

　　问卷已成为社会调查研究中不可缺少的一种工具。和其他研究方法一样，问卷调查法遵循着一定的学术标准，需要进行系统、扎实的问卷设计，以及数据搜集和统计分析。本章主要阐述了问卷调查法的定义、特征、分类等基础概念及实施流程的实践运用。本章的重点是掌握问卷调查的基本特征和分类，本章的难点是独立设计一份完整的调查问卷。

　　（1）知识目标：了解问卷调查法的类型及优缺点；熟练掌握问卷调查法的步骤；学会分析已有问卷优缺点，并进行整体问卷设计。

　　（2）能力目标：通过对已有问卷的分析，提高综合分析问题的能力；通过问卷问题类型的设计，提高全面细致的思考问题与动手解决问题的能力。

　　（3）素质目标：通过问卷调查方法的学习，了解科学研究的精神，注重科学研究的严谨性，树立全面看待问题的理念。

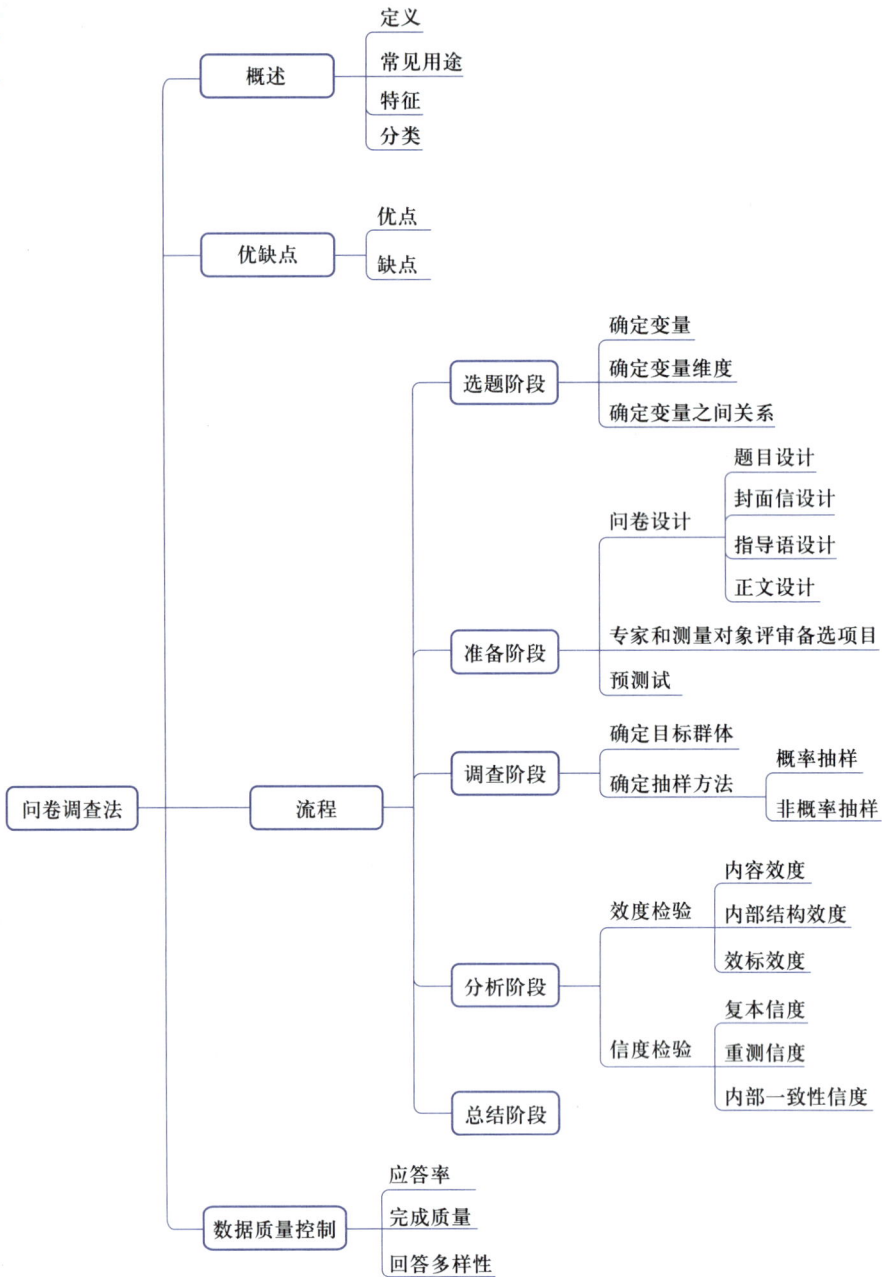

红罐王老吉——从 1 亿元到 90 亿元的销售奇迹

没有调查就没有发言权，市场中只有找不准的需求，没有卖不出去的产品。红罐王老吉找准市场定位取得成功的案例生动地说明了问卷调查的重要性。

凉茶是广东、广西等地区的一种由中草药熬制，具有清热去湿等功效的"药茶"。其中，王老吉凉茶为消费者所熟知，它属于加多宝集团旗下产品。2002 年以前，红色罐装王老吉（以下简称"红罐王老吉"）在广东和浙南地区销售量稳定，有比较固定的消费群，销售业绩连续几年维持在 1 亿元以上。发展到这个规模后，加多宝集团的管理层发现，要把企业做大，要走向全国，还必须弄清楚一连串的问题，其中最主要的问题是什么吸引了消费者购买？要了解这一点必须做问卷调查。

公司在问卷调查中发现，广东的消费者饮用红罐王老吉主要在烧烤、登山等场合，其原因不外乎"吃烧烤容易上火，喝一罐先预防一下"；而在浙南，消费者饮用红罐王老吉的场合主要集中在外出就餐、家庭聚会时。在对当地饮食文化的了解过程中，调研人员发现，该地区消费者对于"上火"的担忧比广东有过之而无不及。例如，消费者座谈会桌上的话梅蜜饯就被认为是"会上火"的危险品而无人问津。虽然可能并没有科学依据，但这就是浙南消费者头脑中对红罐王老吉的观念，是需要被关注的"重大事实"。

消费者的这些认知和购买行为均表明，消费者对红罐王老吉并无"治疗"的要求，而是作为一种功能饮料购买，购买红罐王老吉的真实动机是"预防上火"。例如，消费者希望在吃烧烤时减少上火情况的发生，待真正上火后可能还会采用药物治疗。在此基础上，加多宝集团进一步调查消费者对竞争对手的看法，发现红罐王老吉的直接竞争对手，如菊花茶、清凉茶等由于缺乏品牌推广，仅仅是以低价渗透市场，并未明确"预防上火的饮料"的定位；而可乐、茶饮料、果汁饮料、水等明显不具备"预防上火"的功能，它们与红罐王老吉仅仅是间接的竞争。

由于"预防上火"是消费者购买红罐王老吉的原始动机，这一概念的提出自然有利于巩固和加强原有市场。对一手资料的研究以及专家访谈等都表明，中国几千年的"清热祛火"的中医概念在全国广为普及，"上火"的概念也在各地深入人心，这就使红罐王老吉突破了凉茶概念的地域局限。调研人员认为："做好了这个宣传概念的转移，只要有中国人的地方，红罐王老吉就能活下去。"

至此，问卷调查基本完成。在研究一个多月后，调查公司向加多宝提交了研究报告。报告首先明确红罐王老吉是在"饮料"行业中竞争，竞争对手应是其他饮料；其次"预防上火的饮料"独特的价值在于——喝红罐王老吉能预防上火，让消费者无忧地尽情享受生活：吃煎炸、香辣美食，烧烤，通宵达旦地看足球……

资料来源：营销学堂. 红罐王老吉广告调查成功案例：从 1 亿元到 90 亿元的销售奇迹［EB/OL］（2020-04-21）

第一节　问卷调查法概述

一、问卷调查法的定义

问卷调查法是社会科学研究中经常使用的观察方法之一，是研究人员依托"问卷"的形式来实施调查的一种研究方法。通过问卷调查法，调查者可以借助网络传播调研来降低成本，并在短期内收集到大量回复，因此它具有广泛的应用性。

关于问卷调查法，不同的学者给出了不同的定义。例如，北京师范大学裴娣娜教授指出，问卷调查是"以书面提出问题的方式搜集资料的一种研究方法。研究者将所要研究的问题编制成问题表格，以邮寄方式、当面作答或追踪访问方式填答，从而了解被试对某一现象或问题的看法或意见，所以又称问题表格法"。西北师范大学李秉德教授认为，"问卷调查法是调查者用书面或通信形式收集资料的一种手段，即调查者就调查项目编制成问题或表式，分发或邮寄给有关人员，请求填写答案，然后收回整理，统计和研究"。辽宁师范大学杨丽珠教授认为，"问卷法是研究者把要研究的主体分为详细的纲目，拟成简明易答的一系列问题，编制成标准的问卷，然后根据收回的答案，进行统计处理，得出结论的方法"。总的来说，问卷调查（也可以称作社会调查或抽样调查）是一种以问卷为工具，系统、直接地从某一特定样本处搜集信息，并通过分析这些信息来认识社会现象及其规律的社会研究方式，研究者希望以此为基础得出关于样本总体的定量化描述。

二、问卷调查的常见用途

问卷调查有两个常见用途：

第一，了解和描述某个特殊群体的态度和行为。问卷调查的对象可以是某个大学的全体学生，或某个央企的部分职工等。这类调查的主要目的在于通过系统的采样方式，用所搜集的样本数据去推测整个群体的特征。在当今信息社会，这类问卷调查被广泛用在很多领域，大到国家决策，小到消费者购买意愿，问卷调查为政府和企业决策者提供了有用的参考信息。基于样本调查基础，这类问卷能客观而又准确地分析社会现象，反映社会一般状况。

第二，进行变量间的关系推论和假设检验。这类问卷调查的主要目的是将研究问题转化为一系列具体的变量，并通过恰当的测量来判断变量之间的关系。在市场营销研究领域，无数的学者通过大量的实证研究工作，创建了大量研究量表用以测量相关变量。例如，利用已有成熟量表，研究者可以通过问卷调查探索体验型产品对消费者购买意愿的影响，或者产品质量对顾客忠诚度的影响等。这类问卷调查对推动相关领域的发展起到重要作用。

三、问卷调查法的特征

作为现代实证研究方法的一种，问卷调查法和其他研究方法一样，都需要遵循同样的学术标准，都具有一定的科学规律。问卷调查法主要有以下6个基本特征：

（1）问卷调查是一种系统的认识活动。它具有一定的结构和程序，不像日常生活中的观察活动那样盲目、零乱、被动。从选择调查题目开始，直到最终得出调查结果，整个问卷调查过程有很强的系统性，这种系统性并不是一种表面形式，而是调查活动所具有的某种内在规律的体现。

（2）问卷调查依靠对被调查者进行特定方式的询问来收集资料，如自填问卷、纸笔测验、在线数据搜集等，这些方式可以在短时间内收集大量的数据。在问卷调查中，问题的设计需要考虑到调查目的、被调查者的背景特征、问题的难易程度等因素，以确保所得到的数据的准确性和可靠性。

（3）问卷调查是研究者从样本总体中按照一定方式抽取一定样本来展开调查。这个过程需要经过严格的设计和实施，以确保样本具有代表性和可信度。在抽样的过程中，研究者需要考虑多种因素，例如，总体的大小、特征、分布，等等，以选择合适的抽样方法和抽样比例。

（4）问卷调查要求直接从具体的调查对象处获取信息，即直接从调查对象处获得第一手资料。尽管问卷调查的对象通常是具体的个人，但是它所要描述和解释的却是由具体个人所组成的群体行为所构成的社会生活现象。

（5）问卷调查的资料分析依靠定量的统计方法。利用问卷所得到的大量原始资料必须先转化成数字，再借助计算机和专门的统计分析软件得出调查结果，从问卷调查的结果推论到总体，也必须经过严格的统计分析与检验。

（6）问卷调查是一种既包括资料收集工作，又包括资料分析工作的完整社会研究类型。这一特征正是它作为一种独立社会研究方式的基础。通过问卷调查，研究者可以收集大量的数据，并进行深入分析，揭示出隐藏在数据背后的模式和规律，从而获得对于研究问题的深刻理解和洞见。

四、问卷调查法的分类

根据不同的标准，可以将问卷调查划分为不同的类型，例如，根据调查对象的范围，可以分为普遍调查与抽样调查；根据调查的目的或作用，可以分为描述性调查、解释性调查和预测性调查；根据调查的性质，可以分为行政统计调查、社会问题调查、民意调查及研究性调查等。这里针对问卷调查的性质或应用对几种问卷调查法做简要介绍。

1. 行政统计调查

行政统计调查是由政府或相关机构进行的调查，旨在收集关于人口、经济、社会和环境等方面的数据，以便制定政策和计划。其中，人口调查主要包括人口普查、人口抽样调查等；经济调查包括对各行业的生产、销售、利润等方面的调查；环境调查关注土地、水资源、森林资源、矿产资源等方面的调查。这些调查数据对于制定国家的发展战略、规划城市的发展、了解各行业的发展趋势等方面都有着重要的意义。

2. 社会问题调查

社会问题调查旨在了解社会中的问题，探寻问题的原因和影响，并为解决问题提供参考意见。例如，子女教育问题调查可以了解家长、教育机构和学生对于教育的态度和看法，以及面临的问题和困难；青少年犯罪调查可以了解青少年犯罪的原因和趋势，探讨预防和治理犯罪的有效措施。这些调查数据对于政府和社会组织制定政策具有重要的参考价值。

3. 民意调查

民意调查是对公众的观点、态度和看法等方面进行的调查，是政府和企业了解公众意见和需求的一种重要方式。例如，对社会热点问题如新婚姻法、禁塑令等进行的民意调查有助于了解公众的态度和看法，为政府和企业提供参考意见。同时，民意调查结果还可以用于推动政策的制定和调整，满足公众的需求。

4. 研究性调查

研究性调查是对某一社会现象进行的深入研究，旨在探讨其规律和特点。例如，消费者满意度调查可以了解消费者对于某一品牌或产品的满意程度，为企业完善营销策略提供重要参考。研究性调查也被广泛应用在教育、医疗、政治等领域中，通过对现象的深入探究，为政策和决策提供重要依据，推动社会的发展和进步。

第二节 问卷调查法的优缺点

一、问卷调查法的优点

数字信息时代，互联网给问卷调查带来更多机会。使用问卷进行调查的企业越来越多，许多公司甚至已经把问卷调查作为了解用户的最常规手段。问卷调查法之所以这样普及，是因为它具有其他数据搜索方法不可比拟的优点，具体来说：

1. 成本低廉

相对于传统的以参与观察和无结构访问为主的实地研究来说，问卷调查法是其中最经济的数据搜集方法。问卷调查法具有很高的效率，采用这种方法，可以不受地理条件的限制，在较短的时间内同时调查多个研究对象的情况，迅速搜集到研究所需的大量资料，从而大大节省研究的时间、人力及经费。

2. 具备较好的保密性

在面对面的访问调查中，人们往往很难同陌生人谈论关于个人隐私、社会伦理等敏感问题。但问卷调查是匿名的，且被调查者在填写问卷过程中无其他人在场，干扰性小，这样能有效减轻被调查者的心理压力，有利于他们做出真实解答。

3. 有效避免主观偏见

问卷调查中，每个被调查者所面对的都是完全相同的问卷，不受观察员、提问方式、交谈进展情况等的影响，因此能有效减少由人为原因造成的偏误，更真实地反映被调查者的情况。

4. 调查结果便于统计处理与分析

研究者可以根据特定的研究问题进行问卷设计，获得满足研究需要的一手数据。问卷调查是一种结构化的调查，其调查问题的表达形式、提问的顺序、答案的方式与方法都是固定的。这种高度结构化的数据资料很容易被量化，便于定量处理和分析。

二、问卷调查法的缺点

1. 缺乏弹性

大部分的问卷调查都是由问卷设计者预先设计好了回答范围，因此被调查者的作答比较受限，可能会遗漏更细致、更深层的信息。

2. 有效率较低

问卷调查不能保证填答的环境。由于无访问人员在场，被调查者可以和他人一起答卷，还可以交由别人代填，所有这些情况调查者无从查知。另外，问卷本身的质量直接影响被调查者在填写问卷时的态度和行为。一份词不达意或语句唐突的问卷会使被调查者对问卷失去信心，从而草草了事。一份冗长的问卷会使被调查者疲惫厌倦，其结果可能是其在某一类问题中圈下同样的答案，以求迅速完成。这些问题都会导致答卷质量低下，进而直接影响研究质量。

3. 回答率难以保证

由于问卷调查日益普及，越来越多的领域存在滥用问卷、过度调查的现象，其结果是令大量被调查者疲惫不堪，因此他们越来越倾向于拒绝回应非必要的调查。此外，如果被调查者对调查的兴趣、态度、责任心和合作精神不够，对问卷缺乏重视，或者由于调查时间过长、调查任务繁重等受到时间、精力和能力方面的限制，他们的参与程度会大大降低，进而放弃填答问卷。

三、问卷调查网站举例

第三节　问卷调查法的流程

作为一种系统的、科学的认识活动，问卷调查法有比较固定的程序，这种固定程序可以说是问卷调查自身所具有的内在逻辑结构的体现。我们可以将问卷调查的流程分为 5 个阶段：选题阶段、准备阶段、调查阶段、分析阶段和总结阶段。

一、选题阶段

从流程上看，选择研究问题是一项社会调查活动的起点，是整个调查工作的第一步。研究问题一旦确定，整个调查活动的目标和方向也随之确定。研究问题的选择在一定程度上决定了整个调查工作的成败以及调查成果的好坏。选题，从狭义的角度来讲，就是明确一个研究方向，即你要做什么；从广义的角度来讲，选题包括明确研究问题、提出研究模型、论证模型及实证研究。

对大部分学者来说，选题是一个阅读、思考并且不断创新的过程。如何找到一个好课题？有以下几种方法可供参考：第一，充分的文献检索和阅读。这是选题中极其重要的一步，文献研究的目的是要充分理解所感兴趣的课题的基本变量、发展进程、相关理论，以及现有研究的不足。没有充分的文献研究，学者很难提出一个富有创新力的好选题。第二，其他一些主要的选题方法包括跟踪业界新闻、在实际工作中发现问题、与业界人士交流等。从这些方法中得到的选题往往具有较高的实用价值。

在选题阶段，研究人员除了应用上述方法找到好的选题之外，还必须做出如下决策：

1. 明确问卷中要调查哪些变量

在做此决策前，研究者需要充分考虑问卷的可容量。在可容量基础上分清研究重点，不要一把抓，避免设计出篇幅过长的问卷。篇幅过长的问卷会引起受访者的反感与厌恶，他们为了节约时间和精力，可能会胡乱勾选选项或者故意漏答，最终导致较低的问卷质量。

2. 问卷中的变量包括哪些维度

尤其在行为研究中，人们的心理状态和行为是极其复杂的，因此，许多研究变量具有多重的、复杂的维度。例如，顾客契合行为的维度包括效价、范围、形式、影响力和顾客目的；顾客满意度的维度包括感知质量、感知价值、用户满意、用户期望、用户抱怨、用户忠诚等。这就要求研究人员结合实际情况，选择具体维度进行分析。

3. 问卷中的变量间是什么关系

一份典型的问卷往往包含自变量、因变量或调节变量，以及对被调查者相关背景资料的调查。如一份调查体验品和顾客满意度的问卷，要准确测量自变量（体验品）和因变量（顾客满意度），甚至还包括调节变量（顾客情感激活）。研究人员在考虑变量关系时，要注意均衡地分布变量比例，切忌着重测量某类变量而忽略对其他变量的测量，最终导致问卷无效。

二、准备阶段

准备阶段是为实现调查目标而进行的调查设计工作和工具准备。准备工作主要包括问卷设计（题目设计、封面信设计、指导语设计、正文设计）、请专家和测量对象评审备选项目、预测试三个步骤。

（一）问卷设计

一份完整的问卷通常包括 4 个基本结构，即题目、封面信、指导语、正文（问题和答案）。

1. 题目设计

经过前面的选题阶段，研究人员已经确定此次问卷调查的选题及题目。问卷调查的题目有两种写法，一种是规范化的标题格式，基本格式为"××关于××××的调查报告""关于××××的调查报告"等。另一种是自由式标题，包括陈述式、提问式和正副标题结合式三种。陈述式标题，如重庆大学毕业生就业情况调查；提问式标题，如为什么重庆大学毕业生择业倾向二线城市；正副标题结合式，正标题陈述调查报告的主要结论或提出中心问题，副标题标明调查的对象、范围、问题等，如高校发展重在学科建设——重庆大学学科建设实践调查等。需要注意的是，问卷调查的题目应该用一句话简明扼要地概括问卷调查的基本内容，同时还需要注意专业名词的使用。

2. 封面信设计

封面信是问卷调查能够进行的前提基础。问卷封面信的设计很重要，因为它给了答卷者有关问卷的重要信息及其对问卷的第一印象。良好的第一印象，以及对问卷目的意义的了解有利于获得被调查者的合作，从而有利于高质量问卷的完成。封面的基本内容要涵盖以下几个方面。第一，说明调查者的身份与联系方式；第二，说明调查的意义和目的；第三，说明保密措施及关于匿名的保证；第四，感谢语，或请求被调查者合作。具体来说，封面中一般需要说明下列情况：

（1）调查者的身份及联系方式；

（2）有关问卷的研究目的（调查什么；为什么进行这项调查）；

（3）调查不会损害被调查者的利益（如对个人信息、数据的保密）；

（4）对答卷者的感激（请求被调查者合作）。

此外，在一些大型的调查中，一般还要求被调查者阅读和填写知情同意书。这样做不仅让被调查者能够清楚了解此次调查的目的，也使此次调查更具规范性、合法性，同时保证了研究的科学性和严谨性。

封面信举例

各位同学：

我们是××大学就业指导中心的工作人员，现在正在全校范围内进行关于"××大学本科毕业生就业情况"的调查。我们想通过您了解目前××大学本科毕业生就业的真实情况，为学校进一步提高本科生就业率提供科学依据。

您的参与对本次调查十分重要。填写时请不必署名，您提供的情况我们将严格保密。我们的联系电话为××××××××。感谢您的参与，祝您生活愉快！

××大学就业指导中心课题组

3. 指导语设计

指导语是提示被调查者如何正确填答问题的一组陈述，它对于问卷的作用相当于一部机器的使用说明书。有些指导语集中在封面信之后，并标有"填表说明"的标题。指导语的作用在于指导被调查者如何回答，例如"凡是符合您的情况和想法的项目，请在旁边的方框中画√。希望您按要求回答每一个问题，请不要遗漏。"

4. 正文设计

正文设计中的问题和答案是一份问卷的主体。正文部分的内容实际上就是将要研究的社会现象转化为变量的一种形式。在正文设计中，主要介绍四个方面的内容，即明确要测量的目标构念、测量问题的语言表述、问题的设计及测量的尺度。

（1）明确要测量的目标构念

构念的定义决定了整个量表的测量目标，没有清楚地对构念进行定义就开始发展量表，很可能使后面的工作徒劳无功。而同一个构念也可能因为定义不同，发展出不同的量表。例如，对"幸福感"这个构念，不同的研究者对它的定义不同，导致测量指标也不同。基于快乐论，有的学者将幸福感定义为"对生活满意度和个体情绪状态的一种综合评价"，这是一种主观的幸福感，主要强调主观及自我评价，因此测量的维度主要包括生活满意、正性情感及负性情感；而基于实现论，有的学者将幸福感定义为"自主、能力、关系需要的满足"，这是一种客观的幸福感，主要强调客观及专家评价，因此测量的维度主要包括自主需要、能力需要、关系需要、内在动机及生命活力等。

此外，目标构念必须是可测度的。例如，要调查的内容是学生的"同情心"，需要调查者用具体的指标来体现，不是用"有无同情心"这样的语句来表述，而应该用诸如"主动帮助贫困山区的儿童""在公共汽车上主动给老年人让座"等具体表述。再比如，以"重庆市中学生减负情况的调查"为例，其中，"学习负担"是一个比较抽象的概念。研究人员需要把"学习负担"具体化、量化，可以通过这样的表述来实现："你每天上课时间为多少小时？（时间支配）""你这个学期有多少门课？（学习强度）""请谈谈你的主观感受，是精力充沛还是疲于应付？（身心状态）"。定义明确的、可测量的目标构念是问卷成功的关键要素。

（2）测量问题的语言表述

确定好测量的目标构念后，研究者需要确保测量这些变量的语言表述的质量。测量问题的文字表述是一个变量测量中最为重要的部分，它直接影响被调查者对问题的理解和回答。针对这一问题，研究者需要注意语言使用中的一些常见错误。

①避免使用被调查者不熟悉、费解的文字表述。例如，我经常思考我的未来。这一问题中，"经常"是一个不恰当的表述。什么样的频次可以称为"经常"？不同人有不一样的理解。因此研究者应该使用简单、容易理解、不会引起歧义的语言表述。例如，我一个星期有两次会思考我的未来。

②避免使用诱导性问题。研究者应保持客观和中立，避免将自身价值观和取向带入问题。例如，"太阳底下最光辉的职业是教师，你喜欢教师职业吗？"这句话就非常具有诱导性，不适用于问卷调查中的表述。

③避免使用答卷者必须依赖记忆才能回答的问题。因为不是所有人都拥有良好的记忆能力，答卷者如果不记得问卷中问题所涉及的场景、事件，那可能会导致有偏见的答案。例如，"你在过去两年内，上班迟到过几次"是一个难以准确回答的问题。将它改为"你在过去两周内，上班迟到过几次"会好一些。

④避免使用具有双重意义的问题。有时候研究者会将两个因果关系表述在同一个问题中，使一个问题具有双重意义。例如，"你认为体验品可以促进消费者的情感加工，进而促进消费者的购买意愿"。这就是一个双重意义的问题，如果被调查者选择5（非常同意），研究者无法了解被调查者具体同意的是体验品可以促进消费者的情感加工，还是情感加工对消费者购买意愿的促进作用。研究者应该用两个问题来分别测量体验品与消费者情感加工及情感加工与消费者购买意愿间的因果关系。

总的来说，研究者测量问题的语言表述方面需考虑以下六个基本原则：

①合理性，即问卷内容必须紧密与研究主题相关。问卷体现调查主题，本质是在问卷设计环节，需要找出与"调查主题相关的要素"。例如，调查某品牌用户的满意度，需涉及用户的人口学特征，品牌的包装、外观，用户的使用效果、心理满足等内容。

②逻辑性，问题和答案的可能选项必须易懂，且编排具有逻辑性。即问卷的设计要有整体感。这种整体感既包括问题与问题之间要具有梯度和逻辑性，同时独立的问题本身也不能出现逻辑上的谬误，从而使问卷成为一个相对完善的小系统。

③易读性。易读性包括很多方面，首先，调查问卷尽量不要包含过于专业的术语，即使需要也应该在后面加上一些通俗易懂的话进行解释；其次，问卷答案的明确性，每个问题一次只问一件事情，避免一个问题包含两问，即提问清晰明确、便于回答；再次，还要考虑被调查者是否能够对问题在自身知识和能力范围内作出明确的回答，等等；最后，问题要简明扼要、客观，不能暗示答案，不能出现双关语、片面和暗示性的语言。

④简洁性，即每个小题的叙述要简练，整份问卷要尽可能简短，可有可无的问题不能出现在调查问卷上。问卷问题最好控制在 14 个字以内，如果问题过长，很容易给用户造成阅读压力。此外，问卷结构也应该简洁明了，美观的结构更能减少用户在填写问卷时候的烦躁感。

⑤可操作性，问卷调查得出的数据要进行处理，在设计问卷的时候就要考虑到后期进行数据处理的方法，即回收后的问卷是否便于统计、整理，以备分析。

（3）问题的设计

研究者提问的目的是引出被调查者的回答，而回答中所包含的各类信息将会有选择地被传播。问题设计中一般包括开放性问题与封闭性问题，两者的区别在于回答者提供信息量的多少以及研究者对提问过程的控制程度。针对这两种不同的提问方式，研究者得到的信息也许只有一个字，也有可能是长篇大论。

开放性问题，指参与者可以不受约束地回答问题。开放性问题的内容相对广泛，允许被调查者有相对自由的空间来决定提供多少信息量以及如何回答问题。开放性问题往往会引出开放的答案，但由于被调查者回答问题时不受限制，因此，在问卷的问题设计中，开放性问题只能占一小部分。这类问题数量的增大将会导致收集到的回答信息量增大，同样也会增大研究者分析答案的难度。

开放性问题包括高度开放性问题及适度开放性问题。高度开放性的提问没有任何限定条件，例如，"您认为幸福是什么？"或者"您如何看待最近频发的裁员事件？"。适度开放性的提问包含了一定的限定条件，但同样为回答者提供了一定的回旋余地，这样的问题往往会更加具体，例如，"您认为幸福感水平高的人有哪些行为表现或特征？"或者"您如何看待最近发生在百度的裁员事件？"。

开放性问题通常使用"为什么""如何""什么""能不能""愿不愿意"等词进行发问，通常可以引出被调查者对事件的看法或者促进被调查者进行自我剖析。开放性问题有利于研究者得到第一手资料，经过数据编码与分析，研究者可能会得到与一个构念相关的多重维度，有利于深入了解某一社会现象。

封闭性问题，指被调查者根据研究者列出的一些可能性答案做出针对某一个问题的选择。当研究者对某一现象有了相当的了解和预测时，用封闭性问题最有效。因为对被调查者而言，封闭性问题有利于他们正确理解和回答，节约回答时间，从而提高问卷的回复率和有效率；对研究者而言，封闭性问题有利于答案提取，并转化为数据形式进行进一步分析。大多数问卷都采用封闭性问题。封闭性问题包括是非型问题、选择型问题、排序型问题、等级型问题、表格型问题等。具体如下：

①是非型问题，也称为两项式问题。其中，研究者提供的答案只有两个，被调查者从中选择一个答案。例如：

你是否喜欢上网？

a. 喜欢　　　　　b. 不喜欢

在使用携程网站购买机票时，你是否使用支付宝支付票款？

a. 是　　　　　b. 否

②选择型问题，是指被调查者应从研究者列举的多种答案中挑选最适合个人实际情况的答案。有的问题要求被调查者选择多个答案（要求选择多个答案须在题后注明）。例如：

你喜欢看哪类书籍？（最多可选择三项答案）

a. 科普读物　　　b. 侦探小说　　　c. 世界名著　　　d. 科幻小说

e. 人物传记　　　f. 童话故事　　　g. 其他

③排序型问题，指被调查者应按照先后顺序对所列答案进行排序。例如：

您认为影响您购买产品最重要的因素是什么？请按重要程度给以下答案排序，并将序号填在括号内。

（　　）价格（　　）外观（　　）功能（　　）色彩（　　）体验

④等级型问题，通常包括两个以上分成等级的答案选择。等级式回答

方式，要求被调查者只能从多个选项中选择一个答案。例如：

总的来说，您觉得您与隔壁（对门）邻居的关系如何？

1. 很好　　2. 比较好　　3. 一般　　4. 比较差　　5. 很差

和以往版本相比，我觉得最新版的运行速度更快。

A. 非常同意　　B. 比较同意　　C. 一般　　D. 比较不同意　　E. 非常不同意

⑤表格型问题。有一些问题要求针对不同情况分别作答，而问题的答案都在共同的范围内，为了表达的简明，可以采用表格的形式。被调查者只需在相应的表格上打钩就行了，如表 4-1 和表 4-2 所示。

表 4-1　表格型问题示例（1）

家庭学习	很同意	基本同意	无所谓同意不同意	不同意	非常不同意
1. 孩子的学习只在学校中进行	1	2	3	4	5
2. 家庭学习只是多看书、读报、上网、看电视	1	2	3	4	5
3. 家庭成员之间的沟通与分享是一种学习	1	2	3	4	5
4. 学习是为了改变自己、完善自己	1	2	3	4	5
5. 父母与孩子应该共同学习	1	2	3	4	5
6. 父母应该向孩子学习	1	2	3	4	5
7. 父母的不断学习与孩子成长的关系不大	1	2	3	4	5
8. 学习可以改变家族的命运	1	2	3	4	5

表 4-2　表格型问题示例（2）

生活满意度	强烈反对	比较反对	有点反对	中立	有点赞成	比较赞成	非常赞成
1. 我的生活大多数方面都接近于我的理想	1	2	3	4	5	6	7
2. 我的生活条件很好	1	2	3	4	5	6	7
3. 我对我的生活感到满意	1	2	3	4	5	6	7
4. 到目前为止，我已经得到了在生活中我想得到的重要东西	1	2	3	4	5	6	7
5. 如果可以再活一次，我基本上不会做任何改变	1	2	3	4	5	6	7

（4）测量的尺度

测量尺度是研究者将一个构念转化为数字的关键要素，是一个问卷重要的组成部分。测量尺度的使用直接决定了数据类型以及随后的统计检验。Stevens（1951）提出，问卷测量的尺度可以分为四大类，即列名的、顺序的、间隔的和比例的。

①列名法的尺度。列名法的尺度帮助研究人员将研究样本归组分类。如在测量被调查者性别时，被调查者会被归于两大类，即男或女。被调查者要么是男，要么是女，不可能有相互重叠的答案。因此，列名法的尺度测量变量是对立和排他的。再比如，根据被调查者是否观看过直播，将被调查者分为两类，看过直播或未看过直播，不可能有第三种选择。这两类的回答在问卷数据处理阶段将会被编码为虚拟变量（0和1），以便进一步统计分析。

②顺序法的尺度。顺序法的尺度不仅将变量归类，还将其排序，它可以帮助研究人员了解被调查者对问题重要性的选择偏好。例如，在研究电商直播中内外部因素对消费者购买意愿的影响时，研究人员可以选用顺序法：

请标出以下六个因素对您购买意愿的重要性程度。您应该将最重要的影响因素的项目排为1，第二重要的影响因素的项目排为2，以此为序，排出1、2、3、4、5和6。

影响因素	重要程度的排序
他人社交存在感	_____
互动社交存在感	_____
挖掘性学习	_____
探索性学习	_____
认知评价	_____
情感评价	_____

③间隔法的尺度。间隔法的尺度又称 Likert 尺度，是目前问卷调查中使用最广泛的量表。它是一种心理反应量表，当被调查者回答此类问卷项目时，应具体指出自己对该项陈述的认同程度。与列名法和顺序法不同，它为问卷调查带入了算术含量。间隔法的尺度是典型的数量方法，它最大的特点是每两个标尺之间的距离是相等的，如表4-3。

表4-3　Likert5点量表示例

员工离职倾向	很同意	基本同意	无所谓同意不同意	不太同意	非常不同意
1. 我与同事相处不愉快	1	2	3	4	5
2. 我在这家企业工作不开心	1	2	3	4	5
3. 领导总是要求我加班	1	2	3	4	5

在表4-3中，1和2的答案之间的区别等同于3和4之间的区别。Likert 尺度不仅能帮助研究者分类、排序，还支持一系列的数理统计（如信度、回归分析等）。因此，间隔法是问卷调查中强有力的手段，也是应用最为普遍的尺度。

④比例法的尺度。间隔法有一个潜在问题，即尺度的起始点是任意的。也就是说，研究人员可以任意决定尺度的起始值，而无法确立一个从零开始的起点。比例法的尺度可有效解决此问题。在比例法的尺度中，存在一个绝对的零起点。在问卷调查法的四类尺度中，比例法的尺度综合了其他三种尺度的所有特点，它常被用在测量年龄、收入等客观变量上，因为对这些变量的测量不仅需要等距的刻度，还需要一个定义明确的零点。例如：

与我的同事相比，我的收入水平应该排在：（请在适当的地方打√）

0% 10% 20% 30% 40% 50% 60% 70% 80% 90% 100%

最低   中间   最高

表4-4总结了上述四种测量尺度的特点。

表4-4 四种测量尺度的特点

尺度	特点		
	排序性	数据距离	独特起始点
列名法	否	否	否
顺序法	是	否	否
间隔法	是	是	否
比例法	是	是	是

（二）请专家和测量对象评审备选项目

请专家和测量对象评审备选项目是为了保证测量工具的内容效度，以及确保字面中没有晦涩难懂、意义模糊的地方。专家应该对测量指标是否能够代表被测构念、是否能够覆盖测量范围进行判断。而测量对象是正式研究中要施测的样本类型，应该帮助研究者检查测量项目的内容、表述和用词上是否有不符合他们习惯的地方。根据专家和测量对象的建议，研究者再做进一步修订。

（三）预测试

无论研究人员在问卷设计时考虑得再周详、仔细、认真，问卷仍有可能存在不足之处。例如，问题的语言问题、问题顺序安排问题、问题的内容问题等。因此,在正式调查之前,应该进行预测试。预测试的对象数量虽然有限,但他们必须是与研究相关的对象。一般情况,量表需要经过两个阶段的预测试。

第一个阶段的预测试主要检验构念的结构效果,经过讨论分析之后,内容偏离的项目应予删除,而如果是字词歧义的项目,可以修改字词让意思表达更清楚。经过第一轮修订,量表的结构效度达到要求后才能进入第二轮预测试。

第二个阶段的主要目的是对量表的区分效度、聚合效度及信度等进行检验。如果不能达到要求,仍然需要讨论后进行修订再重复进行检验。

总的来说,要设计一份理想的问卷,必须立足于调查目的,使问卷易于回答。问卷的作用,根本在于帮助调查者收集有研究价值的资料。设计必须围绕调查目标,测量变量必须可测、可量。根据第二部分内容,图 4-1 总结了研究者"自行设计量表"开发的步骤。

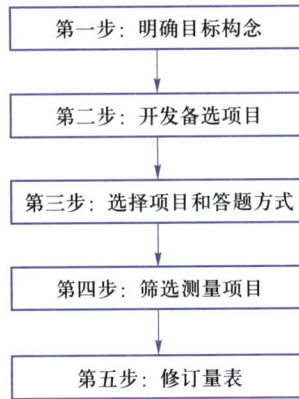

图 4-1　自行设计量表开发步骤

三、调查阶段

在对问卷进行预测试并修改后,问卷正式实施之前,研究者要对调查对象进行抽样。研究者首先需要确定研究样本的总体,其次确定抽样容量,最后确定抽样方法。因为很多时候调查对象的总体规模是很庞大的,例如调查中国高校大学生的婚恋观念,那么调查对象的总体就是中国所有普通高校的在校学生,其数量规模是惊人的,不可能对每个人都发放问卷,在成本上做不到,实际上也不需要这样做。确定样本容量后,研究人员可以根据社会统计理论,从中抽选出一部分大学生,对之进行问卷调查即可。

抽样,即从调查对象的总体中按一定方式抽取一部分个体的过程。抽样方法可分为概率抽样和非概率抽样两大类。概率抽样的基本原理是要求抽样具有随机性，即总体中的每个个体都有同等的被选中的机会。概率抽样所得到的样本能在一定误差范围内较好地反映出总体的情况。而非概率抽样所得到的样本往往不能做到这一点。

1. 概率抽样

常见的概率抽样包括简单随机抽样、系统抽样、分层抽样、整群抽样、多段抽样。下面逐一进行介绍：

（1）简单随机抽样。简单随机抽样又称纯随机抽样，是按等概率原则直接从 N 个单位的总体中随机抽取 n 个单位组成样本。类似于我们所熟悉的"抽签"方法，它是概率抽样中最基本的形式。抽签的方法保证了每一个个体都有相同的机会，使分配或竞赛变得公平。例如，要从 4 万名在校生中抽取 400 名作为样本，按照简单随机抽样法，需要先把总体中的每一个单位都进行编号，并将这些号码分别写在纸条上，然后放入纸盒或其他容器里，从中任意抽取，直到抽取的样本数足够为止。

（2）系统抽样。系统抽样又称等距抽样或机械抽样，它的基本原理是将总体分成若干个"队列"，再随机抽取其中一个队列。具体做法是：先计算出抽样的"间距"，然后按简单随机抽样的方法从第一个间距中抽取一个对象，再每隔一个间距抽取一个对象。抽样间距 $d=$ 总人数 / 需要抽取的人数。例如，要从某高校 4 万名在校生中抽取 400 名作为样本，那么抽样比例是 1%，根据抽样比例计算的抽样间隔是 100，将这 4 万名在校生按照顺序排列好后，随机抽取第 1 个，然后每隔 100 人抽取 1 个，即下一个 101 位置的人被抽中，由此就可以组成一个 400 人的样本。

（3）分层抽样。分层抽样是先将调查对象总体根据一定的标准分为同质的次级群体，再从次级群体中抽取一定比例的样本。例如，将研究对象分为男性和女性两类群体，然后再分别从男性群和女性群中抽取一定数量的样本构成问卷研究的目标样本。再比如，我们要调查某市普通高校大学生参加课外体育锻炼的情况，在某市普通高校大学生总体中，大学一年级占总体的 20%，大学二年级的占 30%，大学三年级的占 25%，大学四年级的占 25%。按这四个年级进行分层抽样，使样本中各个年级所占比例也分别为 20%、30%、25%、25%。这个样本就是总体的一个"缩影"。分层抽样不仅帮助我们了解到某市普通高校大学生参加课外体育锻炼的总体情形，还帮助我们了解到 4 个群体参加课外体育锻炼的情况以及各自之间的差异。

（4）整群抽样。整群抽样是从研究对象总体中随机抽取若干次级群体，将整个被抽取的次级群体成员全部纳入样本中的一种抽样方法。通俗地说，整群抽样就是以群为单位进行样本抽取，而不是以个体为单位进行抽样。例如，要调查某中学初中生的学习情况，如果三个年级每个班中男女生的比例相近，可以先从每个年级中抽取一个班级，被抽取的三个班级中的学生就成了要调查的样本。

（5）多段抽样。多段抽样是把抽样过程分成几个阶段来进行，每个阶段中的抽样单位都不一样。例如，要调查我国普通高校大学本科生身体健康状况，就需要采用多段抽样，因为抽样总体的分布较广。首先，采用分层抽样抽取城市（直辖市、省会、自治区），抽取包括4个直辖市、11个省的省会城市和3个自治区；然后，采用随机抽样在抽取的城市中各抽取一所普通高校；最后，采用随机或整群或分层抽样的方式进行抽样，由于研究经费和精力等局限性，每个城市的样本量不能过大，因此，抽取大一、大二、大三和大四的学生各25名进行调查。

2. 非概率抽样

除了上述概率抽样方法外，调查中有时也会用到非概率抽样。非概率抽样是指研究者根据自己的方便或主观判断抽取样本的方法。它不是严格按随机抽样原则来抽取样本，所以失去了大数定律的存在基础，也就无法确定抽样误差。虽然根据样本调查的结果，非概率抽样也可在一定程度上说明总体的性质、特征，但不能从数量上推断总体。非概率抽样主要包括偶然抽样、判断抽样、定额抽样等。

（1）偶然抽样，又称方便抽样，就是以最方便调查者的方式进行抽样。研究者可能抽取他在某一时间和环境中所遇到的每一个人作为样本成员，例如"街头拦人法"。偶然抽样是非随机抽样中最简单的方法，省时省钱，但样本代表性因受偶然因素的影响太大而得不到保证。

（2）判断抽样，又称立意抽样，就是研究者根据自己的主观判断来选取一部分对象作样本的抽样方法。在研究者对自己的研究领域十分熟悉，对所要调查的研究总体有一定了解的基础上，研究者根据自己的经验和判断，选取若干个有代表性的个体进行调查。这种抽样方法多应用于总体小而内部差异大的情况，或研究者的时间与人力、物力有限时采用。

（3）定额抽样，又称配额抽样，做法是研究者先根据某些标准对总体进行分层（群），并找出具有不同特征的个体在总体中的比例，然后根据这种划分以及各类成员比例，有目的地寻找调查对象，使样本中的成员在各种特征方面与总体一致。定额抽样与前面介绍的分层概率抽样很接近，最大的不同是分层概率抽样的各层样本是随机抽取的，而定额抽样的各层样本是非随机的。

上述抽样方法中，非概率抽样比较方便、简单、省钱，但样本的代表性常常难以保证，因此，它一般只用于大型调查前的小规模探索调查。而在大规模正式调查中，一般采用概率抽样的方法。在取样中需要注意两个问题：第一，如何才能选择具有充分代表性的样本？第二，在一项研究中，需要多大的样本才可以稳健地做出统计结论？在问卷调研中，样本量的确认是一个比较复杂的过程，需要研究者对于样本总体的特征参数进行一些预估，有时候还需要在数据搜集过程中不断调整这些参数。一般而言，样本数的估算需要考虑很多因素，如数据形态（连续型变量或类别变量）、应答率、统计方法的选择等。

四、分析阶段

分析阶段也称为研究阶段。这一阶段的主要任务是对实地调查所收集到的原始资料进行系统的审核、整理、统计及分析。从实地调查中所得到的众多信息和第一手资料，要经过研究者的多种"加工"和"处理"，才能最终变成调查研究的结论。这里既有对原始资料的清理、转换和录入计算机等工作，也有对资料进行各种方法的分析工作。例如，将问卷资料进行编码和数据化处理后，使用计算机软件（SPSS、STATA 等）进行分析。在这里主要介绍量表的信度和效度检验。

衡量一个量表的好坏，有两条标准，即效度和信度。效度（validity）是指测量结果的有效性或准确性程度，简单地说，判断量表是否确实测量了研究者希望它测量的构念。信度（reliability）是指测量结果间的一致性或稳定性程度，也就是说，判断量表是否是稳定、可靠的。

1. 效度检验

在问卷调查中，问卷中的每一道题称为一个"项目"，或者是它所反映的构念的一个"指标"。测量同一个构念的一组项目统称为一个"量表"。例如，测量购物网站便捷性对消费者购买意愿的影响，所需的一组项目包括"使用购物网站我能够很容易地找到我所需要的商品""在购物网站订购的程序很容易""购物网站提供很多很好用的辅导工具"等。量表是为了测量某个构念而发展出来的，因此研究者首先需要确认的是量表能够准确测出所需测量的构念的程度，这称为效度，或者有效性。简而言之，效度就是研究结论对应客观现实的准确程度，即研究结论的真实程度（McBurney，1990）。测量结果与要考察的内容越吻合，则效度越高，反之效度越低。

效度检验是一个论证的过程，指量表的开发者从各个方面采集有关的理论依据和实证依据，以证明该测量的确可以有效测出目标构念。美国心理学会在 1974 年所发行的《教育与心理测量之标准》一书中将效度检验分为三大类，即内容效度、内部结构效度和效标效度。

（1）内容效度。内容效度指的是问卷的内容与调查目标之间是否契合，也就是问卷所涉及的题目是否符合调查的目的和要求。检验内容效度时，最常采用的是逻辑分析法与统计分析法相结合的方法。逻辑分析法主要由专家根据经验对问卷进行判断。例如，由研究专家团队或者一组没有参与量表开发的专家对每一个测量指标是否符合调查目的和要求进行逐一判断，对有争议的地方进行反复讨论和论证，直到多方意见达成一致为止。而统计分析法，是用定量的方法提供证据，主要采用计算问卷中每个题目得分与题目总分的相关系数获得评价结果，再根据相关系数的高低来判断内容效度。例如，请一组答题者，给他们一组构念的定义和所有的测量指标，请他们根据自己的理解对每一个指标能反映某一个构念的程度打分，最后通过统计分析来比较每个指标在每个构念上的得分是否与预期目标一致。

内容效度很容易和表面效度混淆。表面效度（face validity）指外行人从表面上看测验是否有效，测验题目与测验目的是否一致。表面效度并不是真正的效度指标，它会影响被试的测验动机。虽然内容效度和表面效度都是对测验内容做出的主观判断，但判断的标准不同。表面效度是外行对测验作表面上的检查确定的，它考虑测验项目与测验目的之间的明显的、直接的关系。内容效度是专家对测验进行详尽的、系统的评价建立的，它考虑到测验项目与测验目的和总体内容之间的逻辑的本质的联系。表面效度高的题目内容效度不一定高，表面效度低的项目内容效度也不一定低。例如，明尼苏达个性调查表中有这样的题目："我的喉咙里好像总有一块东西堵着似的。"表面上看来这种题目似乎与个性无关，但在临床上，回答"是"的人很可能是癔症或神经衰弱患者。

（2）内部结构效度。内部结构效度是用来检验使用测量工具所得到的数据结构与我们对构念的预期结构一致的程度。数据结构，指构念是一维的、二维的，还是多维的，构念包含哪些维度，哪些指标用来测量哪些维度等。

因子分析是判别内部结构效度的一个重要工具。因子分析可以帮助研究者决定一组测量项目的背后有多少个潜在的因素，并确定哪一个项目属于哪一个因素。因子分析包括探索性因子分析（exploratory factor analysis）和验证性因子分析（confirmatory factor analysis）。

探索性因子分析是一项用来找出多元观测变量的本质结构并进行降维处理的技术。因此，探索性因子分析能够将具有错综复杂关系的变量综合为少数几个核心因子。探索性因子分析能够揭示一套相对比较大的变量的内在结构。当维度未知，需要我们去分析哪些题项属于一个维度时，就需要用探索性因子分析来解决。验证性因子分析是用来测量因子与测量项（量表题项）之间的对应关系是否符合研究者所设计的理论关系。当维度已知，但数据情况未知时，就需要研究者去验证量表的情况，这个时候就需要用验证性因子分析来解决。验证性因子分析通常有三个用途，即聚合（收敛）效度、区分效度和共同方法偏差。

（3）效标效度。效标效度指测验分数与效标分数之间的相关程度，反映测验测查或预测个体在某种情境下行为表现的有效性程度。因为效标效度需要有实际证据，因此又叫作实证效度。可以用来做效标的变量有很多，包括连续变量、分类变量（如职业）、现成指标（如工资待遇）、主观评判（如满意度）、客观测量等。在检验效标效度时，一个常用的方法是用另外一个"已知"变量来做参考工具。其检验逻辑很简单，已有理论证实 A 与 B 之间有很强的相关性，或者 A 能在很大程度上准确预测 B，如果构念 A 的测量是有效的，那么 A 和 B 的关系也就符合理论上的关系。反之，如果 A 与 B 不相关，那就要怀疑 A 的测量是不准确的。

2. 信度检验

效度讨论的是如何用各种方式检验一个测量工具是否有效，而信度讨论的是测量结果的稳定性和可靠性程度。信度检验是指问卷的可靠性检验，指采用同样的方法对同一对象重复测量时所得结果的一致性程度，也就是反映实际情况的程度。信度检验包括复本信度、重测信度、内部一致性信度等。

（1）复本信度。复本，指两套除了表述方式不一样外，在内容、格式、难度、题项和对应题项的提问方式等方面都一致的问卷或量表。复本信度，又称等值性系数，指让同一组被调查者填写两个等值、不同的问卷或量表，计算被调查者在两个不同问卷或量表上得分的相关系数。理论上来说，对于同一构念，当两个测量方法几乎完全相同，那么它们的相关系数就可以间接作为信度的表示。如果两个复本几乎是在同一时间内施测的，那么时间的影响可忽略不计，得到的系数称为等值系数；如果两个复本施测的时间有一定间隔，则称为等值稳定系数。一般来说，复本间的相关系数越高，量表越稳定，相关系数 0.8 及以上说明信度足够高，0.6 以上表示可以接受。这样的信度就是复本信度。

（2）重测信度。重测信度是指用同一个量表对同一组被试测试两次所得结果的一致程度，其大小等于同一组被试在两次测验上所得分数的积差相关系数。重测信度主要用于考察一个量表在不同时间的稳定性，它能表示两次测试结果有无变动，反映了测验分数的稳定程度。相关程度高，表示前后测量一致性高，稳定性好。

重测信度需要两个不同的测量复本，且对复本有非常严格的要求。重测的过程考虑了不同条件（如环境和人）导致的测量结果误差，这种误差与两次施测的情境相关，两次结果之间的相关系数就是重测信度。由于在前后两种情境中施测的是同一个测验，所以重测系数不能反映测验题目样本不同所导致的误差。此外，两次施测的条件也和时间间隔有关，时间间隔越长，误差越大。因此，当第一次施测和第二次施测的时间间隔相对较短时（如几天），重测的稳定性系数会越大；反之，该系数就会偏小（Lewis，2006）。

（3）内部一致性信度。内部一致性信度又称内部一致性系数，是指用来测量同一个构念的多个量表指标的一致性程度，它主要用来评估量表内部指标之间的同质性，是管理研究中比较常用的一种信度。一致性程度越高，评估的项目就越有意义，其评价结果的可信度就越强。

目前检验量表内部一致性信度的常用系数是内部一致性系数，即 α 系数（Cronbach α），它是测量一组同义或平行测量"总和"的信度。假设，有一个 8 道题的量表，现在研究者随机从量表中选出两道题来计算这两个平行复本的相关性，那么一共就有 $C_8^2=28$ 种不同可能性。如果进行逐一测试，最后将会有 28 个量表信度的估计。但是，理论上一个 8 道题的量表只会有一个信度，因此最合理的答案就是取平均信度作为该量表的信度估计。用这个方法估算出来的信度，就是 α 系数。

α 系数法适用于对态度、意见式等问卷或量表的信度分析。它的取值范围为 0~1，1 表示这组题目完全符合"尺"的特质，而 0 表示完全不符合。Hair 等人（1998）指出，内部一致性系数大于 0.7 则表明量表的可靠性较高。

五、总结阶段

总结阶段的任务主要包括撰写调查报告、评估调查质量以及应用调查成果。调查报告是一种以文字和图表将整个调查工作所得到的结果系统地、规范地反映出来的形式，它是市场调查成果的集中体现。撰写调查报告是对整个市场调查工作进行全面总结。从调查目的、方式，到资料的收集、分析方法，再到调查得出的结论、调查成果的质量，都要在调查报告中进行总结和反映。同时，还要将调查成果应用到实践中去，真正发挥市场调查的重要作用。

第四节　数据质量控制

研究者在问卷调查的数据搜集过程中经常面临各种误差，这些误差会影响数据搜集的质量，干扰研究者对变量间关系的判断。研究者应该注意影响问卷数据质量的三个指标。

一、应答率

在组织一次问卷调查时，研究者几乎不可能得到全部抽样群体的参与，每次调查都会面临应答率的问题。从统计分析而言，较高的应答率可以增大数据样本量，提供统计功效；从结果应用角度而言，较高的应答率可以提高调查结果的可信度。因此，在所有质量指标中，应答率是研究者普遍关注的一个指标。

延伸阅读 4-1
提高问卷回收率的方法

二、问卷完成质量

在评估数据搜集质量时，不仅要评价应答的数量，还要对回答的质量进行评价。在不同类型的问卷调查中，研究者用不同的指标来衡量问卷完成质量。例如，纸笔测验中，很多人会故意忽略某些题目或者没有回答完所有问题，这时可以通过完成率来评价问卷完成质量；在线调研中，很多人可能中途退出最终没有完成整个问卷，这时可以用退出率来评价问卷质量；开放式问卷调查中，被调查者回答问题的长度，以及回答中的新观点数量都是研究者关注的数据质量，这时可以用回答充足率来评价。这三个指标稍有不同，但是它们都测量了被调查者在问卷调查中的参与程度。

三、回答多样性

衡量数据质量的另一个重要指标是被调查者回答的多样性。在问卷调查中，被调查者提供的回答大多集中于某一个点上，只在可供选择空间中选择很窄的区间，这种情况被称为"没有区分的回答"。虽然问卷回答完整，它同样显示了被调查者没有花费精力去思考问卷中搜集的问题，或者不知道该如何回答问卷问题。因此，它也是反映被调查者"反应质量"的另一个重要指标。

以上讨论可以看出，被调查者对问卷的态度与填答动机会显著影响数据搜集质量，是使用问卷法中测量误差的一个重要来源。因此，研究者需要在充分理解被调查者问卷填答过程的基础上，通过提高被调查者的参与率、提高问卷完成质量、提高被调查者的动机等方式提高数据质量。

本章小结　　作为现代实证研究方法的一种，问卷调查法需要进行系统、扎实的问卷设计，以及数据搜集和统计分析。问卷调查法有固定的程序，这种固定程序是问卷调查自身所具有的内在逻辑结构的具体体现。要设计一份好的问卷调查表，需要根据其固定程序进行自主量表开发。本章前两节主要从理论的角度，介绍了问卷调查法的特征、分类及其优缺点，后两节从实际应用的角度，介绍了问卷调查法的流程及数据质量控制。

即测即评

复习思考题

1. 简述问卷调查的目的。

2. 问卷调查有哪些特征？

3. 如何对问卷调查对象进行抽样？

4. 结合开篇实例，阐述怎样才能保证问卷调查的有效性。

5. 简述自行设计量表开发步骤。

综合实训　　如今，智能手机行业一路遇冷，整体出货量持续下滑，即使头部手机厂商也感受到阵阵寒意。根据 Canalys 公布的 2022 年第一季度中国手机市场报告显示，除荣耀和苹果保持增长之外，OPPO、vivo、小米等品牌销量均出现了不同程度的下跌，其中 vivo 同比下降 44%，OPPO 同比下降 34%，小米同比下降 22%，其他品牌合计同比下降 48%。

在智能手机行业遇冷的情况下，为何荣耀和苹果实现了增长？大学生是否对这两个品牌有所偏爱？大学生如何选择手机品牌，影响选择的因素是什么？

任务目标：假设你是某智能手机品牌的一名工作人员，需要对"大学生手机品牌选择情况"做一份问卷调查。此次调查有助于了解大学生使用手机品牌的真实情况以及选择某一品牌的原因，为公司产品研发和营销提供依据。

任务要求：

（1）以小组为单位，设计一份完整的问卷，包括卷首语及结束语。

（2）问卷问题不少于 10 个，其中开放性问题不超过 2 个。

（3）明确问卷的目标对象。

（4）问题的描述要做到语言简洁、准确、针对性强、语气亲切。

考核标准：此次考核总分 100 分，共包括两部分，即小组考核打分和课程教师考核打分。

第一个部分是小组打分。每个小组发言人在课堂上展示本组最终设计好的调查问卷。该部分考核采用小组互评的方式，总分 60 分。在评分时，其他小组的同学需要列出别的小组调查问卷的优点和不足，同时小组需要给打出的特别分数（如本项获得满分或较低分数）予以说明。

（1）对调查问卷方案的考核（40 分）：从四个角度对方案进行考核，封面设计完整性（10 分）、语言表述准确性（10 分）、抽样方法适宜性（10 分）、问题设计合理性（10 分）。

（2）对整体汇报表现的考核（20 分）：问卷设计（10 分）、汇报人流利程度、表现能力（10 分）。

第二部分，由课程教师打分，总分 40 分。每个小组在课程结束后需提交一份书面问卷调研报告。教师根据报告内容完整性、问卷过程科学性、问卷调查可行性等进行综合评价给分。

案例分析　　　　　啤酒生产公司的问卷调研

某中外合资啤酒生产公司已在全国小有名气。目前生产的啤酒主要为 730 毫升瓶装，只有少量为听装（售往宾馆、饭店）。公司的经理正在考虑改进啤酒包装，采用 250 毫升的小瓶以及 4~6 瓶组包装出售的策略。这样做的目的，一是方便顾客，因为小瓶容量小，适合单人饮用，不需另用杯子，也不会造成浪费。二是希望提升吸引力（如吸引更多的人在正餐时饮用啤酒），并使小瓶装啤酒进入一些大瓶装啤酒不可能进入的社交场合。三是方便顾客购买并促进销售。这种啤酒的小瓶组包装在国外早已流行，但目前是不是在中国推出的时机呢？

在正式决定采用新包装营销之前，必须获得下面问题的答案：新包装是否有足够的市场？目标市场是什么？一般在什么场合饮用？顾客希望在哪类商店买到？为回答这些问题，公司市场营销部市场总监草拟了一份市场调查问卷，公司的营销总经理开始对此问卷进行审查。

本次调查的具体研究目的可概括为：

（1）测量消费者对小瓶组新包装啤酒接受的可能性。

（2）辨别小瓶组新包装啤酒的潜在的购买者和使用者。

（3）辨别新包装啤酒的使用场合。

（4）判断顾客希望在什么地方买到这种新包装的啤酒。

（5）判断潜在的市场规模。

调查问卷初稿

亲爱的女士、先生：

您好！

我是××公司市场调研员。我们公司正在进行××牌啤酒新包装的市场调查，可以占用您几分钟时间问您几个问题吗？您所提供的信息对这次调查的结果相当重要。

1. 您已经18岁了吗？（视情况发问）

　　是（　　　）　　否（　　　）

2. 您喝酒吗？

　　是（　　　）　　否（　　　）

3. 您喝什么类型的酒？

　　白酒（　　　）　　葡萄酒（　　　）　　香槟酒（　　　）

　　啤酒（　　　）（到问题5）　　其他（　　　）

4. 您喝啤酒吗？

　　是（　　　）　　否（　　　）（询问结束）

5. 您认为啤酒适合在正规场合还是在非正规场合喝？

　　正规场合（　　　）　　非正规场合（　　　）　　两者都行（　　　）

6. 您多长时间喝一次啤酒？

　　天天喝（　　　）　　一星期一次（　　　）　　半个月一次（　　　）

　　一个月一次（　　　）　　一年几次（　　　）

7. 您通常在何种场合喝啤酒？

　　日常进餐时（　　　）　　来客人时（　　　）　　周末假日时（　　　）

　　聚会时（　　　）

8. 您知道酒类用多个小瓶组合包装出售吗？

　　是（　　　）　　否（　　　）

9. 您认为将250ml的啤酒六个一组包装在一起销售这种方法如何？

　　好主意（　　　）　　不好（　　　）　　无所谓（　　　）

10. 为什么？

11. 您喝过××牌啤酒吗？

　　是（　　　）　　否（　　　）

12. 如果价格不比单瓶包装增加的话，您愿意购买这种包装的啤酒吗？

愿意（　　）　　　可能（　　）　　　不愿意（　　）

不知道（　　）

13. 您会在哪些场合使用这种小瓶包装的啤酒？

正常进餐时（　　）　　特别节日时（　　）　　小型聚会时（　　）

周末（　　）　　　大型聚会时（　　）　　野餐时（　　）

休息放松时（　　）　　体育运动后（　　）　　其他（　　）

14. 您希望在哪类商店买到这种包装的啤酒？

食品商店（　　）　　专门商店（　　）　　百货公司（　　）

连锁超市（　　）　　其他（　　）

15. 您觉得这种包装的啤酒应该与哪些酒类摆在一起？

白酒（　　）　　　香槟酒（　　）　　　葡萄酒（　　）

其他啤酒（　　）　　饮料（　　）　　　其他（　　）

谢谢您的合作！

资料来源：陈启杰．市场调查［M］．北京：高等教育出版社，2001．

思考：试根据啤酒企业的本次调查的具体研究目的和上述调查问卷初稿分析以下问题。

（1）该问卷初稿和问卷中问题的设计能否实现研究目标？

（2）可否用其他问题来了解顾客态度和购买意向，以便更好地实现调查目标？

（3）对于问卷中的内容，有哪些地方需要进行修改？如何修改？

（4）通过以上工作的思考，形成一个您认为更加满意的调查问卷。

本章参考文献

[1] 裴娣娜．教育研究方法导论［M］．合肥：安徽教育出版社，1995．

[2] 李秉德，檀仁海．教育科学研究方法［M］．北京：人民教育出版社，2001．

[3] 杨丽珠，孙岩，蒋重清．心理与教育科学研究方法［M］．北京：中国人民大学出版社，2018．

[4] 刘易思·艾肯．心理测量与评估［M］．张厚粲，黎坚，译．北京：北京师范大学出版社，2006．

实验法 5 第五章

本章提要

　　本章主要介绍了市场调研中的实验法，探讨了因果关系的概念，介绍了实验法的类型，包括实验室实验法和实地实验法以及数智赋能的新实验法，指出实验中效度的意义，讨论了标准的预实验设计、真实验设计和准实验设计步骤，并给出了 AB 测试实验法案例。本章的重点是掌握和正确运用实验法和实验设计来满足市场调研客户的需求。本章的难点是设计出具有内外部效度的市场调研实验，探索出变量间的因果关系。

学习目标

　　（1）知识目标：解释市场调研中定义的因果关系；了解实验法的类型；定义和区分内部效度和外部效度，讨论可能影响效度的外生变量；讨论并评价预实验设计、真实验设计和准实验设计及其之间的区别；了解 AB 测试实验及其实践。

　　（2）能力目标：掌握市场调研实验设计的方法及流程；掌握控制影响实验效度的外生变量的方法。

　　（3）素质目标：了解在企业数据化和智能化的发展进程中，市场调研实验法呈现的新变化趋势，掌握针对大样本和实时数据的市场实验设计和执行。

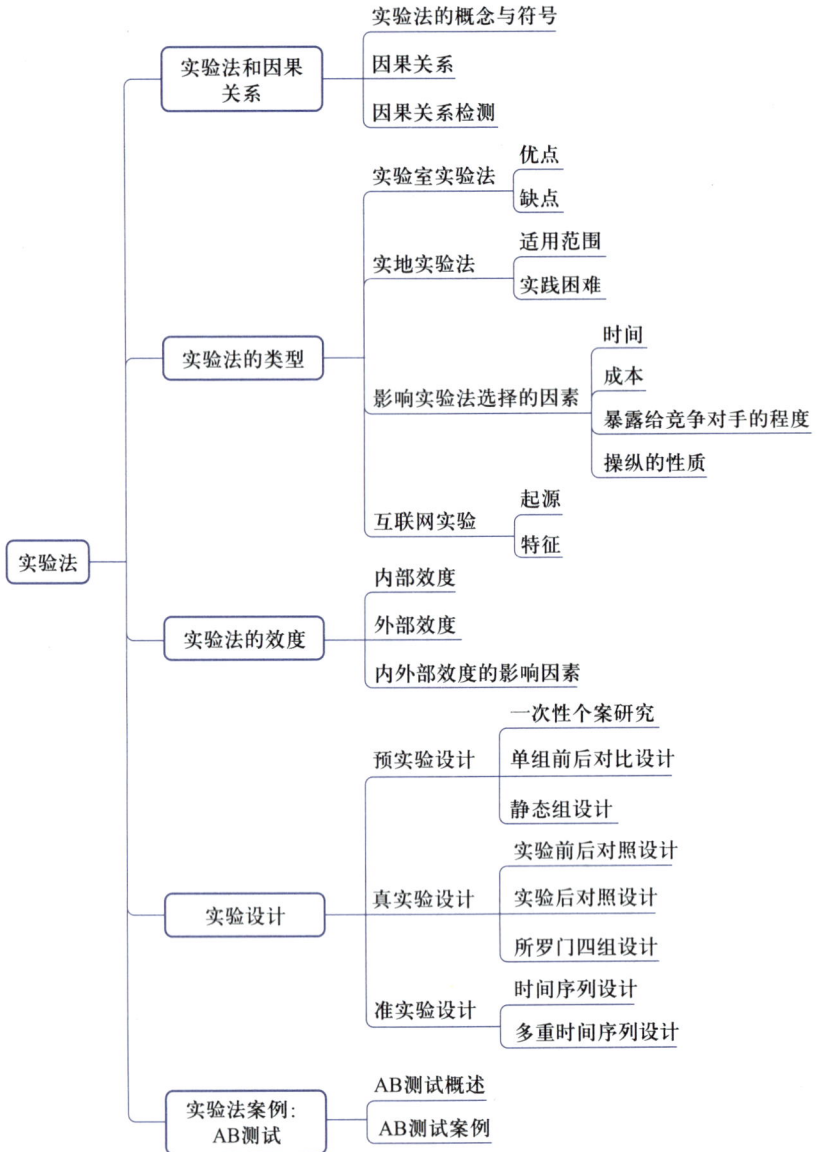

　　　　　　M 食品公司的速冻水饺广告影响调研

　　M 食品公司为公司的速冻水饺产品系列开发了两个非常不同的电视广告（广告 A 和广告 B）。在选择广告之前，市场部经理希望了解备选广告对消费者购买公司速冻水饺产品偏好的影响，因此他要求广告公司开展合适的市场实验以衡量每个广告对消费者的影响。该广告公司可以采用任何一种实验性调研方式来获得市场部经理需要的信息。

　　方式一　邀请 100 位消费者前往广告公司的市场调研部门。将人群随机划分为两个类似的小组（每组为 50 人），并将每个小组安置在不同电视收看室。为每个小组播放穿插正常数量和不同类型广告片段的约一个小时的电视节目，并操纵两个小组收看的广告片段，让其中一个小组在节目中收看两次广告 A，另一个小组在节目中收看两次广告 B。为激发对测试广告的正常反应，防止参与者知晓实验性操纵，调研者伪装了该调研，只告诉消费者该调研的目的是获得对电视节目的反映。在消费者收看节目后，向他们提供问卷以获得对电视节目和所穿插的不同广告（包括 M 公司的速冻水饺）的反映。最后，通过比较消费者对 M 公司速冻水饺的偏好平均数衡量广告 A 和广告 B 的影响。

　　方式二　选择在消费者人口统计和食品购买特征方面类似的两个城市进行测试，并选择合适的、将同时在两个城市播出的电视节目，其中广告 A 将在一个城市播出两次，广告 B 将在另一个城市播出两次。节目播出后，从每个城市中选取 50 名收看节目的消费者样本开展随机电话访问以衡量观众对 M 公司速冻水饺的偏好。最后通过比较消费者倾向平均值，衡量广告 A 和广告 B 的影响。

　　你发现方式一和方式二的相同和不同之处了吗？

　　资料来源：作者团队整理。

第一节　实验法和因果关系

一、实验法的相关概念与符号

（一）实验法的相关概念

1. 自变量

　　自变量（independent variable）是指被操纵的变量或可供选择的对象（即这些变量的程度可由研究人员改变），它们的影响被测量和比较。这些变量，也就是人们所称的"处理"，可以包括价格水平、包装设计和广告主题等。

2. 测试单位

测试单位（test unit）是指对自变量或处理作出反应的被作为检测对象的个人、组织或其他实体。测试单位可以包括消费者、商店或地理区域等。

3. 因变量

因变量（dependent variable）是指衡量自变量对测试单位的影响的变量，这些变量可以包括销售额、利润或市场份额等。

4. 外生变量

外生变量（extraneous variable）是指自变量以外的影响测试单位变化的所有变量。这些变量会对因变量的测量产生干扰，从而削弱实验结果或使实验结果无效。外生变量包括商店大小、商店位置以及竞争情况等。

5. 实验

当研究人员操纵一个或多个自变量并测量它们对一个或多个因变量的影响，同时控制外生变量的影响时，就构成了一次实验（experiment）。

6. 实验设计

实验设计（experimental design）是一组详细说明以下问题的程序：①测试单位和如何将这些单位分为均匀的子样本；②要处理或操纵哪些自变量；③要测量哪些因变量；④如何控制外生变量。

（二）实验法中的符号

为了便于对外生变量和特定实验设计的讨论，研究者对目前在营销研究中普遍使用的一套符号进行定义：

X= 对自变量、处理或事件的暴露，其影响将被确定。

O= 对测试单位或测试单位组的因变量的观察或测量过程。

R= 将测试单位或测试单位组随机分派到不同的处理组中。

除此之外，还有下列惯例被采纳：

（1）从左到右的运动指的是随时间方向的运动；

（2）符号的水平排列表示所有符号涉及同一个特定的处理组；

（3）符号的垂直排列表示这些符号涉及同时发生的活动或事件。

例如，符号排列如下：

$$X \quad O_1 \quad O_2$$

表示一个给定的测试单位组被暴露于处理变量（X），并且在两个不同的时间点 O_1 和 O_2 测量其反应。

同样，符号排列如下：

$$R \quad X_1 \quad O_1$$
$$R \quad X_2 \quad O_2$$

表示有两组测试单位被同时随机分派给两个不同的处理组，并且同时对两组的因变量进行测量。具体见表 5-1。

表 5-1 实验符号描述

符号	含义
O	任何在实验调研中对因变量的正式观察或衡量（当实验中包括两个以上衡量时，采用 O_1、O_2 等），O_s 从左至右代表它们出现的时间顺序
X	参与调研的单位暴露在实验操纵或处理前的程度（当实验中包括两个以上的实验处理时，采用 X_1、X_2 等），X_s 从左至右代表它们出现的时间顺序
EG	实验组（experimental group）是参与实验处理的单位（当实验中包括两个以上实验组时，采用 EG_1、EG_2 等）
CG	控制组（control group）是参与实验、但没有进行实验处理中的参与单位（当实验中包括两个以上的控制组时，采用 CG_1、CG_2 等）
R	随机化，表示参与实验的单位被随机分派到该组

二、因果关系

实验法通常被用来推断因果关系（causality）。因果关系的科学概念很复杂，对一个普通百姓和一位科学家来说，它的含义会非常不同。例如"X 导致了 Y 的发生"这句表述，其普通含义和科学含义可以有不同的理解（见表 5-2）。

表 5-2 同一表述的不同含义

普通含义	科学含义
X 是 Y 的唯一起因	X 只是 Y 的众多可能起因中的一个
X 总会导致 Y 的发生（X 是 Y 的确定性起因）	X 的发生使 Y 的发生更加可能（X 是 Y 的可能性起因）
证明 X 是 Y 的起因是可能的	我们永远无法证明 X 是 Y 的起因，最多只能推断出 X 是 Y 的起因

对营销领域的研究来说，因果关系的科学含义要比普通含义更恰当。市场营销的效果由多个变量引起，起因和效果之间的关系往往是或然性的，而且，研究者永远无法证明因果关系（也就是说确切地证实），只能推断出一种因和果的关系。换句话说，如果存在一个真实的因果关系，它可能是未得到确认的。研究者通过讨论因果关系的条件来进一步澄清因果关系的

概念。

研究者如何确定变量 X 与变量 Y 有因果关系？实验法调研的研究文献指出，在做出"如果 X，则 Y"的结论之前，必须满足三个条件。

（1）相从变动。相从变动是指一个因 X 和一个果 Y 按照有关假设预测的情形一起发生或一起变化的程度。

（2）变量出现的时间。变量 X（或 X 的变化）必须在变量 Y（或 Y 的变化）之前或与变量 Y（或 Y 的变化）同时发生，它不能在变量 Y（或 Y 的变化）之后发生。

（3）没有其他可能的原因要素。除非变量 X 以外的所有潜在变量都很好地被控制或被考虑，否则"如果 X，则 Y"的结论可能是错误的，即使变量 X 在变量 Y 之前发生而且两个变量间存在联系。

三、实验法的因果关系检测

上文已经提到在做因果推断或假设因果关系之前，必须满足的三个条件：①相从变动；②变量出现的时间；③没有其他可能的原因要素。这些条件是必要的，但是不足以证明因果关系。这三个条件中没有哪一个或所有三个条件的结合可以确切地证实一个因果关系的存在。

1. 相从变动

相从变动（concomitant variation）是指一个因 X 和一个果 Y 按照有关假设预测的情形一起发生或一起变化的程度。关于相从变动的证据可以用定性或定量的方法获得。

举个定性的例子，一家百货商店的管理人员认为，销售额在很大程度上取决于店内服务的质量。这一假设可以通过评价相从变动来检测。这里，因 X 是店内服务，果 Y 是销售额。一个支持假设的相从变动意味着有令人满意的店内服务的商店同样也有令人满意的销售额。同样，服务不令人满意的商店将展现出不令人满意的销售额。如果我们发现了相反的结论，那这个假设就是站不住脚的。

再举个定量的例子，这是一项涉及 1 000 名调查对象的有关百货商店时装购买情况的随机调查，调查产生的数据列在表 5-3 中。根据中位值将调查对象分为高教育程度和低教育程度两组，两组的人数相等。该表显示时装的购买量 Y 受教育水平 X 的影响，即受教育程度较高的调查对象可能会购买更多的时装，因为 73% 的人购买量居高；而受教育程度较低的调查对象只有 64% 的人购买量居高。而且，这是依据一个 1 000 人的较大样本的调查结果。

表 5-3　购买与教育之间的相从变动证据

受教育程度（X）	时装的购买情况（Y）		合计
	高	低	
高	363（73%）	137（27%）	500（100%）
低	322（64%）	178（36%）	500（100%）

　　根据这一证据，研究者能够得出高教育程度导致高时装购买量的结论吗？当然不能！研究者所能说的只是，这种相关使假设更加站得住脚，但没有证明假设。其他可能的因素（如收入）的影响是怎样的呢？表 5-4 分别显示不同收入人群中，时装购买情况与教育之间的关系。将样本从中间分成相等人数的高收入人群和低收入人群，研究者发现受教育程度高和受教育程度低的调查对象之间，时装购买情况的差异明显减小了。与此同时，研究者还发现，收入高和收入低的调查对象之间，时装购买情况的差异很大。这意味着表 5-3 所示的联系可能是错误的，收入有可能是时装购买差异的影响因素。

表 5-4　按收入和教育划分的时装购买情况

受教育程度	低收入人群时装的购买情况		合计	高收入人群时装的购买情况		合计
	高	低		高	低	
高	122（61%）	78（39%）	200（100%）	241（80%）	59（20%）	300（100%）
低	171（57%）	129（43%）	300（100%）	151（76%）	49（24%）	200（100%）

　　以上例子也说明了缺乏相从变动的最初证据并不意味着没有因果关系出现。很可能考虑第三个变量就会揭示出原来不明显的某种联系。变量出现的时间顺序提供了额外的对因果关系的洞察力。

2. 变量出现的时间顺序

　　变量出现的时间顺序条件是指原因事件必须在结果之前或与结果同时发生，它不能在结果之后发生。根据定义，一个结果不能由一个发生在结果发生之后的事件产生。但是，对每个事件来说，处于既是另一事件的原因又是另一事件的结果的关系是可能的。即在同一因果关系中，一个变量可以既是原因又是结果。举例来说，经常在一家百货商店购物的顾客很可能有那家商店的信用卡，同样，有一家商店信用卡的顾客很可能经常在那里购物。

　　还以百货商店的店内服务和销售额关系为例。如果店内服务是销售额的原因，那么在提高销售额之前就必须改进服务，或者至少与销售额的增长同时进行。这些改进措施可能由培训或雇用更多销售人员组成。那么，在接下来的几个月内，这家百货商店的销售额应该增长。还有一种情况是，销售额可能会随着培训或雇用额外销售人员同时增长。另一方面，假设一家商店经历了一次销售额的可观增长，然后决定利用增收的一部分来重新培训它的销售人员，从而带来了服务的改进。在这个例子中，店内服务不可能是销售额增长的原因。更恰当地说，相反的假设似乎是合理的。

3. 没有其他可能的原因要素

没有其他可能的原因要素意味着被研究的要素或变量应该是唯一可能的原因。如果研究者可以控制所有其他影响销售额的要素，如价格、广告、分销水平、产品质量、竞争等都保持不变或被控制住，那么更好的店内服务可能就是销售额增加的原因。

在对某种情形的事后调查中，研究者永远无法肯定地排除所有其他原因要素。相反，使用实验设计，有可能控制其他原因要素中的一些，也有可能平衡一些未受控制的变量的影响，使得只有由这些未受控制的变量引起的随机变化被测量到。

4. 证据的作用

相从变动、变量出现的时间顺序以及没有其他可能的原因要素等证据，即使结合起来，也仍然无法最终证明一个因果关系的存在。但是，如果所有的证据都是强有力的并且是一致的，那么得出有因果关系的结论或许是合理的。对照实验可以对所有三个条件提供强有力的证据。从数个调查研究中积累的证据增加了研究者对一个因果关系存在的信心。如果依据与问题密切相关的概念知识来解释这一证据，那么信心就进一步增强了。

第二节 实验法的类型

一、实验室实验法

实验室实验（laboratory experiment）是在策划情景下开展的调研，其中所有或几乎所有具有影响但不相关的独立变量被控制在最低。

（一）优点

1. 内部效度高

实验室实验将实验隔离在一个精心操纵的环境中，因此历史记录的影响可以被减到最小，当用相似的对象重复实验室实验时往往会产生同样的结果，从而导致较高的内部效度。

2. 成本低

实验室实验往往使用小数目的测试单位，持续时间较短，局限于较小的地理区域，比现场实验更容易进行。因此，成本通常也更低。

（二）缺点

（1）环境的人为性可能会引起反应误差，因为参与实验室实验的被试是对环境本身而不仅仅是对自变量作出反应。

（2）环境可能会引起迎合假象（demand artifact），即：被试试图猜测实验目的并做出相应反应。例如，当被试观看实验广告时，可能会回忆起实验前关于品牌的问题，并猜测这部广告在试图改变他们对待这个品牌的态度。

（3）外部效度低。实验室实验是在人工环境中进行的，所以将结果推广到现实世界的能力较小。

二、实地实验法

实地实验（field experiment）是在自然情景下开展的调研，在情景允许的情况下尽可能谨慎地控制条件，让实验者操纵一个或几个独立变量。

1. 适用范围

实地实验与实验室实验的差别在于变量可控制的程度，这一特性决定了其适用于研究许多复杂的社会和心理影响的过程及变化，也适合检验理论的应用性或外在效度。

2. 实践困难

（1）实验操纵常常是不现实的，在某些情境下无法进行；

（2）有时难以随机化；

（3）由于变量众多，自变量往往易受外在因素干扰。

三、影响实验法选择的因素

1. 时间

在实际情境中开展实地实验比在策划情境中开展实验要花费更多的时间。实地调研通常需要额外的时间寻找适合实验地点以及在这些地点进行实验操纵活动。

2. 成本

在成本方面，实验室实验通常比实地实验花费更少。实地实验中需要的大规模操纵以及对结果的监控等都会大幅度提高成本。在需要实验的调研中，实验室实验的成本通常只是实地实验成本的一小部分。

3. 暴露给竞争对手的程度

实地实验会增加在竞争对手面前暴露的概率。因为实地实验会引来竞争对手的监督，他们可能由此获得免费的洞察机会。同时，竞争对手还可能改变实验的外部竞争环境（比如改变当下自己的促销力度）让实验结果失效。

实地实验的形式之一——市场测试（test-marketing），是用于衡量市场对新产品以及相关的营销组合反应的实地实验，是在新产品策划过程中、在大规模推出产品之前的正式步骤。在该测试方法下，竞争者推论的威胁达到最大。但是，在试图获得关于新产品在潜在市场中的影响时，竞争者推论的风险并不意味着必须用实验室实验来取代实地实验。在获取消费者对新产品的反响，特别在针对主要的技术更新产品时，实验室实验通常不能准确衡量消费者的反响。因为消费者对新产品不熟悉，在实验室情境下，他们对概念性描述或是产品原型的反响仅仅等同于不太可能具有外部有效性的原始猜想。另外，实验室实验也无法还原所有影响销售的因素，比如不同消费人群之间的广告扩散，以及制造商广告对批发商和零售商存货决策的影响等。

4. 操纵的性质

自变量的类型以及操纵自变量的方式也对选择最适合的实验方式有影响。只要策划情境中的操纵是有意义的，实验室实验将比实地实验更适合。比如，在衡量消费者对软饮料不同包装设计、冰激凌添加口味的反应时，实验室实验就非常适合。

当操纵似乎是无意义的或在实验室情景中难以执行时，实地实验更佳。如刚刚所提到的：在衡量对革新产品的潜在市场的影响时，因为有意义地刺激受访者是非常困难的，所以无法通过实验室实验来充分衡量。

虽然实验室实验在某些情境下优势较大，但某些系统性的改变只有通过实地实验才可以调查出来，如网站设计、销售人员报酬、销售队伍组织、分销系统结构、价格策略或信用条件的改变。检测任何改变对上述方面（比如销售力量战略）的潜在影响时，所采用的最佳方式是在目前的情境中对某些子部分进行一些改变，然后将这些子部分的表现同没有接受改变的子部分进行比较。

四、数智赋能的实验法——互联网实验

1. 互联网实验的起源

市场调研者们早已深刻认识到通过问卷调查与统计分析能够揭示市场现象之间的相关关系，但在验证因果关系上能力不足，而实验方法是因果

验证最有力的手段，所以一直在寻找改进实验方法的办法，数智时代的到来为此提供了契机。互联网经过 20 余年的迅猛发展，如今已经在全球范围内形成超过 40 亿的用户规模。其中一些著名的网络平台（如 Twitter、微信、新浪微博）拥有数以亿计甚至十亿计的活跃用户。对市场调研来说，互联网造就了一个前所未有的规模庞大的受试者池。其突破时空限制的信息连通能力与 Web2.0 时代的大规模信息交互技术，为实施实验干预与结果反馈提供了强有力的支持。互联网实验由此诞生，并成为市场调研方法的一个重要组成部分。

2. 互联网实验的特征

与传统实验室实验方法相比，互联网实验具有一些明显的优势。具体来说，这一方法主要具备以下五大特征：

（1）大规模、稳定且多样的受试者池。互联网实验的受试者池具有三大优势，一是数量规模巨大，特定网络应用平台的用户均有可能成为潜在的受试者；二是可用的潜在受试者数量，能够在较长时间内保持相对稳定；三是受试者池具有内在的多样性特征，互联网的跨域性甚至全球性使得实验能够获得跨地域、跨国家、跨文化的多样受试者群体。

（2）突破时空限制的大量样本数据。程序化和网络化的互联网实验平台既无须将受试者统一聚集到特定的空间范围内，也不强求受试者参与时间的绝对一致，因而可以在实验中使用大规模的样本群体。受试者越多，所能收集的数据就越多，在计算实验结果时受内生性误差的影响就越小，从而可以优化实验的内在效度；与此同时，样本的代表性也得以提升，可进一步改善实验的外在效度。

（3）实验过程的自动化。互联网实验的基本过程主要依靠预先编写的计算机程序自动进行，将绝大多数的研究者人工操作替换为受试者与计算机程序的人机互动，这不仅降低了实验的人力与时间成本，更能有效控制研究者对受试者的外部干扰。这一优势对那些需要重复进行、同步进行或嵌套进行的多组实验而言尤为重要。

（4）数据信息的实时记录。除了通常的前测和后测之外，互联网实验能够将实验过程中实时生成的许多细节数据和过程数据保留下来。这些以往在实验室中常常被忽略或难以记录的数据，将为实验结果分析提供更为丰富的材料。此外，鼠标点击数和悬停时间同样也可以成为新的测量指标。这种超强的实验数据记录能力，一方面，要求实验设计者应当尽量做好细节设计工作，以保证尽可能生产出更多的可用于结果分析的数据材料；另一方面，与实验室实验相比，互联网实验方案的设计完全可以更具"创意性"，尤其是在变量的操作方面。

（5）超越微观个体层面的关注焦点。数智时代的到来，受试者规模的显著扩大，使实验不仅能关注微观层面个体行为，更能获得由个体行为间相互作用所涌现出的集体行为结果的信息。换句话说，互联网实验不仅关注个体行为，更关注个体行为的集体、宏观涌现，使实验研究成为连接宏观与微观的桥梁，这一优势是传统实验室实验所无法比拟的。

第三节　实验法的效度

在进行实验时，研究人员有两个追求的目标：一是得出关于因变量对研究组的影响的正确结论；二是对更大规模的有关人群做出正确的推论。第一个目标关注的是内部效度，第二个目标关注的则是外部效度，实验结果的有效性通常按照这两个效度进行衡量。而研究者追求的理想的实验结果，应具有高度的内部和外部效度。

一、内部效度

内部效度（internal validity），即内部有效性，是指因变量和自变量之间因果关系的确实性程度。换句话说，内部效度是观察到的结果完全取决于实验操纵的程度。如果实验法所观察到的结果受到外生变量的影响或干扰，那么实验者就很难对自变量和因变量之间的因果关系得出正确的推断。内部效度是在做出关于处理的影响结论之前，实验必须具备的一个最低要求。没有内部效度，实验结果就会受到干扰。而对外生变量的控制是建立内部效度的一个必要条件。

二、外部效度

外部效度（external validity），即外部有效性，指的是实验中所发现的因果关系是否具有普遍意义。换句话说，结果能推论到实验之外的情况吗？如果能，可以将实验结果推论到哪些人群、情景、时间、自变量和因变量？例如，快餐连锁在实验厨房中测试顾客对菜单品种的新配方设计的喜好。在这个环境中测量到的结果可以推广到外面的快餐店吗？当实验中的特定场景没有实际地考虑现实世界中其他相关变量的相互影响时，外部效度就受到了威胁。

尽管研究者想要的是一个既有内部效度又有外部效度的实验设计，但在应用性营销研究中却经常要在一种效度与另一种效度之间进行权衡与取舍。一般只有策划的人工情景才能让研究者稳定控制其他自变量，或至少可以估计和过滤这种变量对因变量的影响，从而来控制所有的外在变量。这增加了内部效度，但却可能限制结果的普适性，即在策划情景中得到的结果是否能运用于现实情景中是存有疑问的，从而降低了实验的外部效度。尽管人为因素可能对实验的外部效度造成威胁，但如果一项实验缺乏内部效度，那么对其结果的推论往往也是没有意义的。同时，威胁内部效度的因素也可能会威胁外部效度。

三、内外部效度的影响因素

偏差的存在及其解释可能会降低实验结果的有效性（即效度）。在以下的内容中，本书将探讨影响内部效度和外部效度的某些典型的情况。在审视这些威胁时，请读者牢记，在每个实验中这些威胁并不是同时存在。实验的类型（实验室或实地实验）以及数据收集单位的类型（是商店还是消费者）都将对可能出现的严重问题产生影响。

（一）内部效度的影响因素

如同之前讨论的那样，内部效度指研究者对所操纵的独立变量就是所观察到的因变量变化的唯一原因的确定程度。因此，可能构成实验结果解释的其他（在操纵的独立变量之外）任何条件或事项都会对内部效度造成威胁。下文将讨论可能降低实验内部有效性的效应：历史效应、成熟效应、前测效应、工具变化效应、选择效应和磨损效应。

1. 历史效应

历史效应（history effects）指在实验过程中，特定的可能影响该因变量的外部事件或事变。在实验室实验中，历史效应并不是研究者经常遇到的问题。因为在这样的实验中能够严格控制环境，所以研究者可以很好地预防，或至少预见和考虑任何计划操纵之外的外在事件或事变。历史效应在实地实验中是一个严重的问题。在开展实地实验时，竞争对手营销组合的随机变化是最可能发生的历史效应类型。

例如，假定 A 公司希望调研特殊的商店陈列方式对 A 品牌果汁销售的影响。首先 A 公司在测试地区选择了一组代表性商店，并在一个月内实时监测 A 品牌果汁在这些商店的销售情况。然后该公司推出特殊的商品陈列方式在代表商店中实行，并检测下一月其品牌果汁销售情况。测试商店中 A 品牌果汁的第一月和第二月销售额的差异将揭示特殊陈列方式产生的影响。但是如果在两个月的实验期间，竞争对手 B 的果汁产品的价格或促销策略显著改变，或 B 公司在该期间发生分销困难且在几个实验商店中出现缺货的情况，会发生什么呢？这样的事件即为历史效应，该效应影响了 A 品牌果汁销售情况在有特殊陈列和没有特殊陈列情况下的销售结果。因此，不应该对这样的实验结果通盘接受。

2. 成熟效应

成熟效应（maturation effect）是指实验对象在实验期间发生的生理的或物理的改变引起或导致的对实验结果的影响。与历史效应来源于外部实验环境不同，成熟效应来源于实验单位。

例如，一个实验室实验试图衡量北汽公司新广告如何影响消费者对该公司新车的观点。消费者代表性样本被带到实验室情景中，通过合适的问卷来调查他们目前对新车的意见。随后该群消费者样本再观看一个小时的电视节目，其中穿插测试广告。接下来，研究者再一次衡量消费者对新车的意见。在该实验中受访者有何生理改变吗？答案是肯定的。因为他们中的一些人可能在实验快结束时，已经开始感到饥饿，其他人也许感到疲倦等。如果这样的变化导致受访者只希望"实验早点结束"，在第二个问卷中所衡量的他们的意见由于成熟效应将是不准确的。

3. 前测效应

不管在衡量中发生任何事，一旦消费者在实验前半部分的回答影响了实验后半部分的回答，就发生了前测效应（pretest effect），即前期测量对后期测量产生了影响。因变量在测试之前和之后的不同结果将不能准确地反映实验操纵的影响，从而内部有效性降低。前测效应来源于在测试之前和之后的衡量中，保持一致性的倾向或改变的倾向（可能是因为任何潜在的原因）。该倾向纯粹为人文现象，而在商店开展的实验方式中很少出现影响内在有效性的前测效应。

上文成熟效应中用实验室实验来测试北汽公司新广告的例子，假定研究者用 10 分制的评分标准来评价北汽汽车的各种特点，并利用这些分数来测试电视广告曝光之前和之后的消费者意见。在回答第二部分的测试中（即在观看广告之后再次进行测试），受访者可能记得他们在第一部分测试中给北汽汽车每个特征的分数。而且，一些受访者可能给出与第一部分测试中相同的分数，也许是因为希望保持一致。如果是这样的话，两种测试结果之间的差异将不能揭示新广告对受访者的真实影响。或者另外的情景为，一些受访者在第二部分测试中可能提供不同的分数，不是因为他们对北汽汽车的意见发生改变，而是因为他们不希望在两次测试中提供相同的评分。在上述两种情况中，结果都会降低内部有效性：之前和之后意见测试中，对北汽汽车意见的差异或缺乏差异的原因都不是单纯由北汽汽车的广告所造成的。

4. 工具变化效应

工具变化效应（instrument variation effect）是指事前和事后测试之间的差异是基于测试工具的改变或测试因变量程序的改变而发生的偏差。只有在对相同因变量采用多种衡量的实验中，工具变化效应才会成为潜在的内部有效性的威胁。然而，当获取衡量结果的测试单位是商店时，工具变化效应就不会成为问题。换言之，数据来源于商店（比如销售额、存货周转和品牌份额）的因变量通常为直接的，很少会引起衡量的变形。当然，如果实验中这些变量的定义或衡量变量的方法确实发生改变，工具变化效应可能成为一个问题。但是研究者在商店水平衡量时可以避免这种变形，该工具变化效应也不会很严重。

工具变化效应在包含受访者的实验中很可能会是内部有效性的严重威胁。在这样的实验中，因变量不可避免的是缥缈的抽象概念，比如态度、意见、倾向或购买意向。在前面谈到北汽汽车广告测试时，因变量是被试者对北汽汽车各个特点的态度，研究者在用纸质问卷和电子问卷来收集被试者对北汽汽车的评分时，工具变化效应就会出现。在这个例子中所有的问题都围绕着主观评价的衡量，因此容易产生工具变化效应。衡量这样的变量通常需要问卷并需要受访者与研究者之间的互动。问卷的任何改变或事前和事后衡量中访问者的改变都可能导致结果的差异。

5. 选择效应

选择效应（selection effect）是开展实验时采用多个单位组时出现的潜在问题，参与实验的各个小组具备不同特征时将产生选择偏差。比如，小米公司为了衡量 A、B 两种不同风格的广告对消费者小米新款手机购买意愿的影响，实验室实验和实地实验方式都可以用于测试广告 A 和广告 B 对两组被试人群的相对效应。假定观看广告 A 的人群多由大龄的商务人士组成，而观看广告 B 的人群更多由青年大学生群体组成。也假定收看广告 A 的人群中有 10% 表示喜好小米公司的新款手机，而收看广告 B 的人群中有 45% 表示喜好该款手机。这样的结果不能被解释为广告 B 更有效。在喜好上观察到的全部或部分差异可能产生于两组人群商品一般喜好的关键差别，而不是实验操纵（两个广告的差别）的结果。因为存在选择效应，在这种情景下的实验的内部有效性可能非常低。

6. 磨损效应

当参与单位退出实验，将导致完成实验的单位组与最初的单位组非常不同，这会引发磨损效应（mortality effect）。例如，为衡量改良浴缸塞和毛巾清洁剂而开展的居家产品测试。为进行该实验，最初选的样本为目前产品的 100 个使用者。在事前测试访问中，研究者邀请参与者表明他们对浴缸塞和毛巾清洁剂等老一代产品的全面意见，分数为 1~10 分（10 分为最高分数，代表肯定意见）。假定全部 100 个参与者的平均分数为 6 分。参与者接受改良产品样品，并使用两个月时间。在实验结束时，假定只有 70 个参与者参加了事后测试；其他人则谢绝了访问。同样的 10 分制下，假定 70 个参与者的平均评分为 8 分。目前关键的问题是平均意见评分中提高的 2 分是因为改良产品，还是因为事前和事后人群的不同。

回答该问题的关键在于同最初参与人群相比，退出人群形成的变化。比如，如果退出的 30 人都对产品持有负面意见，那么事后测试中平均分数为 8 分的结果可能是被膨胀的。换言之，平均评分的不同并不是改良产品有效性的真实反映，而是因为参与者的构成在不同的衡量阶段发生了巨大改变。因此，出现磨损效应。当然，如果退出的 30 人为随机的，即如果退出人群的特征与因变量没有系统的联系，事前和事后访问人群将只会在规模上不同，而不是在构成上不同，就没有或很少有磨损效应。只有在流失人群导致剩余参与者小组与最初小组显著不同时，才会发生磨损效应。因此，研究者必须在事前和事后访问中收集参与者的关键特征数据（比如人口统计、产品使用程度、频率等）。在实验中发生参与者流失时，这样的数据有助于衡量小组构成是否改变以及如何改变，可以降低得出错误推论的风险。

（二）外部效度的影响因素

实验结果的外部效度（即外部有效性）是指结果的归纳有效性。研究者讨论的各种对内部有效性的威胁也间接影响外部有效性，因为不符合内部有效性的实验结果是没有意义的。换言之，内部有效性可以被视为外部有效性的必要条件，而非充分条件。接下来的讨论将注重于在满足内部有效性之后，要达到外部有效性的结论所需要避免的情况。即使有很高的内部有效性，在归纳实验结果时仍可能存在偏差。此处将讨论以下三个偏差：反应偏差、事前测试操纵互动偏差和非代表性样本偏差。

1. 反应偏差

反应偏差（reactive bias）指参与者由于参与实验而显示出的异常或独特行为。该偏差只出现在包括消费者的实验中，并且很可能发生在参与者知道他们在参与实验时。反应偏差在实验室实验中特别严重，因为人为环境以及实验者对参与者的关注特别容易导致反应偏差。克林格（Fred N. Kerlinger）和李（Howard B. Lee）观察到："几乎所有的改变、任何额外的关注、任何实验操纵，或即使是没有操纵，但当大家都了解是在开展实验时，这些因素都足以引发调研主体的改变。简单说就是如果我们关注人群，他们就会反应。"

虽然反应偏差更可能发生在实验室实验中，但有消费者参与的实地实验也同样可能发生反应偏差。许多实地实验采用消费者专门小组的数据。消费者专门小组，即在某时间段内重复衡量的受访者永久样本。比如，在衡量某品牌洗涤剂采用 50% 折扣优惠开展促销战的效果时，研究者可以采用专门小组成员作为被试，对比其在促销战之前和之后的洗涤剂购买行为。反应偏差在上述方式中可能成为潜在问题，因为如果专门小组成员知道研究者在对他们的购买行为进行检测时，他们的行为可能与正常消费中有所不同。

2. 事前测试操纵互动偏差

事前测试操纵互动偏差（pretest-manipulation interaction bias）是反应偏差的特殊形式，是在消费者接触实验操纵之前，对消费者进行事前衡量所产生的独特偏差。反应偏差来源于整个实验的影响，而事前测试操纵互动偏差来源于事前衡量的影响。当事前测试提高或降低受访者对实验操纵的敏感度时，事前测试操纵互动偏差将增加。

3. 非代表性样本偏差

当实验参与单位不能代表可以从中归纳实验结果的更大规模的单位时，将产生非代表性样本偏差（non-representative-sample bias）。该偏差来源于不正确或不足够的招募单位，它是一个样本选取的问题。当实验中的参与单位样本构成与收集单位整体存在显著差别时，不论内部有效性如何，该实验结果都将缺乏外部有效性。

非代表性样本偏差是网络实验的主要问题。因为网络实验易于吸引有计算机和互联网接口的参与者，而这些选择参与的人群却可能与一般大众非常不同。虽然随着时间的推移，越来越多的人开始使用互联网，受访者通过调研公司的网络专门小组招募，该问题的严重性在不断降低，然而在研究者能够放心归纳实验结果前仍有很长的工作要做。而且，当网络调研只从访问网站的人群中选择被试者时，将产生另一个非代表性样本偏差，因为只有有特定兴趣的人才会访问该特定网站。最近，开展网络实验或调查的公司已经开始从大众性的网站上（国外如美国在线，国内如问卷星、豆瓣）招募受访者，以最大程度减少非代表性样本偏差。然而因为在线调研只能吸引有互联网接口的人群，所以该偏差不可能完全消失。

非代表性样本偏差对所有类型的实验都构成外部有效性的潜在威胁。在实验室实验中和包括消费者专门小组的实验中，该问题特别容易出现，其风险在于一般大众与那些喜欢参与实验室实验或在专门小组中负责回答重复问题的参与者之间有重大区别。

咖啡杯的市场实验

美国某公司准备改进咖啡杯的设计，为此进行了市场实验。

首先，该公司进行了咖啡杯选型调查，他们设计了多种咖啡杯，请 500 位家庭主妇进行观摩评选，研究主妇们干手拿杯子时，哪种形状好；湿手拿杯子时，哪种不易滑落。根据调查研究结果，选用四方长腰果型杯子更好。然后对产品名称、图案等也同样进行调查。

接着他们利用各种颜色会使人产生不同感觉的特点，通过调查实验，选择了颜色最合适的咖啡杯。他们的方法是，首先请了 30 多人，让他们每人各喝 4 杯相同浓度的咖啡，但是咖啡杯的颜色不同，分别为咖啡色、青色、黄色和红色。试饮的结果，使用咖啡色杯子的人认为"太浓了"的占 2/3，使用青色杯子的人都异口同声地说"太淡了"，使用黄色杯子的人都说"不浓，正好"。而使用红色杯子的 10 人中，有 9 人说"太浓了"。根据这一调查，公司决定今后咖啡店里一律改用红色杯子。

该店借助颜色，既可以节约咖啡原料，又能使绝大多数顾客感到满意。结果这种咖啡杯投入市场后，与市场上的通用公司的产品开展激烈竞争，以销售量比对方多两倍的优势取得了胜利。

资料来源：肖苏，张建芹，孙利，高志坚. 市场调查与分析 [M]. 北京：人民邮电出版社，2017.

思考：该公司的实验是否具有高外部效度？请谈谈您的看法。

第四节 实验设计

本节将讨论几种标准的实验设计（experimental design），它们在市场调研中通常作为因果推论的基础。实验设计可分为预实验设计、真实验设计、准实验设计（见图 5-1）。预实验设计（pre-experimental design）没有用随机化步骤来控制外部因素，包括一次性个案研究、单组前后对比设计以及静态组设计。在真实验设计（true experimental design）中，研究者随机地将测试单位和处理分派给各实验组，包括实验前后对照设计、实验后对照设计以及所罗门四组设计。当研究者无法实现对测试单位的完全操纵，但可以采用部分真实验的措施时，就产生了准实验设计（quasi-experimental design）。此类设计有时间序列设计和多重时间序列设计。

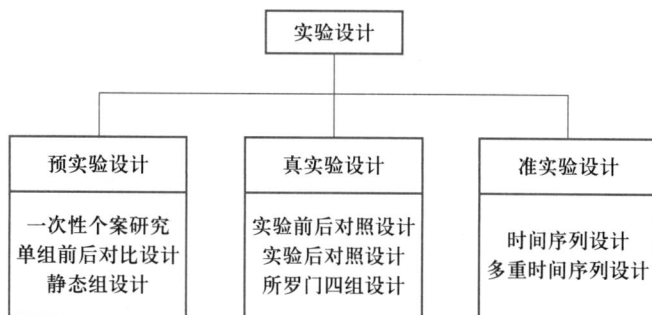

```
                    ┌──────────┐
                    │ 实验设计  │
                    └─────┬────┘
          ┌───────────────┼───────────────┐
   ┌──────┴──────┐ ┌──────┴──────┐ ┌──────┴──────┐
   │  预实验设计  │ │  真实验设计  │ │  准实验设计  │
   ├─────────────┤ ├─────────────┤ ├─────────────┤
   │ 一次性个案研究│ │实验前后对照设计│ │ 时间序列设计  │
   │ 单组前后对比设计│ │ 实验后对照设计│ │多重时间序列设计│
   │  静态组设计  │ │ 所罗门四组设计│ │             │
   └─────────────┘ └─────────────┘ └─────────────┘
```

图 5-1　实验设计分类

一、预实验设计

预实验设计对外部因素实施的控制很有限或没有控制，特征是没有随机化。

在进行因果推论时，这样的调研更像探索性调研或描述性调研。虽然预实验设计可能得出对因果联系的假定，但在进一步调研之前还不能明确其因果关系。研究者关注预实验设计主要有两个原因。第一，采用预实验设计的调研通常构成现实世界因果推论的基础，需要明确它的局限性以避免只按照表面现象来解释调研结果。第二，与预实验设计进行比较，有助于关注真实验设计的优点。

本文介绍三种具体的预实验设计：一次性个案研究、单组前后对比设计和静态组设计。

1. 一次性个案研究

一次性个案研究（one-shot case study）也叫"一组、仅限事后"（one-group，after-only）设计或单纯实验后测量，可以用符号表示为：

$$EG: X \qquad O_1$$

单组测试单位受到处理 X 的作用，然后对因变量进行单一测量（O_1）。对测试单位没有随机分派（没有用到符号 R），因为测试单位是自我选择的或是由研究者任意选择的。

考虑以下情景：

一家公司在四个市场地区推出人造奶油新品牌产品并采用革命性的促销战。推出后的 2 个月内，该品牌在每个市场至少获得 10% 的份额。该公司管理人员得出结论，革命性的促销战在获得市场份额上发挥了显著作用。

一组单位（EG）——四个测试市场，被暴露给操纵（X）——新品牌促销战，然后做出单一衡量（O）：新品牌市场份额。

这类实验缺乏对外部影响因素的控制，基于此得出有效结论是危险的。换言之，X 之外的因素，包括历史、成熟、选择偏差和磨损等在内的外生变量很可能部分或全面影响观察到的结果 O_1 的水平，缺乏对这些外生变量的控制破坏了内部效度。另一个明显缺陷是缺乏任何客观的标准可以来比较实验结果以便衡量 X 对 O 的影响及其程度。它并没有提供将 O_1 的水平与没有 X 时的情况做比较的基础。由于这些原因，一次性个案研究更适用于探索性研究而非结论性研究。

如上文的情景暗示了因果推论，但却不能轻信。促销战影响品牌市场份额的推论是非常主观的，该结论基于一个假设——没有促销战的话，该品牌市场份额将显著低于 10%。

2. 单组前后对比设计

单组前后对比设计（one-group pretest-posttest design）可以用符号表示为：

$$EG: \quad O_1 \quad X \quad O_2$$

在这类设计中，对一组测试单位测量了两次，没有控制组。首先，进行一次实验前测量（O_1），作为与实验后测量进行比较的基准，以便确定实验操纵的影响；其次，实验组受到处理（X）的作用；最后，进行一次实验后测量（O_2），处理的影响由 O_2-O_1 估算。但是由于外生变量在很大程度上未被控制，历史效应、成熟效应、测试（主测试效应和互动测试效应）、工具变化效应、选择效应和磨损效应都有可能会出现，因而这一结论的正确性依然存疑。下面为在不同实验情况下单组前后对比设计可能出现的问题：

（1）实验室实验不可避免地包含对消费者的衡量，如衡量北汽公司新广告影响的案例：成熟效应、前测效应、工具变化效应、反应偏差、事前测试操纵互动偏差。

（2）对于包括商店衡量的实地实验，比如调查都乐公司水果罐头产品特殊陈列方式影响的实验：历史效应和磨损效应。

（3）对于包括衡量消费者的实地实验，比如浴缸塞和毛巾清洁剂产品的家庭内部测试：历史效应、前测效应、工具变化效应、磨损效应、反应偏差、事前测试操纵互动偏差。

如果实验调研选择的样本不足以代表单位整体，上述每个实验也可能存在非代表性样本偏差。当然，非代表性样本偏差来源于样本数量不足而且可能在任何实验设计中发生。

3. 静态组设计

静态组（static group）又称"两组、事后回溯设计"（two-group, ex post facto design），是一个双组实验设计：一组为实验组（EG），受到处理的作用；另一组为控制组（CG），没有受到处理的作用。这一设计中没有事先测量，只在实验后对这两组进行测量，测试单位不是随机分派的。这一设计可以用符号描述如下：

$$\text{EG:} \qquad X \qquad O_1$$
$$\text{CG:} \qquad\qquad O_2$$

处理的影响可以用 O_1-O_2 来衡量。请注意，这一差值也有可能归因于至少两个外生变量（选择效应和磨损效应）。因为测试单位不是随机分派的，因而两个组（EG 和 CG）在实验前就可能有差别，这就可能出现选择效应。还可能有磨损效应的影响，因为从实验组退出的测试单位会比从控制组退出的要多。如果实验令人不愉快，那么这种情况更可能发生。

在实践中，一个控制组有时被定义为接受现有营销活动的组，而不是根本不接受处理作用的组。这是因为很难将现有的营销活动，如广告和个人销售等操纵为零。

当涉及消费者时，与自我选择相关的另外一个问题为：某些消费者会有意或无意地申明他们接受过暴露，而实际上他们没有接受暴露；反之亦然。因此，不能保证 EG 中所有的单位都接受过 X 操纵暴露，以及 CG 中所有的单位都没有接受过 X 操纵暴露。综上，采用该设计的调研结果仅仅类似于描述性调研中获得的表格联系或数据关联，而不能构成严谨的因果推论。

实践应用 5-2

百货商店的预实验设计

1. 一次性个案研究

为了测量一家百货商店广告的效果，按以下步骤进行一次性个案研究。对在前一个晚上观看了一个包含待测的广告（X）的电视节目的全国性样本进行电话采访。因变量（O_S）是未经提示和经过提示的回忆。首先，通过询问被访者是否回忆起观看过有关产品种类的广告来测量未经提示的回忆。如果他们回忆起这部广告，就询问关于广告内容和制作的细节。向没有回忆起这部待测广告的被访者明确询问有关它的问题（经提示的回忆）。将经提示的和未经提示的回忆结果与标准分数做比较，就产生了一个解释分数的指数。

2. 单组前后对比设计

一家百货商店的广告效果的单组前后对比设计按以下步骤执行：被访者从不同的测试城市被招募到实验中心；对被访者进行第一次人员访谈，测量对于品牌的态度（O_1）以及一些其他变量；请他们观看一部包含待测广告（X）的电视节目；看过电视节目之后，再对被访者进行第二次人员访谈，测量他们对待该品牌的态度（O_2）。用 O_2-O_1 衡量广告的效果。

3. 静态组设计

测量百货商店的试验广告效果的静态组设计可以按以下步骤执行：用便捷抽样方法招募两组被访者；只有实验组受到试验广告的作用；测量实验组和控制组的被访者对待百货商店的态度。试验广告的效果可以用 O_1-O_2 来衡量。

二、真实验设计

与预实验设计相比，真实验设计完全能控制所有对内部和外部有效性的威胁。当然，能被真实验设计所中和的各种威胁效应仍然在一定程度上取决于各种威胁的具体情景。尽管如此，真实验设计在得出确定的因果联系方面通常远远超过预实验设计。

真实验设计具备两个关键特点可以控制外部影响：一个或更多的参照组，以及更为重要的随机化特征，即在实验组和参照组之间随机分派参与样本单位和处理。随机分派（random assignment）是在严格客观的基础上，将为调研选择的样本单位随机分派在各组中，这样可以让小组构成与实验开始前保持一致。

因为随机分派是真实验设计的关键特征，我们应该将它同另一种经常使用的、用于确保小组相同性的方式——匹配（matching）相比较。配对方式下建立的小组在一个或多个特定特征上能保证小组成员构成在小组之间的相似性。假定开展实验室实验以测试新车两条新广告的相对影响，研究者将受访者样本分成两组。如果假定受访者收入水平将影响他们对新广告的看法，则应该建立两个配对小组以确保两个小组具有相似收入结构。由不同收入水平引起的对两条广告的任何不同反应都被排除在各自小组之外。匹配的潜在局限是小组成员可能在其他关键特征上非常不同。比如，按照收入进行匹配的小组可能在兴趣和驾驶习惯等特征上非常不同，这反过来将导致不同的广告效应，从而降低了内部有效性。匹配的另一个缺陷是匹配特征的数据必须是现成的，这样才可以建立匹配小组，在缺乏数据时则无能为力。

与匹配不同，随机分派小组在所有相关特征上是相同的，并没有对任何单一特征的强调。而且，随机分派不需要最初样本中的任何特征数据。在匹配和随机分派之间，后者通常更建议用于建立相同的小组。

但严格随机分派并不总是必需的。在小型实验调研中更好的策略是，先建立匹配单位组，然后再将每个单位组中的单位随机分派到各组。比如，在测试品牌蛋糕宣传材料有效性的实地实验中，假定测试区域的八个超市都同意参与该实验，其中的四个超市为实验组，将展示宣传材料，其余四个超市为控制组。在该案例中，按照完全的随机方式将四个商店分派到实验组和控制组是有风险的。如果同组四个超市恰好为八个超市中的大型超市，或四个超市恰好在更为富裕的同一区域，那么小组构成的偏差将导致选择效应。因此，更好的流程是先建立四个超市匹配小组，这样每个超市组在关键特征上（比如规模和位置）是相同的。再从每个匹配小组中逐一选取超市随机地分派到实验或控制组中。

真实验设计包括实验前后对照设计、实验后对照设计和所罗门四组设计。

1. 实验前后对照设计

在实验前后对照设计（pretest-posttest control group design）或称"两组、事前和事后设计"（two-group, before-after design）中，测试单位被随机地分派到实验组或控制组，对每组进行一次实验前测量和一次事后测量。这一设计用符号表示如下。

$$EG: \quad R \quad O_1 \quad X \quad O_2$$
$$CG: \quad R \quad O_3 \quad \quad O_4$$

首先审视该设计的一般特征，然后再讨论它的特殊运用。因为该设计中的调研单位被随机分派到 EG 和 CG 中，所以两组被认为是相等的。换言之，随机化消除了选择偏差，由此控制了大部分外生变量。

两组将受同样的外部因素影响，唯一不同的是对实验操纵（X）的暴露，因为 EG 受到实验处理，CG 中没有。因此，CG 之前和事后测量的差异（即 O_4-O_3）可以很好地指明 EG 所经历的所有外部影响。EG 之前和事后测量的差异（即 O_2-O_1）反映了 X 以及任何外部变量的影响。实验结果为：

$$(O_2-O_1) - (O_4-O_3) = TE$$

上述做法完全考虑和中和了所有对有效性的威胁，但由于实验前测量可能影响实验组中测试单位对处理的反应，因而互动测试效应没有得到控制，同样不包括磨损效应、反应偏差、事前测试操纵互动偏差和非代表性样本偏差。

接下来学习实验前后对照设计的三个解释性运用。

实验 1 开展实地实验以调研降低价格对某品牌纸巾销售的影响。假定在指定地区的 50 个超市样本被划分为 EG 和 CG，每个组随机分派 25 个超市。在四周的时间段内观测 EG 和 CG 中该品牌纸巾的单位销售，并建立 O_1 和 O_3 衡量。然后在接下来的四周内，该产品的价格在 EG 中降低 10%（操纵 X），同时保持 CG 中价格不变。再次审视该时间段内的单位销售，可以得出 O_2 和 O_4 的衡量。

实验 2 开展实地实验以衡量宣传单的效果（描述无糖软饮料加糖的有害影响）。从某地区选取 200 个家庭样本，一半的样本随机分配到 EG 中，另一半随机分配到 CG 中。关于日常商品消费的问卷将由所有的家庭填写。问卷的一部分是关于各种家庭目前的无糖软饮料消费水平以提供 O_1 和 O_3 衡量。向所有家庭提供健康饮食宣传手册并要求阅读，但唯独提供给 EG 家庭的手册还包括描述食糖对身体有害的宣传单。在三个月之后，联络这些家庭并要求他们再次填写同样的问卷。通过本次问卷可以获得 O_2 和 O_4 衡量。

实验 3 开展实验室实验来确定个人计算机广告（产品使用演示）将如何影响消费者看待产品的易使用度。为该实验招募了 100 位消费者，并随机分为两组（EG 和 CG）。两个组都回答与各种家电有关的相同问卷。通过该问卷，目前对个人计算机的意见由 O_1 和 O_3 衡量。然后在不同的放映室，对 EG 和 CG 提供一个小时穿插各种产品广告的电视节目。测试广告（X）被穿插在 EG 收看的节目中，但不出现在 CG 收看的节目中。因此通过这个问卷可以获得相关的 O_2 和 O_4 衡量。

虽然上述三个实验都采用相同的设计，但有效性威胁和它们的严重程度在实验 1、2、3 中有所不同。表 5-5 列举了每种实验中的有效性威胁，并分别指明能被设计控制的威胁和不能被控制的威胁。

表 5-5　实验 1、2、3 中的有效性威胁

威胁类型	实验 1	实验 2	实验 3
历史效应	可能发生但可控制	可能发生但可控制	不可能发生
成熟效应	可能发生但可控制	可能发生但可控制	可能发生但可控制
前测效应	不可能发生	可能发生但可控制	可能发生但可控制
工具变化效应	不可能发生	可能发生但可控制	可能发生但可控制

威胁类型	实验 1	实验 2	实验 3
选择效应	不可能发生	不可能发生	可能发生但可控制
磨损效应	可能发生；是否发生取决于退出单位的性质	可能发生；是否发生取决于退出单位的性质	不可能发生
反应偏差	不可能发生	可能发生；如果发生，虽然外部有效性降低，但 EG 和 CG 等量将仍保持内部有效性	可能发生；如果发生，虽然外部有效性降低，但 EG 和 CG 等量将仍保持内部有效性
事前测试操纵互动偏差	不可能发生	可能发生；如果发生，不可控制	可能发生；如果发生，不可控制

2. 实验后对照设计

实验后对照设计（posttest-only control group design）不涉及任何前期测量。它可以用符号表示如下：

$$EG: \quad R \quad X \quad O_1$$
$$CG: \quad R \quad\quad\quad O_2$$

处理的影响由下式得到：

$$TE = O_1 - O_2$$

这种类型的设计执行起来相对简单。因为没有任何预先测量，消除了前测效应，但是这类设计对选择偏差和磨损很敏感。设计中假设，由于测试单位的随机分派，所以两组对因变量的处理前测量结果相近。但是，由于没有处理前测量，这个假设无法核实。这一设计还对磨损敏感，很难确定实验组中没有继续实验的人是否与控制组中对应的人相似。另一个局限是这类设计不允许研究者检测单个测试单位的变化。

通过严格的实验设计步骤，有可能控制选择偏差和磨损，而研究者对个人案例的检测通常不太关注。另一方面，这类设计在所需的时间、成本和样本容量方面占有很大优势。由于其简单性，实验后对照设计可能是营销研究中最普遍的设计方法。请注意，除了处理前测量之外，这种设计的执行步骤与实验前后对照设计非常类似。

3. 所罗门四组设计

在实验后对照设计中，研究者并不关注单个被访者态度变化的检测，当需要这一信息时，则应该考虑所罗门四组设计。所罗门四组设计（solomon four-group design）是包括随机化前后测两组设计与随机化后测两组设计的组合设计。特点是将"有无前测验"这一变量纳入实验设计，以更精确地检验实验处理产生的影响是否显著。实际上，这是具有两个实验组和两个控制组的设计，它可以用符号表示如下：

$$EG_1: \quad R \quad O_1 \quad X \quad O_2$$
$$CG_1: \quad R \quad O_3 \quad\quad O_4$$
$$EG_2: \quad R \quad\quad X \quad O_5$$
$$CG_2: \quad R \quad\quad\quad O_6$$

所罗门四组设计克服了实验前后对照设计和实验后对照设计的局限性，因为它在控制了其他所有外生变量之外，还明确地控制了互动测试效应。但是，这种设计在实际应用方面受到限制，执行起来昂贵且费时。因此，通常不做考虑。

实践应用 5–3

百货商店的真实验设计

1. 实验前后对照设计

在测量百货商店广告的效果时，实验前后对照设计将按以下步骤执行：随机选择被访者样本，一半被访者被随机分配到实验组，另一半被分配到控制组；对两组中的被访者都进行一次问卷调查，以获得他们对百货商店态度的实验前测量值；只有实验组中的被访者受到包含广告的电视节目的作用；然后再对两组被访者进行一次问卷调查，以获得他们对商店态度的实验后测量值。

2. 实验后对照设计

为了测量百货商店广告的效果，实验后对照设计将按下面的步骤执行：随机选择被访者样本，将样本随机分组，一半组成实验组，另一半组成控制组，只有实验组中的被访者受到包含试验广告的电视节目的作用；然后对两个组都进行问卷调查，以获得其对百货商店态度的实验后测量值。实验组和控制组在态度上的差异将被用来衡量试验广告的效果。

三、准实验设计

在很多情况下，研究者很难或不可能完全满足真实验的要求，在自然情况下进行的应用性研究尤其如此。当可以操纵自变量，测量因变量，但不能对被试进行随机分配时，所使用的设计就是准实验设计。准实验设计在以下条件下应用：第一，研究者可以控制进行测量的时间和对象；第二，研究者无法使测试单位随机地受到处理的作用。准实验设计在无法使用真实验设计时非常有用，而且更加快速，成本更低。但是，由于缺乏完全的实验控制，研究者必须考虑未被控制的特定变量。准实验设计的一般形式有时间序列设计和多重时间序列设计。

1. 时间序列设计

时间序列设计（time series design）涉及对一组测试单位的因变量的一系列周期性测量。处理由研究者执行或自然发生，实验后持续进行周期性的测量，以确定处理的影响。一个时间序列实验可以用符号表示为：

$$O_1 \quad O_2 \quad O_3 \quad O_4 \quad O_5 \quad X \quad O_6 \quad O_7 \quad O_8 \quad O_9 \quad O_{10}$$

在实验前后进行一系列的测量提供了对几个外生变量的控制。成熟效应至少得到了部分控制，因为它不仅会影响 O_5 和 O_6，而且还会影响其他观察。类似地，前测效应，工具变化效应影响也得到了控制。如果测试单位是随机选择的，或者经过了匹配，则可以减小选择效应。磨损会造成问题，但是它可以通过向被访者支付一笔奖金或提供其他激励而在很大程度上得到控制。

时间序列设计的主要缺点是无法控制历史效应。另一个局限性是由于对测试单位实施了多次测量，实验有可能受反应效应的影响。尽管如此，时间序列设计仍是有用的。例如，一部广告（X）的效果可以通过将广告片播放预定的次数，并分析一个预先存在的测试样本组的数据来进行评估。虽然研究者可以控制试验广告的时间进程，但是样本组成员是否看到广告或何时看到是不确定的。研究者检测样本组成员在促销前、促销期间以及促销后的购买情况，以确定试验广告是否有一个短期的效果或长期的效果，还是没有效果。

2. 多重时间序列设计

多重时间序列设计（multiple time series design）与时间序列设计类似，所不同的是增加了另一组测试单位作为控制组。这类设计可以用符号描述如下：

$$\text{EG}: O_1 \quad O_2 \quad O_3 \quad O_4 \quad O_5 \quad X \quad O_6 \quad O_7 \quad O_8 \quad O_9 \quad O_{10}$$
$$\text{CG}: O_1 \quad O_2 \quad O_3 \quad O_4 \quad O_5 \qquad O_6 \quad O_7 \quad O_8 \quad O_9 \quad O_{10}$$

如果对控制组经过了认真的选择，那么这种设计会是简单时间序列设计基础上的一种改善。这种改善体现在能够更好地控制潜在的混杂因素。为了运用多重时间序列设计来评价广告效果，测试的样本组要做如下修改：试验广告将只在几个测试城市播放，这些城市的样本组成员将组成实验组。没有播放广告的城市中的样本组成员将组成控制组。

康涅狄格州交通死亡人数与实施严惩制度的关系

美国康涅狄格州在 1955 年发生了 324 次交通死亡事故，创历史最高纪录。迫使州政府立即采取了限制车速的严厉措施。此后，1956 年的交通死亡事故比 1955 年下降了 40 次。于是，州政府便据此得出结论，认为这种变化是由于采取了限速措施。

坎贝尔认为，不应仅就实施限速措施（处理）前后各一年的记录数据做比较，而应当把这两年的交通死亡事故次数的变化，都置于实施严格限速措施前后的时间序列之中去考察分析。

为此，坎贝尔在 1969 年发表论文，按时间序列，收集了自 1951 年至 1959 年康涅狄格州每年所发生的交通死亡事故的记载数据，并用图解说明了他对实施限速措施所产生的效果的研究分析（见图 5-2）。

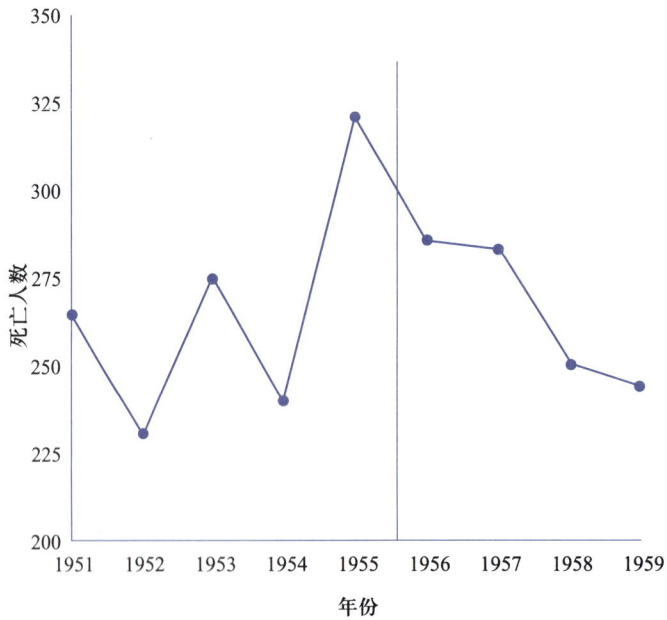

图 5-2 1951 年至 1959 年康涅狄格州每年交通事故死亡人数

如果把上述 1955—1956 年交通死亡事故的数字变化，置于这两年之前与之后的时间序列中去考察和分析，则会发现除了处理效果之外，还有其他因素可能会对处理后的变化产生影响。

首先，在 1955 年采取限速措施之前的时间序列中，交通死亡事故曾出现过大幅度的起落现象，时间序列的基线是不稳定的，1952 年和 1954 年交通死亡事故的次数，甚而比实施限速措施后的 1956—1959 年时间序列中的任何一年都少。

其次，1955年所发生的交通死亡事故的次数是该时间序列中的顶峰，按随机涨落的原理，顶峰之后便有可能由于回归的原因而发生递转现象，而限速的措施又正是在事故发生的高峰之后实施的，这就不能排除有回归效应的可能性。

因此，对于这项时间序列设计的研究结果，应该将处理效果置于时间序列之中进行分析推断。一方面，从1951年、1953年和1955年来看，发生交通死亡事故的次数是呈上升的趋势；而处理后则出现了事故持续下降的倾斜度，这可以说明采取严厉限速措施，确实产生了使交通事故降低的积极效果。另一方面，还应充分估计到在时间序列中引进处理后所发生的变化，还可能会受到诸如上述其他因素的影响。

资料来源：黄希庭，张志杰. 心理学研究方法[M]. 北京：高等教育出版社，2010.

第五节　实验法案例——AB 测试

一、AB 测试概述

（一）AB 测试定义

在实际工作场景下，如网站和 APP 的设计、产品的运营等，经常会面临多个设计、运营方案的选择，小到界面颜色、界面功能按钮放置，大到不同的运营方案，都有不同的选择。对此，如何让选择达到最优，决策者可以通过客户分流的方式来解决。让一个产品的 N（$N > 1$）个版本同时面向用户，即不同用户在同一段时间内，看到的产品或感知到的服务是不同的，具体的用户数等参数可以灵活设置，其中每个用户一段时间内仅看到一个版本。此方法能够收集到不同版本下的用户数据，根据用户行为和数据分析，判断各版本的优劣。当比较的产品或服务版本仅限于两个，实验时将用户按一定比例分流到 A 或 B 这两个产品或服务的版本中时，每个版本会得到不同的效果，即评分 A 和评分 B，根据评分得出哪个版本更优的结论，此方法又被称为 AB 测试（也叫 AB test）。

AB 测试的前身是随机对照试验——双盲测试，是"医疗、生物实验将研究对象随机分组，对不同组实施不同的干预，对照效果"。2000 年谷歌工程师进行了第一次 AB 测试，试图确定在搜索引擎结果页面上显示的最佳结果数量。后来 AB 测试不断发展，但基础和基本原则保持不变，类似于控制变量法，它将用户或被调研对象划分成不同的小组，在相同的时间维度上依据要测试的方案进行策划实验，进行单一变量的改变，并通过最终展现出来的数据指标来衡量方案的好坏。当然因为用户群体较大，所以在分组时要注意各个用户群组的组成成分应该相似——因为是抽样测试，所以需要样本选择的组成成分相似，同时也需要一些统计学方法，估计被测对象的选择能否代表整体情况，并对 A、B 方案的好坏进行评估。

AB 测试最核心的原理是假设检验，检验研究者提出的假设是否正确，对应到 AB 测试中，就是检验实验组和对照组，指标是否有显著差异。

（二）AB 测试流程

在进行 AB 测试检验时，流程总体如下：

1. 确认优化目标

目标是用于确定改进版本（改变版本）是否比原始版本更成功的指标。可以是点击按钮的点击率、链接到产品购买的打开率、电子邮件注册的注册率等。在测试开始前，要明确优化的目标是什么，以及多目标时优先级是什么。

2. 方案设计

确定了目标之后，需要设计出具体方案，包括：将在什么地方进行产品或服务的优化，哪些要素需要更改。例如，算法优化策略、案件颜色调整。同时明确被试样本、流量大小、实现途径、成本及风险分析等。

3. 开发与实施

产品方面，需要按照规划迭代版本。

开发方面，确认方案实现无误、实验 code 调用无误等。

预测试，确保实验符合预期，流畅进行。

正式测试，确保数据收集及导入无误，每日跟进，成本及效果监控，及时发现异常情况并改进。

4. 数据分析与全面发布

一般而言通过比如 Z 检验、T 检验、单尾检验、双尾检验、计算 P 值、置信区间等进行检验。检验差异后，根据目标确定成败。如果新版本失败，则积累经验，调整实验策略，反思问题。如果成功，则正式发布，全量测试。

二、AB 测试案例：衣二三移动端页面优化

1. 公司简介

衣二三上线于 2015 年 12 月，是一款创新的女性时装月租 App 应用，主打包月租衣的服务，以订阅会员制的方式为都市白领女性提供品牌时装的日常租赁。会员只需要支付月费，即可在平台上不限次数地换穿数万款时装。一直以来，衣二三都在推行着"轻松无负担"的生活方式：职场女性承担着事业和家庭的双重压力，天性对美的追求又无法放弃，但她们花费在时装上的费用十分有限，即使经济条件允许不停地买衣服，清洗衣物和占据家庭的空间也造成了巨大的负累。衣二三的出现，给繁忙的都市白领女性带来创新性的服装解决方案。目前产品包月服务已经开通了北京、上海、广州、深圳、杭州、成都、天津等近 40 个一线城市和重点城市。

2. 案例背景

用户的付费转化和复购率，是衣二三最关注的核心业务指标。目前，衣二三的线上流量主要来自微信公众号和支付宝。面对这一年大量新增的线上用户群体，如何找到一种能将流量最大化地转化为付费的方式，是产品部门非常重视的优化内容。经过对 AB 测试的初步了解，他们希望借助这种科学的试验方法，找到影响用户行为的因素和提升转化优化的解决方案。

3. 测试方案

通过 AppAdhoc A/B Testing 实现试验流量分割，使得每一组试验对象具备一致的用户特征，并在试验过程中随时调整用户流量，使企业可以在新版本上线之前，以最低成本观察客户对多个优化方案的数据反馈。同时，根据试验的数据发现用户反馈效果最好的版本，作为最终的新版本迭代方案。

考虑到可视化编辑功能的简便易用，衣二三的产品部门分别设计了两套试验方案：

试验方案一，如图 5-3 所示。

原始版本：针对"使用中衣箱"页面，原有按钮颜色为浅色。

试验版本：将按钮颜色更改为深色，其他页面元素保持不变。

试验方案二，如图 5-4 所示。

原始版本：针对邀请分享页面，按钮文案为"立即邀请"。

试验版本：将按钮文案改为"现在就去邀请好姐妹"，其余页面元素保持不变。

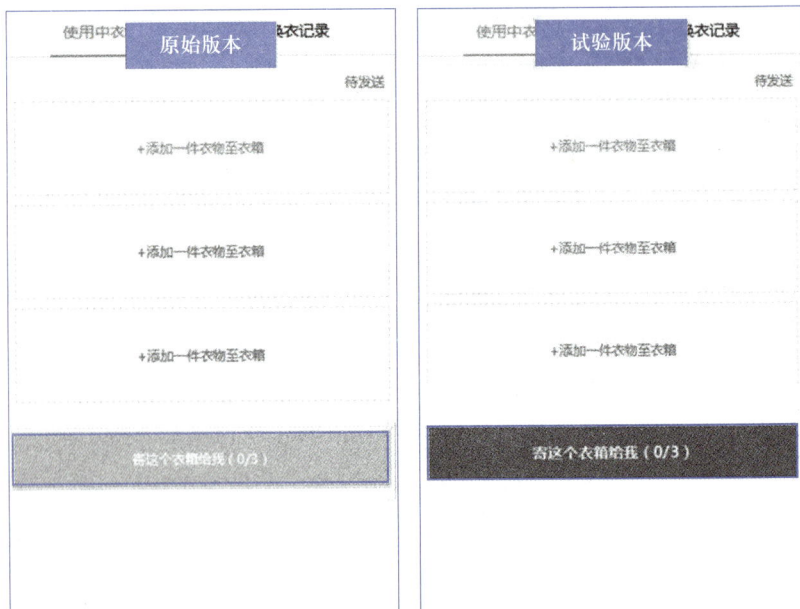

图 5-3　试验方案一效果对比

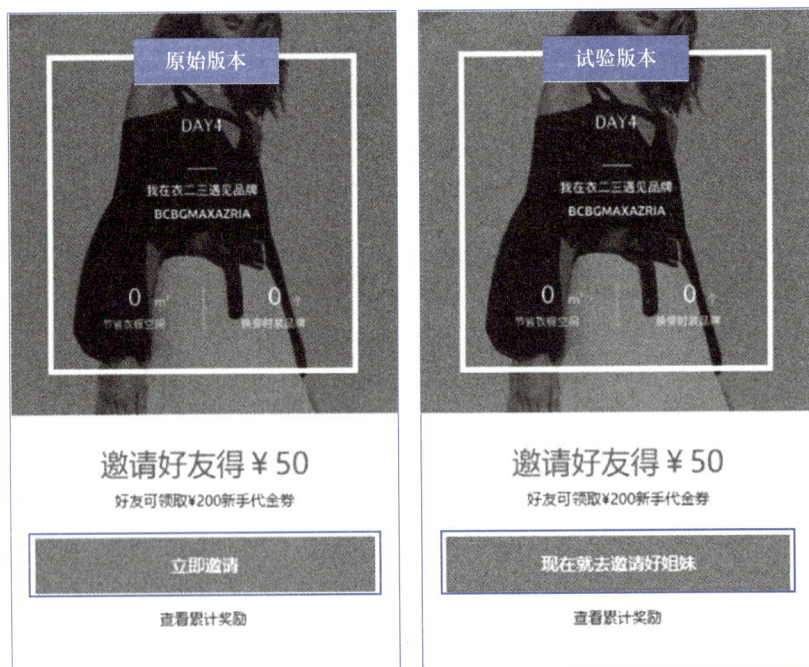

图 5-4　试验方案二效果对比

两个测试方案中，将对应修改的按钮点击情况作为本次试验的核心关注指标，并通过网络数据平台实时监测，在此过程中也可通过描述性数据统计，分析各个时间段数据变化，避免出现错误投放、网络故障等实验控制之外的意外情况。

4. 测试目标

这次试验的主要目标是，通过对比两个试验方案中不同版本的按钮优化效果，观察点击数据，找到能够有效提升按钮转化率的页面样式。

5. AB 测试数据反馈与结果

为了减少开发资源的使用，能够快速迭代，小步试错，衣二三利用可视化编辑模式在一周试验内完成了 30 个试验运行（一般来说，为了获得更加可信的数据结果，试验运行周期应至少保证 1 个完整的自然周）。通过公司内部信息系统收集数据，对试验数据的对比分析，包括正态性分析、T 检验（可使用 SPSS、Stata 等专业化数理统计软件）等，产品部门得到了科学的试验结论。

两个试验方案都是优化后的试验版本获胜，其中方案一中对按钮颜色的修改，带来了转化人数 58% 的大幅提升，方案二中对按钮文案的优化也得到了 28% 的转化增长。

初次接触 AB 测试，衣二三的产品部门选取移动端页面中的文案、按钮颜色等元素进行可视化编辑，大大提升了试验部署效率，更快速地找到了影响用户行为的界面优化解决方案。

本章小结

因果关系的科学概念意味着，研究者永远无法证明 X 引起了 Y。最多，只能推断出 X 是 Y 的成因之一，因为它使 Y 有可能发生。因果关系必须满足三个条件：①相从变动；②变量出现的时间；③没有其他可能的原因要素。当一个或多个自变量被研究者操纵或控制，并且对一个或多个因变量的影响进行测量时，就构成了一次实验。在设计实验时，要考虑内部效度和外部效度。内部效度是指对自变量或处理的操纵是否确实导致了所观察到的因变量的变化。外部效度是指实验中所发现的因果关系是否具有普遍意义。可能降低实验内部效度的效应有历史效应、成熟效应、前测效应、工具变化效应、选择效应和磨损效应等。实验设计可分为预实验设计、真实验设计、准实验设计。

即测即评

1. 推断两个变量之间的因果关系的必要条件是什么？

2. 区分实验室实验和实地实验，指出各自的优缺点。

3. 列举出任意 5 个外生变量，并举例说明每个外生变量是如何影响内部效度的。

4. 采用"单组、事前和事后设计"的实验室实验的外部效度会比采用相同设计的实地实验的外部效度更高吗？为什么？

5. 预实验设计在哪些方面与真实验设计有区别？

综合实训

在互联网行业，有这样一个公式：用户＝流量＝金钱。要实现流量变现最重要的就是有足够的流量。某手机阅读应用软件通过前期的免费模式吸引了大量的读者用户，现在想要通过无广告模式（不通过广告盈利的商业模式）实现流量变现，流量转化的方式有两种，一是硬着陆，即原先免费的阅读内容自变现日起全部收费；二是软着陆，即给用户过渡期（如提示用户一周后开始对阅读内容收费）或部分收费（如为用户限时或限量提供免费阅读内容）。

任务目标：请你使用实验法帮助该软件公司选择转化模式，以实现公司利益最大化。

执行要求：

（1）以小组为单位，撰写一份实验方案，包括实验对象的选择、软硬着陆具体方式的设计、实验步骤流程等。

（2）以 PPT 汇报的形式在课堂上进行展示，并对实验结果进行预测。

考核标准：

作业考核采用小组互评的方式，总分 100 分，其中实验方案设计 80 分，汇报表现 20 分。在评分时小组需要列出别的小组方案和计划的优点和不足，同时小组需要给打出的特别分数（如本项获得满分或较低分数）予以说明。

案例分析

酷开 TV 用 AB 测试开启智能电视新局面

从软件层面来看，未来是人工智能和云计算的时代；从硬件层面来看，未来是主动式传感器与屏幕的时代。屏幕正在以超乎想象的速度占据着我们的视野，如个人计算机、汽车、手机、智能穿戴，以及互联网电视等。

电视这个"老古董"，正在以一种新的姿态重新席卷而来，即互联网电视。

起初，互联网电视厂商酷开与大多数互联网电视面临的首要任务基本一致：如何实现流量价值最大化。为什么？互联网电视并不完全依靠硬件赚取利润，它的最大收入来自内容订阅（用户付费）和效果广告。

但是，许多互联网电视竞争力薄弱的根源就在于较弱的内容转化力和疯狂的效果广告投放。酷开的产品部门始终坚持在保障用户体验的基础上，实现流量价值的最大化，既要商业价值，又要用户口碑。显然，这条路是前人没有走顺的一条路，加之酷开 TV 产品平台的特殊性（基于安卓打造的智能电视系统），使得这种产品理念并没有很好地被落实。

此时，酷开产品团队使用了真正适合互联网产品的工具——AB 测试。

对于酷开 TV 的生态而言，影视中心居于转化的核心位置，各个渠道的流量最终均会导流到影视中心来，因此，影视中心的转化决定了整个生态的转化率，更决定了整个生态的盈利能力。然而，在核心业务板块动手术，可能涉及多个部门的利益与协调，产品部门认为需要优化的"试看结束体验"与"iqiyi 会员服务体验"始终无法推动。

这个情况一直持续到酷开团队利用 AppAdhoc 的云服务平台，其 SDK 的产品兼容性可以满足酷开 TV 产品部门的要求，支持前、后端 AB 测试，在确定了酷开的测试需求后，双方开始配合试验的接入工作。

针对影视中心中的 vip 内容，对于非会员或者会员过期的用户，产品部门设计试验方案如下：

原始版本的文案为"试看结束，开通会员继续观看"，按钮布局为"再看一遍"在左，"开通会员"在右；而试验版本文案为"试看结束，开通会员可观看完整影片"，按钮布局为"开通会员"在左，"再看一遍"在右；同时，用户进入不同试看结束页面后，相关数据如开通会员按钮的点击次数，以及最终扫码购买成功返回，作为本次试验的核心关注指标。

本次试验的主要目标是，对比不同的试看结束页面的文案和布局，找到转化效果更好的设计方案。此次试验在酷开 TV 的智能电视系统进行，累计运行了 4 周的时间后，原始版本的各区域产品详情内容总点击 1 345 618 次，人均 0.448 次；试验版本的总点击 1 547 460 次，人均 0.51 次，相比原始版本提升了 15%（95% 置信区间 [+10%，+20%]），在扫码成功指标中，试验方案也比原始方案高 10%（95% 置信区间 [+5%，+15%]）。综合评估后，产品部门决定采用试验版本中的文案和按钮布局设计。

资料来源：热云数据官网。

思考：

（1）酷开产品团队为何选择进行 AB 测试？

（2）酷开是如何开展 AB 测试的，经过了哪些步骤？

（3）酷开的经历有哪些值得借鉴的经验？

本章参考文献

[1] 蒋萍，金钰 . 市场调查 [M]. 3 版 . 上海：格致出版社，2018.

[2] 黄希庭，张志杰 . 心理学研究方法 [M]. 北京：高等教育出版社，2005.

[3] 郝龙 . 互联网社会科学实验：数字时代行为与社会研究的新方法 [J]. 吉首大学学报（社会科学版），2018，39（02）：26-34.

二手数据和在线数据库 6

　　二手数据是市场调研中的重要资料，本章主要分析了二手数据与一手数据的区别与联系；介绍了二手数据的来源和分类；讨论了二手数据的优缺点和评估标准；阐述了大数据驱动下二手数据产生的三个阶段及不同阶段二手数据的来源和获取方法。本章的重点是了解二手数据的来源、优缺点，理解大数据驱动下的二手数据产生的三个阶段。本章的难点是掌握二手数据的获取和评估。

学习目标

　　（1）知识目标：理解二手数据和一手数据的区别；了解二手数据的主要来源和优缺点；了解大数据驱动下二手数据的特点。

　　（2）能力目标：初步掌握二手数据的获取方法；了解如何评估二手数据。

　　（3）素质目标：结合国内大数据技术发展的特点来了解基于二手数据进行市场调研的思路变化；能够结合中国企业的实际数据来做市场调研分析。

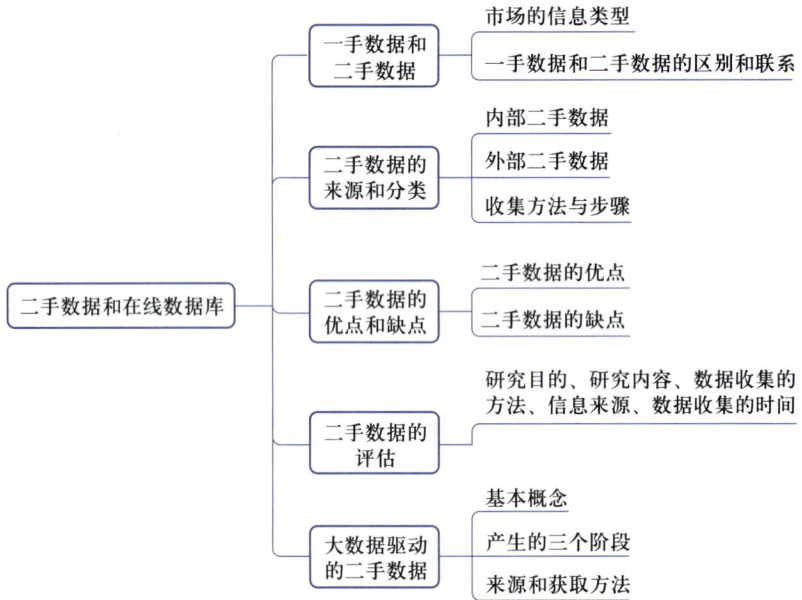

利用二手数据猎取目标客户

F汽车厂商有一款新车即将上市，这款新车是原有F1款轿车的升级产品。F汽车厂商计划在8个主要的城市进行推广。

F汽车厂商的营销管理人员首先通过产品定位与客户调研，确定新款汽车的典型客户特征，诸如"女性，年龄25~35岁，家庭年收入15万~25万"等。结合用户行为，营销管理人员把目标客户定义为三类人群：第一类是3年前买过F1款汽车并可能计划换车的客户，第二类是接近或符合新款客户特征定义、在最近一年参与过F1款汽车促销但至今未购车的潜在客户，第三类是暂无接触但符合新款汽车典型客户特征定义的未知客户。

随后，F汽车厂商的营销部开始了目标客户信息的收集整合工作。针对第一类目标客户，营销管理人员从F汽车厂商现有的车主数据库中调取了近1万个3年前购买过F1款汽车的客户数据。接着，通过历次促销活动所积累的近百个文件，F汽车厂商营销部从公司内部收集到了第二类潜在客户信息。但是，F汽车厂商应该如何获得未知客户的数据信息？数据服务公司协助F汽车厂商解决了这一难题。数据服务公司把典型客户特征转换为数据库检索条件，如"性别，年龄，家庭年收入，消费特征"等，最终筛选出约6万条符合条件的新增目标客户数据。至此，F汽车厂商收集到了一批相对完整的、符合条件的目标客户数据。接下来，F汽车厂商联合数据服务公司对现有车主数据库信息、近年来几次促销活动收集的潜在客户信息和数据服务公司根据检索条件获得的数据进行整理。数据服务公司对每一部分的数据进行规范化和标准化，然后将三个部分的数据进行匹配和整合，删除了重复的数据，补充了缺失信息，最终，厂商得到了约10万条潜在客户记录。

如何利用10万条潜在客户记录，促进新汽车的营销？数据服务公司与F汽车厂商双方共同设计了F汽车厂商潜在客户价值评估模型，根据客户车辆拥有现状信息、车辆采购计划信息、车辆购买实力、促销活动参与情况等多方面的关键信息，进行系数与权数的设置与计算，最终得出每一个客户的综合价值指数。厂商根据客户的综合价值指数将10万个客户区分为高价值、中等价值和低价值三类，然后按客户价值和客户活动参与两个维度对客户进行细分，选择客户价值高且活动参与倾向高的客户作为重点对象，采用直邮与电话营销相结合的方式进行一对一营销。

F汽车厂商通过对内外部二手数据进行匹配和整理，成功实现了目标客户的锁定和营销推广，这与其准确详细的数据收集和分析过程是分不开的。请仔细体会F汽车厂商利用二手数据猎取目标客户的过程，思考：我们应该如何收集二手数据，以获得有价值的结果？

资料来源：刘艳. 用数据库营销猎取目标. 新华信，2012-11-29.

第一节 一手数据和二手数据

一、市场的信息类型

市场调研实际上是对市场上的信息进行收集、整理和分析的全过程。其中收集市场上的信息是进行市场调研的基本工作，所收集数据质量的好坏将影响数据分析结果的有效性。

市场上的信息和数据种类非常丰富，通常可以按照数据产生过程的不同分为一手数据和二手数据。其中一手数据又称为原始数据（primary data），是指研究者在实地通过观察、调查和测试，从被调研对象处直接获取的数据信息资料。一般来说，一手数据是研究者基于当前的研究目的而专门收集的数据，因而原始数据有较高的时效性和相关性。二手数据（secondary data）相对一手数据而言，是指那些并非为正在进行的研究项目而收集、为其他目的已经收集好的数据，通常可以快速地、低成本地获得。

由于二手数据并非为了当前的研究而产生、且数据的来源是多样的，通常在收集到二手数据之后还需要根据研究需要对二手数据进行清洗和整理形成所需要的数据集。例如，在一个对移动应用软件行业的研究中，可以从苹果 App Store 上获取 App 的产品名称、分类、价格和下载排名等数据，也可以从公开的移动应用软件咨询网站上获取 App 行业的发展报告。在进行正式的分析之前，需要对从各个来源获得的二手数据进行清洗和整理，得到可用于分析的结构化二手数据资料。

二、一手数据二手数据的区别与联系

1. 一手数据与二手数据的区别

二手数据在收集目的、收集程序、收集成本和收集时间等方面与一手数据存在很大的区别，这些区别也决定了二手数据具有一些特别的优势。表6-1列举了一手数据和二手数据的主要区别。

表 6-1　一手数据与二手数据的比较

比较维度	一手数据	二手数据
收集目的	为了当前问题	为了其他问题
收集程序	复杂费事	简单容易
收集成本	较高	较低

比较维度	一手数据	二手数据
收集时间	较长	较短

收集目的方面，一手数据是针对当前研究问题收集的数据，而二手数据是为了其他研究问题而事先收集的数据。

收集程序方面，一手数据往往需要通过观察、访谈、问卷调查、实验等方式获取，收集程序较为复杂；而二手数据可以通过企业的内部资料或数据库、第三方机构等外部渠道直接获取，收集程序简单容易。

收集成本方面，一手数据的收集成本通常较高，无论是专家访谈、实地实验还是问卷调研，都需要较多资金的支持，随着调查范围的扩大，成本也随之大幅提升。相比之下，大数据时代的到来让二手数据的获取成本更加可控。很多公开资料都可以免费获取，付费的数据资料的收集成本往往也低于一手数据。

收集时间方面，一手数据的收集需要经过复杂的收集程序，耗费时间较长。而二手数据可以直接获取，收集时间较短。在过去，二手数据的收集也是一项烦琐且耗时的工作。调研人员往往要寄信函到政府机构、贸易协会或者其他提供二手数据的单位去索要资料，等待答复需要几天或几个星期，也可能根本收不到回信。而现在，互联网的迅速发展使调研人员避免了这样的麻烦。

2. 一手数据与二手数据的联系

二手数据相对于一手数据的一些优势并非一直存在。由于二手数据不是为当前问题收集的，其研究内容、数据定义、测度指标、收集时间等与当前的研究要求未必吻合，因此，有的时候研究者必须通过一手数据的收集和分析才能解决当前的问题。

在这种情况下，二手数据也并非毫无用处，相反可以发挥辅助作用。二手数据可以提供研究问题的背景，帮助研究者更好地定义问题，寻找解决研究问题的思路和途径，构造合适的研究方案，更深刻地解释原始数据，这在对原始资料进行研究时将是很有用的。例如，一家银行的管理层聘请了一家营销研究公司，双方决定进行一项调查以测量该银行在顾客心目中的印象。通过对已有的有关银行形象的二手资料的查阅，研究小组认为存在三种类型的顾客，即零售顾客、商业会计和其他关联银行。于是，研究的最初目标被改为测量在三类顾客中的银行形象。

鉴于二手数据的优势和用途，可以确定以下原则：考察二手数据是收集原始数据的先决条件。数据的收集应该从二手数据开始，只有当获取的二手数据已经被充分利用之后，才进一步决定是否收集一手数据。

此外，进入大数据时代，相对于一手数据，二手数据调研范围和样本量更大，可以涉及整个行业，因此更为宏观。在目前的研究中，一个普遍的方式是"大小数据结合"，即二手数据分析和一手数据分析相结合的研究方法，从宏观和微观两个方面来了解数据背后的市场信息。这样做的好处是，既保证研究结果的客观性，又保证了研究结论的可解释性。比如，某广告公司想要调查用户点击某一类广告的可能性和原因，那么该公司就可以一方面收集用户点击某一类广告的市场数据做统计分析，从宏观层面来了解用户点击某一类广告的整体分布情况；另一方面组织用户调查，询问用户点击这类广告的心理因素，即从微观层面帮助公司了解用户点击某广告的潜在原因。

总体来说，二手数据虽然在收集方式和收集成本等方面具有一定的优势，但与一手数据之间具有互补关系，二者相辅相成，市场研究者应该结合研究的需要合理地收集和使用两种数据。

第二节　二手数据资料的来源和分类

随着大数据时代的到来，二手数据的来源极其丰富，其分类方法也有多种。按照资料性质，可以将二手数据划分为宏观的市场数据资料、微观的描述消费者行为与企业经营活动等的数据资料；按照资料获取渠道可以划分为正规资料和非正规资料；按照资料的储存载体可以划分为纸质资料、电子资料以及口述资料。

最为常见的方式是根据资料收集来源进行分类，将二手数据分为企业内部二手数据和企业外部二手数据。其中企业内部二手数据又可以分为企业的财务资料、业务资料、生产统计资料和其他资料。企业外部二手数据有多种不同的分类方法，本书将其分为各类媒体数据，政府、图书馆、各类信息服务机构等提供的正式公开资料和来自信息供应商的辛迪加数据（见图6-1）。

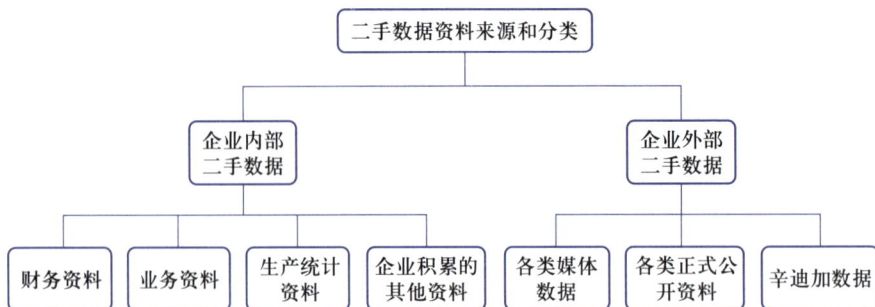

图6-1　二手数据资料来源和分类

一、企业内部二手数据

企业内部二手数据是指来自研究者正在进行市场调研的组织或企业内部的数据资料。如果这些数据资料是早先为了其他目的而收集的，就是企业内部的二手数据。企业内部的二手数据资料包括企业经济活动的各种记录，主要有以下四种。

1. 财务资料

财务资料是由企业财务部门提供的各种财务、会计核算和分析资料，如企业的财务报表等，包含了生产成本、销售成本、各种商品价值及经营利润等内容。财务资料是了解企业生产经营状况的重要媒介，在很大程度上反映了企业的经济效益。

2. 业务资料

业务资料是有关企业销售产品或服务所经历的一切业务往来资料，如订货单、进货单、发货单、发票等。其中，对制造商而言，销售发票是最有效的二手数据来源之一，通常包括顾客姓名、地址、销售的产品或服务、交易数量和金额、销售产品最终用途、折扣信息、交易渠道等，能够为研究提供详尽的业务往来信息。

3. 生产统计资料

生产统计资料包括企业生产、销售、库存等各种数据资料以及各类统计分析资料等。企业生产统计资料是研究企业经营活动数量特征及规律的重要依据，也是企业进行预测和决策的基础。

4. 企业积累的各种其他资料

企业积累的各种其他资料如企业各种经验总结、顾客意见和建议、企业内部调研报告等。

在数字经济时代，区块链、人工智能、5G、大数据技术等数字技术为企业的生产、运营和营销提供了极大的便利，越来越多的企业开始自建智能数据库，也有一些企业基于第三方服务商来搭建大数据管理平台。在信息系统、大数据技术管理平台、数据库等信息技术的支持下，企业可以进行动态实时监测，收集从生产、供应、运营到销售等全方位数据。其中，实时变化的多维企业数据，兼有大数据的海量、多变、快速的特性，也为研究者和管理者更好地基于二手数据进行市场调研提供了机遇和挑战。

二、企业外部二手数据

企业外部二手数据是指研究者从公司或组织外部获得的二手数据。企业外部二手数据有三个主要来源：各类媒体数据、各类正式公开资料和辛迪加数据（见图6-2）。

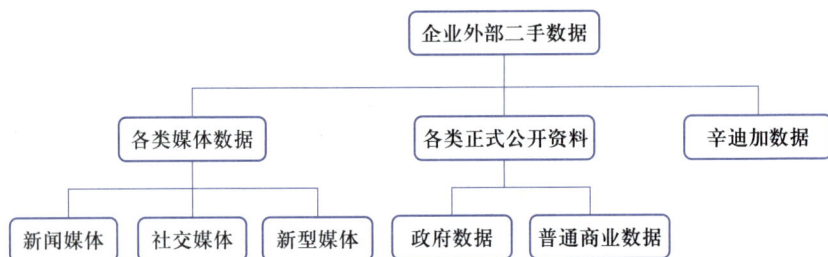

图6-2　企业外部二手数据分类

1. 各类媒体数据

以往的媒体数据包括电视、广播、报纸、杂志等新闻媒体数据，随着互联网时代的到来，各类社交媒体活跃在人们的视野，如微博、大众点评、各种品牌社区，以及在线直播等，多样化的媒体成为有价值数据的重要来源。研究者可以根据不同的需求在相应的媒体上采集需要的数据并进行分析，如基于点评系统上的评论数据来分析产品的用户口碑，基于微博上的社交数据来分析用户群体之间的社交关系，基于品牌社区和在线直播中的用户互动数据来了解用户的真实需求等。这些在线数据为研究者实时、动态地了解消费者以及消费者和企业之间的关系提供了坚实的基础。

2. 各类正式公开资料

正式公开资料是指那些可以从政府或图书馆以及其他合法实体机构获得的公开资料。公开资料的种类非常多，习惯上可将其分为政府数据和普通商业数据。

政府数据主要包括普查数据和其他政府出版物。普查数据是政府数据的最大来源，通常由国家统计局负责组织和实施，并最终形成公开出版的普查报告。除了发布普查数据之外，政府部门还会定期发行一些出版物，如《中国统计年鉴》《中国发展报告》《中国商品交易市场统计年鉴》《中国科技统计年鉴》等。

普通商业数据是指其他合法机构公开出版的资料。普通商业数据的来源也非常丰富，包括杂志、报纸、专题报告和行业数据等，也有帮助研究者收集有关数据的工具出版物，如指南、目录、索引和其他非官方统计资料。注意这里的普通商业数据与各类媒体数据的差异是：前者是公开出版，容易搜索、整理和保存；后者包括各类媒体上的各类数据，难以获取和保存，通常需要借助网络爬虫等方法获取数据。

3. 辛迪加数据

辛迪加数据是一种具有高度专业化和标准化的企业外部二手数据，是信息供应商向所有数据购买者提供的以标准化形式收集的信息数据。比较典型的辛迪加数据有尼尔森电视监听数据和阿比创的广播听众关系研究数据等。辛迪加数据的优点是数据需求者获得数据的成本相对低廉，同时也能够快速获得所需要的数据。但是辛迪加数据的局限在于供应商无法给客户提供高度定制化的数据，因此对数据的维度有特别需求的购买者可能无法基于辛迪加数据来进行市场调研分析。

另外，辛迪加数据具有多个层次，可以是来自企业或组织层次的数据，如零售商、批发商等机构的数据，也可以是来自于家庭或消费者层面的数据，如消费者的心理测量和生活方式，或关于消费者态度偏好和购买行为的一般性调查等。数据购买者可根据不同的需要来选择不同层次的辛迪加数据。

辛迪加数据主要应用于以下四个方面：一是测量消费者态度及民意调查，如美国的盖洛普民意调查就是询问公众关于国内事件、国际事件、社会问题等的态度和意见的调查；二是确定不同的细分市场，如营销人员将对消费者特质、态度等的测量，作为下一步市场细分的基础；三是进行长期的市场跟踪，为了检测市场的销售情况和行业现状，企业可以监测不同时期的产品销售情况和市场份额，从而为公司制定策略提供必要的信息；四是进行媒体使用情况和促销效果调查，公司可以通过调查来确认其在媒体上的营销效果。

延伸阅读 6-1
银行外部数据的管理与利用

三、二手数据的收集方法与步骤

收集二手数据的实际工作一般可以遵循图 6-3 所示的步骤。

| 第一步 了解研究内容、明确研究目的 | 第二步 列出关键字段、关键词 | 第三步 查找、过滤和整合资料 | 第四步 对已有文献进行整理和评价 | 第五步 定性方法补充分析 |

图 6-3　收集二手数据步骤图

第一步，了解研究内容、明确研究目的。在进行数据收集之前，首先要对所研究的内容有清晰的思路，通过反复构思、明确研究的目的才能保证收集数据的准确性。明确研究的目的，就需要对研究的情景和研究的构念都进行清晰的定义，便于研究者参考相关文献资料来确定所需要获取的变量。

第二步，列出关键字段、关键词。在明确需要的研究变量之后，可以将这些变量以字段的形式进行编码和保存，便于研究者记录所需变量的获取情况。在收集过程中，除非数据收集者已经对某个特别的主题感兴趣，否则最好保存和备份原始名单，这样便于研究者在后续的分析过程中对数据进行检查和回溯。

第三步，查找、过滤和整合资料。明确数据收集的目标之后，需要从各种渠道去查找自己需要的数据内容，此时一般可以通过以下几种方法。一是文献查询方法，通过在中国知网、百度学术、谷歌学术等学术网站上搜索关键词，找到与自己的研究最为相关的具有代表性的文献，结合当前情景，沿用经典文献的思路来收集二手数据。二是参考专业人士建议，如果通过查询文献无法找到与当前研究相关的文献，此时可以向专业人士进行咨询，专业人士包括学界和业界该领域的专家，也包括数据管理人员。对查找到的资料进行过滤和整合，保留研究所需要的数据。

第四步，对已有文献进行整理和评价。整理查找到的文献资料，评价其与当前研究主题的适配程度。如果数据收集者被大量数据淹没，整理时仅有少量信息和主题相关，此时，数据收集者必须重视对关键词和研究目的的审视，重新确定研究的内容是重要且值得关注的。

第五步，定性方法补充分析。如果数据收集者对发现的信息仍然感到不满意或者感到有困难、且权威的专业人士和数据管理人员也不能确定合适的信息，此时可以尝试使用一些定性的研究方法来进行探索性的分析。

成功地获取信息来源有三个关键要素。第一，要对自己的研究问题熟悉、敏感，前期通过充分的文献阅读、整理等准备工作更好地理解所研究的问题，从而有的放矢地寻找数据源。第二，要熟悉整个数据收集的流程，并专注于数据的收集。第三，要善于向权威人士和数据管理人员请求帮助和建议，权威的建议有时能起到事半功倍的效果。

第三节　二手数据的优点和缺点

一、二手数据的优点

1. 省时、省力、成本低

正如第一节所讨论的那样，与一手数据相比，二手数据已经经过初步的收集与整理，搜寻过程更加方便快捷。此外，由于多数二手数据可以被多个研究使用，数据获取的成本被分摊，成本相对较低。因此，在可能的情况下研究者总是优先考虑使用二手数据解决问题。

2. 客观性高

一手数据由于收集过程复杂，通常会面临样本量有限的问题，而二手数据就不具有这样的局限性，二手数据的样本量动辄数千到上百万，相对于一手数据能够较好地涵盖典型的样本，具有更强的客观性，更加方便研究者得出客观有效的数据分析结果。

3. 指导性强

虽然二手数据有时不能为非常规的研究问题提供所有的答案，但这些数据在许多方面都是有用的。二手数据有助于规范问题的表述形式、指明调查的方法、提供解决问题的思路、检验一些假设，还可以帮助调研人员了解如何去接近调研对象、了解调研对象在市场所处的位置，并以此作为同其他数据比较的基础。

二、二手数据的缺点

1. 时效性弱

很多情形下，研究人员只能获得特定时间区间的二手数据，有时二手数据的产生时间与当前间隔较长，不能很好地反映当前的研究背景，无法排除随时间变化而产生的混淆因素的影响。

例如，某支付企业想研究数字经济下的用户对支付方式的选择，但是获取的数据是 2000 年到 2010 年的支付行为数据，该时间段距离当前相对久远，无法反映研究的时代背景，导致数据的价值较低。

2. 可靠性低

二手数据来源众多，很多时候无法确切地获知二手数据的专业水平和可信度，可靠性低的二手数据会导致分析结果的误差。

例如，日本某企业因被曝财务造假在日本社会引起了不小的震动，以东京高等检察院前检察长及律师、会计师组成的第三方调查小组查阅了该企业 2008 年至 2014 年间的财务平衡报表，发现公司通过虚报企业利润、延迟记载营业损失等手法，大量掩盖企业亏损，多报了 1518 亿日元经营利润。如果以该企业发布的财务报表作为研究的依据，就很可能得出错误的结论。

3. 相关性差

由于二手数据不是为了目前面临的特定问题，而是为了其他问题所收集的，其研究目的、性质和所采用的方法可能不适合当前情形。因此，二手数据对于解决当前的研究问题，其相关性和用处有限。

前面介绍了二手数据的优点和缺点，这说明在收集和使用二手数据之前还需要对数据进行谨慎的评估。

第四节　二手数据的评估

上文已经介绍了从何处收集以及如何收集二手数据，但研究者在将二手数据作为决策的依据之前，必须对二手数据进行评价。实际上，由于二手数据的特殊性质，要对二手数据做出全面评价是困难的。通常可以从研究目的、研究内容、数据收集的方法、信息来源、数据收集的时间五个方面进行评估，如表6-2所示。

表6-2　二手数据的评估标准

标准	要点	说明
研究目的	对照二手数据收集的目的与研究目的	研究背景和目的与当前研究相符
研究内容	研究的问题 关键的变量 研究的总体 测量的单位 使用的分类 相互关系的研究方法	资料是当前研究需要的信息
数据收集的方法	样本量的大小和性质 回答率和质量 问卷设计和填写 现场工作程序 数据分析和报告程序	保证数据的可靠性和有效性
信息来源	数据来源的专业水平、可信度和声誉	应该从原始处而非间接的渠道获得数据
数据收集的时间	收集数据和公布之间的时滞 数据更新的频率	保证数据的时效性

一、研究目的

二手数据的收集具有一定的目的，研究者需要明确：最初为什么收集这些数据？收集数据的目的最终决定信息的用途。前面指出通常情况下，二手数据并非为研究目的而产生，因此，研究目的与二手数据的产生背景越不相符，数据的有效性就越差。例如，关于牛奶销售情况的扫描销售量追踪数据，对于理解家庭如何选择具体品牌的研究，其价值是有限的。因此，研究者应该对照当前的研究目标对二手数据资料进行评估，选择有效的数据资料进行研究。

二、研究内容

研究内容主要包括研究的问题、关键的变量、研究的总体、测量的单位、使用的分类及相互关系的研究方法等，由此判断这些资料数据是不是当前需要的有用信息，这是相关性评价的一个重要方面。如果关键的变量与调研者的定义不一致，那么资料的利用价值就比较有限。例如，假定有关于消费者对于品牌偏好方面的二手数据，如果要利用这些资料，就必须知道研究问题中对品牌的偏好是如何定义的。是按照购买频率最高来定义，还是按照最想买的或是大家最认同的品牌来定义？这需要依据当前的研究问题预先对研究的变量给出合理的定义。

三、数据收集的方法

数据的收集方法是评估二手资料的另一个重要标准。收集数据时使用的具体要求或方法应该经过严格审查，以便发现可能存在的偏差。收集数据时要考虑样本量的大小和性质、回答率和质量、问卷设计和填写、现场工作程序、数据分析和报告程序等。例如，要研究个人受教育程度对收入水平的影响，选择样本全为大学生的数据集是不合适的。这些审查为数据的可靠性和有效性提供信息，有助于判断二手数据是否适合于中的问题。

四、信息来源

二手数据的来源也是判断数据有效性的重要因素。二手数据的来源是否可靠通常需要依据数据来源或调研机构的专业水平、可信度和声誉是否值得信赖来判断。这可以通过询问曾经利用过该资料来源的机构或研究人员来考察。对于为了进行促销、为了特殊利益关系或为了进行宣传而公开发表的数据资料要抱怀疑的态度。同样，匿名发表的或是企图隐瞒数据收集方法和过程细节的二手数据资料也是令人怀疑的。还需要关注二手资料是直接来自原始的收集机构还是间接地由再次处理后生成的，一般来说，使用来自原始收集机构的二手数据是相对合理的。

五、数据收集的时间

二手数据可能不是当前的数据，数据收集和公布间的时滞可能较长，许多普查数据就是这种情况。此外，就二手数据而言，数据更新也可能不够快。营销研究通常需要当前的数据，如果过时了，二手数据的价值就会降低。例如，虽然 2010 年的人口普查数据内容丰富，但是这样的数据对于一个在最近两年中人口变化很快的都市就不适用。幸运的是，目前有多家营销研究机构定期地更新普查数据，并提供最新的信息订阅。

总而言之，在具体使用二手数据的时候，研究者应该根据研究的目的、内容、数据收集的方法、信息来源和数据收集的时间等对数据的质量进行综合评估。

第五节　大数据驱动的二手数据

前面介绍了二手数据的基本特点和来源，事实上大数据时代的到来为研究者获取高质量的二手数据带来了前所未有的机遇和挑战，在了解这些机遇和挑战之前，有必要先了解大数据驱动的二手数据的基本概念、产生、来源等内容，本节将对此进行详细介绍。

一、大数据的基本概念

近年来大数据的应用已经比较广泛，但是由于大数据在应用和研究领域的多样性，目前学界对大数据还没有明确一致的定义。从属性的角度出发，大数据代表着技术和体系的深度融合，是需要通过快速获取、处理、分析以从中提取价值的规模化数据，规模性、多样性、高速性和价值性是大数据的核心属性。从流程角度出发，大数据可被分解为数据生成、数据获取、数据储存和数据分析四个模块。其中数据分析是大数据发挥内在价值的重要环节，通过大数据的分析能够对企业的经济活动进行描述、总结，并对未来事件的发生概率和发展趋势进行预测。

延伸阅读 6-2
大数据时代的数据特点（4V）

二、大数据驱动的二手数据产生的三个阶段

大数据产生方式大致经历了三个阶段，如图 6-4 所示。正是数据产生方式的巨大变化导致了大数据获取方法和分析方法的改变。

图 6-4　大数据产生方式经历的三个阶段

1. 运营式系统阶段

这个阶段的主要特点是数据往往伴随着一定的运营活动而产生并被记录在数据库中的，比如超市每销售出一件产品就会在数据库中产生相应的一条销售记录。在运营式系统阶段，运营活动的复杂性给数据管理带来了挑战。此时，数据库技术使得数据管理的复杂程度大大降低，并且随着运营规模的增加，运营活动中产生的海量数据被储存在数据库中，供企业分析和管理。运营式系统阶段产生的数据具有"被动性"的特点，仅能按企业设定的固定格式产生。

2. 用户创造内容阶段

随着 Web 2.0 时代的到来，互联网技术得到了迅速的发展，人类社会的数据出现了第二次大的飞跃。Web 2.0 的最重要的标志就是用户创造内容（user generated content，UGC）。用户创造内容是指用户基于互联网平台自主生成和创造内容，如用户对产品的评论、用户在社交网站上生成的互动内容等。

这类数据在近年来呈现爆发式增长，主要有三方面的原因。首先是各大社交媒体的出现和发展，如微博、知乎、领英、Twitter、Facebook 等，为用户提供了社交、学习和表达的渠道；其次是以智能手机、平板电脑为代表的新型移动终端的普及，易于携带、全天候接入网络的移动设备使得人们能够更加便捷地触达各大网上应用或社交媒体平台；最后是移动通信技术的迅速发展，如 5G 技术的成熟和发展为人们有效接入互联网和进行高效的信息传输提供了前提条件。这些因素使得 UGC 数据实现大规模的持续增长，为业界和学术界提供了丰富的数据基础。用户创造内容阶段的大数据具有的特点是：数据由用户产生，具有原创性和主动性。

3. 感知式系统阶段

传感技术的发展和普及带来了人类数据飞跃的第三个阶段，正是我们现在所处的阶段。传感技术同计算机技术与通信技术一起被称为信息技术的三大支柱。现阶段，人们已经能够制造微小型化、集成化、智能化的传感器，并能将这些传感器广泛地分布在社会的各个角落，通过这些设备来对整个社会的运转进行监控。这些传感器基于网络传输能够源源不断地生成实时数据，极大地提升了数据的实时性、海量性、多维性。感知式系统阶段的大数据具有的特点是：数据由传感器实时自动生成，具有实时性和自动性。

大数据产生的方式经历了运营式系统阶段、用户创造内容阶段和感知式系统阶段，这些被动、主动和自动的数据共同构成大数据的全部来源。尤其是，感知式系统阶段的大数据具有实时性和自动性，可以极大地提高大数据的丰富性和可靠性，同时为一手数据的来源提供了更为先进的工具；而运营式系统和用户创造内容系统给研究者提供了大量客观存在的二手数据，通过大数据采集、管理和分析工具进行开发，可以帮助研究者对研究问题有更清晰的了解。

三、大数据驱动的二手数据来源和获取方法

对于不同阶段的二手数据，其来源和获取方法也有所差异。

1. 运营式系统阶段的数据来源和获取方法

运营式系统阶段产生的数据主要为企业内部运营数据，来自生产运营中的各个环节，包括 POS 机数据、信用卡刷卡数据、电子商务数据、互联网点击数据、企业资源规划系统数据、销售系统数据、客户关系管理系统数据、生产数据、库存数据、订单数据、供应链数据等。

这类大数据为企业内部拥有，涉及商业机密，因此对该阶段大数据的获取通常需要与企业达成协议，如若涉及消费者隐私，一般还需要在数据脱敏的前提下被研究者调用。

2. 用户创造内容阶段的数据来源和获取方法

用户创造内容阶段的数据来自通过微信、微博、博客、维基、Twitter等社交媒体产生的数据流，包括文档、图片、音频、视频等。这些数据大多数为非结构性数据。

用户创造内容阶段，由于数据本身具有公开性，研究者可以通过调用用户创造内容所在的在线平台的 API 接口来获取数据，或者通过网络数据爬虫的方法来爬取需要的数据字段。

3. 感知式系统阶段的数据来源和获取方法

这类数据来自会创建或生成数据的功能设备，如智能温度控制器、智能电表、工厂机器和连接互联网的家用电器等。新兴的物联网产生的数据是感知式系统数据的例子之一。来自物联网的数据可以用于构建分析模型，连续监测预测性行为，提供规定的指令等。

传感器使用者获取数据时，只需在应用程序中调用获取传感器数据的函数接口。由于这类数据本身可能涉及大量的个人隐私信息，研究者要获取该阶段的数据还需要具备合法的使用资质和合理的使用缘由。

延伸阅读 6-3
大数据的分析

本章小结

与为研究当前问题而专门收集的一手数据不同，二手数据起初是为其他目的而收集的。二手数据来源众多，其中有大量的数据位于组织内部，这些信息构成了企业内部二手数据。企业内部二手数据主要包括组织或企业内部的财务资料、业务资料、生产统计资料以及企业积累的其他各类资料；企业外部二手数据由组织之外的来源产生，主要包括各类媒体数据、各类正式公开资料和辛迪加数据。其中辛迪加数据能够为企业或研究者提供相对标准化的数据集。

二手数据有省时、省力、成本低、客观性高、指导性强的优势。缺点是时效性弱、可靠性低、相关性差。研究者在收集二手数据时，应该仔细评估以确定是否适用于现有问题，评估的标准包括研究目的、研究内容、数据收集的方法、信息来源和数据收集的时间等。

二手数据的产生方式在大数据时代经历了三个不同的阶段，分别是运营式系统阶段、用户创造内容阶段和感知式系统阶段。其中，运营式系统阶段的二手数据受限于企业运营活动，是被动的；用户创造内容阶段的二手数据是用户自主生成的，具有主动性；而感知式系统阶段的二手数据是由嵌入传感器的诸多物理设备产生的，具有实时性、自动性。

即测即评

1. 一手数据与二手数据有什么区别?

2. 企业内部二手数据和企业外部二手数据有什么区别?

3. 为什么在获取一手数据之前获取二手数据很重要?

4. 列举出各种公开的二手数据。

5. 什么是辛迪加数据? 辛迪加数据有何局限性?

6. 二手数据有哪些优缺点?

7. 评估二手数据的标准是什么?

8. 大数据驱动的二手数据经历了哪几个阶段?

综合实训

面对消费者换机、购机热情的下降,各大手机厂商也基本上开始以稳保"基本盘"为目标,不再盲目地全力冲击高端市场,无论是产品堆料还是发布节奏都明显不如以往激进。

智能手机终端市场的行业格局发生了怎样的变化? 请你通过二手来源获取智能手机终端行业的品牌知名度数据以及行业中主要企业的销量数据,估计每一个主要企业的市场份额。再从另一个来源获取关于这些公司所占市场份额的信息。并讨论这两种估计是否一致。

任务目标:请根据你获取的二手数据写一份智能手机终端行业市场份额评估分析报告。

执行要求:

(1)以小组为单位完成报告。评估的时间范围可以自行选择,报告内容包括数据获取方法、市场份额评估方法、评估过程、评估结论等。

(2)以PPT汇报的形式在课堂上进行展示。

考核标准:

作业考核采用小组互评的方式,总分100分,在评分时小组需要列其他小组的优点和不足,同时小组需要给打出的特别分数(如本项获得满分或较低分数)予以说明。

(1)对市场份额评估分析报告的考核(80分):根据小组汇报内容酌情打分,如数据来源是否可靠;评估方法和分析过程是否合理;评估结论是否准确。

(2)整体汇报表现考核(20分):PPT制作(10分)、汇报人流利程度和表现能力(10分)。

案例分析

美国运通公司的数据库营销

美国运通公司创立于 1850 年，总部设在美国纽约。

美国运通公司是国际上最大的旅游服务及综合性财务、金融投资及信息处理的环球公司，在信用卡、旅行支票、旅游、财务计划及国际银行业占领先地位，是在反映美国经济的道琼斯工业指数三十家公司中唯一的服务性公司。

美国运通公司是全球最大的独立信用卡公司。在美国运通公司提供的众多金融和旅游产品及服务中，美国运通卡为知名度最高的产品。美国运通卡以不预设消费限额及提供高水准服务而享有世界第一流消费卡声誉，为千百万美国运通卡会员及全球绝大多数跨国公司采用，在《财富》杂志所列出的一百家全球最大跨国公司中有九十家采用美运通公司卡及商务旅行服务。美国联邦政府系统也全面采用美国运通公司卡及其商务旅行服务。

美国运通公司也是全球最大的旅游服务公司，通过在全世界诸多旅游办事处的庞大网络，向美国运通卡会员及顾客提供统一标准及一流的旅游服务。

在市场经济比较发达的国家和地区，许多公司都开始在原有信息系统的基础上通过数据挖掘对业务信息进行深加工，以构筑自己的竞争优势，扩大自己的营业额。

美国运通公司有一个用于记录信用卡业务的数据库，数据量达到 54 亿字符，并仍在随着业务进展不断更新。运通公司通过对这些数据进行挖掘，制定了关联结算（relationship billing）优惠的促销策略，即如果一个顾客在一个商店用运通卡购买一套时装，那么在同一个商店再买一双鞋，就可以得到比较大的折扣，这样既可以增加商店的销售量，也可以增加运通卡在该商店的使用率。再如，居住在伦敦的持卡消费者如果最近刚刚乘英国航空公司的航班去过巴黎，那么他可能会得到一个周末前往纽约的机票打折优惠卡。

美国运通公司还曾根据持卡人数据库开展了一个新促销活动。运通卡的持有人购车时，在运通公司所列的 25 家国内汽车制造商处可以不用现付。然后，运通公司发出一份有关购车习惯的消费者个人信息问卷，回馈率很高，收回了 100 000 份有效问卷。这一活动的市场效果非常好，顾客在家中就可以了解更多的购车信息，而且享受到优惠，并一改现款交易而使用信用卡。汽车制造商得到一份数据库，销售量增大，运通公司扩大了信用卡业务，同时也收集了大量信息。

资料来源：迪铭咨询.美国运通的数据库营销分析［EB/OL］.（2019-07-03）

思考：

（1）美国运通公司所利用的数据库中的数据属于哪种类型？这种类型的数据有哪些优势？

（2）关联结算优惠策略有何巧妙之处？

（3）企业自行建立的数据库可以解决哪些问题？

本章参考文献

[1] 纳雷希·K. 马尔霍特拉 . 市场营销研究：应用导向［M］.涂平，译 . 5版 . 北京：电子工业出版社，2009.

[2] 元明顺，于磊，叶明海 . 基于大数据驱动的市场研究实验教程［M］.上海：同济大学出版社，2016.

[3] 赵伯庄 . 市场调研 [M].北京：北京邮电大学出版社，2004.

标准化信息源 7 第七章

本章提要

本章主要介绍了标准化信息的定义和类型，包括辛迪加数据和标准化服务；讨论了标准化信息不同类型的优点和缺点；介绍了标准化信息的应用范围及作用；阐述了标准化信息的来源的分类。本章的重点在于了解标准化信息息与其他信息的区别、了解辛迪加数据与标准化服务的利弊。本章的难点在于理解并掌握标准化信息在实际营销活动中的运用。

学习目标

（1）知识目标：了解标准化信息的利弊；了解标准化信息的应用范围；了解单一数据来源；了解几种不同的信息源；理解标准化信息在四个不同领域中的运用。

（2）能力目标：学习如何区分标准化信息与其他信息类型；区分辛迪加信息服务与标准化服务；理解并且掌握现实生活中如何利用标准化信息进行营销活动。

（3）素质目标：结合中国网络市场发展特点来了解市场调研过程中标准化信息的发展和实际运用；培养新时代营销人员专业素养，弘扬数字时代营销新思想；将数据化信息更好地服务于当今社会。

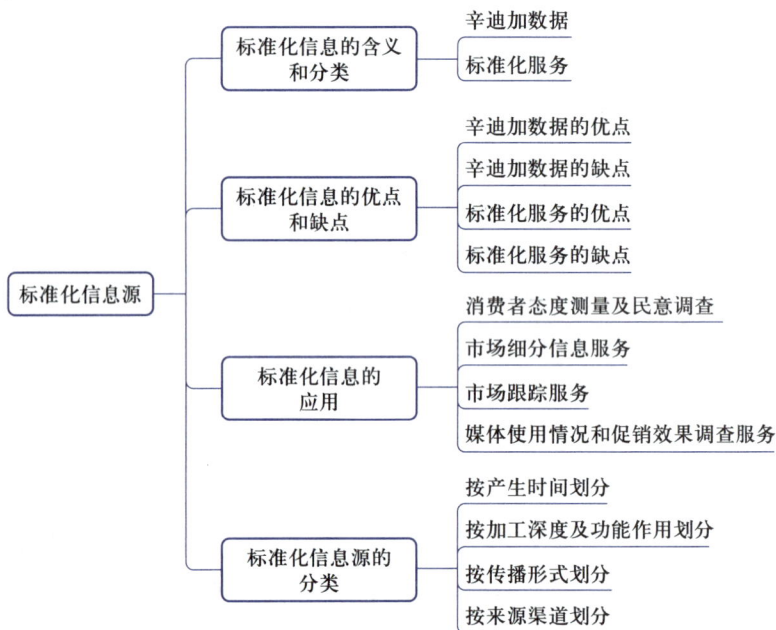

实践中的统计分析——国家统计局

各国国家统计局通过各种渠道，本着服务社会的目的，收集与该国人口、经济相关的各类数据。这些数据为政府决策和商业决策提供了基础信息。其中，全国人口普查是国家统计局定期开展的一项重要工作，收集和整理了有关人口基本情况、分布和结构等方面的详细信息。大多数国家的人口普查频率为5年或10年。国家统计局通过电子邮件、入户调查等方法收集数据，其中包括属性方面的数据（被调查对象的性别、民族等）和数量方面的数据（家庭人口数等）。普查资料可用于各地的预算编制和城市发展规划制定等。

美国国家普查局还承担着经常性的人口调查（the current population survey, CPS）任务，通过60 000个家庭样本的月度截面调查资料，估计不同地区的就业率和失业率。自1940年以来，美国国家普查局就已开始承担经常性人口调查，目前积存着大量的有关就业率和失业率的时间序列数据，这些数据推动了就业援助计划等政府政策的制定。有关失业率的资料，被视为美国经济健康的晴雨表。

中国家庭追踪调查（china family panel studies, CFPS）是由北京大学中国社会科学调查中心（ISSS）实施的，旨在通过跟踪收集个体、家庭、社区三个层次的数据，根据数据所呈现的特点，反映中国社会、经济、人口、教育和健康的变迁，为学术研究和公共政策分析提供数据基础。CFPS样本覆盖25个省、直辖市、自治区，目标样本规模为16 000户，调查对象包含样本中的全部家庭成员。CFPS调查问卷分为社区问卷、家庭问卷、成人问卷和少儿问卷四种主体问卷类型，并在此基础上不断发展出针对不同性质家庭成员的长问卷、短问卷、代答问卷、电访问卷等多种问卷类型。项目采用计算机辅助调查技术开展访问，以满足多样化的设计需求，提高访问效率，保证数据质量。CFPS重点关注中国居民的经济与非经济福利，以及包括经济活动、教育成果、家庭关系与家庭动态、人口迁移、健康等在内的诸多研究主题。

各国国家统计局收集的数据，对商业活动也十分有用。零售商通过观察不同地区人口数据的变化，决定开设新店铺的地理位置；百货公司利用人口统计数据，制定有针对性的营销活动。在许多事例中，企业将国家统计局的数据和企业内部关于消费者行为的数据进行结合，分析得出重要结论、制定发展战略、识别潜在客户。各国国家统计局是商务数量解析活动中最重要的数据提供者之一。

通过案例，将杂乱的数据转化为有价值的信息对于企业发展至关重要。从本章开始，我们将讨论营销调研人员所采用的各种统计技术，研究营销调研人员如何使用这些技术对数据进行概括并找出规律。

资料来源：中国家庭追踪调查网。

第一节　标准化信息的含义和分类

标准化信息是市场研究或咨询公司为了盈利而提供的二手资料。这类公司凭借专业且丰富的经验，能快速获取最新的资料来满足客户的信息需求。它收集的数据或收集数据的过程对所有用户都是标准化的，具体可分为辛迪加数据和标准化服务两类。前者指通过标准化形式收集的，向所有信息购买者提供的信息，后者则是指采用标准化市场调研过程收集的，向特定顾客提供的数据信息。在市场营销领域，标准化信息为国内外企业提供了有价值的基础信息，帮助企业进行商业决策。

一、辛迪加数据

辛迪加数据（syndicated data）是由商业企业提供，面向所有数据购买者，以标准化形式收集的一种数据。辛迪加数据也是一种外部二手资料，其源自一个普通的数据库，这种信息具有高度专业化和标准化的特点。信息购买者需要支付一定的服务费来获取相应数据。辛迪加数据范围广泛，既包括个人或家庭层面的数据，也包括机构或组织层面的数据。为了迎合不同公司营销信息系统的情况，辛迪加数据能够以不同的方式提供给购买者。如小型公司常常只接受书面报告以及由研究公司的代表作的口头报告；大型公司往往还会愿意接受计算机文件，便于创建自己的分析和报告。

辛迪加信息服务公司专指提供辛迪加数据的企业，如市场现状研究公司（Market Facts，Inc）、NPD研究公司（NPD Research，Inc）、美国市场研究公司（Market Research Corporation of America）。这些公司长期根据标准化的表格收集信息，并向特定行业的企业提供所需的标准化信息，对企业掌握市场情况和采取商业决策具有重要的价值。例如，阿比创提供每个广播市场中各种电台听众的数量和类型，这些标准化信息能够帮助广告公司获取目标市场资料；同时其也提供对听众规模和特征所做的客观独立的测量，从而帮助电台确定听众的性质。

二、标准化服务

不同于辛迪加数据，标准化服务很少向客户提供标准化信息。它是指采用标准化的市场调研过程为特定客户提供数据信息。对于不同的客户，标准化的过程可能会导致数据结果的不同。标准化服务也可以是试销、定义新品牌、给新产品定价或神秘购物等。

标准化服务可以根据用户的特殊需求提供特定的数据信息。公司如果想要获得更加有优势的数据，挖掘更多独特信息，会选择标准化服务。

延伸阅读 7-1
某市标准化信息服务平台的搭建

第二节　标准化信息的优点和缺点

标准化信息具有很多优缺点，主要围绕"标准化"这一显著特点产生。本节将对辛迪加数据和标准化服务的优缺点分别进行讨论。

一、辛迪加数据的优点

1. 成本摊薄

从绝对值上来看，辛迪加数据的收集成本较为昂贵。例如，大多数大型包装类消费品的生产厂商一年花几百万美元用于追踪市场的辛迪加数据。但由于其采用专业化和标准化收集程序，且数据需求客户数量众多，可将收集成本进行均摊，对每个单独的客户来说，获取信息的成本大幅降低，数据的可信程度也能得到一定的保证。通常而言，辛迪加数据的使用成本要低于原始数据。

2. 有效性高

由于辛迪加信息公司专门收集常规数据，数据的有效性使得他们建立了长期信誉，这使数据的质量能够得到极大的保证。此外，在有多家公司付费的情况下，辛迪加信息公司能够更深入地进行调研，收集更广泛的信息。

3. 时效性强

得益于数据收集和加工的常规系统，辛迪加信息公司建立起了一套完整的工作运行模式，能够通过反复实践过的数据收集方法来不间断地收集数据。因此，辛迪加数据通常很快就可以发送给客户，能够保证数据的时效性。

二、辛迪加数据的缺点

1. 定制能力低

由于调研面向的是所有客户公司，并不是为了某一客户公司量身定制的，因而很难确保提供给他们的信息正好是他们所需要的。客户很少（几乎不可能）能够控制辛迪加信息公司提供的信息，因此其购买及使用满意度难以得到保证，可能存在如测量单位不适用、地理报告位置不合适等问题。

2. 购买门槛较高

由于辛迪加数据收集采用的是常规化流程，每个希望使用这种服务的用户都必须认真评价辛迪加信息公司所能提供的信息，为了规避风险，辛迪加信息公司往往要求顾客签订长期合同，这一条件无形中拉高了辛迪加数据的购买门槛。

3. 战略性信息优势较弱

辛迪加数据具有标准化的特点，所有的购买者都可以得到同样的信息，因此客户购买标准数据时没有战略性的信息优势，无法与其他信息获得者形成区别，很难通过数据在市场中获得竞争优势。然而，在很多行业中，如果公司不购买标准化信息，就会出现战略性的劣势。

三、标准化服务的优点

1. 调研专业化和经验化

使用标准化服务的主要优势在于可以利用调研公司专业且丰富的经验。通常客户公司也会有调研部门和经验丰富的员工，但是他们往往缺少当前所需的特殊经验。针对某一较新的市场，公司往往需要花费大量的时间和精力，才能够实现熟练调研。而在该过程中，利用标准化服务公司现有的经验，能够使错误最小化，极大地降低调研难度，提升调研效率。

2. 调研成本经济化

针对大部分企业而言，专门投入一定资源进行市场调研是不够经济的。但是标准化服务公司可以向很多家公司同时提供服务，公司通过这种途径获取数据比自己做市场调研更加经济，有助于改善企业的经营管理，提高整体的经济效益。

3. 调研服务高效性

标准化服务公司拥有大量的专业人员，积累了丰富且专业的经验，大大降低了其在服务过程中的时间和精力的浪费，从而提高了调研效率。一般而言，标准化服务公司提供的服务在速度上要比公司自己做调研快得多。

四、标准化服务的缺点

1. 定制程度低

类似于辛迪加数据，标准化服务的标准化意味着缺少定制功能。由于标准化服务向特定用户提供服务，这不仅使数据信息的适用范围缩小，而且难以给某特定公司创造独特的竞争优势。

2. 客户采纳门槛高

提供标准化服务的公司可能不了解某些行业的特殊性，这就要求客户自己去衡量该项标准化服务是否适用于目前特定的环境。与此同时，购买标准化服务的客户必须对服务内容十分熟悉，比如，数据是向哪些人收集的、如何收集的和如何报告的，否则标准化服务的质量无法得到保障。

延伸阅读 7-2
RPA 走向个性化还是标准化？

第三节　标准化信息的应用

标准化信息的应用范围及用途非常广泛。以下介绍标准化信息的主要应用范围及其作用。

一、消费者态度测量及民意调查

杨格洛维基监测指标（Yankelovich monitor）始于 1971 年，致力于调查社会价值的改变以及这些变化给消费者带来的影响。其还专门研究不同时代的市场，如"婴儿潮"时期出生的人。数据每年收集一次，在全美范围内取样，采用 90 分钟的家庭访谈和一小时问卷调查的方式，调查对象是年龄在 16 岁及以上的人，性别不限，样本数量为 2 500 个。对于国际市场，公司提供的标准化服务被称为"全球监控"。客户自主挑选感兴趣的国家和主题，全球监控系统就会汇报相关信息。

盖洛普咨询有限公司（简称盖洛普公司）在长达 60 多年的时间里，通过科学的方法测量和分析消费者和员工的意见、态度和行为，为客户提供营销和管理咨询，取得了卓越的学术和商业成果，处于全球领先地位。除了其全球知名的盖洛普民意测验外，盖洛普公司的商业研究和咨询产品主要分布在以下四个相互关联的领域中：工作环境监测、培训和咨询；员工选拔与培养；顾客满意度和忠诚度测量与咨询；战略性品牌和营销研究、测量与咨询。盖洛普公司以其独特的研究和产品，为大批客户提供了高质量的服务，在商业界和调查界享有盛誉。盖洛普调查可以被视为辛迪加数据，因为它向所有人提供信息购买权。

　　我国国家及各省份的统计局一般都有下属的调查公司。其具有能发挥城市调研队伍的网络优势、收费相对较低、信息资源稳定、能够获得多行业的背景资料及相关数据的特点。当前已有此类调查公司同跨国公司进行合作，如中央电视台下的央视调查咨询中心与法国最大的收视率调研公司索福瑞公司合作成立中国广视索福瑞媒介研究有限责任公司（CSM）。CSM 结合市场需求和行业新技术，同步开展媒体融合传播效果研究，迅速在行业上取得竞争优势。

二、市场细分信息服务

　　任何一个企业都无法满足市面上所有消费者的需求，因此，营销人员可以根据某些共同特征（如年龄、收入、地理、心理、行为等），将消费者进行分类或归入某细分市场。分类完成后，企业可以根据自己的战略目标选定产品的市场范围，分析市场情况、确定目标市场、制定营销计划和开展一系列的市场业务。

　　有许多标准化信息服务公司提供关于市场信息的服务，一部分提供关于行业市场细分信息的服务，另一部分提供关于普通消费者市场细分信息的服务。

1. 行业市场细分信息服务

　　使用政府的行业分类方法，即产业标准分类法，可以了解许多行业市场的信息，助力企业发展。

　　1984 年，由国家统计局、原国家标准局、原国家计委、财政部联合制定的《国民经济行业分类与代码》是国民经济行业分类国家标准的最初版本。1994 年、2002 年、2011 年和 2017 年，国民经济行业分类国家标准历时四次修订，并更名为《国民经济行业分类》。

　　现行《国民经济行业分类》（GB/T 4754—2017）于 2017 年 6 月 30 日由原国家质检总局和国家标准委联合发布，并于 2017 年 10 月 1 日起实施。考虑到 2018 年《中华人民共和国宪法修正案》在"国家机构"中增设了监察委员会，为满足标准的时效性，国家标准委于 2019 年 3 月发布并实施了国民经济行业分类第 1 号修改单。

该分类采用经济活动的同质性原则划分，每一个行业类别按照同一种经济活动的性质划分。分类共分为门类、大类、中类和小类四个层次，共包含门类 20 个，大类 97 个，中类 473 个和小类 1 382 个。每个类别都按层次编制了代码。门类用一个英文大写字母表示（如 A、B、C……）；大类用 2 位阿拉伯数字表示，中类用 3 位阿拉伯数字表示，前 2 位为大类代码，第 3 位为中类的本体码；小类用 4 位阿拉伯数字表示，前 3 位为中类代码，第 4 位为小类的本体码。如编号为 B1019 即代表非金属矿采选业、土砂石开采中的黏土及其他土砂石开采，指用于建筑、陶瓷等方面的黏土开采，以及用于铺路和建筑材料的石料、石渣、砂的开采。利用《国民经济行业分类》能够很好地对市场上的公司进行划分，能够使用户选择更具体的公司类型。

邓白氏公司（Dun & Bradstreet）作为全球领先的商业信息供应商，能够提供标准化服务，帮助客户更好地在风险管理、市场营销和供应管理决策等领域运用商业数据。邓白氏编码（Data Universal Numbering System，D-U-N-S Number）是该公司创造的 9 位数字全球编码系统，被广泛运用于企业识别、商业信息的组织和处理等方面。邓白氏编码已经成为电子商务中一个国际公认的公司识别符号，国际标准组织（ISO）等全球最有影响力的标准定制机构、50 多家全球行业及贸易机构、美国联邦政府、澳大利亚政府、欧盟委员会等组织机构，承认、推荐或是要求使用该编码系统。利用邓白氏编码，能够对相关公司进行信息管理，在行业细分领域具有重要意义。

2. 消费者市场细分信息服务

了解消费者市场同样需要标准化信息。斯坦福研究院（Stanford Research Institute，SRI）的学者米歇尔（A. Mitchell）于 1978 年首创的价值观与生活方式体系（value and life system，VALS）是目前比较具有影响力的心理细分模型。该模型于 1989 年调整为 VALS II，由 42 个类似"我对理论问题很感兴趣""我渴望变得兴奋""我喜欢在学校所学的大部分科目""我喜欢做一群人的领导者"等问题构成。这个研究按照自我导向和资源占有取向两个不同的维度对消费者进行划分。在自我导向维度中，消费者依据不同的心理和地理人口特征被划分为八种类别：

（1）现代者（actualizers）：善于接受新鲜事物、不相信广告、阅读大量出版物、轻度电视观看者。

（2）实现者（fulfillers）：喜欢教育和公共事务、阅读广泛、精明的、成功的、自负的、掌握大量资源的人。

（3）成就者（achievers）：容易被昂贵的产品吸引、阅读商务、新闻和自助出版物、中度电视观看者。

（4）享乐者（experiencers）：追随时髦和风尚、在社交活动中花费较多、购买行为较冲动、注意广告、爱听摇滚乐的人。

（5）信仰者（believers）：购买本国生产的产品、偏好很少改变、寻求廉价商品、阅读有关退休和家庭等方面杂志、重度电视观看者。

（6）奋斗者（strivers）：注重形象、收入有限但收支平衡、花销主要在服饰和个人保健产品上、相较于阅读更喜欢看电视的人。

（7）休闲者（makers）：为了体现舒适感和价值观而逛街、对奢侈品无感、仅保持基础消费、听收音机、阅读有关汽车、机械、垂钓和户外的杂志的人。

（8）挣扎者（strugglers）：高品牌忠诚、使用优惠券、相信广告、经常观看电视、阅读小型报刊和女性杂志的人。

地理人口学用来统计任意给定的小地理区域的居住者，对消费者市场细分具有重要意义。人口地理信息系统是一个将人口信息和地理信息结合起来构成的数据库系统，具有简洁明了、形象直观的特点，对于了解人口的分布和各种特征的区域构成十分有效。在地理人口信息系统数据库的帮助下，地理人口统计工作者能够利用数以万计的数据资料，统计出由调研人员划定的某个区域范围内居民的综合资料。公司可以根据自身需要（如某个快餐店的选址）确定调查范围，而不是机械地按照某省某市某区县进行简单划分。

在我国，央视市场研究股份有限公司（CTR）提供的生活形态研究是品牌厂商和广告公司细分市场、深挖客户价值的利器，对于探索目标消费者人口统计变量所无法解释的行为、理解消费动机和价值诉求、把握自身产品和服务的消费者视角，具有特别价值。通过对目标消费者生活形态的深入研究，该公司可以帮助品牌主和广告公司准确捕捉目标消费者核心特征，进行产品定位和制订营销沟通策略。

实践应用 7-1

大数据背景下的京东物流配送模式

供应链作为零售企业的核心竞争力，是许多零售企业争相提升的领域。京东致力于提高供应链的能力和灵活性，通过大数据进一步探索和构建其在线、多平台和集成的供应链解决方案，不断提高供应链效率。

京东全面涵盖各种商业活动，包括采购、销售、分销和客服等。其建立了一系列大型数据库应用程序，如用户肖像、挖掘工具和知识系统，并将其应用于业务流程。京东物流有自营的物流配送模式、第三方物流配送模式和合作伙伴共同配送模式。自营物流配送模式是指物流配送的所有环节都由企业自行构建和管理，以实现内部和外部货物的配送模式，京东将该模式应用于超市、生鲜产品、自主茶农以及使用其销售平台的小型电商企业；第三方物流配送模式是指由物流服务的供方或需方以外的第三方完成的物流运作模式，这种模式适用于一些大型旗舰店，如巴黎欧莱雅、雅诗兰黛、添柏岚和一些家具品牌；共同配送模式是指合作的物流配送模式，这种模式用于在京东上分销的品牌商品，这些商品通常来自规模较小的商店。

基于超过 1 000 万的活跃用户，京东拥有自己的问卷和调查数据平台，可以开展在线研究，为调查人员提供了大量精确的数据，可用于深入了解用户需求。在这个数据平台的帮助下，调查人员可以根据消费者特征确定准确的研究对象。该数据平台提供了一个数亿消费者的样本数据库和图书馆，同时，用户回答调查问卷可以获得奖励，从而激励他们完成调查。

通过有效利用大数据，京东确保每一步都能够改善用户体验，降低整个供应链的成本，提高生产效率，增加销售额。例如，采用机器学习、用户肖像技术和自然语言处理技术提升销售效率；根据销售情况、市场预期和预测模型实现库存管理；通过分析配送人员、仓库、用户之间的地理关系，为物流人员提供最优配送路线，提高配送速度和用户体验。

京东作为中国最大的在线零售商，拥有年活跃客户 3.2 亿。已有相关研究对其数据采用层次分析法（AHP）和理想解相似排序法（TOPSIS）对京东销售的门店选择物流配送模式。首先，采用 AHP 法确定每个方案的主观权重，再采用易读值法（the method of legibility value）计算每个方案的目标权重，最后采用 TOPSIS 法验证所构建的层次结构模型的合理性，为电子商务分销模式的选择提供依据。

得益于合理的物流配送体系，京东成功地抓住渠道共享、数字整合的机遇，不断寻求创新，从而提升其竞争优势。

资料来源：刘星.大数据 精细化销售管理、数据分析与预测［M］.北京：人民邮电出版社，2016.

三、市场跟踪服务

市场跟踪调查是一种连续性的市场研究方法，可以不断监测或跟踪变量的发展变化。例如，监测消费者对产品的反应（销售量、销售价格等）；监测零售商对产品的支持情况（进货率、缺货率等）；监测制造商的努力效果（铺货率、价格控制等）。在跟踪调查中会用到很多变量，如市场份额、消费者满意度、促销指标、商品流转周期等。市场跟踪在零售和家庭两个层面展开。市场跟踪研究是调研公司一项很重要的服务，数据通常由市场人员和零售店审计人员收集。

1. 零售层面的营销跟踪

零售层面的营销跟踪方法主要包括专业公司的零售追踪服务、信息扫描和零售店审计。

AC 尼尔森公司的零售追踪服务监测特定分销渠道的活动，并且已被视为行业标准。其通过以下五个步骤展开零售跟踪调查：①通过零售普查确定零售研究范围；②通过统计方法抽样，建立零售店样本；③核数员[①]在样本店中收集数据；④用统计学方法将样本数据推算到整体零售市场；⑤客户服务人员向客户递交数据库和分析报告。

信息资源公司（IRI）的辛迪加数据服务，通过超市、药店和杂货店的扫描器收集数据。信息扫描可收集 32 000 多家店面的数据，为客户提供 266 小类，8 大类信息，包括：美容保养、冷冻、烘烤、非食品类杂货店、大卖场、奶制品、熟食店、食品杂货店。扫描数据最显著的优点是它能够快速被提交到决策者手中，缺点是一旦销售店面没有扫描功能，数据就无法收集。

零售店审计是指审计人员被派到店里，记录跟踪研究所需的产品信息。这类调查方法使用以下公式计算评估销量：

期初库存 + 到货库存 - 期末库存 = 销量

审计人员不光记录产品信息，还会关注其他产品因素，如店内促销、报纸广告、产品脱销以及货架摆放等。与扫描数据一样，审计人员收集的数据也储存在通用数据库当中，任何人都可以购买。这些服务提供的标准化信息都属于辛迪加数据。

---

① 核数员也称"全职核对员"，其主要职责是对公司或组织的账目、财务报表、税务文件等进行核对和审计，确保其准确性、合法性和合规性。核数员需要具备一定的财务、会计知识和技能，例如，掌握财务报表编制和分析、税务法规、审计标准等。此外，他们还需要具备良好的沟通能力和团队协作能力，以便与其他部门进行有效的协作和交流。

2. 家庭层面的市场跟踪

这类市场跟踪信息的收集方法包括：利用商店扫描器或室内扫描器收集数据；通过各家庭成员记录日记以及通过审计人员收集数据。这些方法几乎都依赖于消费者家庭固定样本组记录和汇报家庭的购物情况，从而获取标准数据。

收集数据时，经固定样本组成员同意，扫描他们购买产品的通用产品代码，或者要求成员记录下购物情况然后寄给调查公司。AC 尼尔森家庭扫描固定样本组成立于 1989 年，样本组成员被要求记录产品购买地点、购买产品的家庭成员、产品价格和购买原因等信息。样本组成员购买的和带回家的产品条码均被扫描收集。

很多公司通过日记来获取跟踪数据。这种方式下，固定样本组的成员自主记录所有相关信息，包括产品类型、品牌名称、制造商、产品型号、购买价格、购买渠道、购买者信息等。这些信息可以被用来衡量许多重要指标，如市场份额、品牌忠诚度、购买者人口统计特征描述等。此外，一些公司还会派审计人员到家庭中收集数据。

凯度（Kantar）记录了全球超过 45 万名消费者的购买信息，这些消费者提供了有关家庭购买决策的宝贵信息。凯度消费者指数城市家庭购买样本组于 1996 年开始覆盖中国市场，目前已覆盖 370 余座城市，年样本量达 40 000 个城市家庭户，全面使用购物行为监测 App、小程序、购物单据扫描、商品识别等领先数据采集方式，包含食品、饮料、个人护理及家庭护理产品等 100 多类快速消费品。这些购买记录并不是通过回忆获取的，而是作为消费者日常工作的一部分记录下来的。凯度利用这些丰富的数据来洞察消费者的实际行为，从而帮助客户建立对核心消费者和潜力消费者购买与使用的认知。

3. 市场跟踪信息的商业价值

信息超载使得用户很容易被大量的信息弄昏头脑，从而无法从过量的信息中筛选出有价值的信息。为解决此类问题，各种信息处理公司发明了很多产品，可以有效帮助决策人使用信息进行决策，如决策支持系统、数据挖掘系统和专家系统等。

AC 尼尔森商务系统是协助客户衡量竞争品牌的表现、了解市场动态、对消费者进行深入分析的一种服务系统。通过这个商务系统，制造商可以了解不同的零售商对自己的产品的评价，从而与零售商更好地合作。即使零售商有不同的产品分类，制造商也可以了解到自己产品的表现，这有助于降低风险，提高收益。

四、媒体使用情况和促销效果调查服务

营销活动一旦投入市场，公司便会通过调查来确认其实施效果。一些辛迪加信息服务公司也会为客户提供这类数据，有些信息服务公司甚至还专门从事对一种或多种媒体的研究。

1. 电视

尼尔森电视指数（NTI）多年来都是电视收视率的主要提供者。电视节目是否被取消或持续播出都受到尼尔森电视指数的影响。获取广告收入是电视行业竞争的主要目的。尼尔森电视指数还为它的用户提供其他方面的信息服务，以便他们能够最有效地针对产品使用者进行广告宣传。

各类电视节目的观众规模和特征都是由固定样本组确定的。这些样本组包含一定数量的家庭，通过安装在电视上的收视测量仪记录样本组看电视的习惯。AC 尼尔森公司于 1987 年发明的人员测试器能够自动记录收看的频道。家庭成员观看电视时以代码的形式输入自己的姓名，收集的数据通过这种电子设备直接传给 AC 尼尔森公司，进而展开进一步的数据分析。尼尔森电视指数用于报告每个节目的收视率和观众份额。

2. 广播

阿比创公司是一家提供广播听众信息的辛迪加信息服务公司。广播听众信息的测量通过固定样本组完成。样本组成员每天完成广播记录日志，记录包括打开收音机的时间、听某个电台的时间、听广播的地点、听众个人信息等，每周寄回公司。个人便携测量仪是该公司研发的电子记录装置，用于连续自动收集记录数据。用户可以在网络上查询到所需信息，针对不同的听众进行决策，如向喜欢在车上收听某个电台的听众投放包含停车场、汽修店等信息内容的广告。

3. 出版物

Roper ASW 公司提供的斯塔奇读者服务经常被用来测量杂志广告的注目率。斯塔奇就杂志、贸易刊物或报纸的某一期对读者进行访谈，按照"注意到""记得""读过一些""非常深刻"对读者进行分类。每期杂志访谈的最小样本容量是 100，会在 20~30 座城市展开访谈。斯塔奇每年调查人数超过 4 万，调查范围涉及 400 家刊物中的 25 000 个广告。

斯塔奇还有很多其他分析方法，如广告排名，即通过某个杂志广告相对于该杂志中其他广告被注意到的百分比来表示其知名度。广告版面大小、页数、颜色、位置等都是其分析的影响变量。

此外，斯塔奇还为客户提供 Adnorms 服务，即依据广告类型计算注目率，这项服务对广告人员衡量广告效果具有重要意义。例如，Adnorms 可

以计算《商业周刊》上一个一页四色的计算机广告的平均注目率。

4. 多媒体

西蒙斯媒体和市场研究提供关于杂志、报纸、电视、广播、户外广告等方面的信息。他们报道媒体受众、近千种产品或品牌的使用率、品牌类别、人口统计数据及心理学数据。西蒙斯使用指数系统报告数据，以100表示某一特定属性的平均值。例如，对于重金属摇滚CD，18~24岁年龄组指数为300，而65岁以上年龄组指数为10，则18~24岁年龄人群是重金属摇滚CD的主要市场。

阿比创公司的个人便携测量仪通过在有线电视、广播和网页的信号音频部分嵌入代码完成工作，当被调查者接触媒体时，测量仪会捕捉代码并确定媒体类型。个人便携测量仪帮助阿比创公司测量广播、电视、游戏、CD、网络等多种媒体的用户。

艾瑞咨询是我国早期涉及互联网研究的第三方机构，在互联网行业为上千家企业提供定制化的研究咨询服务。艾瑞咨询长期致力于大数据平台建设，为研究洞察和企业服务提供基础分析服务。此外，其每年发布的多种行业市场洞察报告在商业界、学术界等多领域都具有一定的参考价值。

实践应用 7-2

CTR 媒体融合研究院

CTR 媒体融合研究院（Media Convergence Institute）是中国第一家专注于媒体融合的研究院，以受众研究为基础为各类媒体提供内容制作、广告传播、品牌定位、内部管理等研究服务，拥有20年以上的媒体研究经验，在中国媒体研究领域占据领导地位，主要客户包括国内各电视台、广播媒体、网络媒体以及户外媒体、移动媒体等媒体公司。

媒体内容研究方面，媒体融合研究院贯穿节目制作的前、中、后三个阶段开展研究，前期可提供脚本测试、创意测试、样片测试及电视剧测试服务，为节目投放提供建议；中期可对节目进行内容定位与要素研究、收视分析与编排研究、改版研究，为节目内容优化提供支持；后期可提供受众满意度评估、节目综合评估、融合传播效果评估等服务，涵盖短视频、新闻、电视剧、综艺等各类节目。

融媒体研究方面，媒体融合研究院可提供融媒体传播效果评估、融媒体内容产品研究、节目网络大数据监测、媒体融合转型研究等。其中，传播效果评估代表产品为媒体融合效果评估体系，量化评估观众对节目的满意度以及在不同互联网渠道上的传播力、影响力和引领力；内容产品研究对融媒体传播的内容产品进行受众需求分析、内容定位与传播策略分析等，如微博，微信的传播特点，热文传播特征，App、网页页面与功能设计等；节目网络大数据监测除了传统的电视收视率分析与解读之外，对节目在互联网的传播效果，受众评议进行全面监测与分析；媒体融合转型方面主要研究传统媒体机构转型成功的案例与经验，并结合市场需求，为融合转型提供策略建议。

户外等新媒体研究方面，媒体融合研究院可提供跨媒体价值研究、媒体接触点研究、户外媒体价值评估、广告效果评估、户外媒体受众大数据画像等。其中，跨媒体价值研究以 SIVA 模型为基础，结合消费者决策过程的关键时刻，从相关维度综合评估各个媒体对消费决策的贡献，以此来界定各个媒体的价值，为广告投放的预算分配提供参考；媒体接触点研究通过梳理各类媒体典型的广告形式，界定典型的具有营销驱动力的媒体接触点，探讨不同类型消费者与各个媒体接触点的关联度，为广告投放提供参考；户外媒体价值评估基于 CTR 户外媒体价值评价体系帮助户外媒体发现市场机会及传播价值，为户外媒体优化及营销提供支撑；广告效果评估体系解决投放在户外新媒体上的广告效果问题；户外媒体受众大数据画像应用电子围栏技术与互联网数据结合，描述媒体受众特征。

资料来源：央视市场研究股份有限公司官网。

第四节　标准化信息源的分类

标准化信息从何而来？联合国教科文组织 1976 年出版的《文献术语》将"信息源"定义为：个人为满足其信息需要而获得信息的来源，一切生产、储存、整理、组织、传播信息的源泉都可以看作是信息源。标准化信息的来源多种多样，按照不同的分类标准，可以将标准化信息源分为不同的类型。

一、按产生时间划分

（1）先导信息源：产生于社会活动之前，如天气预报。
（2）即时信息源：产生于社会活动之中，如工作记录、实验报告。
（3）滞后信息源：产生于社会活动之后，如杂志、报纸。

二、按加工深度及功能作用划分

（1）零次信息源（灰色型文献）：未经过任何加工处理的信息源，如手稿、书信、笔记、会议纪要。

（2）一次信息源（原始型文献）：人们依据自己在社会生产过程中总结的经验、在科研活动中得到的科学性和规律性的认识而形成的文献，如期刊论文、会议论文、图书等。

（3）二次信息源（检索型文献）：通过一次信息源综合、浓缩、提炼而形成的信息源，并为用户查找一次信息源提供线索或检索途径，如索引、目录、题录。

（4）三次信息源（参考型文献）：在一、二次信息源的基础之上，经过深入的综合分析形成的文献，为参考咨询、决策提供支撑，如百科全书、词典、手册、指南。

三、按传播形式划分

（1）口传信息源：存在于记忆中，人们通过讨论、报告会等形式进行传播。

（2）实物信息源：存在于自然界和人工制品中，通过社会生产、实践、劳动等方式进行传播。

（3）文献信息源：存在于具体的文献中，通过阅读、视听、观看等方式传播。

四、按来源渠道划分

1. 单一家庭

单一家庭信息源是对同一家庭的电视或其他媒体的曝光和购买行为的电子测量。单一家庭信息源的数据包含很多变量的信息数据，如促销信息的传达、人口统计以及购买行为。这些数据组件是通过一个单一的、集成的数据收集系统进行收集的。一个样本组中的家庭成员在商品促销时的行为，以及随后被连续记录的购买行为就是单一家庭信息源数据。

在单一家庭信息源数据的收集过程中，通用产品条码（UPC）扫描设备能够收集记录购买情况。美国信息资源公司的行为扫描能够利用电子卡片收集购买不同商品的消费者的人口统计特征。运用这些信息，营销人员不仅能够知道商品的购买时间地点、购买者特征，还可以了解不同媒体广告或是商店促销方式的影响。

2. 政府机构

各国政府都有相应的部门负责收集、分析国际和国内市场的相关资料，并通过机构的官方平台或网站向公众提供这些信息。如，中华人民共和国商务部网站公共服务版块的公共服务资源平台提供的开放数据、开放指数以及专题信息版块发布的国内外各类市场的信息和数据等，如图7-1所示。

图 7-1　商务部网站页面

3. 国际组织

许多国际组织尤其是经济和贸易组织建立网站，为企业开展调研与策划营销活动提供途径。

4. 专业调研机构

本章已经介绍了许多专业调研机构，这些机构提供的资料具有专业、精准的特点，从这些平台获取信息通常需要不菲的价格，而许多研究报告的摘要、目录通常是免费的，研究者也能从中获取一些有用的信息。一些专业咨询公司与市场调研机构如表7-1所示。

表 7-1　专业咨询公司与市场调研机构

机构名称	业务主要涉及领域	主要业务范围及信息适用范围
道琼斯公司（Dow Jones & Company, Inc.）	金融、证券、资本、外汇、商品和能源	股票、外汇、债券等金融市场和财经信息的分析评论
盖洛普咨询有限公司（Gallup Consulting）	商业流通、金融、物流、制药、电信、汽车、能源、化工、电子、公共事业	市场营销（营销战略、营销方法、客户管理、品牌管理、顾客满意度与客户忠诚等）、人力资源管理
麦肯锡咨询公司（McKinsey & Company）	金融、商业流通、高新科技、电信、物流	资本市场运营、营销管理、客户关系管理、公司治理、战略管理、信息技术应用、供应链管理、技术产品开发

机构名称	业务主要涉及领域	主要业务范围及信息适用范围
AC 尼尔森公司（AC Nielsen）	快消、汽车、金融服务、电信	向快消行业的制造商和零售商提供市场营销咨询（定制市场调研方案、提供专业调研产品、方法和技能）
埃森哲咨询公司（Accenture）	高科技、公共事业、电信、物流、金融、商业流通、传媒、旅游、娱乐	管理咨询（人力资源、组织绩效、企业战略、供应链、客户关系、企业财务、电子商务等），技术咨询（商务智能、信息管理、系统集成等）
邓白氏公司（Dun & Bradstreet）	与各国的商业数据库连接，是全球最大的国际联机情报检索系统之一	有偿提供商业与经济信息检索，涵盖近 2 000 万家企业的档案数据

5. 相关行业或企业网站

参与网上经营的各类企业是市场信息的重要来源之一。目前许多企业通过互联网宣传自己的产品和服务，这一行为为市场调研提供大量有价值的市场信息。比如，我们可以通过搜集某消费品的网络广告，了解其产品的差异化特征以及目标市场定位、价格、促销等信息。

此外，我国相关的商业查询平台（如天眼查、企查查等）提供企业的基本信息，如企业注册资本、经营范围、经营风险等。这些平台的存在不仅可以为研究者提供许多有价值的信息，而且有助于打破信息的不对称，降低企业和个人获取信息的成本，提高用户的风险判断能力。

6. 网络专业数据库

普通搜索引擎搜索范围有限，在其之外还存在大量的信息，这类信息通常需要通过专业数据库获取。

Web of Science 是美国科学情报研究所（Institute for Scientific Information，ISI）建设的涵盖自然科学、工程技术、社会科学、艺术与人文等诸多领域内近万种期刊的数据库。通过 Web of Science，可以详细了解到许多核心期刊以及著名文摘索引中的科研进展。

CSMAR 数 据 库（China Stock Market & Accounting Research Database），是深圳希施玛数据科技有限公司从学术研究需求出发，借鉴 CRSP、COMPUSTAT、TAQ、THOMSON 等权威数据库专业标准，并结合中国实际国情开发的经济金融领域的研究型精准数据库。其服务对象为以研究和量化投资分析为目的的学术高校和金融机构。CSMAR 数据库结合国内金融市场的实际情况，以及高校、机构的研究习惯，将数据库分为股票、因子研究、公司、人物特征、基金、经济、银行、专题、债券市场、绿色经济、市场信息等系列数据库，涵盖中国证券、外汇、宏观、行业等经济金融主要领域的高精准研究型数据，是投资和实证研究的基础工具。

万得（Wind）数据库是由万得信息技术股份有限公司建成的，国内完整准确、以金融证券数据为核心的大型金融工程和财经数据库。其内容涵盖股票、债券、基金、外汇、金融衍生品、大宗商品、宏观经济、财经新闻等领域。万得通过对数据的及时更新来满足机构投资者的需求。针对金融业投资机构、研究机构、学术机构、监管部门等不同客户的需求，万得开发了一系列围绕信息检索、数据提取与分析、投资组合管理应用等领域的专业分析软件与应用工具。通过这些终端工具，用户可以随时获取及时、准确、完整的财经数据、信息和各种分析结果。

理论前沿 7-1

社交媒体下的数据信息收集

近年来，社交媒体已经成为公众参与、组织关系和共享公共信息的主要平台，企业可以从社交媒体上收集数据信息并整合到其经营战略中，这对制定营销战略、维护客户关系、提升业务能力具有重要意义。消费者会在以下阶段产生社交媒体数据信息。

1. 问题识别

在消费者解决问题的第一阶段，消费者会看到他（她）所拥有的或经历的与他（她）想要的之间的差距。许多关于产品的讨论都发生在可以监控的社交媒体环境中，利用社交媒体（如搜索查询、社交网络、网络评论）可以了解到这些信息。

在传统的线下市场中，可选择的替代品的品种有限；而在网络环境中，消费者有太多的选择，且每一次搜索都会被记录。过去，直接面向消费者的零售商记录消费者所购买的商品，但如今零售商可以记录消费者在网站和购物应用程序上留下的所有可能导致购买的活动，包括搜索过的商品、点击过的商品、添加到购物车或愿望清单、放弃、退款等行为。

2. 购买行为

随着支付手段变得多种多样，购买行为产生的数据也变得更加丰富，在不同类型的购买环境中发生的详细数字记录，包括商店里面的摄像头、品牌应用上的移动购物活动、结账时的扫描仪、在线直销购物响应等。这些购买行为产生的数据为企业生产、经营决策提供了良好的数据支持。

3. 消费

消费者越来越多地进行数字消费。目前，媒体消费几乎完全实现了数字化。每天微博上更新的自拍不计其数；餐厅顾客在小红书上搜索美食榜单；餐厅老板通过大众点评向顾客发放消费券。多种类型的消费数据给公司管理者带来挑战，也给研究消费者行为的学者提供了更多的研究机会。

在线支付的发展给数字消费提供机会，Apple Pay、微信支付、支付宝等应用使线上消费方便、快捷，且降低支付痛苦，故对其具有促进作用。这些支付数据在一定程度上也能够作为消费信息进行收集和利用。

4. 购后评价

消费者在消费期间和消费后评估他们的期望和实际消费体验之间的差距，这一行为本身并不会产生大数据，但正面或负面的差距可能会在评论、推文、照片等社交媒体上流传，对其他消费者造成影响。公司通过监控每一次互动和使用，可以对满意度、承诺、态度和忠诚等传统购后评估指标进行评估。

资料来源：Hofacker C.F., Malthouse E.C., Sultan F. Big data and consumer behavior: Imminent opportunities [J]. Journal of Consumer Marketing, 2016, 33（2）: 89-97.

理论前沿 7-2

利用云计算对非结构化数据进行结构化分析

社交平台上产生的大量非结构化数据（如文本、图像、音频和视频）在标准分析程序上难以计算，但是可以通过云计算、机器学习和文本挖掘等方式对其进行有效分析和预测。

早期学者主要依靠手工编码人员对用户生成内容（UCG）进行分类，或采用监督学习方法对其进行分类。在这种情况下，UCG通常被划分为预先设想的标签（如情感、推荐导向等），这限制了应用程序的规模，且缺乏精确性。

将机器学习与文本挖掘的方法相结合，能够更全面地检查文本内容，并内生地识别 UCG 中不同的信息流。可使用 Apache Mahout 机器学习库对数据进行大规模降维，将大量信息汇总到几个主要组件中，使用云计算的工具和方法，如 Hadoop Map Reduce，对数百万个文本文档进行管理。而对于更大量的数据，则可使用 Amazon Web Services 来执行云计算任务。

例如，使用软件收集 Twitter 上的用户推文和 Google 搜索趋势，选取 2008 年 9 月 1 日至 2013 年 10 月 27 日讨论的电视剧和美国国家橄榄球联赛（NFL）。采取若干种类的标签收集有关内容的推文：①该剧的名字；②官方 Twitter 账号（如 @TwoHalf Men_CBS）；③与该剧相关的标签列表（如 #AskGreys）；④剧中角色的名字（如 Sheldon Cooper）。对于 NFL 采用相同的标签进行识别，包括① 32 支球队的名称（如 #Steelers）；②比赛的名称（如 #SNF）。利用 Hadoop Map Reduce 进行有效筛选，并绘制趋势图。参考早期 Arellano 和 Bond 的方法（AB 方法，即具有自回归和解释变量的单方程模型，采用广义矩阵估计方法来考虑所有的潜在正交条件）对收集到的数据建立动态面板数据线性模型，从而对电视节目的收视率进行预测。

资料来源：Liu X., Singh P.V., Srinivasan K. A structured analysis of unstructured big data by leveraging cloud computing [J]. Marketing Science, 2016, 35（3）: 363-388.

本章小结

标准化信息是一种二手资料，可以分为辛迪加数据和标准化服务。辛迪加数据以标准的方式收集数据并向所有用户提供标准化形式的数据；标准化服务以标准的营销调研过程为特定的用户收集数据，对于不同的用户，标准的营销调研过程可能也会导致不同的数据结果。

每一类标准化信息都有优点和缺点，其中主要的几点是围绕"标准化"这一显著特点产生的。辛迪加数据的优点是多个客户分摊成本、数据有效性高以及时效性强；缺点在于定制能力低、购买门槛高以及战略性信息优势较弱。标准化服务的优点在于调研专业化和经验化、调研成本经济化、调研服务高效性；缺点在于定制程度低和用户采纳门槛高。

标准化信息拥有多种应用范围和用途。在市场营销领域的应用范围和作用主要体现在四个方面，分别是消费者态度测量和民意调查、市场细分信息服务、市场跟踪服务、媒体使用情况和促销效果调查服务。

标准化信息的来源丰富多样，按照不同的标准可以划分为多种不同的类型。按照时间先后可以划分为先导信息源、即时信息源和滞后信息源；按照加工深度及功能作用可以划分为零次信息源、一次信息源、二次信息源和三次信息源；按照传播方式可以划分为口传信息源、实物信息源和文献信息源；按照来源渠道可以划分为单一家庭、政府机构、国际组织、专业调研机构、相关行业或企业网站以及网络专业数据库等。

即测即评

复习思考题

1. 什么是标准化信息？

2. 如何区分辛迪加数据和标准化服务？

3. 辛迪加数据的优缺点是什么？

4. 标准化服务的优缺点是什么？

5. 举例说明标准化信息在四个方面的应用。

6. 什么是单一家庭信息源数据？描述单一家庭信息源数据在对价格和商店促销决策中的运用。

7. 列出你知道的辛迪加数据服务和公司。

8. 信息源是什么？有哪些分类？

综合实训

标准化信息为国内外企业提供了有价值的基础信息，能够帮助企业进行商业决策。

任务目标：请你结合本章所学和其他资料，详细介绍一个使用标准化信息进行市场调研的案例，并提出你的见解。

执行要求：

（1）以小组为单位完成实训，要求介绍案例背景、调研过程和结果，突出标准化信息的使用和对案例的理解和看法。

（2）以PPT汇报的形式在课堂上进行展示。

考核标准：

作业考核采用小组互评的方式，总分100分，在评分时小组需要列其他小组的优点和不足，同时小组需要给打出的特别分数（如本项获得满分或较低分数）予以说明。

央视市场研究股份有限公司（CTR）是中国国际电视总公司和凯度集团合资的股份制企业。CTR 近 30 年来一直致力于将中国市场洞察经验与快速发展的互联网大数据技术相结合，通过连续性调查和定制化专项服务，提供全方位的市场数据解析和高附加值的趋势洞察，与客户一起深入研究千变万化商业环境，探寻市场发展规律，制订营销决策方案。其产品线分为媒介智讯、消费者指数、媒体融合研究院、移动用户指数四部分。

一、媒介智讯

媒介智讯深耕于中国媒体与广告市场，拥有丰富的行业经验，利用成熟的品牌，科学的广告传播研究方法及覆盖全国超过 500 个城市的线上线下媒体品牌传播活动的观察网络，致力于向客户提供全面且连续不间断的营销传播监测、评估与洞察服务，帮助客户及时洞悉和应对市场营销变化。

二、消费者指数

借助连续监测、高级分析和定制化市场研究解决方案，凯度消费者指数在全球范围内激发品牌所有者、零售商、市场分析师和政府组织做出成功的决策。拥有 60 多年的历史，全球 3 500 名员工，服务覆盖 60 多个国家，凯度消费者指数帮助快速消费品、美妆类产品、婴儿用品、通信等行业的客户将消费者的购物行为转化为企业竞争优势。

三、媒体融合研究院

CTR 媒体融合研究院是中国第一家专注于媒体融合的研究院，立足于 20 余年媒介研究、受众测量和消费者洞察的专业优势，集结国内外一线专家学者、媒体和互联网操盘手，共同探求媒体融合的破冰之路。

同时，CTR 媒体融合研究院长期专注于个案类项目研究，研究的产品和服务覆盖媒介、快速消费品、耐用品、地产、汽车、通信、金融、政府、教育培训、彩票、珠宝、服装、家电、烟酒、IT 及互联网等各个领域。研究内容涵盖行业研究、市场进入可行性研究、产品研究、品牌研究、满意度研究、消费行为研究、渠道研究、广告及营销效果研究、营销咨询服务、基于连续性数据的专项研究、大数据与抽样数据融合研究、利用 VR 技术的消费体验研究等。

四、移动用户指数

移动用户指数专注流量监测、用户分析及运营优化策略，基于星汉移动用户分析系统，持续监测各类目标人群移动端特征及行为趋势，深入挖掘行业与用户价值、优化媒介选择、提升运营和营销效率，全面满足互联网公司、品牌主、广告公司、投资机构数字资产经营分析需求。

资料来源：央视市场研究股份有限公司官网。

思考:

（1）什么是消费者指数和移动用户指数？

（2）CTR 采用的市场研究方法有哪些？分别具有怎样的特点？

本章参考文献

[1] 阿尔文·C.伯恩斯，罗纳德·F.布什.营销调研：网络调研的应用［M］.梅清豪，王承，曹丽，译.4 版.北京：中国人民大学出版社，2007.

[2] 陈志浩，刘新燕.网络营销［M］.2 版.武汉：华中科技大学出版社，2013.

[3] 国家统计局.国家统计局关于执行国民经济行业分类第 1 号修改单的通知［EB/OL］.中华人民共和国民政部［2021-08-03］.

数据平台 8
第八章

本章主要阐述了电商店铺数据平台、短视频数据平台等网络平台的数据类型、数据来源和分析指标，以及 Google Analytics 的运用。本章的重点是理解各类数据指标的意义，并选取合适的数据指标来提升营销效率。本章的难点在于掌握 Google Analytics 的实际运用，能够对特定的网站进行流量分析。

（1）知识目标：了解数据平台的定义和重要意义；了解不同类型数据平台的差异；理解电商店铺数据平台的数据来源和分析指标；理解短视频电商的流量来源和分析指标。

（2）能力目标：掌握 Google Analytics 的实际运用。

（3）素质目标：结合中国电商数据赋能的发展路径，了解营销数据平台的发展和营销数据分析的模式演化。

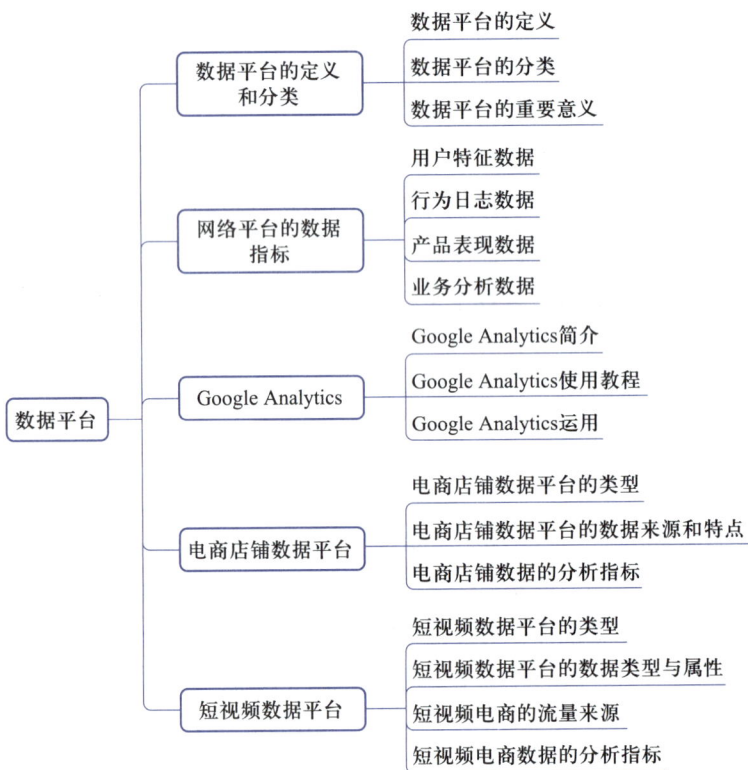

Snackoo "订阅盒子服务" 背后的数据资源

2017 年 9 月，华尔街日报生活方式栏目推出了《工作之余》（Off Duty）的当季潮流指南，这家美国知名媒体之一的指南中，除了服饰鞋履、家居装潢、美妆、旅游潮流介绍外，还有一个引人注目的新面孔——成功的亚洲零食垂直电商 Snackoo 的"订阅盒子服务"。那么，是什么支撑了 Snackoo "订阅盒子服务" 的成功呢？

答案是数据。作为一家以喜爱亚洲零食的消费者为主要目标用户的电商平台，该公司的成功源于对消费者喜好和消费数据的合理运用。

数据帮助 Snackoo 更好地了解用户，摸清他们的喜好和消费习惯。Snackoo 团队通过与用户的密集沟通，了解客户对选品的看法，基于团队掌握的大量客户基本数据，通过这些数据形成用户画像，将其分成不同群体和类型。划分群组后，Snackoo 团队会针对这些群体进行细致分析，了解他们的生活消费习惯，从而精准地进行广告投放。比如一些用户群体喜欢尝试新鲜事物，他们会有意识地在相似人群出现的地方投放广告等。

同时，这些消费者在网站上的购买行为也会被记录下来，点击率、停留率、页面跳出率、购买、回购等众多数据都成为公司了解消费者喜好的重要指标。有了这些数据，Snackoo 可以根据用户的喜好预测销量，更及时地补充货源。不少食品有最佳食用期的限制，平台也会将平台数据共享给卖家，并提供库存和周转期的预估，方便卖家进行备货，最大化地提升商品、信息、资金流通的效率。通过平台数据沉淀以及从其他网站抓取数据，Snackoo 后台会筛选消费者认为好吃的产品，通过精准分析进行推送，做到千人千面，让每个人都有专属自己的"零食清单"。Snackoo 订阅盒子的用户也能因此收到满足他们期待的新品零食。Baylor 介绍称，Snackoo 订阅盒子的取消率大约为 15%，而行业内平均取消率一般是 30% 到 40%。

值得思考的是，除了案例中提到的点击率、停留率等数据指标，还有哪些类型的数据指标可以帮助电商平台形成精准的用户画像？这些指标又可以通过哪些途径获得？

资料来源：硅星闻. 华尔街日报力荐 零食垂直电商 Snackoo 风靡全美 [EB/OL]（2018-01-27）。

第一节　数据平台的定义和分类

一、数据平台的定义

近年来，越来越多的企业已经从"跟风转型"过渡到"数据驱动转型"，并认识到数据是企业的新型资产。然而，随着数字经济的蓬勃发展，企业需要收集和处理的数据量呈现爆炸式增长。一方面，传统的数据库已经满足不了企业的数据驱动转型需求，数据资源浪费、数据孤岛等问题严重影响了企业效率和绩效。另一方面，数据收集、存储和处理等各方面成本的大幅下降和计算能力的大幅提高，为数据资产化应用提供了基础。而数据平台正是在这样的背景下兴起，特别是在互联网行业，数据平台已经得到了广泛的应用。2014年，阿里巴巴率先开创了"大中台、小前台"的组织机制和业务机制，通过高效、统一的后方系统来支持前端的机动部队，提高作战效率，减少冗余投入。2018年11月，美团开始打通大众点评、摩拜等各业务平台间的数据，构建数据中台；2018年12月，京东进行了有史以来最大幅度的组织架构调整，增设中台部门，京东商城CEO徐雷表示要将中台提升为"永不停歇"的超级引擎。

数据平台是基于分布式的实时或者离线计算框架，建立计算集群以运行各种计算任务，提供完善的大数据分析基础运行环境和统一二次开发接口等能力的平台。它支持对多数据集进行实时同步的数据资产管理，实现多源异构数据的整合管控。随着大数据技术的不断更新与迭代，数据管理工具得到了飞速的发展。从数据库、数据仓库、数据集市与数据湖，再到数据平台与数据中台，通过将它们比喻成一场"数据的旅程"，就不难理解在数字化运营的不同阶段，各运营手段之间没有替代关系，它们都有自己的功能和特点，或多或少都存在互补关系。

这里我们区分一下数据仓库、数据平台和数据中台这三个易混淆的概念。数据仓库是一个面向主题的、集成的、相对稳定的、反映历史变化的数据集合，用于支持管理决策。数据仓库给企业留下的重要财富是企业数据模型，这些模型随着前端业务系统的发展变化，不断丰富和完善。数据平台是指以处理海量数据存储、计算及流数据实时计算等场景为主的一套基础设施，包括了统一的数据采集中心、数据计算和存储中心、数据治理中心、运维管控中心、开放共享中心和应用中心。其主要解决企业海量的实时数据计算和存储问题。数据中台通过企业内外部多源异构的数据采集、治理、建模、分析、应用，提供标准的数据接口，不仅执行数据接入，还提供数据订阅、数据消费的功能。数据中台对内进行数据优化管理，提升业务，对外进行数据合作，价值释放，成为企业数据资产管理中枢。总之，数据中台解决数据如何安全、快速、最小权限且能够溯源地被探测和快速应用的问题。

二、数据平台的分类

数据平台通常使用 Apache Hadoop 架构进行搭建，由存储、计算、平台资源管理、传输交换等类型的组件组成整个平台。目前，数据平台主要有基于开源技术的自建平台和商业化平台两种。自建平台灵活性、自主性高，商业化平台安全性高、使用便捷。

（一）自建平台

自建平台使用开源数据平台技术架构，其优势在于有较高的自主性和灵活性，企业可以根据业务需求选择不同的功能组件，同时所有数据都在自己的管控范围内，避免第三方参与造成的数据泄露。除此之外，虽然自建平台建设成本较低，但需要足够的人力资源和较高的技术水平，才能满足平台正常运行维护的需求。运维人员需要关注各个组件的配置与漏洞情况，根据最新的风险情报对平台进行加固，防止风险事件的发生。

（二）商业化平台

商业化平台可分为委托式数据平台和自主控制式数据平台。委托式数据平台由供应商进行日常维护，用户通过服务调用方式使用数据平台。自主控制式数据平台搭建在用户的服务器或私有云上，用户对数据平台具有控制权，且自主进行日常维护。二者都采用成熟的商用数据平台产品，产品安全性均经过供应商的专业测试，用户的日常使用亦可得到供应商的技术支持。

1. 委托式数据平台

委托式数据平台成本低，供应商一般提供全托管式服务，但定制化程度不高。委托式数据平台部署于供应商侧，其提供的服务通过接口等方式供使用者调用。平台通常采用虚拟化技术，数据平台服务被多个使用者共享。供应商对该种数据平台拥有控制权，并负责日常运维。对用户而言，此种方式无须自行搭建数据平台，前期使用成本较低。然而，该种方式的数据平台对企业的定制化程度不高，企业部署的系统及软件需符合大数据提供商的相关技术标准。提供委托式数据平台的厂商有亚马逊、阿里云等。

2. 自主控制式数据平台

自主控制式数据平台成本较高，功能全面、保密性强。自主控制式数据平台是企业将具备完善功能的数据平台部署在自己的服务器或私有云上，并自行负责日常的数据平台运维。此种数据平台服务为企业独占，用户可根据自身需求进行定制化，因此该模式的平台保密性强，且功能全面。同时，自主控制式数据平台可在一定范围内进行大数据组件的自主选择和搭配使用。相对于委托式数据平台，自主控制式数据平台的硬件使用和日常运维由企业自行负责，成本较高。

三、数据平台的重要意义

数据平台是企业进行数据分析和数据应用，实现数字化转型的核心基础设施。通常，数据平台包含数据采集与接入、数据存储与计算、数据管理、数据分析与挖掘、数据服务等功能。从业务的角度出发，数据平台支撑了企业数字化转型的各项需求，使企业能够实现精细化运营，从而降低运营成本、提高运营效率、提升创新能力。具体而言，通过数据平台的应用，企业可以在业务中实现数据驱动，从而达成以下目标：

1. 资源共享

使用统一集群架构，可以实现通过一个大集群来整合所有可用的服务器资源，并通过一个大集群对外提供所有功能。这样将所有服务器资源进行统一整合之后，能够更加合理地规划和使用整个集群的资源，并且实现细粒度的资源调度机制，从而提高整体的资源利用率。同时，集群的存储能力和计算能力也能够突破小集群的极限。

2. 数据共享

使用统一存储架构，可以实现将企业内部的所有数据集中存储在一个集群之内，方便进行各种业务数据的整合使用。这样企业便能够结合业务实际场景对多个数据集进行关联使用，从而充分利用大数据技术分析的优势。同时，在这种统一的存储架构之下，各种业务数据也可以进行统一的定义和存储，可以避免存在数据重复存储和沟通成本增加的问题了。

3. 服务共享

通过统一服务架构，企业可以站在服务设计的角度来考虑问题，可将一套统一服务设计规则应用到所有的服务实现之上，同时统一服务的访问权限与访问规则。除此之外，因为所有的服务是由一个统一的大集群提供的，这便意味着这些服务不存在孤岛问题，可以进行整合使用。

4. 安全保障

通过统一安全架构，可以从平台层面出发，设计并实现一套整体的安全保障方案。在统一集群架构的基础上，可以实现细粒度的资源隔离、数据授权和访问控制等安全保障方案。

5. 统一规则

由于统一的大集群实现了技术路线的统一，这使得企业在后续应用开发的过程中有很多发展的空间。比如企业可以对大数据应用开发过程中积累的一些经验进行归纳和总结，并将这些经验整理为方法论和模型，再基于这些理论和模型形成一套大数据平台开发的软件开发工具包（SDK）。最终通过这套 SDK，可以很方便地将这些经验快速复制推广到整个企业内部。

6. 易于使用

在开发一款大数据产品或者开展一项新业务的时候，企业应当将主要的精力放在业务的梳理和实现之上，而不应该过多地关注平台底层细节，如集群服务的安装、维护和监控等。比较理想的方式是直接将应用构建在一个大数据平台之上，通过面向平台服务的方式进行应用开发，或是借助平台工具直接以交互的方式进行数据分析。通过平台服务和工具显露平台能力，屏蔽平台底层细节。应用开发者可以直接使用平台服务接口进行应用开发，数据科学家、数据分析人员直接使用平台提供的工具进行交互式数据查询与分析。

第二节 网络平台的数据指标

图 8-1 核心要素"人、货、场"

无论是传统的线下商业活动，还是如今的电子商务、直播带货等线上商业活动，其最基本的要素都是"人、货、场"（见图 8-1）。因此，合理地利用数据平台对"人、货、场"的相关数据指标进行收集和处理，将大大提高企业的运营效率和绩效表现。本节将详细探讨"人、货、场"这三个维度的重要数据指标，其中，"人"的数据主要来自用户特征数据和行为日志数据；"货"的数据主要是围绕产品的数据，即产品表现数据；"场"的数据主要是围绕平台或店铺进行的综合业务分析的数据。

一、用户特征数据

用户特征是数据平台提供给企业客户进行用户划分的一种重要标志。根据指标所反映的内容分类，用户特征指标通常分为基础属性指标、社会关系指标、消费能力指标、行为特征指标和心理特征指标。

1. 基础属性指标

基础属性指标主要描述的是用户的自然属性，包括用户的年龄、性别、地域、职业、教育程度等。如小红书 2021 年的活跃用户中，90% 的用户为女性，而超过 80% 的用户的年龄分布在 18~34 岁。

2. 社会关系指标

社会关系指标反映的是用户在其社会活动过程中所结成的相互关系，这类指标主要包括婚姻状况、有无孩子等。社交平台也可以有效提取用户的社交网络，进而掌握关系紧密的用户群，并发现其中具有意见领袖作用的用户个体。

3. 消费能力指标

用户的消费能力即用户的购买力，包括用户的实际消费水平和心理消费水平。消费能力指标主要包括月收入、月消费、支付方式、平台年消费额等，这些数据指标对于电商购物网站而言至关重要。

4. 行为特征指标

用户行为主要指用户在产品上产生的行为。用户行为特征往往难以由用户直接反映，而是通过数据展现，这对于反映用户的兴趣与习惯具有重要意义。行为特征指标非常广泛，比如用户活跃时段、常用购买渠道、消费频率等。

5. 心理特征指标

通过对用户行为的综合分析，数据平台可以在此基础上总结用户的心理特征，常用衡量用户心理特征的指标有品牌偏好、满意度、忠诚度、人格特质等。

总体来说，不同企业、不同产品面对的用户群体都有所不同，了解目标用户无论是对产品的销售还是对企业的存续都不可或缺，而分析、把握用户特征就是企业认识、读懂用户的基础，它能够帮助企业：寻找目标客户，并对留存和流失用户的特征进行分析；根据用户特征对用户进行精确分类；同时，针对不同用户群体进行精准营销。

二、行为日志数据

行为日志，又称行为轨迹、流量日志，是指用户每次访问网站所产生的行为数据集合，是一种用户访问网站的行为记录。一般而言，行为日志的内容主要包括：①访问的系统属性，即用户访问网站使用的操作系统、浏览器等；②访问特征，即用户点击的 URL、在网站各页面上的停留时间等；③访问信息，即用户的访问 ID 等。通过这三方面内容的数据，数据平台可以基本描绘用户的行为日志，在此基础上进一步对个体用户的访问行为进行分析，常使用的指标体系主要可以分为黏性指标、活跃指标和产出指标三类。

1. 黏性指标

黏性指标侧重于用户在某一段时间内持续访问和使用网站的情况，反映的是用户总体上访问网站的持续性，主要包括访问频率、访问间隔时间两个指标。

2. 活跃指标

活跃指标主要反映的是用户每次访问网站过程中发生的行为。这一指标重点关注的是用户访问参与度，在对数据进行分析时选用了用户每次访问数据的平均值，包括平均访问时长、平均访问页面数等。

3. 产出指标

产出指标直接衡量访问用户创造的价值输出，这一指标的选择根据不同网站的性质而表现出差异性。如电子商务网站可以选择订单数和客单价等指标来衡量用户的产出价值大小。

三、产品表现数据

常见的围绕产品的数据有商品数据、行业数据等。通过对商品和行业数据的分析，商家可以追踪问题、反思总结、挖掘商机，并进一步指导后续的经营决策，实现数据分析赋能企业决策。

1. 商品数据

商品数据主要包括商品类别、品牌、产地、价格等基础数据和销售数据。通过对商品数据的分析，商家可以深刻把握商品的广度、深度、季节性、畅销与否等特性，进而作出对商品结构调整的决策，通过改善经营策略进一步提高商品的竞争力。常见的指导商家决策的商品数据有：

SKU（stock keeping unit）：表示库存进出计量的基本单元，是库存控制的最小可用单位，如件、盒。

SPU（standard product unit）：标准化产品单元，是商品信息聚合的最小单位，通过标准化信息的集合描述单个产品的特性。

商品访客数：商品详情页被访问的人次，一个人在统计期间多次访问同一商品详情页也只记为一次。

商品浏览量：商品详情页被访问的次数，一个人在统计期间多次访问同一商品详情页则记为多次。

加购件数：访客在统计期间将商品加入购物车的商品件数总和。

收藏次数：在统计期间，商品被访客收藏的总次数。

支付转化率：购买商品的顾客与商品访客数的比值。

低支付转化率商品：支付转化率低于同类商品的平均水平的商品。

流量下跌商品：浏览量在最近的统计周期内较上一统计周期下跌50%以上的商品。

支付下跌商品：支付金额在最近的统计周期内较上一统计周期下跌50%以上的商品。

2. 行业数据

行业数据是对市场行情和企业在行业中发展情况的具体反映，商家对行业数据的分析有助于其进行精确的市场定位，分析与创造企业自身的竞争优势，并创新性地进行行业需求开发。这类数据可以通过国内权威金融机构、政府部门、行业协会、行业年鉴等途径获取，商家决策时常用的行业数据指标有行业销售额、行业销售额增长率、行业平均利润、企业市场占有率、市场增长率、竞争对手销售额、竞争对手客单价等。

行业销售额：在一定时期内，行业内所有成交订单对应的总金额，通常情况下，行业销售额随行业销售量的增加而增加。

行业销售额增长率：行业本期产品销售增额与上期或同期产品销售总额的比率。

行业平均利润：行业利润总额与行业内主要企业数量的比值。

企业市场占有率：企业营业额在同一时期行业内总营业额中所占的比重。

市场增长率：企业本期市场占有率与上期企业市场占有率的差值。

竞争对手销售额：企业在行业中的竞争对手在一定时期内的总销售金额。

竞争对手客单价：企业在行业中的竞争对手的成交金额与成交客户数的比值。

四、业务分析数据

通过对业务数据的分析，平台或店铺可以实现对现有发展战略的有效评估，在识别新机遇的基础上，开启收入增加和打造竞争优势的新路线。常用的指标分为用户数量指标、用户行为指标和运营表现指标三类。平台或店铺的业务数据分析代表着企业的定期复盘，是考察业务表现与企业目标匹配程度的重要工具。

1. 用户数量指标

基于用户进行分类的用户数量指标主要包括新增用户、活跃用户和留存用户数量指标。数据平台常使用日新增用户数作为对企业新增用户的衡量指标，进而对不同渠道的推广效果进行评估。根据评估对象的不同，新增用户的定义也有所不同。对于 App 而言，通常以注册行为作为成为新增用户的标志，而对于微信公众号而言，通常以新增加的关注的用户数量作为新增用户数量。

活跃用户数与活跃率是平台常用的针对活跃用户的数据指标。其中，活跃用户数主要分为日活跃用户数、周活跃用户数、月活跃用户数三种。在活跃用户数的基础上，活跃率通过活跃用户与总用户数量的对比来进一步衡量用户活跃程度，反映用户和产品之间的黏性。

除了新增用户和活跃用户，留存用户的数据指标也是数据平台重点关注的对象，常用留存率对留存用户数据进行衡量。其中，留存率为第 1 天访问应用后在第 N 天仍访问应用的用户数与第 1 天访问应用的用户数的比值，根据企业的特点可以选择使用次日留存率、3 日留存率、7 日留存率、30 日留存率。

2. 用户行为指标

在对企业业务进行分析时，还需结合访问用户的行为，具体的用户行为指标主要包括页面访问数、独立访客数、跳出率和转化率等。

页面访问数（PV）：是用户对网站中的每个网页访问量的累计数额。

独立访客数（UV）：是一段时间内访问网页的人数，同一用户在一天内多次访问网站的也只记录为一人次。

跳出率：是用户只访问了入口页面就离开网站的访问次数占总访问次数的百分比，是反映网站流量质量的重要指标。

转化率：是转化次数与访问次数的比值，其中，用户在网站上完成一次平台计入该指标的行为，如注册会员、下单等，就叫作一次转化。

3. 运营表现指标

运营表现指标主要是指企业在运营过程中产生的一系列数据。通过对运营表现指标的分析，商家可以有效把握企业日常运营的规律和效果，进而优化运营流程，开发更精细化的运营模式。其中，常见的运营表现指标有注册用户数、有价值的客户数、关注数、平均购买次数、重复购买率、客户回购率、成交总额、转化率、买家评价率、投资回报率等。

注册用户数：在运营平台上注册过的客户总数。

有价值的客户数：对平台贡献大的客户数，以网店为例，可以指一年内在本网店消费不低于 3 次的客户总数。

关注数：网点关注的人数，也可以记为一定统计时期内新增的关注人数。

平均购买次数：一定时期内订单总数与购买客户总数的比率。

重复购买率：一定时期内产生两次及以上购买行为的客户数量与购买客户总数的比率。

客户回购率：老客户在下一时期下单数与总下单数的比率。

成交总额：店铺下单成交金额。

转化率：任何用户行为的人次与总访问人次的比率，是判断营销效果的重要指标，常用的转化率指标有注册转化率、添加转化率、收藏转化率、下单转化率、成交转化率等。

买家评价率：在一定时期内进行评价的买家与该时期内买家数量总数的比值。

投资回报率：在一定时期内店铺产生的交易金额与投放成本金额的比值。

总的来说，数据指标是将业务单元精分和量化后的度量值，使得业务目标可描述、可度量、可拆解。数据指标需要对业务需求进行进一步抽象，通过埋点进行数据采集，设计一套计算规则，并通过业务接口和数据可视化呈现，最终能够解释用户行为变化及业务变化。通过构建"人、货、场"这三个维度的数据指标体系，企业可以主动发现问题、及时检测效果和精准施加干预。

延伸阅读 8-1
汽车销售线索转化难吗？线索评分来帮你！

第三节　Google　Analytics

一、Google　Analytics 简介

1. Google Analytics 的整体架构和原理

Google Analytics 是美国谷歌公司提供的一种网站流量分析服务，通过追踪和分析网站的访问记录为网站用户及其在线浏览行为提供关键统计数据和多种可视化表征。其前身是一款名为 Urchin on Demand 的网站流量分析工具，该工具于 2005 年被谷歌公司收购，经过重新设计开发后，于同

年更名为 Google Analytics。Google Analytics 至今已先后更新四个版本，最新的一版是 GA4，由谷歌公司于 2020 年 11 月正式发布。

Google Analytics 采用了网页标记（page tagging）的方法收集网站流量数据，即向待分析的网页中插入一行 Java 脚本代码即可在每一次网页访问结束后向谷歌服务器发送该次访问中的统计数据。和传统的基于网站日志文件分析的方法相比，Google Analytics 能够进行更迅速、便捷和高效的网站流量分析，并提供更加完整的用户在线行为画像。Google Analytics 的整体构架如图 8-2 所示。

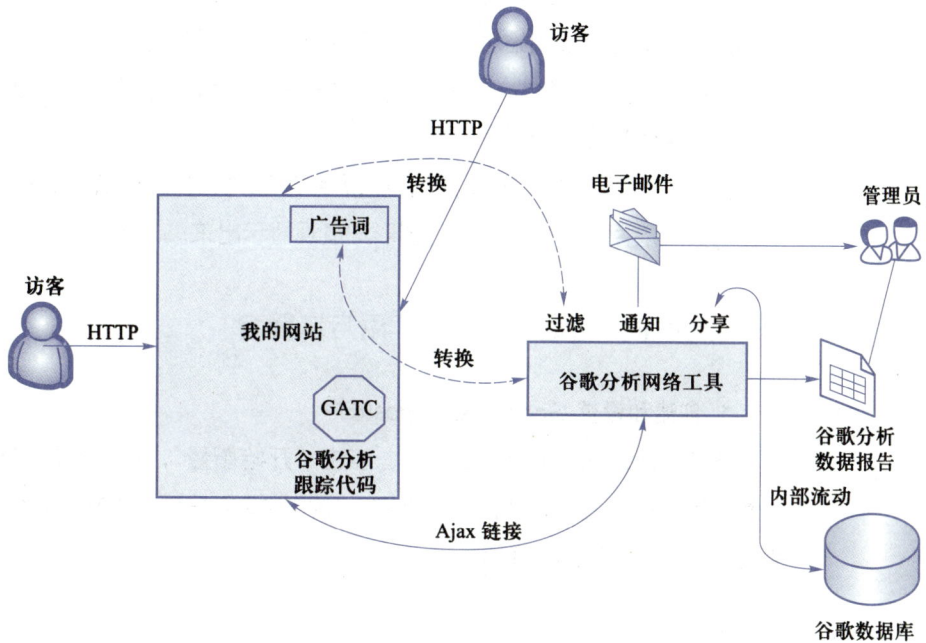

图 8-2　Google Analytics 的整体构架图

浏览器请求的网页中必须包含跟踪代码（Google Analytics Tracking Code，GATC）或者谷歌广告关键字（Google AdWords），当访问者通过 HTTP 请求访问网站时将触发 GATC 或 AdWords，根据 GATC 和 AdWords 采集的数据信息将通过 Ajax 链接会话或者通过创建的过滤器对需要过滤的数据进行筛选，将采用和过滤后的信息放入 Google Analytics 的数据库中，使用 Google Web 分析工具对数据进行统计分析并生成数据分析报告，网站管理者可以通过 Google Analytics 的界面查看不同维度和指标的分析报告，还可以在不同用户之间相互分享分析结果。

2. Google Analytics 的可视化工具

Google Analytics 提供了多种工具对网站流量进行可视化的呈现，以帮助用户更好地理解和解读收集到的海量数据。这些可视化工具包括：

（1）线形图：用来展现特定流量数据在时间序列上的变化情况。

（2）效果图：用条形长度比例呈现不同组别数据的差异。

（3）百分比图：用圆形中扇区面积展示不同组别数据所占整体的百分比大小。

（4）地理分布图：在世界地图上以不同的维度（如城市、国家、次大陆等）展示地理位置信息。

（5）行为流：呈现网站访问者浏览网站页面的顺序与路径。

（6）比较图：将某一组别的数据统计与总体均值进行比较。

（7）动态图：在时间序列上通过自定义横坐标值、纵坐标值、颜色表征和大小一次性呈现网站流量统计的四个维度指标的动态变化。

（8）字词云：通过字体大小反映搜索关键词和外链网站名称出现的频率高低，字体越大表明词频越高。

（9）页面分析图：通过浏览器拓展程序插件，将特定流量数据如点击率在网页上以百分比标注和热区图形式直观显示出来。

二、Google Analytics 的使用方法简介

1. 创建和设置 Google Analytics帐户

进入 analytics. google.com，点击"开始衡量"，输入帐户名称，输入网络媒体资源名称，选择行业类别、公司规模及 Google Analytics 用途，点击"创建"，如图 8-3 所示。

图 8-3　注册 Google Analytics 页面

2. 填写数据流

数据流有两种，当数据流是网站时，为网络数据流；当数据流是移动应用程序时，为移动应用程序。可以将一个或者多个数据流添加到 Google Analytics 4 属性中。图 8-4 为网站数据流。

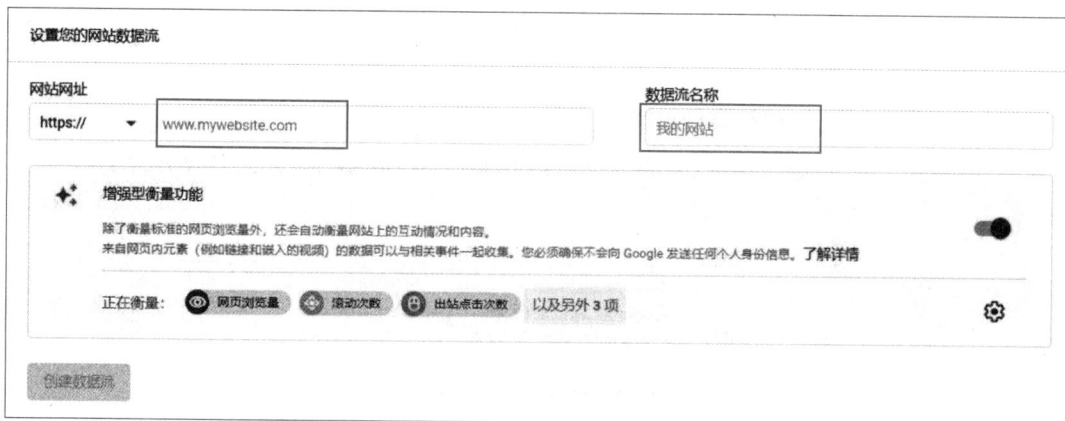

图 8-4　网站数据流页面

3. 代码获取

获取 Google 代码可直接复制，如图 8-5 所示。

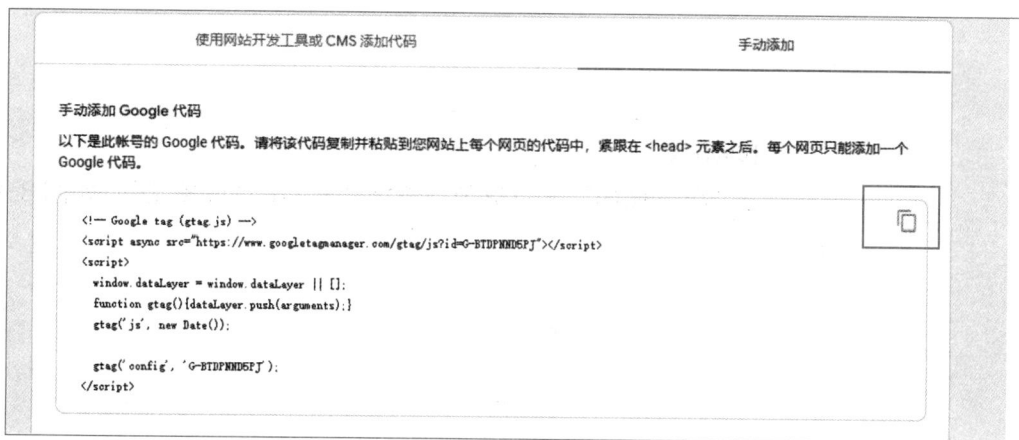

图 8-5　代码获取页面

4. 登录 Google 跟踪代码管理器

登录 Google 跟踪代码管理器，然后点击左侧菜单中的"代码"。

5. 点击"新建"按钮

点击"新建"按钮，如图 8-6 所示。

图 8-6　点击"新建"按钮页面

6. 代码类型选择

选择 Google Analytics（分析）：GA4 事件，如图 8-7 所示。

图 8-7　代码类型选择页面

7. 代码配置

点击"配置代码"下拉菜单，选择"无 - 手动设置 ID"，如图 8-8 所示。

图 8-8　代码配置页面

8. 填入 Google Analytics 衡量 ID 和事件名称

根据实际需求，在"衡量 ID"和"事件名称"中填入相应信息，如图 8-9 所示。

9. 填写触发条件

事件名称为"邮箱点击"则对应邮箱的点击触发器应选择"Click Text"，其他事件的添加，根据实际的代码选择对应的变量即可。如图 8-10 所示。

图 8-9　填入"衡量 ID"页面

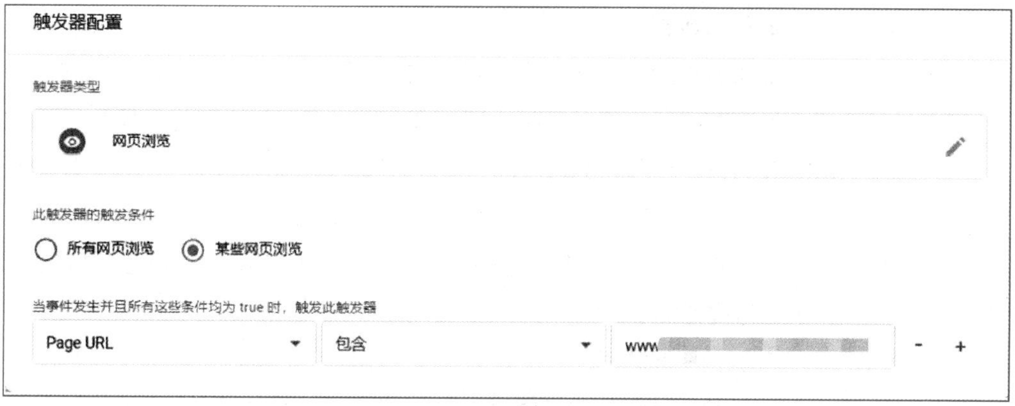

图 8-10　填写触发条件页面

10. 保存代码与触发器

点击"提交"并返回 Google 跟踪代码管理器控制台，选择"预览"，填入网站链接，并实际点击"邮箱"看是否被触发。

11. 跟踪代码管理器并添加代码

Google Analytics 中跟踪代码管理器并添加代码，先在 Google 跟踪代码管理器，也就是 GTM 里添加代码，预览成功之后提交。返回到 Google Analytics—管理—目标中添加事件"类型"、事件"类别"、事件"标签"之后点击保存。保存完毕之后直接就展示在页面上，并且能选择是否将此事件设置为转化目标。

三、Google Analytics 的运用

在设置完谷歌 Google Analytics 后，网站拥有者会得到在各个渠道获取的流量数据，这些数据可以帮助他们改善网站。Google Analytics 收集到的网站流量数据可以分为四大类：受众群体数据（Audience Data）、行为数据（Behavior Data）、流量获取数据（Acquisition Data）与实时数据（Real-time Data）。值得注意的是，这四类数据并不完全独立于彼此，而是有一定的交叉与重合，一些流量数据会被收录到不同类别，进行重复报告。

1. 受众群体数据

此类数据能提供网站访问者的一些关键信息，包括访问者的地理位置与主要语言、上网设备信息（如浏览器品牌、终端设备信息和操作系统等）、活跃状态（包括 7 天、14 天和 30 天的活跃状态）以及一些用户行为统计（如会话数，即访问次数；新会话百分比，即首次访问占比；平均浏览页数及会话时长等）。

2. 行为数据

此类数据反映了访问者浏览网站、与网页进行交互的行为概况，并提供一系列在线行为统计指标，如网页总浏览量、唯一身份浏览量、跳出率（未与网页进行互动的单页会话次数百分比）以及热门事件（如下载、观看视频、外链及发邮件）的次数与比例。此外，访问者与网页交互的顺序与浏览路径还能以行为流的方式呈现，并能针对不同的用户群组分类对相应的行为流进行高亮标示。

3. 流量获取数据

此类数据聚焦用户访问目标网站的渠道。渠道来源共分四大类，分别是有机搜索、网址键入、外部链接与社交网络。对应的数据信息包括常用搜索引擎、搜索关键词、外链网页和社交媒体平台及其使用情况。受众群体和在线行为相关数据可以按照流量获取渠道进行分类展示与比较。

4. 实时数据

实时数据展示访问者浏览网站的实时情况，相关数据将会持续动态地更新。它标示当前目标网站上的活跃用户及其地理分布情况，同时显示过去

30 分钟内的活跃网页、热门事件与媒介来源。

第四节　电商店铺数据平台

一、电商店铺数据平台的类型

根据数据平台的经营方式可以将电商店铺数据平台分为电商自营数据平台和第三方数据平台两类。

（一）电商自营数据平台

电商店铺的运营多以数据方式为主导，数据贯穿于店铺运营的采购、营销等全过程，这也是其得以从传统店铺模式中脱颖而出的重要原因之一。数据的获取、处理使电商店铺得以高效分析顾客需求，进行数据化运营，这对于电商店铺的成功经营至关重要。而随着电商行业的发展，一些电商巨头开始推出自有品牌的数据平台，这些数据平台以自有平台的店铺数据为基础，向第三方商家提供数据服务。其中，阿里指数、生意参谋、京东商智为典型的电商自营数据平台。

1. 阿里指数

阿里指数是阿里巴巴集团于 2012 年 11 月推出的了解电子商务平台市场动向的数据分析平台。通过阿里巴巴网站每日运营的基本数据，具体包括每天网站浏览量、每天浏览的人次、每天新增供求产品数、每天新增公司数和每天新增产品数这 5 项指标，计算得出阿里指数，为店铺提供其所在行业情况的参考数据。

2. 生意参谋

生意参谋是阿里巴巴集团推出的集市场行情、装修分析、来源分析、竞争情报等数据产品于一体的数据产品平台，为店铺提供点击量、展现量、下单量、成交金额等数据及相应的行业排名。除此之外，生意参谋还可以有效帮助电商店铺进行访客分析，根据提供的访客来源的时间段和地区数据，店铺可以对产品进行适当调整，并做重点推广。

3. 京东商智

与阿里系的数据平台相对应，京东推出京东商智，从实时与历史两个视角、店铺与行业两个范畴出发，为电商店铺提供流量、销量、客户、商品等全维度的电商数据。通过电商店铺全面、专业、精准的店铺运营分析数据，京东商智可以有效帮助商家提升店铺运营效率、降低运营成本。京东商智是商户实现精准营销、数据掘金的强大工具。

（二）第三方数据平台

虽然电商企业自营的数据平台正在逐渐崛起，但市场上主流的数据平台仍为第三方数据平台。第三方数据平台的数据主要通过从公开网页上爬取，相对更加全面，通常包括大量电商平台的电商店铺数据。在此基础上，这些平台根据电商店铺的普遍需求，除了提供详尽的商品信息外，还提供商品在各个平台的销量趋势、投放广告的渠道等信息且多为实时更新的数据。

二、电商店铺数据平台的数据来源和特点

数据获取是数据平台开展数据分析工作的前提与基础。电商店铺的数据极为复杂，获取数据的来源也十分广泛，具有多元化的数据获取渠道，其中常见的数据来源有权威的公开数据源、电商店铺交易平台和问卷调查等。

1. 权威的公开数据源

现有国内较为权威的公开数据源主要包括国家统计局、大数据导航网站、巨潮资讯网、中国互联网络信息中心等。

国家统计局作为国务院直属机构，主管全国统计和国民经济核算工作，其官网经常发布国民经济、贸易、价格等统计报告，数据可靠性强。

大数据导航网站集合了大量数据统计工具，提供了全球互联网数据，涉及国内的百度指数、微信指数、微博指数等。

巨潮资讯网是中国证券监督管理委员会指定的上市公司信息披露网站，公布了国内深沪 2 500 多家上市公司的公告信息和市场数据。

中国互联网络信息中心公布了互联网的发展数据，数据指标包括企业互联网、移动互联网、网络购物市场、网络视频等。

2. 电商店铺交易平台

电商店铺常规的流量数据、交易数据等可以从其交易网页上获取，这种获取方式通常通过网络爬虫工具自动访问网页并记录网页内容来实现。目前，市面上常用的相对成熟的网络爬虫工具有八爪鱼、HTTrack、Scraper 等。

3. 问卷调查

对于无法从已有数据源获得的数据，数据平台也常采用问卷调查等方式自行获取一手数据。这种数据获取方法常见于平台分析用户特征数据的情形。

三、电商店铺数据的分析指标

基于用户生命周期的指标体系 AARRR 模型被广泛应用于电商行业，

AARRR 模型是 2007 年由 Dave Mcclure 提出，这个漏斗模型极具侵略性，因此也被业内称为海盗模型（见图 8-11）。它将用户所有的行为过程分解为五个指标：获取用户（acquisition）—激活用户（activation）—提高留存率（retention）—用户转化（revenue）—推荐自传播（referral）。AARRR 模型中的五个指标代表了所有客户的行为模式，通过对客户行为的划分可以帮助运营者更好地了解这些数据背后的含义，并为运营者进行优化提供了可以量化衡量的指标。

下面基于"人、货、场"的基本核心要素和 AARRR 模型，详细描述各维度的重要指标。共包括八类电商店铺常用的数据分析指标，分别为总体运营指标、网站流量指标、销售转化指标、客户价值指标、商品类指标、市场营销活动指标、风控类指标和市场竞争指标。这八类数据指标与"人、货、场"及 AARRR 模型的对应关系见表 8-1。

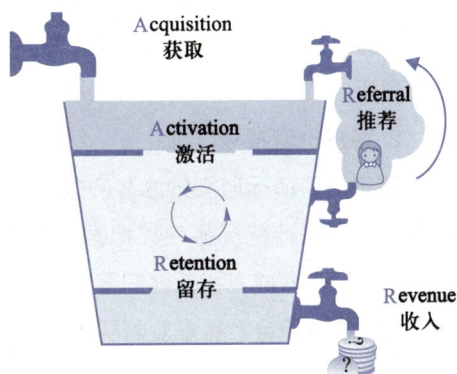

图 8-11　AARRR 模型

表 8-1　电商店铺数据指标类别

分析维度	数据指标类别
总体概况	总体运营指标
人	客户价值指标
货	商品类指标
场	市场竞争指标
获取用户	网站流量指标
激活用户	市场营销活动指标
提高留存率、用户转化	销售转化指标
推荐自传播	风控类指标

1. 总体运营指标

总体运营指标是企业高层决策重点关注的指标，主要包括流量类指标、订单产生效率指标、总体销售业绩指标和整体指标四类指标。

流量类指标：主要是指访问数、独立访问数和人均页面访问数。其中，人均页面访问数为页面访问数与独立访问数的比值，反映了网站访问的黏性。

订单产生效率指标：包括总订单数量与访问到下单转化率两个指标。其中，访问到下单的转化率用电商店铺下单的次数与访问该店铺的次数的比值进行衡量。

总体销售业绩指标：包括网站成交额、销售金额与客单价三个常用指标。其中，客单价表示订单金额与订单数量的比值。这里需要注意的是，销售金额不同于网站成交额，网站成交额的计算以用户下单行为为标志，包括了未付款与已付款的订单金额，而销售金额则表示店铺实际收到的付款金额。

整体指标：反映了企业整体运营状况，通过对整体指标进行把控，可以实现对运营的电商平台的大致了解。整体指标主要包括指店铺的销售毛利和毛利率。

2. 客户价值指标

客户价值指标通常分为客户指标、新客户指标和老客户指标三类指标。客户指标指累计购买客户数和客单价两个指标；新客户指标包括新客户数量、新客户获取成本和新客户客单价；老客户指标包括消费频率、最近一次购买时间、消费金额和重复购买率。

3. 商品类指标

商品类指标包括产品总数指标、产品优势性指标、品牌存量指标、上架指标和首发指标五类指标。产品总数指标主要包括 SKU 数、SPU 数和在线 SPU 数；产品优势性指标指店铺独家产品收入比重；品牌存量指标即店铺的品牌总数量；上架指标主要包括上架商品数、上架在线商品数、上架商品 SKU 数、上架商品 SPU 数、上架在线 SPU 数；首发指标主要指首次上架商品数和首次上架在线商品数两个指标。

4. 市场竞争指标

市场竞争指标主要包括市场份额相关指标和网站排名两类指标。市场份额相关指标主要包括市场占有率、市场扩大率和用户份额。市场占有率指电商店铺交易额占同期所有同类型电商店铺交易额总和的比重；市场扩大率则指电商店铺市场占有率较上一个统计周期增长的百分比；用户份额指电商店铺独立访问用户数占同期所有 B2C 电商店铺独立访问用户数总和的比例。网站排名主要指电商店铺的交易额与流量的排名。

5. 网站流量指标

网站流量指标共分为流量规模类指标、流量成本类指标、流量质量类指标和会员类指标四类。

流量规模类指标主要指页面访问数和独立访问数两个指标。流量成本类指标表示单位访客获取成本，即在流量推广中，广告投放费用与相应广告带来的独立访客数量的比值。流量质量类指标包括跳出率、页面访问时长和人均页面浏览量三个指标。其中，跳出率表示浏览单个页面即退出的次数与该页总访问次数的比值，跳出率高往往表示店铺推广渠道的选择出现失误。会员类指标主要包括注册会员数、活跃会员数、活跃会员率、会员复购率、会员平均购买次数、会员回购率、会员留存率等。

6. 市场营销活动指标

市场营销活动指标主要包括市场营销活动效果指标和广告投放指标两类指标。

市场营销活动效果指标主要反映营销活动对店铺流量、销售量的影响，包括新增访问人数、新增注册人数、总访问次数、订单数量、活动下单转化率以及投资回报率。广告投放指标则侧重反映广告投放为电商店铺带来的营业效果，包括新增访问人数、新增注册人数、总访问次数、订单数量、UV订单转化率、广告投资回报率。

7. 销售转化指标

销售转化指标主要分为购物车类指标、下单类指标、支付类指标和交易类指标四类。

购物车类指标包括一定周期内加入购物车次数、加入购物车买家数、加入购物车商品数以及最终的购物车支付转化率。购物车支付转化率即一定周期内加入购物车后进行购买和支付行为的买家数量与加入购物车的买家总数的比值。下单类指标包括一定周期内的下单笔数、下单金额、下单买家数以及浏览下单转化率。支付类指标包括一定周期内支付金额、支付买家数、支付商品数、浏览—支付买家转化率、下单—支付金额转化率、下单—支付买家数转化率和下单—支付时长等指标。交易类指标包括一定周期内交易成功或者失败的订单数、金额、买家数、商品数以及相应的退款订单量、金额和退款率。

8. 风控类指标

风控类指标主要包括买家评价指标和投诉类指标两类指标。

买家评价指标包括买家评价数、买家评价卖家数、买家评价上传图片数、买家评价率、买家好评率以及买家差评率。投诉类指标包括发起投诉数、撤销投诉数和投诉率。

八类电商店铺分析指标的详细子数据指标汇总如表 8-2 所示。

表 8-2　电商店铺数据的分析指标

一级指标	二级指标	三级指标
总体运营指标	流量类指标	访问数
		独立访问数
		人均页面访问数
	订单产生效率指标	总订单数量
		访问到下单转化率
	总体销售业绩指标	网站成交额
		销售金额
		客单价
	整体指标	销售毛利
		毛利率
客户价值指标	客户指标	累计购买客户数
		客单价
	新客户指标	新客户数量
		新客户获取成本
		新客户客单价
	老客户指标	消费频率
		最近一次购买时间
		消费金额
		重复购买率
商品类指标	产品总数指标	SKU 数
		SPU 数
		在线 SPU 数
	产品优势性指标	店铺独家产品收入比重
	品牌存量指标	店铺的品牌总数量
	上架指标	上架商品数
		上架在线商品数
		上架商品 SKU 数
		上架商品 SPU 数
		上架在线 SPU 数
	首发指标	首次上架商品数
		首次上架在线商品数
市场竞争指标	市场份额相关指标	市场占有率
		市场扩大率
		用户份额

続表

一级指标	二级指标	三级指标
市场竞争指标	网站排名	交易额排名
		流量排名
网站流量指标	流量规模类指标	页面访问数
		独立访问数
	流量成本类指标	单位访客获取成本
	流量质量类指标	跳出率
		页面访问时长
		人均页面浏览量
	会员类指标	注册会员数
		活跃会员数
		活跃会员率
		会员复购率
		会员平均购买次数
		会员回购率
		会员留存率
市场营销活动指标	市场营销活动效果指标	新增访问人数
		新增注册人数
		总访问次数
		订单数量
		活动下单转化率
		投资回报率
	广告投放指标	新增访问人数
		新增注册人数
		总访问次数
		订单数量
		UV 订单转化率
		广告投资回报率
销售转化指标	购物车类指标	加入购物车次数
		加入购物车买家数
		加入购物车商品数
		购物车支付转化率

一级指标	二级指标	三级指标
销售转化指标	下单类指标	下单笔数
		下单金额
		下单买家数
		浏览下单转化率
	支付类指标	支付金额
		支付买家数
		支付商品数
		浏览—支付买家转化率
		下单—支付金额转化率
		下单—支付买家数转化率
		下单—支付时长
	交易类指标	交易成功订单数
		交易成功金额
		交易成功买家数
		交易成功商品数
		交易失败订单数
		交易失败金额
		交易失败买家数
		交易失败商品数
		退款订单量
		退款金额
		退款率
风控类指标	买家评价指标	买家评价数
		买家评价卖家数
		买家评价上传图片数
		买家评价率
		买家好评率
		买家差评率

一级指标	二级指标	三级指标
风控类指标	投诉类指标	发起投诉数
		撤销投诉数
		投诉率

延伸阅读 8-2
网站的流量问题探讨

第五节　短视频数据平台

一、短视频数据平台的类型

　　与电商店铺数据平台类似，根据数据平台的经营方式也可将短视频数据平台分为自营数据平台和第三方数据平台两类。这里以抖音短视频平台为例，介绍这两种类型的数据平台。

1. 自营数据平台

　　抖音电商罗盘是抖音电商官方设计的一款多视角全方位统一的数据产品，旨在帮助商家、达人及机构在抖音生态建立稳定的经营模式。抖音电商罗盘分为商家视角、达人视角和机构视角。

　　商家视角的罗盘是抖音后台中的功能板块，主要用来针对店铺，也就是商家的生意进行分析诊断，包括达人诊断、用户诊断、服务诊断、内容诊断、商品诊断、直播诊断六大方向。而达人视角的罗盘则是抖音后台中的功能模块，主要用来为带货账号的直播进行诊断分析。

　　两种视角最大的不同在于分析目标上，商家视角下能看到为自己商品带过货的所有的直播间数据，更多是站在生意的角度对日销复盘，并基于数据调整渠道策略、商品策略、内容策略和投放策略。而达人视角则是集中在达人自身的成长上，能够看到近 90 日所有直播场次的详细数据，并基于不同场次的数据对比，不断地优化直播节奏、选品组品、主播话术等。

　　机构视角的罗盘支持机构查看所有绑定达人或商家的核心数据总和、每个达人及商家的内容生产及成交数据，帮助机构更好地给达人或商家提供支持，管理及培养达人，提升规模化创收能力。

2. 第三方数据平台

抖音旗下的第三方数据平台包括蝉妈妈、飞瓜数据、卡思数据等平台。这些平台披露的数据维度、数据颗粒度尚不如电商罗盘。但是，它们可以搜集到更多达人、用户、商家的数据，提供更全面的视角。

二、短视频数据平台的数据类型与属性

1. 数据类型

短视频平台是一个开放性的社会网络平台，通过智能算法向用户推荐内容，使短视频平台更加个性化。短视频平台参与者主要包括平台运营者、平台内容生产者和平台消费者。不同的参与者在短视频平台上会产生不同类型的数据。

短视频平台的数据类型可以分为两类，即用户数据和业务数据，其中用户数据又可分为用户行为数据和用户内容数据。用户行为数据主要指用户在访问、浏览和操作短视频平台时产生的数据。用户内容数据主要是用户在操作短视频平台时上传的个人信息数据，以及通过短视频平台制作的作品。业务数据主要指短视频平台在运营环节产生的数据，主要包括用户存量、营收、资金流转等经营数据，这类数据通常在平台内部进行流动，可以为平台经营者制定决策和开展精细运营提供支撑。

2. 数据属性

短视频平台为内容生产者和消费者提供互动场所，鉴于平台的属性，各类数据具有共享性、价值性、垄断性、传播性、竞争性等属性（参见表8-3）。短视频平台用多模态表示不同形态的数据形式，或者同种形态不同的格式，一般体现为文本、图片、音频、视频、混合数据。平台上用户的浏览、转发、点赞等行为特征会以文本、混合数据的形式存储，生成用户行为数据，促进短视频平台生态系统的资源整合，为社会基础设施建设提供用户画像，实现用户行为数据的共享性和价值性。平台利用人工智能和推荐算法提取图像、文本、音频等内容特征，基于分布式深度学习和多模态异构平台对用户的内容数据进行分析，内容数据是用户和平台所拥有的知识产权，属于短视频平台的核心资源，短视频平台会通过法律途径对内容数据进行保护，具有垄断性；但短视频平台作为内容的承载者，需要将内容精准送达用户，内容数据又具备了传播性。业务数据是短视频平台经营情况的反映，是短视频平台经营者进行决策的支撑，是与其他短视频平台抢占用户市场的关键，具有竞争性。

表 8-3　短视频平台数据的特有属性

数据类型		属性	说明
用户数据	用户行为数据	共享性	在确保数据安全的前提下，可以将部分可公开的用户行为数据作为公共资源，向社会开放，为社会服务
		价值性	用户行为数据可以促进短视频平台生态系统内资源整合，创造生态价值
	用户内容数据	垄断性	用户内容数据是短视频平台的核心资源。短视频平台运营方往往不愿意将用户内容数据参与跨平台的数据流动，从而造成数据垄断
		传播性	短视频平台可以实现在适当的场景通过适当的人用合法的方式将内容精准传达给社会各界
业务数据		竞争性	业务数据是短视频平台经营情况的直观反映，短视频平台依靠业务数据进行组织管理、事务决策和平台运营等经营活动，实现平台收益

三、短视频电商的流量来源

根据流量获取成本可将短视频电商直播间的流量来源分为付费流量和自然流量两大类。付费流量类似于百度的广告竞价排名方式，按点击付费，商家花钱向平台买流量。自然流量则是免费的，绩效指标突出的直播间会获得更多平台分发的流量，表现一般的直播间获得的自然流量则要少一些。下面以短视频平台抖音为例，说明抖音直播间的具体流量来源渠道（见图 8-12）。

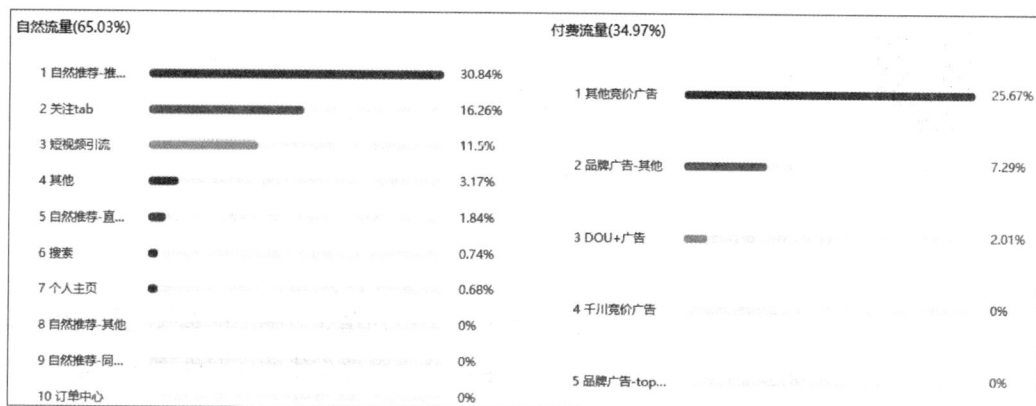

自然流量(65.03%)

1 自然推荐-推…		30.84%
2 关注tab		16.26%
3 短视频引流		11.5%
4 其他		3.17%
5 自然推荐-直…		1.84%
6 搜索		0.74%
7 个人主页		0.68%
8 自然推荐-其他		0%
9 自然推荐-同…		0%
10 订单中心		0%

付费流量(34.97%)

1 其他竞价广告		25.67%
2 品牌广告-其他		7.29%
3 DOU+广告		2.01%
4 千川竞价广告		0%
5 品牌广告-top…		0%

图 8-12　短视频电商流量来源

1. 付费流量

DOU+ 广告：通过 DOU+ 加热直播间、DOU+视频加热直播间渠道进入直播间。

品牌广告—toplive：通过投放的 toplive 渠道进入直播间。

品牌广告—其他：通过投放的品牌广告入口进入直播间。

千川竞价广告：通过千川后台投放的广告进入直播间。

其他竞价广告：其他渠道的广告推广。

2. 自然流量

自然推荐—推荐 feed：自然流量中，用户通过直播推荐算法在推荐 feed 流中看到直播间和直播间的入口，并且进入直播间。

自然推荐—直播广场：自然流量中，用户通过直播广场中的入口进入直播间。

自然推荐—同城 feed：自然流量中，用户通过同城 tab 下的入口进入直播间。

自然推荐—其他：自然流量中，其他受直播个性化推荐机制控制的入口。

短视频引流：自然流量中，用户从推荐 tab 的主播短视频进入直播间，点击短视频中的主播头像进入直播间。

关注 tab：自然流量中，用户从关注 tab 下的入口进入直播间。

搜索：自然流量中，用户通过搜索进入直播间。

个人主页：自然流量中，用户查看个人主页并进入直播间。

订单中心：从我的订单下方推荐位置进入直播间。

其他：其他自然流量入口。

延伸阅读 8-3
抖音推荐 feed 流 VS 直播广场

四、短视频电商数据的分析指标

蓬勃兴起的短视频直播电商日渐成为企业业绩新的增长引擎，相比较传统的线下购物和电子商务平台购物，直播带货的即时性更强，需要消费者在更短的时间内作出决策。因此，更依赖于"人、货、场"来作为判断依据，特别是消费者全程受到主播（即达人）的影响。达人特征对消费者决策至关重要，如达人粉丝数、月带货销售额等指标。本书介绍短视频电商数据的三大类分析指标，分别是达人分析指标（达人信息、交易指标、售后指标）、商品分析指标（交易指标、售后指标、评价指标）和内容分析指标（数据概览、直播间明细、短视频明细），依次对应短视频直播电商的三大基本要素"人、货、场"。

（一）达人分析指标

1. 达人信息

电商等级：该达人的电商等级。

粉丝数：达人粉丝数，只包含抖音和抖音火山版内产生的关注关系。

近30天电商开播频次：该达人近30天内以商品分享为主题的直播开播场次/30，包含关联其他店铺内商品的直播。

近30天电商投稿频次：该达人近30天内带购物车的短视频发布条数/30，包含关联其他店铺内商品的短视频。

2. 交易指标

成交金额：该达人带货商品的成交金额。

成交订单数：该达人带货商品的成交子订单数。

成交件数：该达人带货商品的成交件数。

成交人数：该达人带货商品的成交人数。

预估佣金支出：预计将为该达人支付的佣金金额。

实际佣金支出：实际支付给该达人的佣金金额。

直播间成交金额：直播间渠道的成交金额。

直播间成交订单数：直播间渠道的成交子订单数。

短视频成交金额：短视频渠道的成交金额。

短视频成交订单数：短视频渠道的成交子订单数。

3. 售后指标

退款金额：成功退款金额。

退款订单数：成功退款子订单数。

退款人数：成功退款人数。

发货前退款金额：发货前成功退款的金额。

发货前退款订单数：发货前成功退款的子订单数。

发货前退款人数：发货前成功退款的人数。

（二）商品分析指标

1. 交易指标

成交金额：商品的成交金额。

成交订单数：商品的成交子订单数。

成交件数：商品的成交件数。

成交人数：商品的去重成交人数（同一用户成交多次仅被计算1次）。

成交客单价：商品的成交金额/成交人数。

实际结算金额：商品的实际结算金额。

实际佣金支出：该商品的实际佣金支出。

2. 售后指标

退款金额：成功退款金额。

退款订单数：成功退款子订单数。

退款人数：成功退款人数。

退款率：成功退款子订单数/成交子订单数。

品质退货率（滞后）：14天前成交的有效子订单中因品质问题申请发货后退款的子订单数/14天前成交的有效子订单数。

3. 评价指标

评价数：首次评价的数量。

好评数：首次评价的好评数量。

差评数：首次评价的差评数量。

好评率：好评数/评价数。

差评率：差评数/评价数。

（三）内容分析指标

1. 数据概览

（1）抖音直播。

本月开播场次：本月新开播的有关联店铺内商品的直播场次数。

本月开播主播：本月新开播的有关联店铺内商品的主播数。

本月开播时长：本月新开播的有关联店铺内商品的直播间的直播时长总和。

本月看播量中位数：本月开播的有关联店铺内商品的直播间平均在线人数的中位数。

本月看播峰值中位数：本月开播的有关联店铺内商品的直播间最高同时在线人数的中位数。

本月开播成交金额：本月开播直播间店铺关联商品在直播期间全渠道（包含直播间外生成的订单，如主播橱窗、短视频、搜索等）成交的订单金额总和。

本月开播退款金额：本月开播直播间店铺关联商品在直播期间全渠道（包含直播间外生成的订单，如主播橱窗、短视频、搜索等）成交的订单累计成功退款金额的总和。

（2）抖音短视频。

本月电商短视频发布达人：本月新发布有关联店铺内商品的短视频的

作者数。

本月发布电商短视频成交金额：本月新发布有关联店铺内商品的短视频的累计成交金额总和。

本月发布电商短视频退款金额：本月新发布有关联店铺内商品短视频的累计退款金额总和。

2. 直播间明细

直播间观看人数：累计进入直播间的人数。

直播间观看人次：累计进入直播间次数。

最高在线人数：该场直播最高同时在线人数。

平均在线人数：该场直播平均每分钟在线人数。

人均观看时长：该场直播平均每个用户的观看时长，单位为分钟。

评论次数：该场直播下用户发布的评论总条数。

新加团人数：点击加入粉丝团的用户数。

新增粉丝数：点击关注主播的用户数，不剔除后续取关用户。

取关粉丝数：点击取消关注主播的用户数，不剔除取关后再次点击关注的用户。

看播粉丝占比：累计进入直播间的粉丝数 / 累计进入直播间的人数。

成交粉丝占比：累计成交粉丝数 / 累计成交人数。

本店上架商品数：关联店铺内商品的个数。

直播间商品曝光人数：曝光人数（按直播间维度去重）。

直播间商品点击人数：点击人数（按直播间维度去重）。

直播期间成交金额：直播期间店铺内关联直播间商品在全渠道的成交金额。

直播期间成交订单数：直播期间全渠道的成交子订单数。

直播期间成交件数：直播期间全渠道的成交件数。

直播期间成交人数：直播期间全渠道的成交人数（按直播间维度去重）。

直播期间订单退款金额：直播期间店铺内关联直播间商品在全渠道成交的子订单中，累计成功退款的金额。

直播期间订单退款数：直播期间全渠道成交累计成功退款的子订单数（包括直播结束后成功退款的数据）。

直播期间订单退款人数：直播期间店铺下的商品在全渠道成交的子订单中，累计成功退款的人数。

预估佣金支出：预计将为该场直播支付的佣金金额（由于订单会产生退款退货情况，最终支出以实际交易完成的订单金额为准）。

引流消耗：直播间主动引流的费用。

用户画像（支付用户）：直播期间支付用户。

添加商品至直播间时间：商品添加至直播间购物车的时间。

引流动作时间：直播间主动引流的时间点。

进入—成交转化率：直播间成交人数／进入直播间人数。

进入—曝光转化率：直播间商品曝光人数／进入直播间人数。

曝光—点击转化率：直播间商品点击人数／直播间商品曝光人数。

点击—创建转化率：直播间创建订单人数／直播间商品点击人数。

创建—成交转化率：直播期间成交人数／直播间创建订单人数。

3. 短视频明细

累计点赞次数：该短视频的累计点赞数。

累计评论次数：该短视频的累计评论数。

累计分享次数：该短视频的累计分享数。

累计商品曝光人数：累计去重曝光人数。

累计商品点击人数：累计去重点击人数。

累计成交订单数：累计成交子订单数。

累计成交金额：累计成交金额。

累计成交件数：累计成交件数。

累计成交人数：累计去重成交人数。

累计成交转化率：累计成交人数／累计商品点击人数。

累计退款金额：累计成功退款金额。

累计退款订单数：累计成功退款子订单数。

累计退款人数：累计去重成功退款人数。

预估佣金支出：预计将为该短视频支付的佣金金额。

本章小结　　数据平台是基于分布式的实时或者离线计算框架，建立计算集群以运行各种计算任务，提供完善的大数据分析基础运行环境和统一二次开发接口等功能的平台。从业务的角度，数据平台支撑了企业数字化转型的各项需求，企业因此能够实现精细化运营，从而降低运营成本、提高运营效率、提升创新能力。在"电商＋大数据"的背景下，卖家可以便捷地获得丰富的用户特征数据、行为日志数据、商家决策数据和业务分析数据。在直面用户的电商平台（如天猫、淘宝）和短视频电商平台（如抖音、快手等）上，商家可以运用 Google Analytics 等工具获得丰富的数据信息，通过多样的数据指标来辅助决策。相较于以往，大数据背景下，商家可以更准确地洞察用户画像和用户需求、更快地推出和迭代产品，进而提高自身的营销效率。

复习思考题

1. 简述数据仓库、数据平台和数据中台的区别。

2. 举例说明 Google Analytics 可能的运用场景。

3. 简述短视频平台数据的特有属性。

4. 阐述电商平台和短视频电商平台的流量来源分别有哪些，并进行比较。

5. 阐述电商平台和短视频电商平台的数据指标分别有哪些，并进行比较。

6. 在题 3、4、5 的基础上，结合最新技术的发展，思考营销数据平台的演变过程和未来趋势。

综合实训

请以小米或者华为的一款手机型号为例，观察某一电商平台（天猫或京东）或短视频平台（抖音或快手），调查该款手机在不同平台的销售情况和用户评价。

任务目标：请通过网络，联系销售该款手机的某一在线零售商家，获取该商家在某一在线平台的不少于 10 天的运营数据，学习如何根据平台提供的商家运营指标和数据来分析该商家的这一款手机的市场竞争力，并给出优化市场策略的建议。

执行要求：

（1）以小组为单位，选择任一电商平台或短视频平台的在线零售商，通过查找资料或亲身实践等方式，了解数据平台的功能和商家运营指标。

（2）尝试使用运营指标对比和分析该款手机的市场竞争力，并提出优化思路。

（3）形成小组报告，进行课堂展示与报告。

考核标准：

考核采用小组互评的方式，总分 100 分。在评分时小组需要列出别的小组的优点和不足，同时小组需要给打出的特别分数（如本项获得满分或较低分数）予以说明。

案例分析

抖音电商罗盘：兴趣电商背后的产品

在 2022 年 5 月 31 日抖音电商举办的 2022 抖音电商生态大会上，抖音电商产品负责人介绍："全新升级的抖音电商罗盘，结合 FACT+ 全域经营方法，助力商家经营决策。"升级完成后，电商罗盘将通过罗盘·策略、罗盘·经营两大产品，为品牌、商家提供全面数据服务，让生意经营可诊断可优化，以数据引领生意新增长。

一、契合兴趣电商 FACT+ 策略 电商罗盘产品升级

兴趣电商无疑是当下炙手可热的生意模式，在人货双向需求消费被打通后，商家面临的经营场域更加复杂，对数据推演的依赖性与日俱增。基于以上需求，电商罗盘能够从两方面助力到商家的经营升级。一方面，兴趣电商是内容生意，内容宽度与转化深度，直接决定了交易量的高低，罗盘可以通过内容洞察与诊断，为商家打开视野、提升商品 GMV；另一方面，在短视频、直播、商城、搜索、服务多场域下，电商罗盘还可深入内容场、中心场、营销场，用数据驱动生意增量，达成"全域兴趣电商"的进化升级。

兴趣电商的升级趋势映射到具体操作层面，则表现为已有经验在兴趣电商赛道不可完全复用，降本增效难题无法解决。例如，许多商家依然停留在原始粗放阶段，货品、内容诊断粗略，不知道什么商品更有机会，备货量该如何调整；人群洞察只停留在年龄、地域等表层，无法深入开掘到带货场景；货架优化耗费精力，中小商家人货双向发力，长期难免疲软。

面对货品、人群与内容的综合性难题，商家需从策略与经营入手"修炼内功"。一是制定更为前置性、全局性策略，解决方法无法复用的难题；二是提升精细化分析能力，用细化操作代替模糊化策略；三是需要准确判断健康度，实现长线经营增长；四是增加商达合作的能力，规避单打独斗。

以上操作，原则上都需要数据作为指引。在此背景下，电商罗盘基于罗盘·策略、罗盘·经营两大产品服务，构建出激发生意增长的数策生态，见图 8-13。

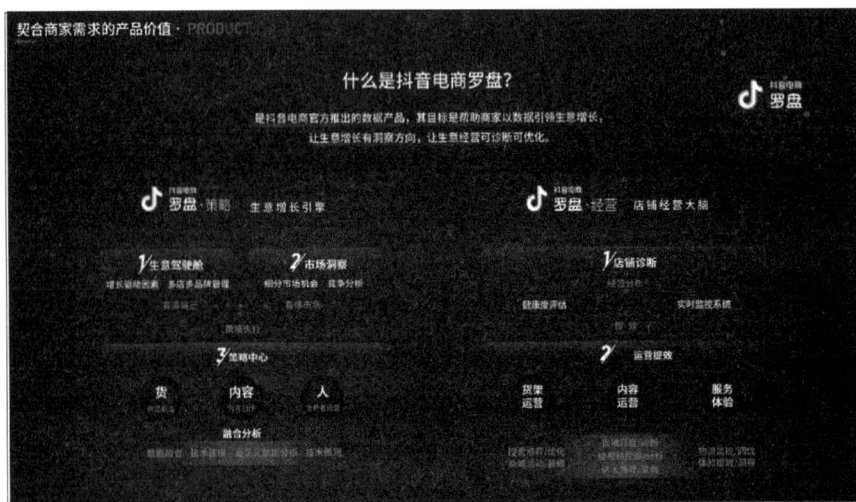

图 8-13　抖音电商罗盘

对于商家来说，罗盘·策略是"生意增长引擎"，可以为商家提供生意全局与内容种草策略、预判消费趋势；罗盘·经营则是"店铺经营大脑"，可以帮助商家实现健康经营成长，为其提供智能诊断与策略推荐，达成全链路经营场景诊断。

数据对于电商运营具有重要价值。如今电商罗盘进行了全面升级，除了通过数据支持商家日常的经营外，还加强了对于内容创作、消费者运营和商城等新机会新场景的洞察，倡导"经营有数、决策有方"的运营生态。

从产品服务优势来说，电商罗盘拥有数据权威力、底层智推力、全局掌控力、预测前瞻力这四大能力，能够助力新生态场域下长效增长。

在经营层面，电商罗盘通过店铺诊断、内容运营、货架运营、服务体验环节，帮助商家实时掌握店铺经营动态、深度洞悉经营细节，实现 GMV 与经营提效。在策略层面，电商罗盘融合商家多店铺、多品牌的全部数据，并配合抖音电商中各行业的发展趋势数据，帮助商家看清自己、看懂市场、找到在抖音电商的发展机会；提供内容、商品、消费者三个方向的机会洞察和策略，驱动商家更稳定、健康、长远地发展。

二、全域诊断 做全周期商家"数据大脑"

针对商家在经营过程中的挑战和难点，电商罗盘可为商家提供智能诊断＋策略推荐、健康经营成长提效以及全链路经营场景诊断三大经营服务，全周期为商家经营提供助力，实现经营提效，生意的长效增长。

（一）智能诊断＋策略推荐，提供经营"脑力"输出

从数据分析到生意提效，电商罗盘可以为商家具体经营场景出谋划策，从交易与经营、货品与人群、服务与复盘的全局视角，实时监控生意健康度。

1. 拆解交易构成，分析经营短板

店铺交易受渠道、流量、人群等诸多因素影响，经营能力更是跨度广泛，难以准确量化。商家往往只在意最后的交易额，却忽略了影响交易额的核心因素，导致出现了知其然而不知其所以然的情况，从而无法确定经营短板何在。电商罗盘可以从账号、渠道、排名等维度拆解店铺交易构成，从自营内容力、达人带货力、营销力、商品力与服务力等维度，帮助商家明确能力长短板，找准生意增长方向。

2. 挖掘高潜爆品，分析核心人群

一个店铺拥有几十个，甚至成百上千个 SKU 是常态，在 618 等大促场景下，店铺容易"迷失"在繁杂的商品中，难以找到潜力主推品；此外，高潜人群的定位只停留在基础信息，难以支撑起生意决策。电商罗盘不仅可以帮助商家了解单品品类的机会空间，挖掘出"潜力爆品"；同时，还能对核心人群进行精确定位，得出高转化人群的购买、内容偏好等统合结论，解决

货品与人群双向难点。

3. 优化服务物流，应对复盘大考

交易之外，服务与复盘常常被忽略：物流与服务跟不上，商家体验分下降；营销大促过后，转化、涨粉、拉新效果分析不明晰，找不到可供优化的方向。电商罗盘可以监控诊断服务与物流流程，复盘活动数据表现，分析营销成交数据，从而为后续优化给予策略，促成更有效率的生意转化。

（二）全链路场景诊断，打造经营"万全之策"

诊断的终点是经营提效，怎么从短视频种草、直播转化、达人合作，乃至于后端的物流、服务等全链路着手，形成顾及各方的"万全之策"？

1. 优化自营阵地，实现全域经营

在短视频内容的创作中，商家往往以"试错"探索用户喜好，成本偏高；在直播过程中，用户停留时间过短，没有抵达消费环节就一划而过，导致直播转化总是在低位徘徊；在商城场域中，搜索、店铺橱窗与商城推荐等渠道过多，商家往往摸不清关联怎样的搜索词，设置怎样的商品主图、哪些商品规格卖得更好，导致曝光与转化低效。

贯穿经营全场域，电商罗盘为商家提供了全面的阵地经营指引：在短视频场域，电商罗盘可以分析创意、监控及复盘，提升全链路种草效果；在直播场域，电商罗盘可进行组货准备、实时盯盘与全面复盘，为直播间提供数据化诊断；在商城场域，电商罗盘还能对泛商城交易价值进行分析，帮助商家实时跟踪商城经营并做出及时调整。

2. 优化达人合作，促成人货匹配

达人合作是全链路经营的重要一环，然而由于商达数量庞大，两者之间的匹配度直接影响到转化效率。电商罗盘可以帮助商家挑选出种草与成交价值高的达人，与带货商品进行匹配，并及时对合作效果复盘，使合作表现可视化。

3. 优化监控场景，支持手机操作

数据千变万化，监测场景也融入碎片化时间。面对这一变化，电商罗盘支持手机分析场景，商家在手机端即可管理店铺运营状况、提升内容制作能力与监控店铺服务水平等，实现随时随地看数据、用数据。

（三）分阶段解决痛点，助力商家全周期成长

面对处在不同发展阶段的商家痛点，电商罗盘能够提供更具针对性的解决方案，无论是新进入商家的冷启期无流量难题，还是成长期和成熟期商家的降本提效需求，电商罗盘能够为全周期商家提供各有侧重的经营服务。

对于冷启期商家，电商罗盘可以聚焦单一阵地，稳定流量与交易，助力直播场域提效；

对于成长期商家，电商罗盘能够适应多元场景，支持全域兴趣电商经营，提升经营效率；

对于成熟期商家，电商罗盘通过优化内容与人群，助其找到增量赛道，挖掘市场新机会。

资料来源：抖音电商营销观察．抖音电商罗盘：兴趣电商背后的宝藏产品［EB/OL］．（2022-06-09）

思考：

（1）数据对于电商运营为何具有重要作用？

（2）抖音电商罗盘是如何利用数据为品牌、商家提供数据服务的？

（3）抖音电商罗盘相较于其他第三方数据平台，具有哪些优势和劣势？

本章参考文献

［1］陈晴光，龚秀芳，文燕平．电子商务数据分析：理论、方法、案例［M］．北京：人民邮电出版社，2020．

［2］屈莉莉．电子商务数据分析与应用［M］．北京：电子工业出版社，2021．

［3］邹益民．电子商务数据运营与管理［M］．北京：人民邮电出版社，2020．

描述性分析 9 第九章

本章主要介绍了调研数据描述性分析的步骤、种类、适用情境和描述性分析在 SPSS 中的实现。本章的重点是掌握描述性分析的两类基本方法和相应的统计量、根据目标选择合适的分析方法，并撰写科学的描述性分析报告。本章的难点在于理解和掌握不同目标下对描述性分析方法和统计量的选择。

学习目标

（1）知识目标：掌握数据编码；了解统计分析的五种基本类型；掌握常用的描述数据集中趋势与离中趋势的指标；掌握列联表分析；了解其他描述性统计指标。

（2）能力目标：掌握描述性分析报告的撰写；掌握如何利用 SPSS 进行频数分析和列联表分析。

（3）素质目标：培养对数据进行描述性分析的能力。

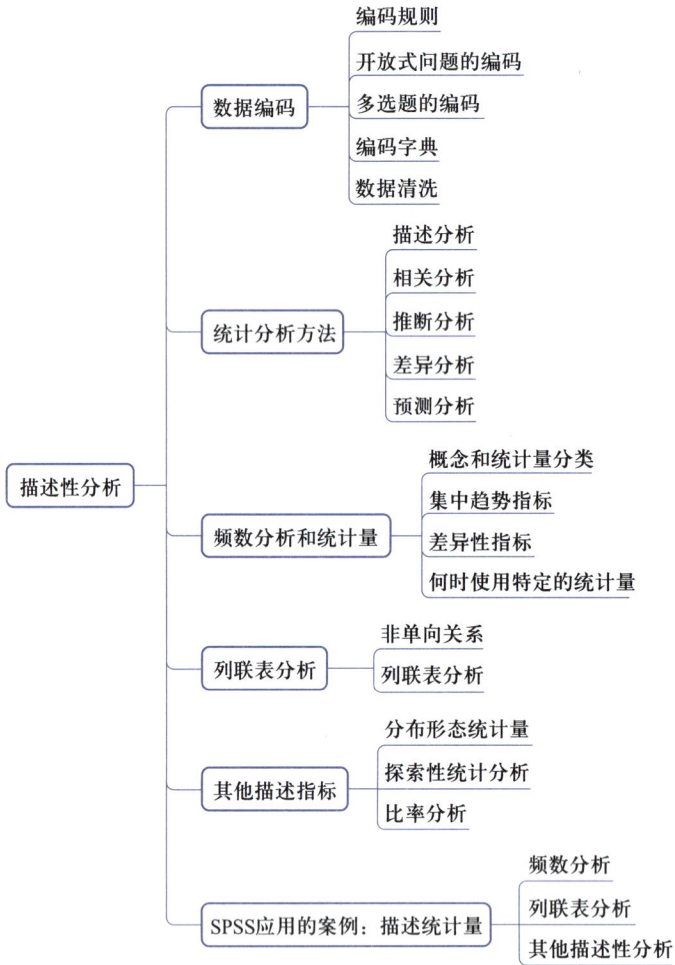

Z世代手机及数码兴趣洞察

一、市场规模

2022年第三季度中国大陆地区手机出货量为7 110万台、可穿戴设备出货量3 230万台，主要数码产品出货量见顶并开始步入下行通道，进入存量竞争市场阶段。考虑到疫情扰动、通货膨胀和地缘冲突等负面因素影响减弱和厂商去库存化，未来销量有望走出下降通道。

二、用户画像

Z世代追求专业的功能以及新颖的科技感，同时对时尚的外形毫不妥协。成长于数码科技飞速发展期的他们，对数码品牌拥有自己的理解，不盲从于简单的功能堆叠，而是更倾向根据自身高频使用场景，来了解产品对自己的实际价值，他们重视归属感和情绪价值，并乐于交流和分享产品背后的审美偏好和价值认同。Z世代数码产品消费者画像，如图9-1所示。

图9-1 Z世代数码产品消费者画像

三、消费偏好

Z世代对于数码产品的应用场景日渐丰富，但玩乐需求仍居高位；此外，Z世代围绕数码实用性需求进一步走向多元化，内容创作、运动、户外等新场景下的消费需求已不可忽视，如图9-2所示。对他们而言，手机等数码产品不仅是功能型产品，更代表其专属的审美态度和价值认同。

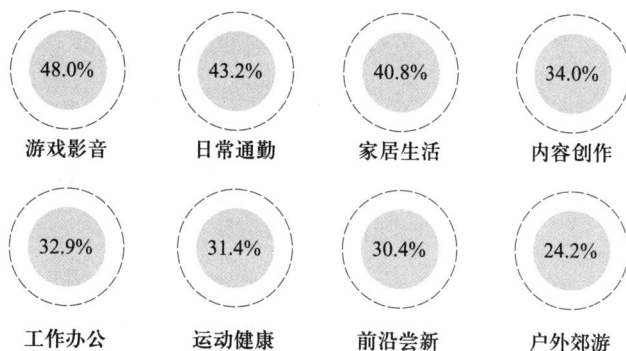

图9-2 Z世代数码产品高频应用场景

根据对相关数据的分析，用户购置数码产品首先关注性价比，价格是普遍考量因素，其次会关注产品的续航和性能配置。此外，Z世代对手机等数码产品的消费心态偏向理性。Z世代虽然对手机等数码新品发布的敏锐度很高，但不会轻易"上头"。Z世代对数码产品的消费偏好如图9-3所示。

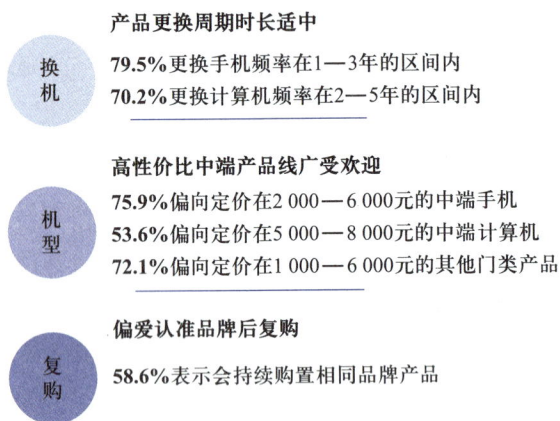

换机
产品更换周期时长适中
79.5% 更换手机频率在1—3年的区间内
70.2% 更换计算机频率在2—5年的区间内

机型
高性价比中端产品线广受欢迎
75.9% 偏向定价在2 000—6 000元的中端手机
53.6% 偏向定价在5 000—8 000元的中端计算机
72.1% 偏向定价在1 000—6 000元的其他门类产品

复购
偏爱认准品牌后复购
58.6% 表示会持续购置相同品牌产品

图9-3 Z世代对数码产品的消费偏好

四、信息获取

针对数码等技术功能理解门槛较高的特征，Z世代的消费群体普遍热衷通过在线视频平台、直播间等获取手机等数码产品信息，如图9-4所示。视频平台能承载更多信息和互动，具有直观、全面、强参与的内容特点，满足Z世代理性消费的偏好。

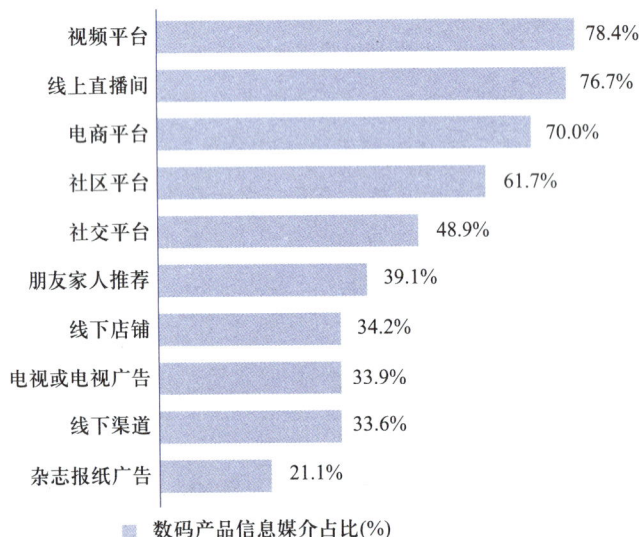

媒介	占比
视频平台	78.4%
线上直播间	76.7%
电商平台	70.0%
社区平台	61.7%
社交平台	48.9%
朋友家人推荐	39.1%
线下店铺	34.2%
电视或电视广告	33.9%
线下渠道	33.6%
杂志报纸广告	21.1%

■ 数码产品信息媒介占比(%)

图9-4 Z世代获取数码产品信息媒介对比

资料来源：艾瑞咨询. Z世代手机及数码兴趣洞察报告[EB/OL].（2023-03-14）

第一节　数据编码

数据编码（data coding）是根据问卷或观测数据中所包含的信息及预先设计好的编码规则，将一个问题的不同回答或观测结果进行分组和确定数字代码的过程。例如，对调查对象的性别进行编码时，可以将男性设为1，女性设为2。数据编码后，将数字按照行与列进行排列，构建数据集（dataset）。在问卷的数据集中，行代表每个受访者，列代表消费者对问卷中不同问题的回答。

一、编码规则

进行编码时，必须遵循以下规则：

1. 不重叠

即每个答案对应的编码应该是唯一的，不能有重叠的情况。例如，如果将购买频次编码为：1= 每月少于2次，2= 每月少于4次，3= 每月4次及以上，则编码1和2之间有部分的重叠，可将编码2调整为每月2至3次。

2. 不遗漏

即编码方案应该涵盖所有可能的情况，不应该有任何遗漏。无法列出所有可能情况时，可以设置"其他"选项，但该组在样本中的比例不应过高（原则上不超过10%）。

3. 一致性

即每个编码的含义对所有的问卷都是一致的。例如，不能在一部分问卷中用1代表男性，而在另一部分问卷中用1代表女性。

4. 符合常识

即编码应符合一般常识。例如，使用1—7的数字对品牌忠诚度进行编码时，数字7应当代表最高的品牌忠诚度，数字1代表最低的品牌忠诚度，而不是反过来。

5. 粗细适宜

即应当根据研究的需要确定编码的详细程度。过细将不便于汇总和分析，而过粗又会导致大量信息丢失，无法满足分析的需要。在没有把握的情况下，宜细不宜粗，因为如果分组偏细，后期可以进行合并；如果分组过粗，不能满足分析的需要，就很难补救了。

二、开放式问题的编码

封闭式问题的编码在设计问卷的时候就已经完成，而开放式问题的编码则经常要在问卷回收之后根据回答的情况确定。

开放式问题的编码比较复杂，编码方案的设计通常有两种思路：理论指导下的演绎性编码和基于样本分布的归纳性编码。

演绎性编码（deductive coding）是根据现有的理论或以往的研究设定编码方案，对开放性问题的答案进行归类。例如，根据有关消费者购买行为理论和经验，可以将消费者购买某产品时的主要参考因素，分为质量、价格、服务、形象、便利性五大类，然后对有关购买因素的具体答案进行归类和编码。

归纳性编码（inductive coding）根据回收问卷中开放性问题答案的样本分布情况进行适当的分类，确定编码方案。例如，对于开放性问题"你选购洗发水时最重视什么因素？（单选）"，可能得到如下的回答（括号中是出现的频次，假设总样本量为100）：

（1）去油效果好（31）；

（2）不损伤头发（19）；

（3）价格合理（16）；

（4）不含有害化学成分（10）；

（5）经常打广告（9）；

（6）购买方便（8）；

（7）有促销活动（4）；

（8）品牌知名度高（2）；

（9）其他（1）。

可以根据上述分布，将编码方案合并为（括号中的数字为原序号）：

（1）使用效果（1）；

（2）健康因素（2、4）；

（3）价格因素（3、7）；

（4）品牌因素（5、8）；

（5）渠道因素（6）；

（6）其他。

以上只是一个简化的例子，在实际问卷中，开放性问题的答案可能五花八门，整理归纳会更加复杂，但是归纳性编码的大致步骤基本都是一致的：

（1）列出所有答案：浏览问卷，列出某一开放性问题的全部不同答案。

（2）合并答案：将意思相近的答案归类。

（3）分配编码：将归类后的类别列出，给每一个类别分配一个编码。

三、多选题的编码

对于多选题，每个备选答案都应该被单独记录。通常而言，多选题可能会涉及品牌认知、品牌购买与使用、媒体接触情况、信息来源等。例如：

你用过哪些品牌的牙膏？（多选）

（1）佳洁士 □

（2）高露洁 □

（3）中华　□

（4）两面针 □

（5）黑妹　□

（6）田七　□

（7）美加净 □

（8）其他　□

在这种情况下，当受访者用过一个以上品牌时，调研人员无法使用单独的数字1—8进行编码。常规的解决方法是为每个备选答案设一个变量，例如，该问题可设置8个变量（$U1$—$U8$），每个变量代表对应品牌的使用情况，有两个可能的取值，1=用过，0=没用过。假如某个受访者用过佳洁士和美加净，则$U1$和$U7$两个变量为1，其余6个变量均为0。

四、编码字典

编码字典（code book）是描述数据集中每个变量及其编码规则的文件，通常包括每个变量的序号、名称、位置、对应的问题号和编码说明。编码字典的作用是指导编码和录入人员按正确的规则进行数据编码和录入工作，帮助分析人员了解数据的结构，每个变量在数据集中的位置、含义和取值范围，从而正确使用和分析数据。

例如，表9-1为某家庭汽车拥有状况调查所用的编码字典。

表9-1　某家庭汽车拥有状况调查所用的编码字典

序号	变量名	变量所在列	变量含义及编码说明
1	ID	1	家庭序列号，为识别家庭的唯一编码
2	Income	2	家庭年收入（千元）

序号	变量名	变量所在列	变量含义及编码说明
3	Member	3	家庭成员数
4	Educate	4	户主的受教育年限
5	Region	5	是否为城镇户口？ 1= 是 2= 否
6	Cars	6	拥有汽车数，用实际值
7	Finance	7	是否贷款购车？ 1= 是 2= 否
8	Fcar	8	是否拥有进口车？ 1= 是 2= 否
9	Van	9	是否拥有面包车？ 1= 是 2= 否
10	SUV	10	是否拥有越野车？ 1= 是 2= 否

五、数据清洗

数据清洗（data cleaning）是对数据进行重新审查和校验的过程，目的在于删除重复信息、纠正存在的错误，并确保数据一致性。数据清洗包括检查数据一致性，处理无效值和缺失值，处理重复数据等。与问卷审核不同，录入后的数据清洗一般是由计算机而不是人工完成的。

1. 一致性检查

一致性检查（consistency check）是根据每个变量的合理取值范围和相互关系，检查超出正常范围、逻辑上不合理或者相互矛盾的数据。例如，用1—7级量表测量的变量出现了 0 值、体重出现了负数，这都应视为超出正常值域范围。SPSS、SAS 和 Excel 等计算机软件都能够根据定义的取值范围，自动识别超出正常范围的变量值。此外，还会存在一些逻辑不一致的答案。例如，调查对象报告开私家车上班，又报告没有汽车；或者调查对象报告自己是某品牌的忠实购买者和使用者，但同时又在熟悉程度量表上给了很低的分值。在发现不一致时，调研人员需要记录问卷序号、记录序号、变量名称、错误类别等信息，便于进一步核对和纠正。

2. 处理无效值和缺失值

由于调查、编码和录入误差，数据中可能存在一些无效值和缺失值，需要进行适当的处理。常用的处理方法有：估算填充，整例删除，变量删除，成对删除。

估算填充（estimation）。在处理无效值和缺失值中，最简单的方法就是用某个变量的样本均值、中位数或众数代替无效值和缺失值。这种办法简单，但没有充分考虑数据中已有的信息，可能存在较大误差。另一种方法是根据调查对象对其他问题的答案，通过变量之间的相关分析或逻辑推论进行估计。例如，某一产品的持有情况可能与家庭收入有关，可以根据调查对象的家庭收入推算持有这一产品的可能性。

整例删除（casewise deletion），即剔除含有缺失值的样本。由于很多问卷都可能存在缺失值，这种做法的结果可能导致有效样本量大大减少，无法充分利用已经收集到的数据。因此，整例删除适合变量中无效值或缺失值的样本占比很小的情况。

变量删除（variable deletion）。如果某一变量的无效值和缺失值很多，且该变量对于所研究的问题并非特别重要，我们可以考虑将该变量删除。这种做法减少了供分析用的变量数目，但没有改变样本量。

成对删除（pairwise deletion）。在进行多变量联立时，只删除需要执行的变量的缺失数据。一般用一个特殊码（通常是9、99、999等）代表无效值和缺失值。这是一种保守的处理方法，能够保留数据集中的全部变量和样本，最大限度地保留了数据集中的可用信息。但需要注意的是，在具体计算时，只能采用答案有效的样本。由于不同的分析问题可能涉及不同的变量，其有效样本量也会有所不同。

采用不同的处理方法可能对分析结果产生不同的影响，尤其是当缺失值的出现并非随机且变量之间明显相关时。因此，调研人员应当妥善设计数据收集的方式和方法，尽量避免出现无效值和缺失值，保证数据的完整性。

3. 去重处理

在数据统计或输入系统的过程中，可能会由于失误或者统计方式等原因导致数据集中存在一些重复项，这些重复项会使得数据分析结果出现偏差。去重处理即找到数据集中的重复数据并将其删除，只保留唯一的数据单元，消除冗余数据，保证数据质量。

第二节　统计分析方法

　　营销人员在数据处理后面临的问题是数据分析（data analysis），即通过计算反映数据特征的统计量来描述数据集的过程。数据分析在提炼数据集的同时保留了足够的信息，以便客户能够想象出它的显著特征。

　　营销人员可以使用五种基本的简化数据集的统计分析方法：描述分析、相关分析、推断分析、差异分析和预测分析（见表 9-2）。每种方法在数据分析过程中都具有独特的作用。在实践中，营销人员还可以将它们综合起来，对信息进行更加全面和多维度的分析，以便满足分析目的。随着这些方法复杂程度的增加，它们能够帮助营销人员从原始数据中发现更多有用的信息。

表 9-2　营销人员使用的五种统计分析方法

类型	描述	示例	统计概念
描述分析	总结样本的基本特征	描述典型受访者；描述其他受访者与典型受访者的相似程度	均值、中位数、众数、频数
相关分析	确定简单关系	确定两个变量是否系统相关	相关性、列联表
推断分析	确定总体参数，假设检验	估计总体值	标准误差、原假设
差异分析	确定两个百分率之间或样本中的两组或多组的均值之间是否存在差异	估计样本中两组的均值之间的差异的统计显著性	差异的 t 检验、方差分析
预测分析	找出数据集中变量之间的复杂关系	确定几个变量对一个关键因变量的影响	多元回归

　　本章会对上述统计分析方法进行初步介绍，使读者对营销人员使用的统计分析方法有大致的了解，而每一种方法的具体细节，我们将在后续章节深入地介绍。

一、描述分析

　　描述分析（descriptive analysis）中，常用的统计指标包括均值、众数、标准差和全距等。这些指标可以帮助营销人员描述样本数据集，从而描绘出典型的受访者并揭示数据的一般规律。除此之外，描述分析还可以帮助营销人员识别潜在的异常值和离群值，这有助于制订更准确的策略和决策，从而提高营销效果。

描述分析通常用于分析过程的早期，是后续分析的基础。在进行描述分析时，营销人员需要掌握其基本原理和操作方法，以便快速准确地分析数据并得出有效结论。此外，营销人员还需要注意，描述分析只是数据分析的第一步，后续分析需要根据具体情况选取不同的分析方法，以得到更全面准确的结果。

二、相关分析

营销人员还可以使用相关分析（associative analysis）来确定变量之间是否相关及相关关系如何。例如，对某品牌广告的记忆程度是否与该品牌的购买意愿正相关？销售团队的培训费是否与销售业绩正相关？根据所使用的统计量，相关分析可以说明数据中特定变量间的相关程度和相关方向。

在相关分析中，营销人员通常使用一些统计量来衡量变量之间的相关性。例如，相关系数可以衡量两个连续变量之间的线性相关程度，而卡方检验和列联表可以用来研究两个分类变量之间的关系。通过使用这些统计量，营销人员可以确定特定变量之间的相关程度和相关方向，进而深入了解目标受众的行为和偏好，有助于更好地制订营销策略和决策。

我们将在本章介绍列联表和相关性，它们是营销人员使用的基本相关分析方法。

三、推断分析

推断分析（inferential analysis）是通过样本研究结果归纳出总体特征的统计分析过程。营销人员通过统计推断，包括假设检验和基于样本信息的总体真值估计等，可以推断出总体均值、总体比例等重要参数，并基于样本数据得出与总体相关的结论。

例如，一家餐厅想要了解其顾客的口味偏好，营销人员可以采集部分顾客的点餐数据，使用推断分析来得出总体特征。若样本中某种菜品的销量和评分都较高，可以推断出这道菜在总体中的受欢迎程度较高，餐厅可以进一步将其推广和优化。再比如，某企业经营某种产品，想要了解自己在整个市场中所占的市场份额。营销人员可以从部分受众中收集数据，如他们购买的产品、价格、购买时间、购买地点、个人信息等。然后，使用统计工具来计算样本市场份额的平均值、标准差以及置信区间等，从而推断出总体市场份额。同时，营销人员还可以收集和分析竞争对手的市场份额信息，以便更好地了解市场和竞争环境。

推断分析可以帮助营销人员更好地了解事物，做出更好的决策，提高效率和效益。我们将在下一章讲解基本的推断分析方法。

四、差异分析

差异分析（differential analysis）是营销人员用来确定不同样本间差异程度的一种统计分析方法。在实践中，营销人员可能需要确定两个群体是否存在差异，从而帮助企业制订更精准的市场营销策略。例如，在信用卡户中，高收入者和中等收入者使用信用卡的频率有何不同？这个问题的分析结果可以为企业提供关于如何针对不同收入阶层的消费者设计不同的信用卡产品和服务的指导。再比如，对于零售商而言，不同产品子类的销售额是否存在明显差异？通过对销售数据进行差异分析，企业可以更好地了解哪些产品类别受到消费者的青睐，从而调整产品组合和定价策略，提高销售业绩。由此可见，差异分析可以为市场细分、产品更新、广告投放等企业战略提供重要的指导。统计差异分析方法包括群体间显著性差异的 t 检验和方差分析。我们将在第十章对这些方法进行详细的讲解。

五、预测分析

预测分析（predictive analysis）即利用一些统计方法和模型来预测未来事件。其中，回归分析是最常用的一种预测分析的模型。预测分析能够对数据集中变量之间多重关系的本质提供有价值的解释。例如，对于营销经理而言，他们会关注在特定条件下，产品的销售量将会发生什么样的变化。第十章将对回归分析进行深入介绍。

统计分析部分的首要目标是熟悉本书所选指标涉及的基本概念。作为营销人员，我们很可能会遇到使用统计术语表达的信息，并且需要做些基本的统计分析工作。因此，了解常用的统计方法和统计概念是很重要的。接下来，我们将介绍何时何处使用何种统计方法最恰当，并举例说明如何运用计算机统计程序来输出结果，以及如何理解统计结果的含义。

第三节　频数分析和统计量

在数据浏览窗口中，"列"代表与问卷中的问题或观测数据中的字段相对应的变量，"行"代表不同受访者对这些问题的回答或者观测数据中不同观测对象在这些字段上的取值。频数分析运用统计量来描述这些问题或字段组成的多种类型的变量。

一、频数分析的概念和统计量分类

频数分析是对一组数据中不同数值的频数，或者数据落入指定区域内的频数进行统计，了解其数据分布状况的方式。频数分析适用于定类变量。频数分析能在一定程度上反映样本是否具有总体代表性，抽样是否存在系统偏差，并以此确保分析问题的代表性和可信度。频数分析的统计量主要有以下四类：

1. 百分位值

百分位值用于描述数值在一组数据中的相对位置，位置的常见度量有百分位数、四分位数和标准分数（Z 分数）等。

2. 集中趋势

集中趋势是描述数据分布情况的统计量，包括算术均值、几何均值、中位数、众数等。这组指标可以用于描述"典型"受访者。

3. 离散程度

离散程度是测量数据中变异或展开程度的统计量，包括极差、方差、标准差等。这组指标用于描述各个受访者与"典型"受访者的相同（或不同）程度。

4. 分布特征

分布特征是描述分布形状和对称性的统计量，包括偏度系数、峰度系数等，这些统计量与其标准误一起显示。

二、集中趋势指标

集中趋势是指一组数据向某一中心值靠拢的程度，反映了该组数据中心点的位置。集中趋势指标（measures of central tendency）能够在一定程度上反映某一变量最典型、最具有代表性的观测值，其度量包括众数、中位数和均值。

1. 众数

众数（mode）是一组数据中出现频数最高的数值，也是具有明显集中趋势的数值。需要注意的是，众数只是一个相对的集中趋势指标，仅代表了出现相对最频繁的数值，并未要求其出现频数必须高于 50%，因此，众数并不代表绝大多数观测值都是该数值。有时，一组数据也会存在不止一个众数的情况。

在统计分析数据中，数据形式不同，计算众数的方法也各不相同。对于单项式数列，众数即为出现次数最多的数值，一般可以根据分组数据或分布图形直接观察得到。对于组距式数列，则需要先找到众数组，在等距数列中，众数组为频数最多的组；在异距数列中，众数组为频数密度最大的组。然后我们可以根据众数组的次数与其相邻的两组次数的关系近似计算出众数的具体数值。其计算公式分为上限与下限公式，表示为：

上限公式：

$$M_0=L_{M_0}+\frac{f_{M_0}-f_{M_{0-1}}}{(f_{M_0}-f_{M_{0-1}})+(f_{M_0}-f_{M_{0+1}})}\times d_{M_0}$$

下限公式：

$$M_0=U_{M_0}-\frac{f_{M_0}-f_{M_{0+1}}}{(f_{M_0}-f_{M_{0-1}})+(f_{M_0}-f_{M_{0+1}})}\times d_{M_0}$$

式中，M_0 代表众数；L_{M_0} 代表众数组的下限；U_{M_0} 代表众数组的上限；f_{M_0} 代表众数组的次数；$f_{M_{0-1}}$ 代表众数组前一组的次数；$f_{M_{0+1}}$ 代表众数组后一组的次数；d_{M_0} 代表众数组的组距。

实践应用 9-1

组距式分组数据众数的计算

某班级得分情况如表 9-3 所示，计算该数列的众数。值得说明的是，采用组距式分组时，习惯上规定"上组限不在内"，即当相邻两组的上下限重叠时，恰好等于某一组上限值的变量值不算在本组内，而算在下一组。如分数为 63 这一数值不计算在"60—63"这一组中，而是计算在"63—66"组中。

表 9-3　某班级得分情况

分数	人数
60—63	3
63—66	10
66—69	20
69—72	13
72—75	4

其中，众数所在组为"66—69"，这一组中 L_{M_0} 为 66，U_{M_0} 为 69，f_{M_0} 为 20；$f_{M_{0-1}}$ 为 10；$f_{M_{0+1}}$ 为 13，d_{M_0} 为 3，根据计算公式可得：

上限公式：

$$M_0 = 66 + \frac{20-10}{(20-10)+(20-13)} \times 3 \approx 67.76$$

下限公式：

$$M_0 = 69 - \frac{20-13}{(20-10)+(20-13)} \times 3 \approx 67.76$$

2. 中位数

测量集中趋势的另一个指标是中位数（median），中位数是通过排序得到的，它不受最大、最小两个极端数值的影响，表示一组有序数值中居于中间位置的值，即所有数值中一半大于中位数，另一半则小于中位数。如果数值的个数是奇数，中位数会等于正中间的数值；如果数值的个数是偶数，中位数等于位于中间两个数值的平均值。

为了确定中位数，需要将数值按照升序或降序进行排列，制作频数分布表或百分率分布表。除原始百分率外，还可以计算累积百分率，确定位于50%的分界点。

3. 均值

集中趋势的第三个测量指标是均值（mean），有时称为算术平均数，是最常见的测量指标，反映了某个变量在观测数据中的集中趋势和平均水平。均值是计算平均指标最常用的方法和形式，其计算公式为：

$$\bar{x} = \frac{\sum_{i=1}^{n} x_i}{n}$$

式中，n 代表样本数，x_i 代表各样本值，$\sum$ 代表对所有 x_i 值求和。这个指标代表了这些数值的集中趋势。通过这个公式确定的均值考虑了这组数值中的每个数值，所以，均值比中位数更有意义，能提供更多信息，可以被用来快速地解释某些问题。但通过该公式，我们也可以发现，均值的大小比较容易受到数据中极端值的影响。

除了上述介绍的众数、中位数和均值之外，集中趋势描述统计还包括中列数等，营销人员可以根据集中趋势指标的不同特点，结合实际分析问题和数据特征，合理选择相应的集中趋势指标。

三、差异性指标

除了数据的集中情况之外，营销人员还需要掌握数据的变化情况，即观测值之间的差异程度，例如，不同消费者在消费能力上的差异。通常营销人员还需要借助差异性指标（measures of variability）来描述一组数值中各数值之间的典型差异，了解一组数据远离其中心值的程度。

对数据差异性的了解会极大地影响基于该组数据的营销决策。数据的离散程度不仅可以反映各个数值之间的差异大小，而且还可以反映中心数值对其余各个数值代表性的高低。接下来本书将介绍三个差异性指标：频数分布、全距和标准差。

1. 频数分布

频数分布（frequency distribution）即每个不同数值在特定的一组数值中出现的次数。频数分布计算的是绝对次数，为了便于比较，通常会将其换算成百分率分布（percentage distribution）。换算方法为：将每个数值的频数除以所有观察值的总个数。由此得到的这些百分率之和为100%。

频数分布表明了一组数值中不同观测值出现的次数。它简要地展示了一个数据集中不同数值的分布情况，以及这些数值间的相似程度。相对而言，由于百分率分布更容易被大多数人理解，因此，在数据分析中更加常用。另外，百分率分布可以很容易地被展示为饼状图或条形图，这些图形能够让营销人员更加直观地向他人解释研究结果。

2. 全距

全距（range）又称为极差，表示一组观测值中最小值与最大值之间的差距或是区间跨度，也可以理解为一组有序数值中两个端点之间的差异。相对于频数分布而言，全距无法表明最大值和最小值出现的频率，但它能够表达一组数值的取值区间。通过说明两个极值间的距离，它可以提供一些关于离中趋势的信息。在使用全距统计分析数据时，全距越大，表明数据的离散程度越高；反之，则表明数据的集中性越高。

3. 标准差

标准差（standard deviation）也称为样本均方差，是随机变量偏离平均数的距离的平均数，可以表达数值的变化程度或差异程度，是反映随机变量离散程度的一种指标。营销人员进行基本分析时经常使用标准差，并会在研究结果中报告标准差的数值。

图9-5显示了正态分布数值的属性。该对称分布的特点显而易见：中间点（曲线的顶点）两侧各分布着50%的数值。正态分布曲线的中点是均值。标准差是横轴上的计量单位，它们关系到正态曲线的一些假设。例如，均值两侧各1.64倍标准差的范围覆盖着曲线下方总面积的90%。由于正态分布是一个理论上的概念，因此，这一属性永远不变。另外，均值左右任何倍数标准差区间内，曲线下方面积所占的比例都是完全可知的。通常市场营销人员会对其中两三个数值感兴趣。例如，均值 ±1 倍标准差的范围覆

盖曲线下方面积的 68.3%；均值 ±2 倍标准差的范围覆盖曲线下方面积的 95.4%；均值 ±3 倍标准差的范围覆盖曲线下方面积的 99.7%。在下面的例子中，我们假设数值的频数分布形状近似于正态曲线。

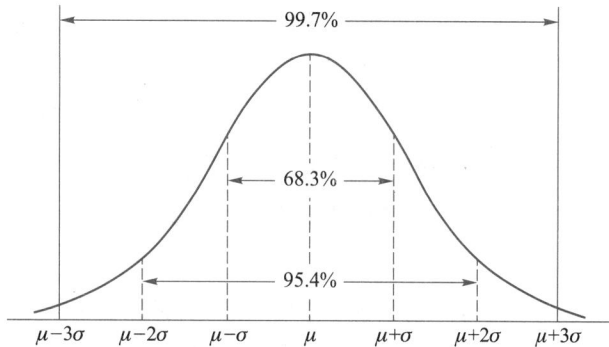

图 9-5　标准差的正态曲线解释

通常计算标准差的公式如下：

$$S=\sqrt{\frac{\sum_{i=1}^{n}(x_i-\bar{x})^2}{(n-1)}}$$

式中，x_i 代表每个单独的观察值，$\bar{x}$ 代表均值。在计算标准差时，先算出均值，然后计算每个观察值与均值之差，再求差值的平方。如果不计算差值的平方，则得到的结果将有正有负；进行求和计算时，就可能产生抵消的效果。在求和之前先计算这些差值的平方可以修正这个问题。平方运算将所有的负值变成正值。然后对所有差值的平方求和，再除以这组数值中所有观察值的个数减 1。将观察值的个数减 1 是为了得到标准差的无偏估计值。由于此时每个差值都被平方，为了避免结果会过大影响判断，在所有运算之后，还需要计算平方根。最后这一步数值调回了原来的单位（即标准单位，而非平方的单位）。此外，如果最后未取平方根，所得的值则称为方差（variance）。

假设数据分布是正态分布，标准差的大小会帮助市场营销人员了解曲线的形状。如果标准差很小，则分布很集中，并且曲线顶峰很高。反之，如果标准差大，则分布向两端散开，并且曲线扁平。

四、何时使用特定的统计量

变量的测量等级会影响统计分析方法的选择，同样也会影响指标结果的含义。比如，名义变量比数值变量包含的信息量少。SPSS 可以用来区分变量类型，它使用"Scale"标签来表示等距变量或比率变量，"Ordinal"表示有序变量，"Nominal"表示名义变量。同样，每个不同的集中趋势指标与离中趋势指标提供的信息量也有所不同。原则上，提供信息量最多的统计量应该用于所包含的信息量最大的变量，而提供信息量最少的统计量应该用于所包含的信息量最小的变量。

例如，在关于民族的人口统计问题中，"汉族"的编码是"1"，"满族"的编码是"2"，"回族"的编码是"3"，等等，由此编码后，调研人员可以计算出均值。但是调研人员无法解释民族均值背后所代表的含义。这是因为均值适用于等距变量或比率变量（SPSS中的"Scale"）。对于民族问题，相对于均值而言，众数才是更加恰当的集中趋势指标。

以问卷为例，表9-4说明了测量等级与三种集中趋势指标及差异性指标之间的关系。为了便于保存和数据处理，通常将数据转化成数值形式，可是计算机无法区别它们的测量等级。因此营销人员需要清楚地理解问卷中每个问题的测量等级，据此选择合适的统计程序，然后用计算机来执行。

表 9-4　何时使用何种描述统计量

示例问题	测量等级	集中趋势 （典型回答）	差异性 （回答的相似程度）
你的性别	名义变量	众数	频数或百分率分布
请按照你的喜好程度排列这5个品牌	顺序变量	中位数	累积百分率分布
请以5级量表评价星巴克咖啡品种的多样性	等距变量	均值	标准差和全距
上周你大概买了几次快餐作为午餐	比率变量	均值	标准差和全距

实践应用 9-2

Heavenly 巧克力公司的网上交易

Heavenly 巧克力公司生产高品质的巧克力，在纽约 Saratoga Springs 的零售店里销售。后来该公司建立了网站并且通过互联网销售产品。网上订单超出了当初的预期，该公司管理团队正在打算通过制定新的策略以扩大销售。为了研究网店的消费者，从前几个月的网上订单中选择了 50 笔作为样本。表 9-5 给出的数据包含每笔交易在周几、顾客所使用的浏览器、网店上耗费的时间、浏览的页数以及购买金额等。

表 9-5　销 售 样 本

编号	周几	浏览器	花费时间（分钟）	浏览页数	购买额（美元）	编号	周几	浏览器	花费时间（分钟）	浏览页数	购买额（美元）
1	周一	IE	12	4	54.52	26	周三	IE	11	2	40.54
2	周三	其他	19.5	6	94.9	27	周六	IE	16.9	5	34.69
3	周一	IE	8.5	4	26.68	28	周六	Firefox	6	4	27.91
4	周二	Firefox	11.4	2	44.73	29	周五	Firefox	32.9	10	155.3
5	周三	IE	11.3	4	66.27	30	周一	其他	11.8	9	120.25
6	周六	Firefox	10.5	6	67.8	31	周四	IE	7.1	2	41.2
7	周日	IE	11.4	2	36.04	32	周五	Firefox	18	8	134.4
8	周五	Firefox	4.3	6	55.96	33	周日	IE	11.8	4	37.17
9	周三	Firefox	12.7	3	70.94	34	周五	IE	9.1	3	52.09
10	周二	IE	24.7	7	68.73	35	周二	IE	7.8	5	71.81
11	周六	其他	13.3	6	54.04	36	周一	Firefox	16.5	5	59.99
12	周日	Firefox	14.3	5	48.05	37	周四	Firefox	6.2	4	84.17
13	周日	其他	11.7	7	64.16	38	周六	IE	11.3	4	55.58
14	周一	Firefox	24.4	10	158.51	39	周二	IE	10.6	2	39.06
15	周五	IE	8.4	3	84.12	40	周三	IE	5	5	36.48
16	周四	IE	9.6	4	59.2	41	周二	其他	15.9	4	67.44
17	周四	IE	23.3	7	91.62	42	周六	IE	18.1	7	60.14
18	周一	IE	14	7	126.4	43	周五	Firefox	10.8	4	70.38
19	周五	其他	5.6	4	68.45	44	周一	IE	13.3	7	110.65
20	周三	IE	15.1	5	32.69	45	周一	IE	30.1	6	104.23
21	周六	Firefox	16.3	5	78.58	46	周五	Firefox	13.7	4	68.17
22	周二	IE	10.2	6	74.43	47	周四	IE	8.1	2	17.84
23	周日	IE	8	3	32.73	48	周五	IE	9.7	5	103.15
24	周二	Firefox	8	2	48.66	49	周一	其他	7.3	6	52.15
25	周五	Firefox	9.6	3	54.66	50	周五	IE	13.4	3	98.75

　　Heavenly 巧克力公司想通过上述样本资料，了解网上消费者是否浏览页面越多、花费时间越多，购买金额也越多。除此之外，该公司还想了解周几、浏览器是否对销量也存在影响。

　　用描述性统计方法，对浏览 Heavenly 巧克力公司网站的消费者进行分析，并依此撰写管理分析报告。报告至少需要包含以下内容：

第一，给出能描述周几、浏览器、花费时间、浏览页数和购买额集中性趋势和差异性的指标，谈谈你的认识。

第二，计算每种浏览器的频数、总金额以及均值，谈谈所得到的结论。

第四节　列联表分析

列联表分析是描述性统计分析中的一种分析方法，列联表和相关的卡方值可以用来估计两个名义变量之间是否存在非单向关系。此外，对于名义变量而言，用列联表说明其关系是最好的方法。

一、非单向关系

非单向关系（non-monotonic relationship）是指某一变量的标签出现（或不出现）与另一个变量的标签出现（或不出现）存在系统联系。术语"非单向"的含义是这种关系没有明确的方向性，但关系确实存在。例如，麦当劳、汉堡王等快餐店凭经验知道，早上的顾客一般会买咖啡，而中午的顾客一般会买软饮料。这种关系并非没有例外，但是从大体上看，这种关系的确存在。这种非单向关系只是简单地说明早上的顾客倾向于购买鸡蛋、饼干和咖啡等早餐，中午的顾客则倾向于购买汉堡、薯条和软饮料等午餐。因此，标签"早上"与标签"咖啡"相关，标签"中午"则与标签"软饮料"相关。换言之，非单向关系说明一个变量的某个标签的出现标志着另一个变量的另一特定标签也会出现：早上的顾客通常会点咖啡。但是这种关系是非常笼统的，我们仅仅知道非单向关系出现或不出现的大致模式，需要用语言来明确描述它们。列联表是两个或两个以上变量分组后形成的频率分布表。在进行列联表分析时，经常使用的分析方法为卡方检验法。我们将在本节展示如何利用列联表测量非单向关系，相关的卡方检验法将在第十章进行介绍。

二、列联表分析

列联表分析是同时将两个或两个以上具有一定联系的变量及变量值，按照一定的顺序交叉排列在同一张统计表中，使各变量值可以成为不同变量的结点，以便掌握多变量的联合分布特征，进而便于分析变量之间的相互性。在考察两个名义变量之间的关系时，我们通常使用列联表（cross-tabulation table），这种表格用行和列的形式来比较数据。列联表有时又称"r×c"表，因为它是由行和列组成的。行与列的交叉部分被称为列联表单元格（cross-tabulation cell）。

例如，在一项调研中有两类个体：Michelob Light 啤酒的购买者与非购买者。还有两类职业：专业工作者（也被称为"白领"雇员）与体力工作者（有时被称为"蓝领"工人）。行和列的数目并不一定相等，我们只是使用2×2列联表作为一个简单的例子。表 9-6 展示了 Michelob Light 啤酒调研的列联表。表格中的列表示该啤酒的"购买者"或"非购买者"，而行表示"白领"或"蓝领"职业。另外，每行、每列都有一个"合计"。

表 9-6　Michelob Light 啤酒调研的列联表

（A）频数表

		购买者	非购买者	合计
		购买者类型		
职业	白领	152	8	160
	蓝领	14	26	40
	合计	166	34	200

（B）百分率表

原始百分率表

		购买者	非购买者	合计
职业	白领	76%（152/200）	4%（8/200）	80%（160/200）
	蓝领	7%（14/200）	13%（26/200）	20%（40/200）
	合计	83%（166/200）	17%（34/200）	100%（200/200）

列百分率表

		购买者	非购买者	合计
职业	白领	92%（152/166）	24%（8/34）	80%（160/200）
	蓝领	8%（14/166）	76%（26/34）	20%（40/200）
	合计	100%（166/166）	100%（34/34）	100%（200/200）

行百分率表			
	购买者	非购买者	合计
白领	95%（152/160）	5%（8/160）	100%（160/160）
职业 蓝领	35%（14/40）	65%（26/40）	100%（40/40）
合计	83%（166/200）	17%（34/200）	100%（200/200）

频数表（frequencies table）9-6（A）包含了最初的表格中的原始数据。左上角频数单元格中的数值计算的是样本中既是白领又是 Michelob Light 啤酒购买者的人数（152），它右面的单元格频数表示白领非购买者的人数（8）。这些单元格数值代表原始数量或频数，也就是既具有行标签特征又具有列标签特征的受访者的人数。对这些单元格频数进行求和可以得到行合计和列合计。例如，购买者、白领（152）与非购买者、白领（8）的总和为 160，而购买者、白领（152）与购买者、蓝领（14）的总和为166。同样，行合计之和与列合计之和都等于总合计 200。下面来熟悉一下频数表中的术语与计算过程，因为在随后的讨论中它们还会被提及。

表 9-6（B）展示了如何计算列联表中三组不同的百分率：原始百分率、列百分率和行百分率。

表 9-6（B）中的第一张表格显示，用原始频数除以合计数可以得到原始百分率。原始百分率表（raw percentages table）列出了原始频数的百分率。在"合计"位置显示的是合计的百分率 100%（或 200/200）。在其上方分别是样本中白领受访者与蓝领受访者的原始百分率 80% 和 20%。计算几个单元格原始百分率，验证你是否理解了其计算方法。

另外两张表格在揭示关系方面更有价值。列百分率表（column percentages table）是用原始频数除以列原始频数合计得到的，其公式如下：

$$列百分率 = \frac{单元格频数}{列频数总计}$$

例如，Michelob Light 啤酒的非购买者中有 24% 是白领，76% 是蓝领。注意另一方面，购买者中 92% 是白领，8% 是蓝领。其中的非单向关系为："白领"出现时，"购买者"也出现。

行百分率表（row percentages table）是用原始频数除以行原始频数合计得到的。行百分率的计算公式如下：

$$行百分率 = \frac{单元格频数}{行频数总计}$$

现在我们可以看出，白领受访者中有 95% 是购买者，5% 是非购买者。当我们比较行百分率表和列百分率表时，可以发现职业状况与对 Michelob Light 啤酒的偏好之间的关系。现在你可以描述一下吗？

在这个例子中，几个单元格中的百分率都不相等，这说明可能存在非单向关系。如果四个单元格中每个都分布着大约 25% 的样本，就无法发现任何关系，也就是说一个白领雇员或蓝领工人是购买者或非购买者的可能性都相等。然而在这个例子中，个体密集地集中于两个特定的单元格内，这说明 Michelob Light 啤酒的购买者是白领的概率很高，同时非购买者很可能是蓝领工人。换言之，在这个样本所代表的总体中，职业状况与个体购买行为之间可能存在关系。不过，在下结论之前，我们必须检验表面关系的统计显著性，即，如果重复该调研，这种关系模式是否还会出现，这属于推断统计的内容。下一章将介绍如何通过卡方分析，确定变量之间是否存在统计上显著的非单向关系。

实践应用 9-3

Heavenly 巧克力公司的网上交易（续）

用列联表分析，进一步丰富实践应用 9-2 中的管理分析报告。报告增加以下内容：

第一，将周几分类为周末和非周末，构造出新变量是否为周末。将消费者购买金额分为高于和低于均值的两组，构造出新变量购买金额高低组。

第二，对是否为周末和购买金额高低组进行列联表分析，谈谈你的认识。

Heavenly 巧克力公司的网上交易分析报告

1. 网上交易变量的集中趋势

周几成交是名义变量，众数是代表其集中趋势的指标。Heavenly 巧克力公司的网上交易发生在周几的众数是周五，说明巧克力网上交易大部分发生在周五。同理，浏览器的众数为 IE，说明巧克力网上交易大部分来自 IE 浏览器。花费时间、浏览页数和购买额均是等距变量，平均值是代表其集中趋势的指标。Heavenly 巧克力公司的网上交易花费时间的均值是 12.73 分钟，说明网上购买花费的时间大部分集中在 12.73 分钟左右。浏览页数的均值是 4.81 页，说明网上购买需要浏览的页面数量集中在 4.81 页左右。购买额的均值是 67.41 美元，说明客单价集中在 67.41 美元左右。

2. 网上交易变量的差异性

周几和浏览器是名义变量，频数分布和百分率分布是代表其差异性的指标。如图 9-6 所示，Heavenly 巧克力公司的网上交易发生在周几的频数分布显示网上交易发生在一周中不同的日子的可能性存在差异，但差异性不大。如图 9-7 所示，浏览器的频数分布显示网上交易在三种浏览器上发生的概率存在差异，差异性比较大。花费时间、浏览页数和购买额均是等距变量，标准差是代表其差异性的指标。Heavenly 巧克力公司的网上交易花费时间的标准差是 6.06 分钟，说明网上购买花费的时间的分布与均值 12.73 分钟的差异程度不大。浏览页数的标准差是 2.04 页，说明网上购买需要浏览的页面的分布与均值 4.81 页的差异程度不大。购买额的标准差是 32.34 美元，说明客单价的分布与均值 67.41 美元的差异程度不大。

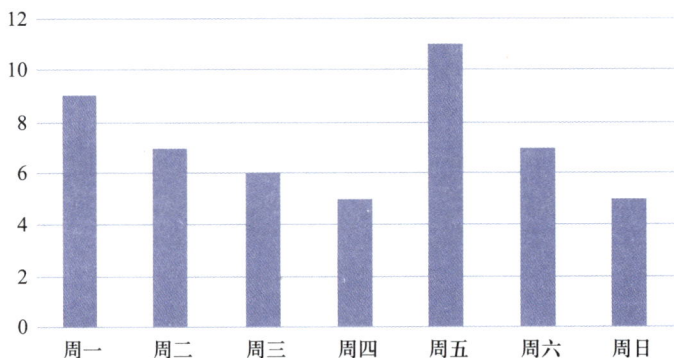

图 9-6　Heavenly 巧克力网上交易的周几频数分布

3. 浏览器对交易的影响

平均花费时间、平均浏览页数和平均购买额代表的是三者的集中趋势。花费时间、浏览页数和购买额在三类浏览器中的均值代表的是三者在三类浏览器上的集中趋势。比较三个浏览器中的平均花费时间、平均浏览页数和平均购买额能反映三类浏览器中花费时间、浏览页数和购买额的差异性。如图 9-8 所示，Firefox 浏览器中，平均花费时间和平均购买额最高，很可能是非常优质的顾客来源；IE 浏览器中，三者均处于低水平，可能是较差的顾客来源；其他浏览器中，虽然花费的时间不多，但浏览页数和购买额并不低，可能是较好的顾客来源。这些大小关系在统计上是否显著涉及假设检验的内容，将在第十章进行学习。

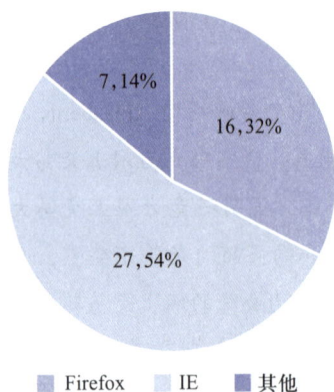

7,14%

16,32%

27,54%

■ Firefox　■ IE　■ 其他

图 9-7　Heavenly 巧克力网上交易的浏览器频率分布

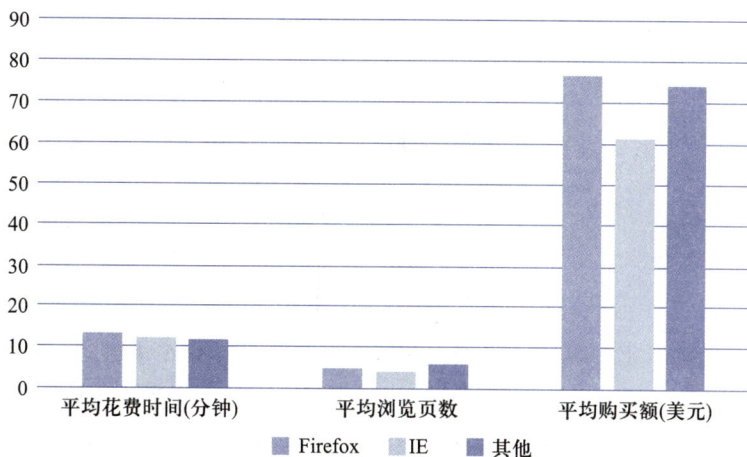

图 9-8　Heavenly 网上交易变量在三类浏览器中的均值

4. 是否为周末和购买金额高低组列联表分析

表 9-7　Heavenly 巧克力调研的周几和购买者类型列联表

（A）频数表

		购买类型		
		低金额	高金额	合计
周几	工作日	18	20	38
	休息日	11	1	12
	合计	29	21	50

（B）百分率表

原始百分率表

		低金额	高金额	合计
周几	工作日	36.00%	40.00%	76.00%
	休息日	22.00%	2.00%	24.00%
	合计	58.00%	42.00%	100.00%

列百分率表

		低金额	高金额	合计
周几	工作日	62.07%	95.24%	76.00%
	休息日	37.93%	4.76%	24.00%
	合计	100.00%	100.00%	100.00%

行百分率表				
		低金额	高金额	合计
周几	工作日	47.37%	52.63%	100.00%
	休息日	91.67%	8.33%	100.00%
	合计	58.00%	42.00%	100.00%

　　如表 9-7（B）中的列百分率表显示，Heavenly 巧克力的低金额购买中工作日占 62.07%，37.93% 在休息日。另一方面，高金额购买中 95.24% 在工作日，4.76% 在休息日。所以两者可能存在非单向关系，即工作日可能与高金额更容易同时出现。行百分率表显示，工作日的购买中 47.37% 为低金额，52.63% 为高金额，而休息日的购买中 91.67% 为低金额，8.33% 为高金额，表明休息日可能与低金额更容易同时出现。这种非单向关系是否在统计上显著，可以用卡方检验进行分析，在第十章将进行介绍。

第五节　其他描述指标

一、分布形态统计量

1. 峰度

峰度是描述统计量取值分布陡缓程度的统计量，也是衡量取值分配的集中程度，超值峰度计算公式表现为：

$$\beta = \frac{1}{n} \sum_{i=1}^{n} \left[\left(\frac{x_i - \bar{x}}{s} \right)^4 \right] - 3$$

式中，x_i 代表每个单独的观察值，n 代表样本个数，$\bar{x}$ 代表均值，s 代表样本标准差。正态分布的峰度值为 3，当峰度结果值等于 0 时，表示数据分布与正态分布的陡缓程度相同；当峰度结果值大于 0 时，表示数据分布比正态分布更加集中，其平均数的代表性更大；而当峰度结果值小于 0 时，表示数据分布比正态分布更加分散，其平均数的代表性更小。图 9-9 展示了不同峰度的数据分布曲线。

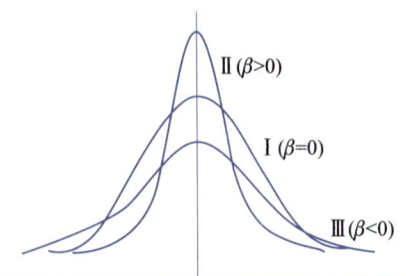

图 9-9　不同峰度的数据分布曲线

2. 偏度

偏度是描述统计量取值分布对称或偏斜程度的一种指标，其计算公式表现为：

$$\alpha = \frac{1}{n}\sum_{i=1}^{n}\left[\left(\frac{x_i-\bar{x}}{s}\right)^3\right]$$

式中，x_i 代表每个单独的观察值，n 代表样本个数，$\bar{x}$ 代表均值，s 代表样本标准差。当数据分布为正态时，偏度值等于 0；当数据分布为正偏斜时，偏度值大于 0，为右偏分布；当数据分布为负偏斜时，偏度值小于 0，为左偏分布；而偏度的绝对值越大，表明数据分布的偏斜度越大。图 9-10 展示了不同偏度的数据分布曲线。

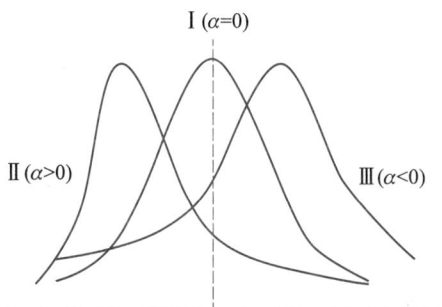

图 9-10 不同偏度的数据分布曲线

二、探索性统计分析

探索性统计分析是在对统计数据进行描述性统计之后，通过图形与数据筛选等方法对数据进行更深入的描述分析，从而帮助营销人员根据分析结果选择进一步更详细的分析方法。

"探索"过程既可以为所有个案，也可以分别为个案组生成摘要统计量和图形显示。当用户需要进行筛选数据、离群值识别、描述、假设检验以及描述子总体（个案组）之间差异的特征时，可以使用探索性分析方法。例如，通过数据筛选可以得知数据中的异常值、极值、缺失值或其他特性。

在使用探索性统计分析之前，我们还需要了解该分析方法中的一些常用图形与指标。例如，茎叶图、箱图、正态分布检验、方差齐性检验等内容。

1. 茎叶图

茎叶图又称枝叶图，是用来描述连续变量次数分布的一种统计方法。该方法是由统计学家托奇设计，其思路是将数组中的数位按位数进行比较，将数的大小基本不变或变化不大的数位的数作为茎（主干），将变化大的数位的数作为叶（分支），而列（频率）位于茎的后方，便于查看具体数据。茎叶图与直方图相类似，不仅可以帮助用户统计数据变量的次数，而且还在保留原数据的基础上计算各数据段的频率或百分比。图 9-11 为 Heavenly 巧克力公司的网上交易样本中编号前 20 的购买额（美元）茎叶图。

茎	叶				
2	6.68				
3	2.69	6.04			
4	4.73	8.05			
5	4.04	4.52	5.96	9.2	
6	4.16	6.27	7.8	8.45	8.73
7	0.94				
8	4.12				
9	1.62	4.9			
10					
11					
12	6.4				
13					
14					
15	8.51				

图 9-11　Heavenly 巧克力公司网上交易样本中编号前 20 的购买额（美元）茎叶图

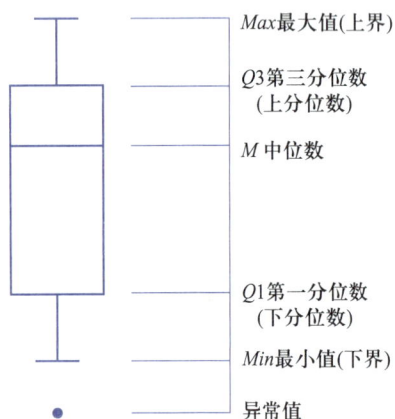

图 9-12　箱图

2. 箱图

箱图又称盒须图、盒式图或箱线图，是一种用作显示一组数据分散情况资料的统计图，适用于提供有关数据的位置和分散的参考。箱图不仅可以表现一组数据的四分位数、中位数、全距与形态，而且还可以检测数据中的异常值。如图 9-12 所示，箱图中最大值和最小值显示在箱图的顶部和底端，第一分位数显示在中间箱子的底部的线段处、中位数显示在箱子的中间线段处、第三分位数则显示在中间箱子的顶端线段处。当中位数不显示在箱子的中间线段处，而偏于箱子底部时，则表示呈正偏态分布；而当中位数偏于箱子顶部时，则表示呈负偏态分布。

3. 正态分布检验

正态分布检验是判断某组样本所代表总体与理论正态分布是否存在显著差异的检验，是最为广泛的检验方法，也是参数统计分布的前提。在探索性统计分析中，正态分布检验主要用于检验一组数据是否符合正态分布。

4. 方差齐性检验

方差齐性检验是在对两组以上的数据进行比较时，既检验了数据的正态分布性，又检验了数据的方差相等性。与正态分布检验一样，方差齐性检验也是进行探索统计分析过程的前提条件。

三、比率分析

比率分析主要用于对两个定距变量间变量值比率变化的描述分析，并生成比率变量以及比率变量的一些基本描述统计量，例如，中位数、均值、标准差、最大值等。另外，比率分析还可以显示比率变量的集中趋势和离散程度，以帮助用户更详细且更清晰地分析相关数据。

SPSS 还提供了用于概率分析的 P-P 和 Q-Q 图，用于确定某个变量的分布是否与给定的分布相匹配。概率图可以详细、直观地显示数据，如果选定变量与检验分布匹配，其观测值就会聚集在某条直线周围，便于对数据进行观察。

1. P-P 图

P-P 图是对照一些检验分布的累计比例来绘制的某个变量的累计比例图。在 P-P 图中可用的检验分布包括卡方、指数、半正态、排列等。另外，使用 P-P 图还可以获取转换值的概率图，包括自然对数、标准化值、差方和季节性差分等转换选项。除此之外，营销人员还可以指定计算期望分布，以及求解"连结"的方法。

2. Q-Q 图

Q-Q 图是对照一些检验分布的分位数，绘制的某个变量分布的分位数图。在 Q-Q 图中可用的检验分布包括卡方、指数、半正态、排列等。Q-Q 图和 P-P 图的用途相同，只检验方法存在差异。二者的区别是 P-P 图比较的是实际数据和待检验分布的累计概率，而 Q-Q 图比较的是实际数据和待检验分布的分位点数。

第六节　SPSS 应用的案例：描述统计量

在后续的有关于统计分析的章节中，本书将一步步讲解应用 SPSS 进行统计分析的过程。读者需要学习如何操作 SPSS，如何从 SPSS 的输出中找到特定的统计结果，并掌握如何解读统计结果。

一、利用 SPSS 进行频数分析

1. 利用 SPSS 找出众数

在淘宝展示广告案例中，有许多观测值都是类别选项，因此，属于名义变量。对于名义变量，众数是恰当的集中趋势指标，而差异性则需要通过观察不同类别的分布状态来估计。

本书使用淘宝展示广告数据集中 1 587 名消费者的数据为例，介绍如何创建频数分布和百分率分布并找出众数。在这个例子中，我们使用消费档次这个名义变量，该变量使用的编码为 1、2、3（分别代表低档、中档、高档）。SPSS 具体操作步骤如下。

（1）导入数据：点击文件→导入数据→CSV 数据，选择相应文件后完成数据导入，如图 9-13。

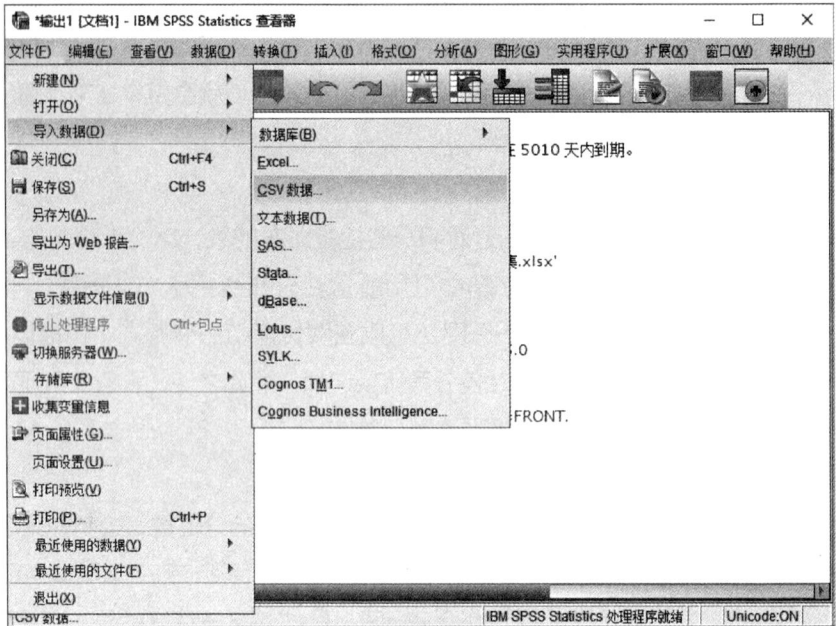

图 9-13　导入数据

（2）点击分析→描述统计→频率，打开变量选择窗口，如图 9-14。

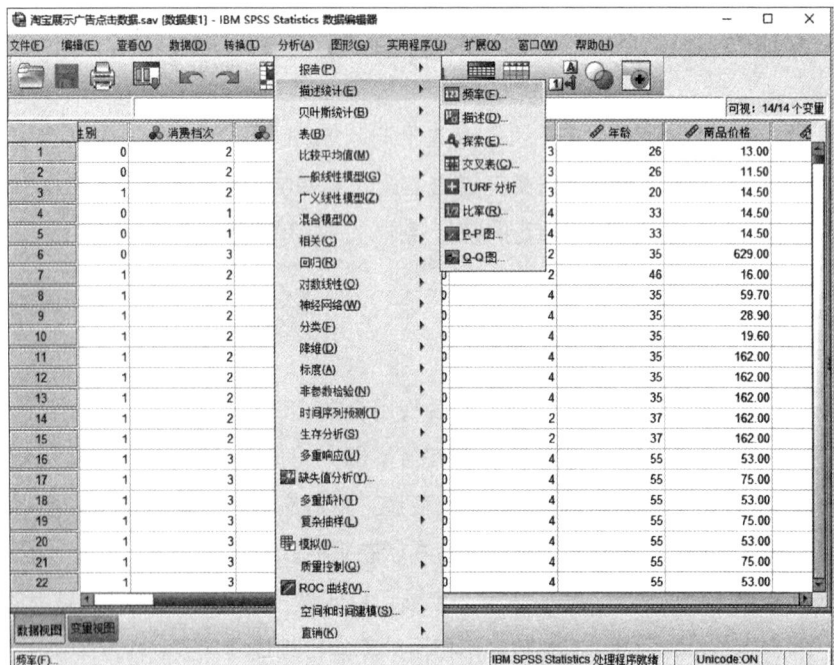

图 9-14　点击分析→描述统计→频率

（3）选择变量消费档次到中间的方框，点击"统计"按钮，软件会弹出统计量选项窗口。勾选"众数"，点击"继续"关闭窗口。点击"确定"关闭窗口。SPSS 就会创建频数分布并得到众数，如图9-15。

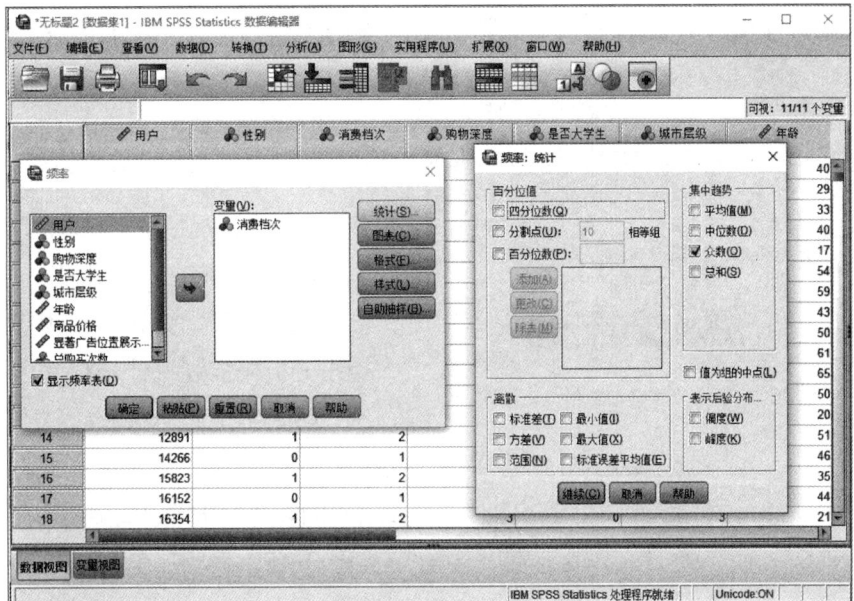

图9-15　频率统计选项卡勾选"众数"

在图9-16中可以看到输出结果，编码为"2"的消费者是众数，而且频数分布显示消费层次为"中档"的消费者最多，有1019人，占总数的64.2%。

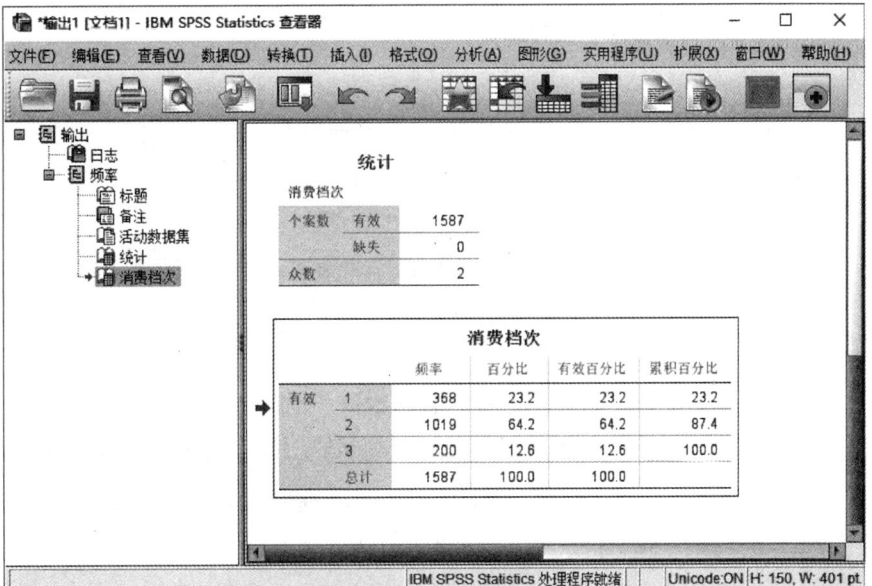

图9-16　频率分析结果：众数

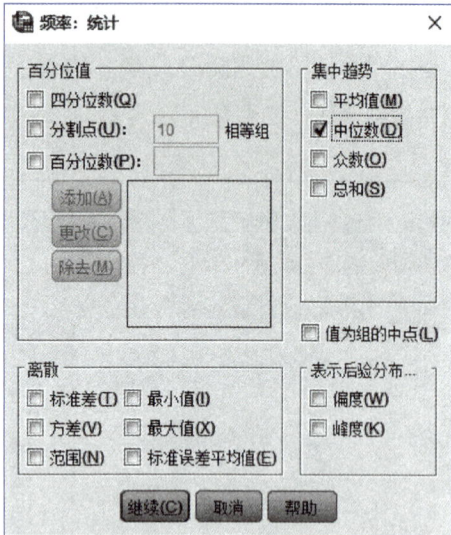

图 9-17 频率：统计选项卡勾选"中位数"

在输出结果中，你应该注意到变量名称和标签都已经被定义并显示。"描述统计→频率"这一步骤创建了每个变量观测值的频数分布和百分率分布。输出结果包括一张统计量表格和一张包括变量数值标签、频数、百分率、有效百分率和累积百分率的表格。

2. 利用 SPSS 找出中位数

在计算中位数之前，调研人员需要确认数据具备顺序变量的属性。本案例中所选的消费层次变量具有顺序变量的属性，编码"1"代表的消费层次低于编码"2"，编码"3"代表的消费层级最高。点击分析→描述统计→频率，可以找到中位数标签，然后在统计量窗口选择中位数，得到中位数计算结果，如图 9-17 所示。

在 SPSS 中，消费层次的频数分布输出窗口中也可以看到，中位数为编码"2"，即"中档"，如图 9-18。

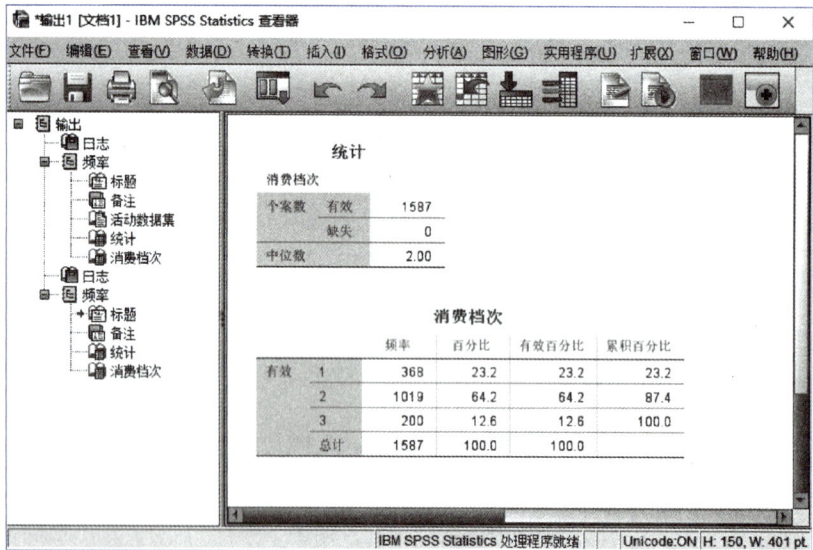

图 9-18 频率分析结果：中位数

3. 利用 SPSS 找出均值、全距和标准差

计算机无法区分不同问题的测量等级，因此，分析人员必须明确测量等级并选择正确的分析方法。在淘宝展示广告数据集中，有些测量数据是等距变量。为了对这类变量进行快速分析，调研人员不需要频数表，因为等距变量的数值比较多，频数表将报告所有数值的百分率，也会包括一些没有意

义的众数和中位数。此时调研人员更加需要获得数值变量的均值、标准差等其他描述统计量，SPSS 具体操作步骤如下。

（1）点击分析→描述统计→描述，如图 9-19。

图 9-19　点击分析→描述统计→描述

（2）选择"总购买次数"作为分析变量，然后点击"选项"按钮。在该选项页中，可以选择平均值、标准差、最大值和最小值等，如图 9-20。

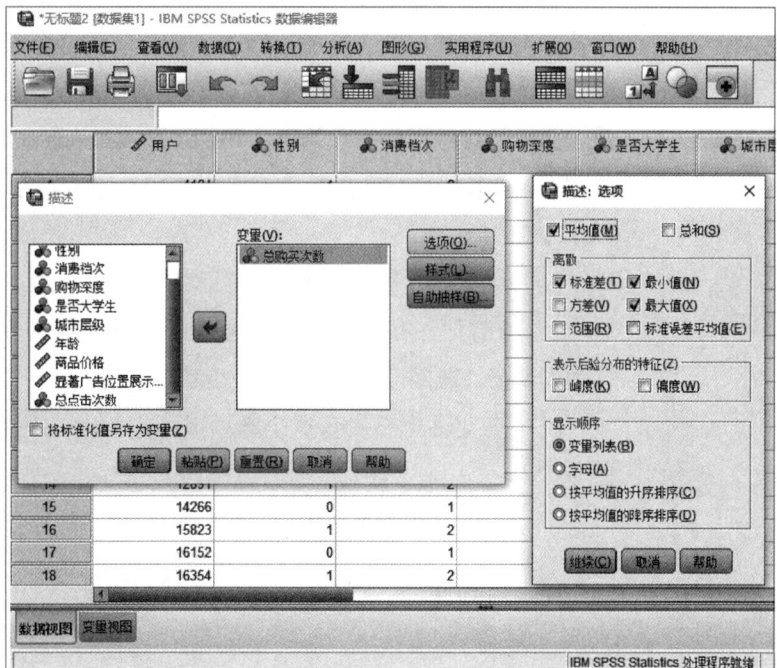

图 9-20　描述选项卡

图 9-21 显示了输出结果，总购买次数的平均值为 0.08，意味着在该数据集中，消费者看完广告后的平均反应是不购买；标准偏差是 0.574，说明不同消费者之间的差异较大；此外，总购买次数的最小值为 0，最大值为 9，表示该数据集涵盖了看到展示广告后不购买、少次购买以及多次购买的消费者。

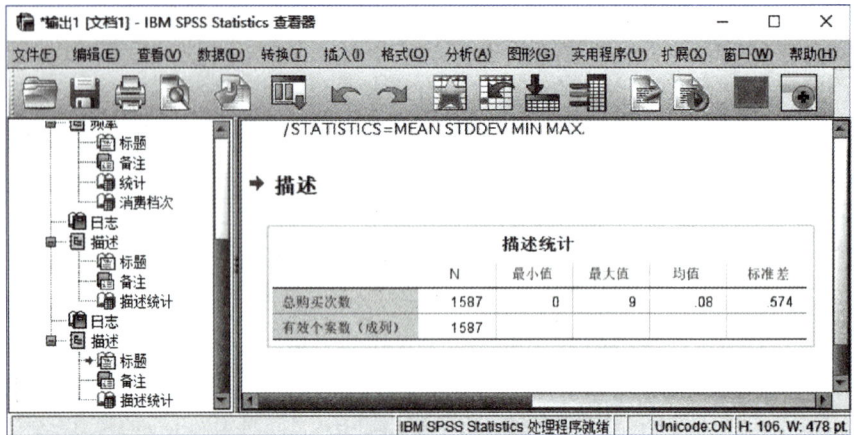

图 9-21　描述分析结果：均值、标准差、全距

二、利用 SPSS 进行列联表分析

我们使用与上文相同的淘宝展示广告数据进行列联表分析，考察广告位置（不显著和显著）与顾客行为类型之间可能存在的关系。其中，广告位置（0 表示不显著的广告位置，1 表示显著的广告位置）为第一个名义变量，四种顾客行为类型（1 表示产品浏览，2 表示加入购物车，3 表示加入收藏夹，4 表示购买）为第二个名义变量。下面展示了使用 SPSS 分析的具体操作步骤。

（1）点击分析→描述统计→交叉表，如图 9-22。

（2）在打开的对话框中选择要进行卡方分析的变量。即选择广告位置作为列变量，选择行为类型作为行变量。

（3）在对话框右侧有多个选项按钮。点击"统计"，选择"卡方"，如图 9-23。

（4）点击"单元格"按钮，选择"实测""行百分比"，如图 9-24。

图 9-22　点击分析→描述统计→交叉表

图 9-23　交叉表：统计选项卡

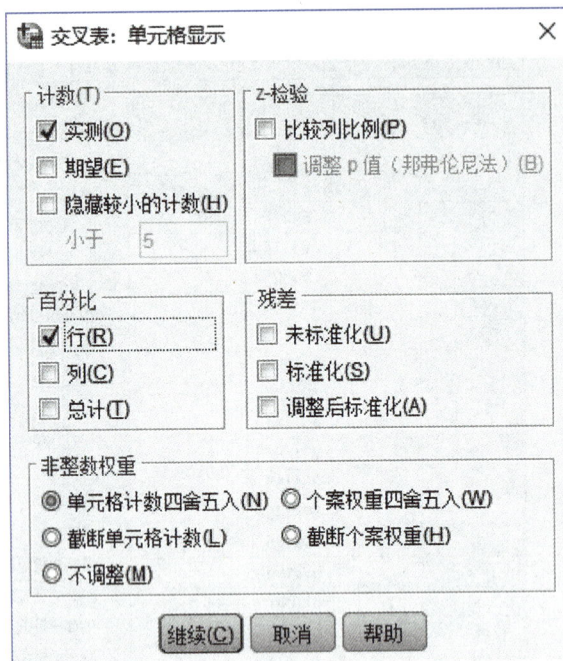

图 9-24　交叉表：单元格显示选项卡

　　输出结果见图 9-25。在交叉表中，我们可以看到变量和值标签，原始频数在每个单元格的第一项。另外，表格还报告了所有的行百分率以及每个行合计与列合计。"卡方检验"表格提供了卡方分析结果，我们在此处仅对卡方分析进行基本的了解，下一章将详细介绍卡方分析的具体内容。就目前来说，唯一需要关注的统计量是"皮尔逊卡方"值，计算结果为 44.991。"自由度"列显示自由度为 3。"渐进显著性"表示接受原假设的概率。在本例中，显著性水平为 0.000，这意味着广告位置与消费者行为类型之间不相关的原假设实际上没有被接受。换言之，广告位置与消费者行为类型之间是相关的。

　　SPSS 完成了确定非单向关系的第一步。下一步是弄清关系的本质。对于非单向关系，我们需要考察其关系模式并用语言进行描述。例如，我们可以这样问："什么广告位置会引发消费者什么类型的行为？"关系模式关注的是程度，而不是"是与否"。观察图 9-25 中的行百分率，我们可以发现购买行为在不显著的广告位更容易产生，而加入收藏夹的行为在显著的广告位更容易产生。这一结果可以解释为：如果零售商的目标是让顾客将产品加入收藏夹，就应该在显著的广告位上投放展示广告；如果零售商的目标是顾客购买，就应该在不显著位置投放展示广告。

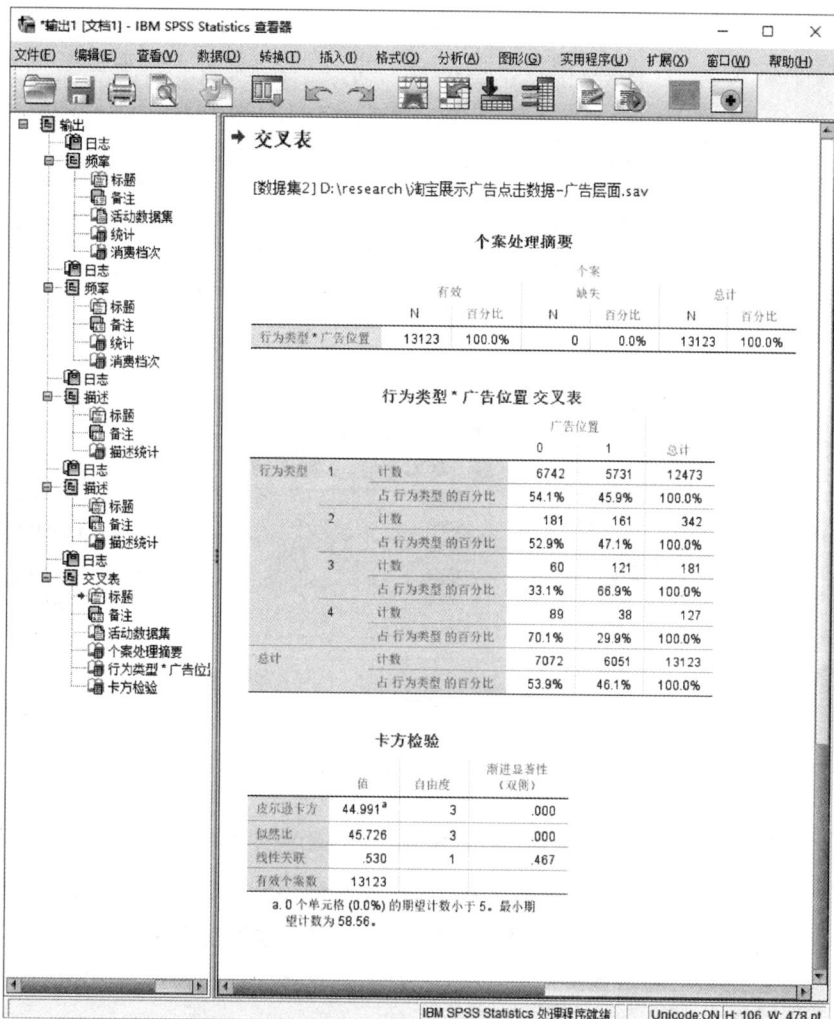

图 9-25　交叉表分析结果

在卡方检验中，渐进显著性小于 0.05，这说明变量间的相关性具有统计显著性，因此，我们可以确信这种关系在样本所代表的总体是存在的。在这一基础上，我们能够通过考察和解释列联表中的百分率来判断关系的相对强度，最终识别出关系的模式或本质。

三、利用 SPSS 进行其他描述性分析

1. 利用 SPSS 找出峰度和偏度

下面探讨"总购买次数"的峰度和偏度，SPSS 具体操作步骤如下。

（1）点击分析→描述统计→描述。

（2）选择"总购买次数"，点击"选项"，在选项页中勾选"峰度""偏度"，如图 9-26。

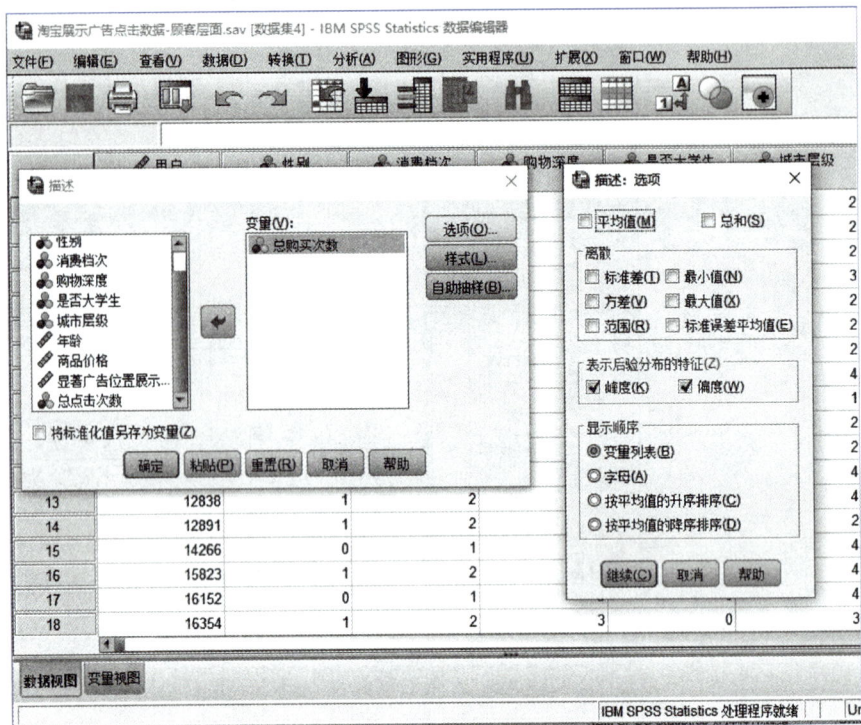

图 9-26　描述选项卡选择"峰度""偏度"

　　输出结果见图 9-27。峰度值为 105.054。这表明消费者在展示广告的影响下的总购买次数的数据分布非常陡峭，一些数值距离平均值很远。

　　偏度值为 9.568，大于 0，说明数据是非对称的，且为右偏分布。表明消费者在展示广告的影响下的总购买次数在右侧出现长尾，也意味着大多数情况下消费者的购买次数低于平均购买次数。

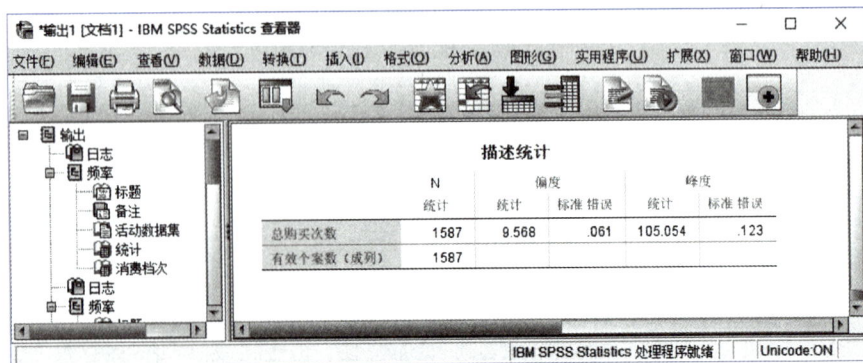

图 9-27　描述分析结果：峰度、偏度

2. 利用 SPSS 做探索性统计分析

对购买次数进行探索性统计分析，SPSS 具体操作步骤如下。

（1）点击分析→描述统计→探索，如图 9-28。

图 9-28　点击分析→描述统计→探索

（2）选择"总购买次数"进入因变量列表，点击"统计"，勾选"离群值""百分位数"，如图 9-29 所示。

图 9-29　探索统计选项卡

（3）点击"图"，勾选"茎叶图""直方图""含检验的正态图"，如图 9-30。

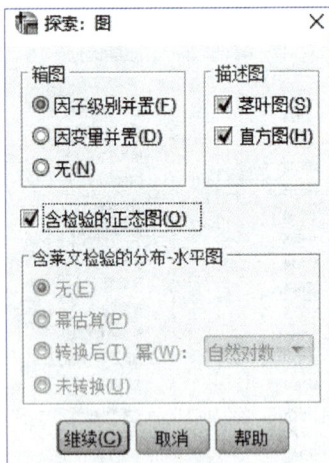

图 9-30　探索图选项卡

输出结果见图 9-31、图 9-32。图 9-31 显示总购买次数的正态性检验的显著性为 0.000，表明为总购买次数为非正态分布。图 9-32 显示总购买次数的频数分布直方图右拖有长尾，说明有比较多的异常值，左右两半对称性较差，初步判该组数据右偏严重，为非正态分布数据。

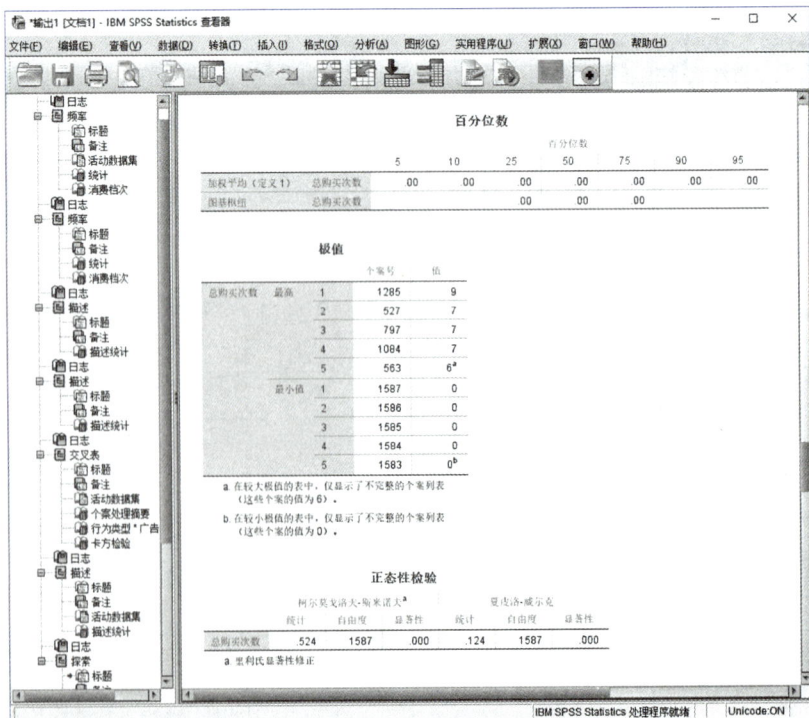

图 9-31　探索分析结果：正态性检验

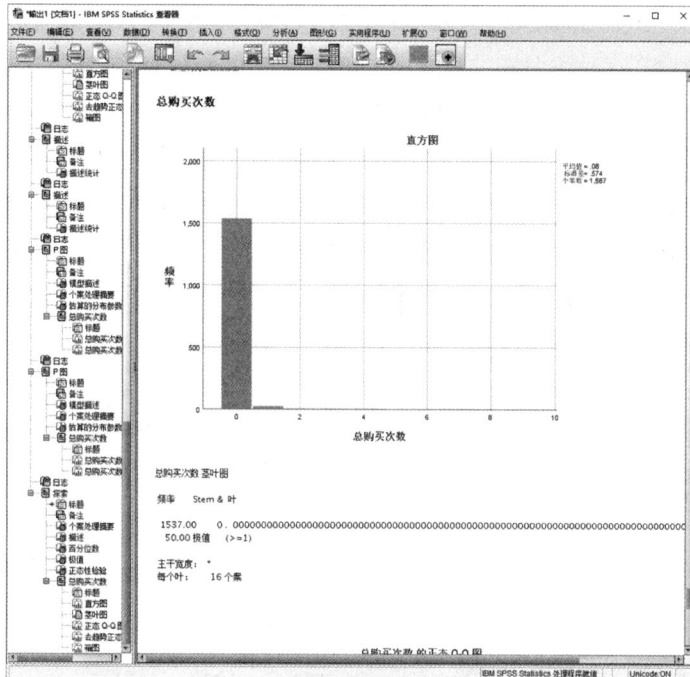

图 9-32 探索分析结果：直方图、茎叶图

3. 利用 SPSS 做比率分析

对"总购买次数"进行 P-P 图和 Q-Q 图分析，操作方法如下，图 9-33 展示了点击过程界面。

（1）依次点击分析→描述统计→ P-P 图和分析→描述统计→ Q-Q 图。

（2）选择"总购买次数"进入变量列表。

图 9-33　P-P 图和 Q-Q 图界面

输出结果见图 9-34 和图 9-35。观察 P-P 图或 Q-Q 图上的点能否分布在理论分布的直线上，可说明变量是否近似或服从正态分布。本例中，总购买次数的 P-P 图上绝大多数的点能分布在一条直线上，直线趋势明显，可认为该变量近似服从正态分布，如图 9-34 所示。但是，总购买次数的 Q-Q 图上"总购买次数"变量的观测值严重偏离理论分布所代表的直线，各点偏离直线的情况较为严重，所以认为"总购买次数"数据不符合正态分布，如图 9-35 所示。综合前面的直方图分析等，最终判定为"总购买次数"数据不符合正态分布。

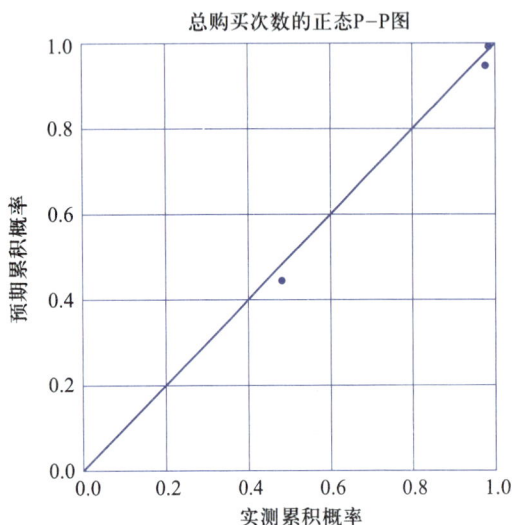

图 9-34　分析结果：P-P 图

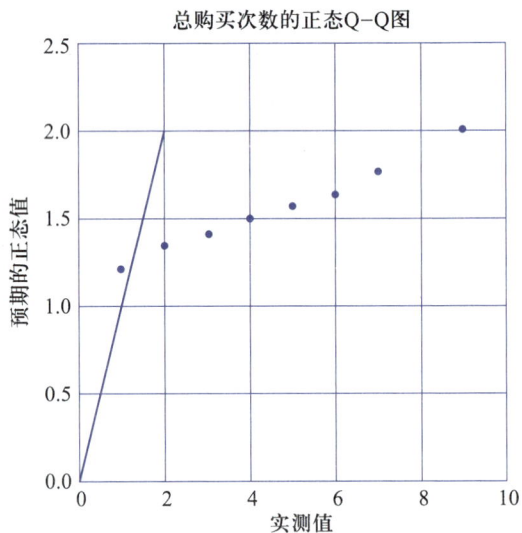

图 9-35　分析结果：Q-Q 图

本章小结　　在这一章中，我们介绍了调研数据的描述性统计分析方法。首先，我们介绍了数据编码的规则和统计分析的各种方法。其次，引进了描述性分析的概念，阐述了频数分析、众数、平均值、标准差、全距、列联表、卡方分布的特点和适用范围，同时，介绍了峰度、偏度、P-P 图和 Q-Q 图等。最后，举例说明如何使用 SPSS 软件计算上述统计量。本章的目的是帮助营销人员将杂乱的数据转换成初级的有价值的信息，为后续更复杂的统计分析奠定基础。

即测即评

复习思考题

1. 数据编码的规则有哪些？

2. 不同类型的问卷问题如何进行编码？

3. 列举描述性统计的方法和统计量。

4. 简述描述性统计常见的图表和解读标准。

5. 结合 SPSS 的应用案例，讨论描述性统计可以回答哪些营销问题。

6. 简述使用 SPSS 进行描述性统计的基本步骤。

综合实训

尝试对数据集进行描述性分析。二维码中的数据集是关于淘宝和天猫用户婴儿用品的购买数据，一共包含两个表，第一个表是用户购买商品的历史数据，包括购买商品的基本信息和购买数量、时间、用户 ID 七个字段，第二个表是婴儿的基本信息，包括用户 ID、出生日期和性别三个字段。

扫码获取
实训数据集

任务目标：使用描述性统计的方法解决以下问题：

（1）展示商品总销售量的波动情况（商品购买数量和购买时间可以帮助解决此问题）。

（2）热销商品和滞销商品是哪些（销售数量、商品一级分类、商品二级分类、商品属性可以帮助解决此问题）。

任务要求：

针对任务目标中的问题撰写描述性统计报告。

考核标准：

作业考核采用小组互评打分方式，总分 100 分。从两个角度对描述性统计报告进行考核：统计分析中样本的丰富性和合理性（60 分）、分析报告的准确性和美观程度（40 分）。

案例分析

赞助广告 or 媒体代言？对商家怎样影响？

本案例是针对 ISR 发布的 An Empirical Analysis of Seller Advertising Strategies in an Online Marketplace 论文的解析，分析与研究结果均来自该论文。

在亚马逊（Amazon）和 eBay 等线上交易平台上，卖家必须向平台支付入驻费和每笔交易的佣金；然而，阿里巴巴集团旗下中国最大的在线市场淘宝采用了一种完全不同的商业模式，向卖家免费提供基础平台服务，商家无门槛入驻。淘宝靠什么赚钱呢？答案就是广告。

淘宝 60% 以上收入来自在线广告。淘宝平台内的商家虽然入驻门槛较低，但难以在竞争激烈的市场中生存下去，卖家需要投放广告来吸引流量。其中，"赞助搜索广告"和"社交媒体代言"是两个主要的广告工具。

一、两种广告策略

1. 赞助搜索广告

当我们在平台中输入关键词进行搜索时，平台会根据关键词显示一系列商品列表。而一个正常的手机屏幕只能显示 5 个左右的商品，排在前面的商品势必能够获得更大的曝光、流量以及被购买的可能性。对于平台而言，一个方法是"自然"排名，"自然"排名的算法主要基于商品月销、评价、题目匹配度等方面的表现，销量、评价好的排名会更加靠前；另外一个方法是付费广告，卖家通过关键词竞价，获得平台对价高者分配更多的流量，使产品排名相对靠前。

2. 社交媒体代言

社交媒体代言与明星代言类似，但是在影响水平和规模方面有所不同。其作用机制如图 9-36 所示：

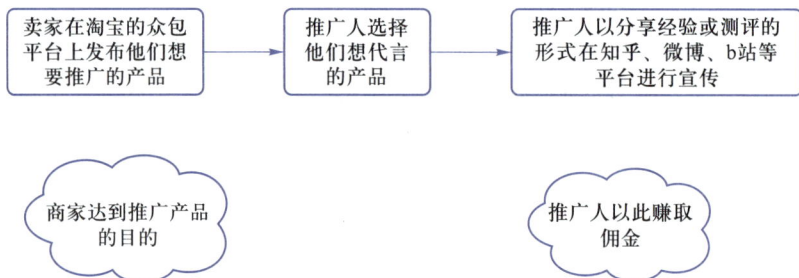

图 9-36　社交媒体代言作用机制

比如在知乎一篇回答里可能会附上去淘宝购买某件商品的链接，b 站博主视频下可能也会附上淘宝购买的链接。

3. 两种策略对比

赞助搜索广告的目标群体是已经有特定购买意图的消费者，对消费者具体选择购买过程产生影响。社交媒体代言在本质上更像是一种付费的口碑宣传，目的是提升消费者对产品的积极印象和态度，吸引潜在消费者。那么对于商家来说，两种广告策略在增加自身的流量和销售额方面是否真实有效？如果是，哪种策略更有效？商家应该怎样选择这两种策略呢？

首先，广告能够带来曝光和一定程度的宣传，因此，对于赞助搜索广告和社交媒体代言两种广告对流量和销售额的有效性，可以合理地提出以下四个假设：

假设 1：赞助搜索广告 在为商家吸引流量方面有积极的作用

假设 2：赞助搜索广告 对提高卖家的销售额有积极作用

假设 3：社交媒体代言 在为商家吸引流量方面有积极作用

假设 4：社交媒体代言 对提高卖家销售额有积极作用

二、数据采集与描述性分析

对于以上的假设，文章使用了实际数据进行实证研究。数据为淘宝平台上 2011 年 5 月到 2012 年 2 月期间 3 620 名随机抽样的女性时尚类卖家的月数据，即一共 10 个月的数据。剔除了在此期间刚刚进入市场一些卖家，最终样本中包含了 2 859 个卖家。

1. 策略采用频数分析

图 9-37 和图 9-38 是 10 个月里，不同卖家使用两种广告策略的频率占比，图 9-37 是赞助搜索，有 45.14% 的卖家在整个研究期间使用 0 次赞助搜索，只有 27.68% 的卖家十个月都使用了赞助搜索，其余都是动态地使用策略。图 9-38 的社交媒体代言也呈现出相同的结果。

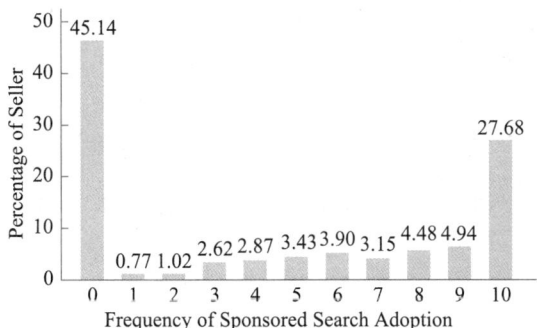

图 9-37　赞助搜索采用频数的分布

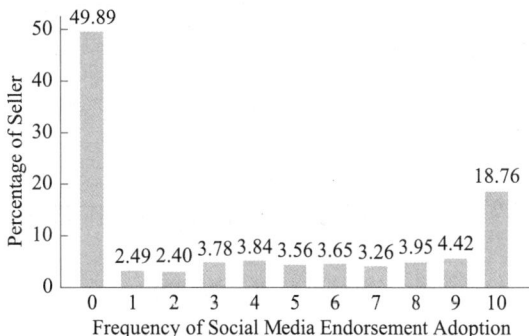

图 9-38　社交媒体代言采用频数的分布

2. 选择不同策略的卖家特点分布分析

图 9-39 和图 9-40 显示了采用不同广告策略时两种卖家特征的分布，特征包括卖家的经营时长和产品平均价格水平，从图 9-39 可以看出，使用广告的卖家经营时长普遍更高，这表明成熟的卖家更有可能使用广告，而图 9-40 中销售产品的平均价格可能不是卖家选择广告策略的关键因素。

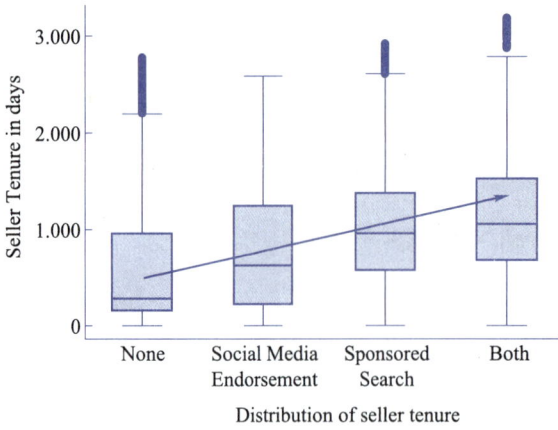

图 9-39　卖家经营时长分布

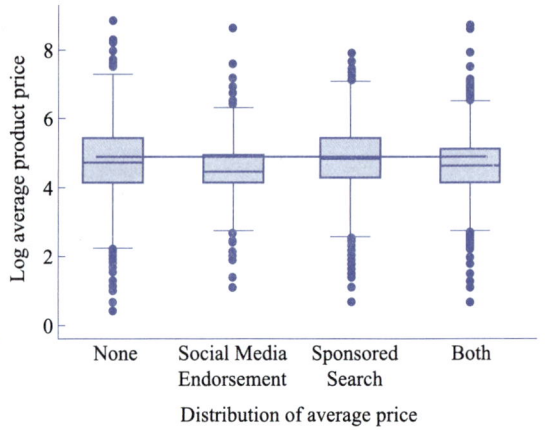

图 9-40　产品平均价格分布

3. 流量和销量的百分率分析

图 9-41 和图 9-42 展示了卖家的流量和销售额分布。两者的分布是相似的，都是高度偏态。

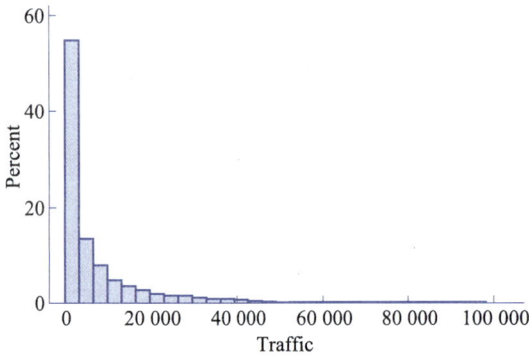

图 9-41　卖家流量分布

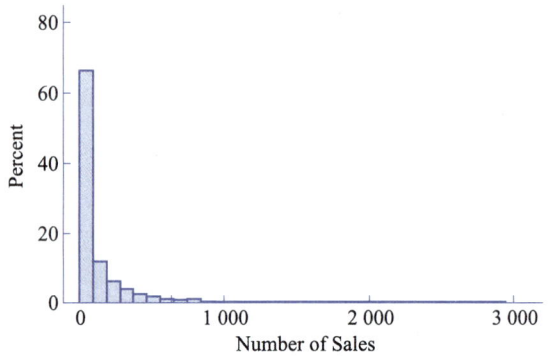

图 9-42　卖家销售额分布

4. 流量和销量的散点图

从卖家流量和销售额的散点图（图 9-43）看到，在较低的流量水平下，这种相关性还不明显，卖家之间在将流量转换为销售额方面的差异较大，而在较高的流量水平下，卖家流量和销售额表现明显的正比例关系。

5. 流量和销量在不同策略下的箱形图

使用不同策略的卖家在流量和销售额有什么不同？从图 9-44 可以看到，在流量上，采用两种策略 > 只采用赞助搜索 > 只采用社交媒体代言 > 没有采用任何策略，这初步证明了广告对吸引流量确实有用，而且赞助搜索比社交媒体代言作用更大。在销售额上也呈现出了相似的结果，两者的区别在于采用社交媒体代言的销售额与从未使用任何策略的销售额没有显著差异。

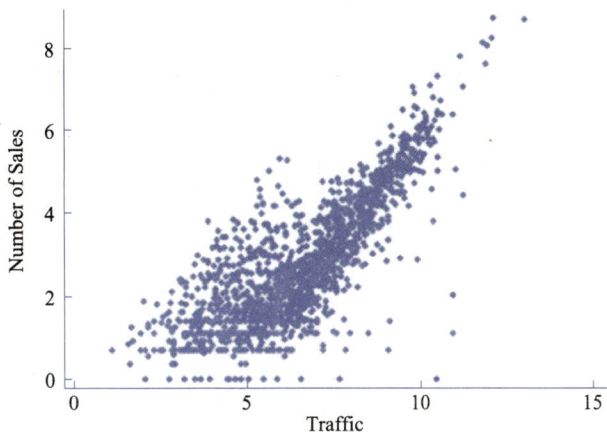

图 9-43　流量和销量的散点图

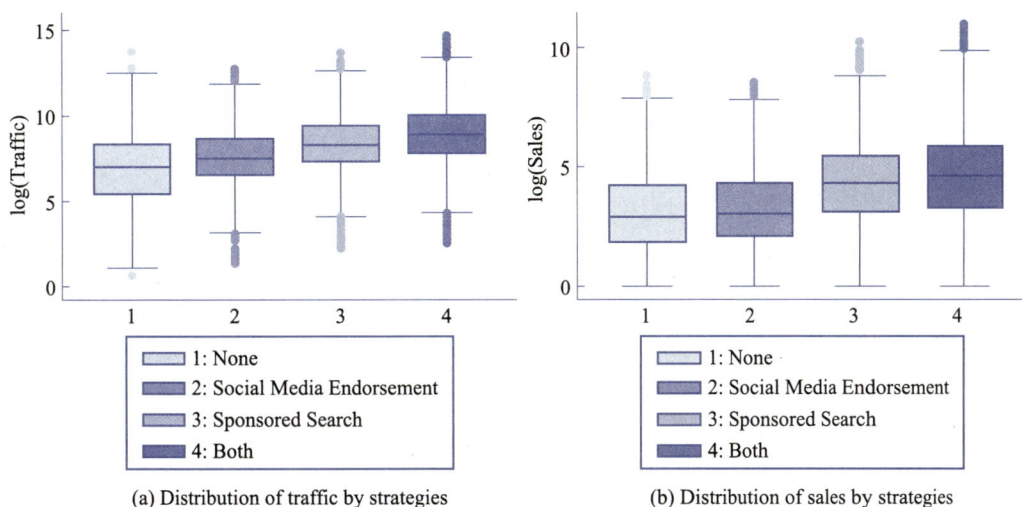

(a) Distribution of traffic by strategies

(b) Distribution of sales by strategies

图 9-44　流量和销量在不同策略下的箱形图

　　描述性统计显示，赞助搜索和社交媒体代言这两种广告策略均可以增加流量。其中，相较于社交媒体代言，赞助搜索在增加流量上更加有效。如果卖家正在寻求增加流量和销售额的方法，那么，赞助搜索是卖家的首选。其他类似于淘宝、亚马逊的电商平台也应当考虑通过赞助搜索提升平台收入。然而，这些结论是否在统计上显著，需要进一步的建模和假设检验分析，在第十章我们将介绍这些检验方法。此研究的后续建模和假设分析详情请参考原论文。

　　参考资料: Sun, H., Fan, M., Tan, Y. An empirical analysis of seller advertising strategies in an online marketplace[J]. *Information Systems Research*，2020，31（1）：37−56.

　　资料来源: 商科实验室 . 赞助广告 or 媒体代言? 对商家怎样影响? [EB/OL].（2022−06−16）

思考：

（1）该案例中使用了哪些描述性分析的方法？

（2）该案例中频数分析、散点图等描述性分析的方法是如何说明两种广告策略的不同效果的？

（3）案例中的描述性分析的结果是怎样的？为后续的研究起到了什么作用？

本章参考文献

[1] 涂平. 营销研究方法与应用 [M]. 北京：北京大学出版社，2008.

[2] 伍昊. 你早该这么玩 Excel [M]. 北京：北京大学出版社，2011.

[3] 贾俊平，何晓群，金勇进. 统计学 [M]. 7 版. 北京：中国人民大学出版社，2018.

　　本章主要阐述了调研数据的推断性分析的重要性、常见方法及不同方法的实践运用。本章的重点是掌握推断性分析的显著性检验，以及如何选择合适的推断性分析方法，并对推断性结果进行运用。本章的难点在于理解如何运用卡方分析、方差分析、回归分析对市场调研数据进行分析，掌握机器学习技术的实现原理。

　　（1）知识目标：了解推断性分析的概念和常见统计指标；掌握卡方分析、方差分析的基本逻辑和具体运用；掌握一元和多元回归分析的基本过程；了解时间序列的预测分析；了解机器学习预测方法的基本原理。

　　（2）能力目标：掌握如何利用SPSS进行卡方分析、方差分析和回归分析。

　　（3）素质目标：形成对数据进行推断性分析的能力。

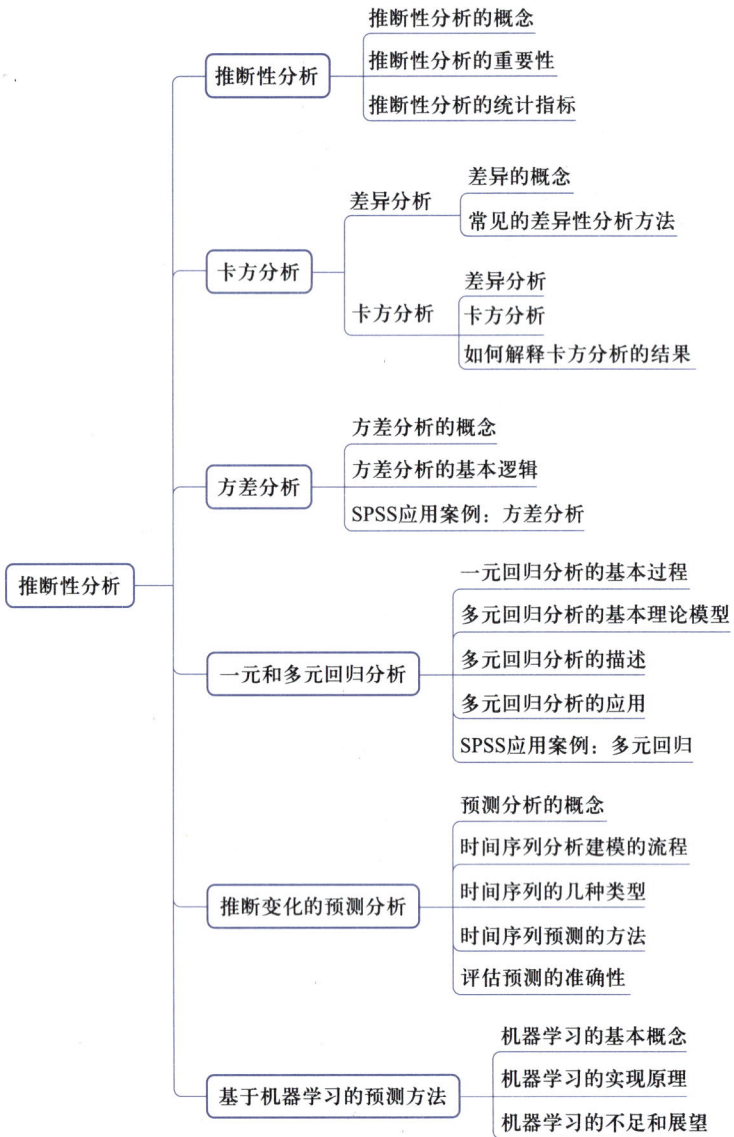

网易云音乐何以杀出重围？

2013 年，当国内音乐市场处于一片红海时，网易云音乐在夹缝中诞生。彼时的音乐市场可以说已被包括 QQ、酷我、酷狗、百度、多米、虾米等在内的许多音乐平台瓜分殆尽。它们不仅拥有大量的用户，在版权曲库方面也更具优势。

而看似无法撼动的音乐市场，在网易创始人丁磊的独特思路下，也打开了缺口。

不同于当时大多数音乐软件所强调的音乐属性，网易云另辟蹊径，选择走差异化的路径，鼓励用户制作歌单，设置音乐评论区、云村等来强化用户的社交属性，营造群体共鸣与培养使用依赖，同时，用精准的算法推荐，为用户定制个性化的音乐推荐服务。

近年来，各种年度账单和年度歌曲清单已经成为流行趋势，作为其中的佼佼者，网易云音乐的年度歌曲清单一直吸引着用户的眼球，它能够通过收集大量的数据来获取用户的收听信息，并将其显示在用户专属的歌曲清单中，以非常清晰的方式展示每个用户的收听喜好并推断他们的心情和个性。在网易云音乐 2022 年度听歌报告中，用户可查看在云村留下的温暖、有趣的回忆，以及"谁将会成为你的年度歌手"和"你在云村的音乐精神又会是什么"。通过这种方式，网易云音乐能够设立相应的标签，从而实现定制化的用户体验。网易云音乐借助情感视角，利用走心的内容引起用户的情感共鸣，从而与每个用户建立情感联系，增强用户对网易云音乐的信任和依赖。

此外，网易云音乐每日推荐也备受用户青睐，该功能根据用户收藏歌单和播放的音乐大数据预测用户喜爱的音乐类型，并于每日早上 6 点推荐 20 首歌。最基本的原理就是在海量的用户数据（行为记录等）中对用户进行划分，对同一群体的用户推荐其他用户喜欢的音乐。具体来说，网易云音乐可以运用协同过滤算法对用户的历史行为以及与其类似的用户行为进行分析，推荐符合用户口味的歌曲和歌单。还可以使用内容分析算法对歌曲的音乐特征、歌词情感等信息进行分析，并综合考虑用户的音乐品位和歌曲特征，为用户推荐更加精准的歌曲。这种精准的推荐能够满足用户的个性化需求，提升用户体验，从而进一步增强用户对网易云音乐的忠诚度。

资料来源：每日财经 . 网易云成"网抑云"的背后：是"不只是音乐 App"的急功近利？[EB/OL]. （2020-08-10）；数据之窗 . 分享四个经典的大数据营销案例，带你了解大数据的魅力！[EB/OL]. （2020-06-19）

第一节 推断性分析概述

一、推断性分析的概念

推断性分析，是指根据数理统计原理，利用样本统计值推断总体统计值，或对变量之间关系的显著性进行推断，通常说的假设检验、采样与过采样、回归预测模型、贝叶斯模型都属于推断性分析。推断的前提是样本满足随机性、独立性、代表性，如果这些不能满足，利用样本来推断总体得出的结果就会有很大的偏差。

推断性分析与描述性分析不同。描述性分析主要是对样本数据进行总结和描述，以了解样本的基本特征和变量之间的关系。它通常采用各种统计指标和图表（如均值、中位数、方差、标准差、直方图、散点图等），回答有关样本的问题，包括分布情况、中心趋势、离散程度等。它能回答很多样本的问题。例如：样本的平均年龄是多大？样本中各单位之间在年龄上的差异程度如何？样本中年龄和收入的相关程度有多大？等等。

相比之下，推断性分析强调利用样本数据来推断总体特征和规律。它涉及参数估计、假设检验等概念和方法，以确定样本数据在多大程度上可以代表总体，并进行推断。推断性分析主要回答有关总体的问题，包括总体参数的估计、总体之间的差异和关系等。例如：根据样本的平均年龄，总体的平均年龄可能是多大？前后进行两次实验，得到两个不同的结果，这两个结果的差异是否有意义？根据样本中年龄和收入的相关程度，总体中年龄与收入的相关程度可能是多大？

二、推断性分析的重要性

在对现实问题的研究中，受人力、物力、财力等多方面因素的限制，绝大多数研究都不可能对总体里的每个观察单位进行测量和研究，所获得的数据主要是样本数据，为了得到总体的信息，可行的办法是研究和测量总体中的样本，通过样本信息来推论总体信息。例如，一家公司正在推出一种新产品，并想确定该产品的市场接受度和潜在销售额。由于限制和成本问题，公司不可能对整个市场进行调查，因此，他们选择从市场中抽取样本。公司聘请了市场调查公司，对一定数量的潜在客户进行问卷调查，以了解他们对该产品的看法和购买意愿。经过分析，调查结果显示大约 80% 的受访者对该产品表现出兴趣，并表示有意愿购买。

基于这些数据，公司可以使用推断性分析来估算总体中对该产品感兴趣的比例和预测潜在销售额。在这种情况下，推断性分析将为公司提供更准确、更可靠的数据，以支持他们做出更好的市场决策和计划。因此，推断性分析的地位和作用越来越重要，已成为调研数据分析的一块核心内容。

三、推断性分析的统计指标

推断性分析的目的在于将从样本中得到的结论推广至总体，总体参数估计和假设检验是推断性分析的主要过程。在进行推断性分析的过程中，必须了解一些常见的推断性分析的统计指标，包括：显著性水平、置信水平、置信区间、标准差、标准误。

1. 显著性水平、置信水平和置信区间

显著性水平是我们常见的 p 值，也是假设检验中犯弃真错误的概率，指在估计总体参数时参数落在某一区间内可能犯错误的概率，这些错误可能是由随机误差或条件误差引起。p 值为结果可信程度的一个递减指标，p 值越大，越不能认为样本中变量的关联是总体中各变量关联的可靠指标。

置信水平指的是构造总体参数的多个样本区间中，包含总体参数的区间占总区间数的比值，一般用 $1-$ 来表示，其中 是拒绝置信区间的概率。例如，95% 的置信水平意味着在 100 次独立实验中，平均会有 95 次置信区间包含真实总体参数。置信水平是指多个样本区间中包含总体参数的区间占总区间数的比例，它是一个数值而不是一个区间，它是一个数值而不是一个区间。

显著性水平和置信水平都可以用来说明样本判断总体的可靠度。如显著性水平为 5%（$p=0.05$）时，置信水平就为 95%，说明存在 5% 的概率结果存在错误。通常，在许多研究领域中 0.05 的 p 值被认为是可接受错误的边界水平，95% 也是大多数市场调研和社会调研问题中的最低置信水平。结果 $0.05 \geqslant p > 0.01$ 被认为是具有统计学意义的，而 $0.01 \geqslant p > 0.001$ 被认为具有高度统计学意义。

置信区间指的是在某一置信水平下，样本统计值与总体参数值直接的误差范围，置信区间越大，置信水平也就越高。如"当样本量的平均体重 $\bar{x} =65$，总体的平均体重范围即 95% 的置信区间为 65 ± 1"，则说明总体的平均体重范围即 95% 的置信区间为 $64 < u < 66$。

2. 标准差、标准误

标准差是统计学中常用的一种衡量数据离散程度的指标。它衡量的是一次抽样中个体之间的差异程度，也就是说，它反映了个体对于样本均值的

代表性。标准差越大，说明样本中的个体离散程度越大，反之则说明样本中的个体离散程度越小。

标准误则是用于推断统计的一种指标。它是多次抽样中样本均值的离散程度，也就是说，它反映了样本均值对总体均值的代表性。标准误越小，说明样本均值越能代表总体均值，反之则说明样本均值不太能代表总体均值。标准误的计算公式为：标准差除以样本量的开方。

随着样本量的增多，标准差逐渐趋于稳定，而标准误逐渐减小。当样本量趋于无限大时，标准误将趋于零，这意味着样本均值与总体均值的差异将变得非常小。

第二节　卡方分析

差异性分析是一种用数理统计方法测定和检验变量之间差异性的资料分析方法，属于统计假设检验的一种，是推断性分析的基础方法之一。卡方分析是一种用途广泛的计数资料的差异性分析方法，可以用于检测科学实验中实验组与对照组之间是否有差异以及差异是否显著。

一、差异分析

在市场调研中，营销人员总是可以根据自己的调研目的获得不同组别的数据，不同的数据组之间的差异性是营销人员关心的一个重要问题。例如，在某次市场调研中，营销人员发现年收入为 80 000 元以上的人去咖啡馆的次数为平均每月 9.7 次，而年收入为 80 000 元及以下的人去咖啡馆的次数则为平均每月 7.6 次。面对这样的发现，营销人员关心的是：这种差异性是否真实存在？是否具有意义？这就需要通过调研获得多组数据，发现数据间的差异性并检验数据之间的差异性是否真实存在。

1. 差异的概念

关于差异的概念，可以从统计意义和管理意义两个角度来理解：

（1）统计意义的差异。只要数字之间不完全相同，那么数据组之间就有差异，然而这并不代表所有的差异在统计意义上都是显著的。只有当数据组之间的差异大到不是由偶然因素或抽样误差引起的程度，差异才具有统计显著性，这就是统计意义的差异。

（2）管理意义的差异。只有当数字差异程度足够大并且具有实用价值时，我们才可以认为是管理角度有意义的差异。

2. 常见的差异性分析方法

调研人员或营销人员对总体的某项特征做出假设后，面临某项具体调研结果与初始假设值之间的差异，对于差异需要判断：差异仅仅是由抽样误差造成的，还是说假设是错误的，真正的数值是另外一个。也就是说调研人员需要选择适当的方法对调研数据进行检验。差异性分析是常用的数据分析方法，用于分析不同数据组之间是否有差异以及差异是否显著。常见的差异性分析方法有：t检验、卡方分析、方差分析。这些分析方法的应用场景如表 10-1 所示。

表 10-1　不同类型差异性分析方法的应用场景

分析方法	具体方法	应用场景	组别	实例
t检验	独立样本t检验；配对样本t检验；单样本t检验	分类数据和定量数据的关系	两组	性别对于广告点击次数的差异状况
卡方分析		分类数据和分类数据的关系	两组或多组	性别对于是否点击广告的差异状况
方差分析	单因素方差分析；多因素方差分析	分类数据和定量数据的关系	两组或多组	不同年龄段（青少年、中年、老年）样本对广告点击次数的差异状况

选择差异性分析方法的标准包括：

（1）检验数据是两组数据还是多组数据（三组及以上）。

（2）检验的是分类数据还是定量数据。

（3）样本是配对样本（类似于实验组与对照组，组别之间有配对关系且样本量完全相等）还是独立样本。

二、卡方分析

卡方（χ^2）分析（Chi-square（χ^2）analysis）能够检验列联表中两个名义变量的频数，并确定变量之间是否存在统计上显著的非单向关系。卡方检验法属于非参数检验方法，主要是比较两个或两个以上样本率（构成比）以及进行两个或两个以上分类变量的关联性分析。卡方检验法与一般假设检验方法一样，首先，需要建立行变量和列变量相互独立的零假设；其次，选择和计算检验统计量；最后，得出分析结果并做出决策。

卡方分析的第一步是，调研人员建立统计上的原假设，即假设总体中的两个变量之间不相关。实际上调研人员没有必要将这个假设正式地表述出来，因为卡方分析总是以此作为原假设。换句话说，在使用列联表进行卡方分析时，我们总是首先假设所分析的两个名义变量之间不存在关系。下面介绍卡方分析过程。

1. 观察频数和期望频数

回到上一章中 Michelob Light 啤酒的例子，表 9-6（A）中的列联表显示了观察频数（observed frequencies），即列联表中的实际单元格频数。与观察频数相对应的是期望频数（expected frequencies），即从两个变量不相关的假设中推导出来的理论频数。观察频数偏离期望频数的程度可用一个数值表示，这个数值称为卡方统计量。将计算所得的卡方统计量值与卡方表中的值（基于选定的显著性水平）进行比较，可以确定计算所得的值是否显著不为零。

期望频数是两个变量不相关时的频数，这是原假设。卡方分析的唯一难点就是期望频数的计算。其计算公式如下：

$$期望频数 = \frac{列合计 \times 行合计}{总合计}$$

这个公式可以用来计算关系不存在时每一个单元格的频数。接着看 Michelob Light 啤酒的例子，样本中包括 160 个白领和 40 个蓝领消费者，购买者为 166 人，非购买者为 34 人。假设关系不存在，每个单元格的期望频数计算如下：

$$白领购买者 = \frac{160 \times 166}{200} = 132.8$$

$$白领非购买者 = \frac{160 \times 32}{200} = 27.2$$

$$蓝领购买者 = \frac{40 \times 166}{200} = 33.2$$

$$蓝领非购买者 = \frac{40 \times 34}{200} = 6.8$$

2. χ^2 值的计算

接下来，将观察频数与期望频数进行比较。卡方值的计算公式如下：

$$\chi^2 = \sum_{i=1}^{n} \frac{(观察频数_i - 期望频数_i)^2}{期望频数_i}$$

式中，观察频数$_i$ 代表单元格 i 的观察频数；期望频数$_i$ 代表单元格 i 的期望频数；n 代表单元格个数。

将公式应用于 Michelob Light 啤酒的例子，则可以计算出：

$$\chi^2 = \frac{(152-132.8)^2}{132.8} + \frac{(8-27.2)^2}{27.2} + \frac{(14-33.2)^2}{33.2} + \frac{(26-6.8)^2}{6.8} = 81.64$$

从公式中可以看出，通过做减法，将每一个期望频数与观察频数进行比较，再通过平方运算去掉负值，从而避免正负值相抵消。用这个值除以期望频数，以便调整单元格频数大小上的差异。最后，将这些数值加总。如果观察频数与期望频数存在较大的偏离，计算出的卡方值将会较大；如果偏离较小，计算出的卡方值将会较小。换句话说，卡方值能够表明观察频数偏离期望频数的程度。因此，它反映了样本结果与不相关原假设之间的差异。卡方取值越大，表明行列变量之间的相关性越高；反之，卡方取值越小，则表明行列变量之间独立性就越高。

3. 卡方分布

卡方分析需要使用卡方分布。卡方分布（Chi-square distribution）呈现右拖尾形，其拒绝区域总是在分布的右尾部。它与正态分布和 t 分布的区别是：它的形状随情况而改变，而且没有负值。图 10-1 展示了三个自由度不同的卡方曲线的形状。

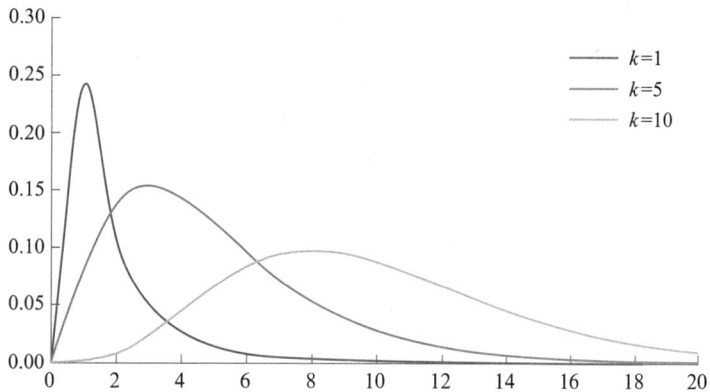

图 10-1 自由度不同的卡方曲线形状

卡方曲线的形状取决于自由度的大小。图形显示，自由度越大，曲线的尾部越靠右侧。换句话说，自由度越大，落在原假设的拒绝区域的卡方值就越大。确定自由度的值很简单。在列联表中，自由度的计算公式如下：

$$自由度 = (r-1)(c-1)$$

式中，r 代表行数，c 代表列数。

卡方值表列出了在不同显著性水平上接受区域和拒绝区域之间的临界值。它也考虑了与每条曲线相关的自由度。也就是说，计算出的卡方值本身没有意义，必须考虑列联表中自由度的数值，因为在同一显著性水平上，自由度越大表明卡方临界值越大。这与列联表中单元格的个数有关。单元格越多，偏离期望值的可能性越大。表格中较大的卡方值调整了随机因素可能导致数值过大的问题。毕竟，检测的目的是真实的非单向关系，而不是虚假的关系。

SPSS 和所有的计算机统计分析程序都有内置的卡方表，并能输出原假设成立的概率。程序本身会考虑自由度的数值，并且能够确定原假设得到支持的概率。这个概率是计算出的卡方值右侧的区域占曲线以下面积的百分比。当原假设遭到拒绝时，两个变量之间存在统计上显著的非单向关系。

三、如何解释卡方分析的结果

如果调研人员使用独立样本重复调研很多次，卡方分析能够得出其中接受原假设的数量。例如，如果卡方分析得到的支持原假设的显著性水平是 0.02，调研人员就可以断定在多次重复调研中，只有 2% 的结果会接受原假设。原假设没有被接受，这意味着存在显著关系。

必须指出，卡方分析只是确定两个变量之间是否存在统计上显著的非单向关系的一种简单方法。卡方分析不能表明关系的性质，只能根据卡方值大小粗略地显示关系强度。因此，最好将其看成是进一步考察两个变量并确定它们之间关系本质的前提。也就是说，卡方检验是另一种"信号旗"，它告诉我们是否值得考察所有的行百分率和列百分率。

第三节　方差分析

一、方差分析的概念

试想这样一个场景：某营销人员针对用户提出了三种提高客单价的策略 A、B、C，怎么才能知道哪一种策略的效果更好？实践中，营销人员不可能让所有用户体验不同策略。最简单的方法就是做一个实验，随机挑选一部分用户，然后把这些用户分成 A、B、C 三组，A 组用户使用 A 策略、B 组用户使用 B 策略、C 组用户使用 C 策略，在策略实施一段时间后分别对比这三组用户的客单价水平。哪组平均客单价高，就说明哪组策略有效果。但是这样的过程得出的结论不够严谨，原因是用来做实验的用户是随机挑选的，有可能客单价高的那部分用户（如高价值用户）自身就要比其他用户群体的客单价高，这种差异可能是由抽样误差造成的。

在上述例子中，营销人员感兴趣的是实验期内各组用户的客单价均值，但是在比较均值之前，要借助方差来计算每一个观察值与总体均数之间的差异。也就是说，需要先检验下各组之间的差异是因为策略的不同还是随机挑选的原因导致的，这个过程叫做方差分析。

方差分析（analysis of variance，ANOVA）又称"变异数分析"，用于两个及两个以上样本均数差别的显著性检验。由于各种因素的影响，研究所得的数据呈现波动状。造成波动的原因可分成两类，一是不可控的随机因素，二是研究中施加的对结果形成影响的可控因素。方差分析的基本思想就是通过分析研究不同来源的变异对总变异的贡献大小，从而确定可控因素对研究结果的影响力的大小。

根据自变量的个数，将方差分析分为单因素方差分析和多因素方差分析，单因素与多因素是针对自变量而言的。单因素方差分析，是检验由单一因素影响的多组样本某因变量的均值是否有显著差异。多因素方差分析，是检验两个及两个以上因素影响的多组样本某因变量的均值是否有显著差异。多因素方差分析不仅能够分析多个因素对因变量的独立影响，更能够分析多个因素的交互作用能否对因变量的分布产生显著影响，进而最终找到影响因变量的最优组合。

二、方差分析的基本逻辑

方差分析的思路是将所有样本的总变动分成两个部分，一部分是组内变动（within groups），代表本组内各样本与该组平均值的离散程度；另一部分是组间变动（between groups），代表各组平均值关于总平均值的离散程度。将这两个变动部分除以它们所对应的自由度，即得到均方差。然后，用组间变动的均方差除以组内变动的均方差，即可得到 F 检验值，根据统计值对应的显著性水平就可以判断不同组间是否存在显著性的差异。进行方差分析有 3 个假定条件：每个样本的值服从正态分布；每个样本的方差 σ^2 相同；每个样本中的个体相互独立。

方差分析的过程可以分为以下几步：

1. 提出假设

提出原假设 H_0 和备择假设 H_a。

2. 计算检验的统计量

（1）计算各样本的均值 $\bar{X}_j$ 。

（2）计算全部观察值的总均值 $\bar{X}_t$ 。

（3）计算各误差平方和，包括：

①组间平方和（sum of squares among groups, SSA）。每个子样本平均数（$\bar{X}_j$）与总样本平均数（$\bar{X}_t$）离差平方和被样本容量（n_j）加权，得到"组间平方和"，SSA 计算方法：

$$SSA = \sum_{j=1}^{k} n_j (\overline{X}_j - \overline{X}_t)^2$$

②组内平方和（sum of squares error, SSE）。将每个观测值（X_{ij}）与其对应的样本平均数（$\overline{X}_j$）之间的离差进行平方并加总，在组数上进行累加，得到"组内平方和"，SSE 计算方法：

$$SSE = \sum_{j=1}^{k} \sum_{i=1}^{nj} (X_{ij} - \overline{X}_j)^2$$

③总平方和（sum of squares total, SST）。SST 计算方法：

$$SST = SSA + SSE$$

（4）计算平均组间变差（mean of squares among groups, MSA）。

$$MSA = \frac{组间变差（SSA）}{自由度（k-1）}$$

其中，自由度（df_1）= 样本组数 –1。

（5）计算组内方差平均数（mean of squares error, MSE）。

$$MSE = \frac{组内平方和（SSE）}{自由度（n-k）}$$

其中，自由度（df_2）= 样本总数 – 样本组数。

（6）F 统计量：当 H_0 为真时，MSA、MSE 的比值服从分子自由度为 $k-1$，分母自由度为 $n-k$ 的 F 分布：F=MSA/MES~F（k-1，n-k）。

3. 统计决策

根据显著水平 α，F 分布表中查找临界值 F_α。若 $F \geqslant F_\alpha$，则拒绝原假设，若 $F < F_\alpha$，则不拒绝原假设。方差的结果显示表见表 10-2。

表 10-2　方差的结果显示表

差异来源	平方和	自由度	均方	F 统计值
实验处理	SSA	$k-1$	MSA	F
误差	SSE	$n-k$	MSE	
合计	SST	$n-1$		

三、SPSS 应用案例：方差分析

在电子商务平台中，由于广告位拍卖价格的不同，商家在投放广告时经常需要考虑采取何种广告位置策略。选择显著与不显著的广告位置，广告位吸引用户的情况是否会出现不同？广告位置带来的差异是否足够明显？可以通过方差分析来分析这种差异性是否存在：根据广告位置是否显著（0代表显著，1代表不显著）将广告位划分为2组，使用方差分析比较两种广告位置策略下客单价是否有显著差异。

1. SPSS 进行方差分析的基本过程

先点击"分析"，选择"比较平均值"，再进入"单因素 ANOVA 检验"。在弹出的窗口中，将客单价选入因变量列表，将分组因素（策略）选入因子框中，单因素方差分析的分组因子只能选入一个。在选项卡中选择"描述"，用于指定输出描述性统计量；选择"方差齐性检验"，用于指定方差齐性检验；选择"平均值图"，用于指定输出各组均数的线图直观显示差异等。SPSS 具体操作步骤如图 10-2 至图 10-4 所示。

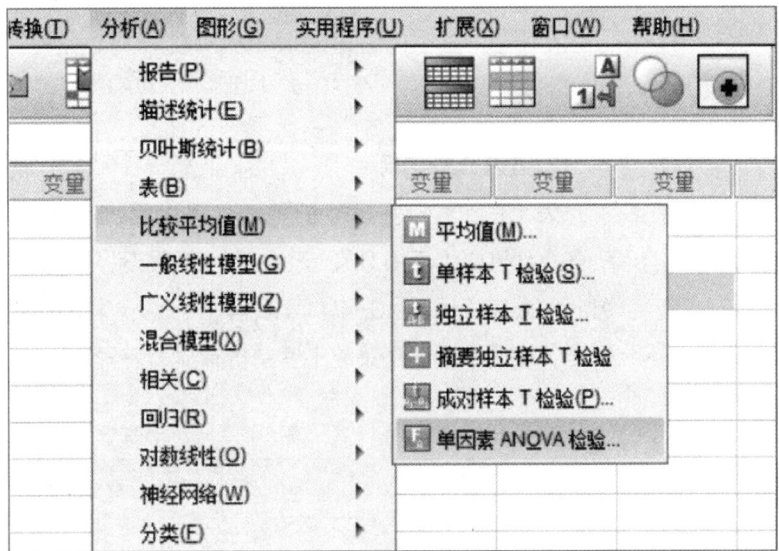

图 10-2　点击分析→比较平均值→单因素 ANOVA 检验

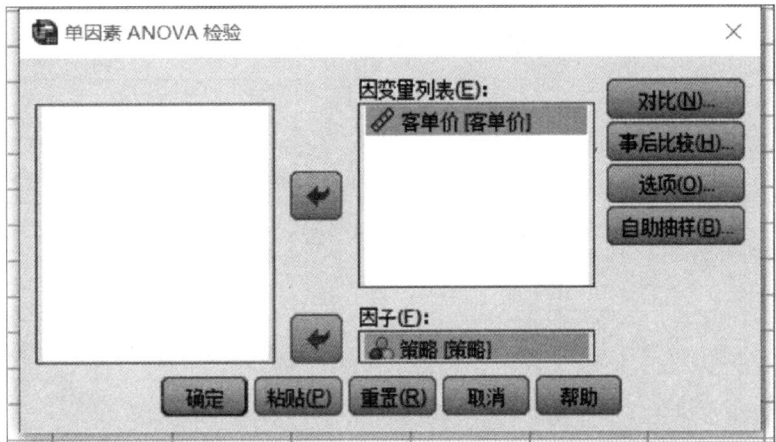

图 10-3　选入因变量和因子

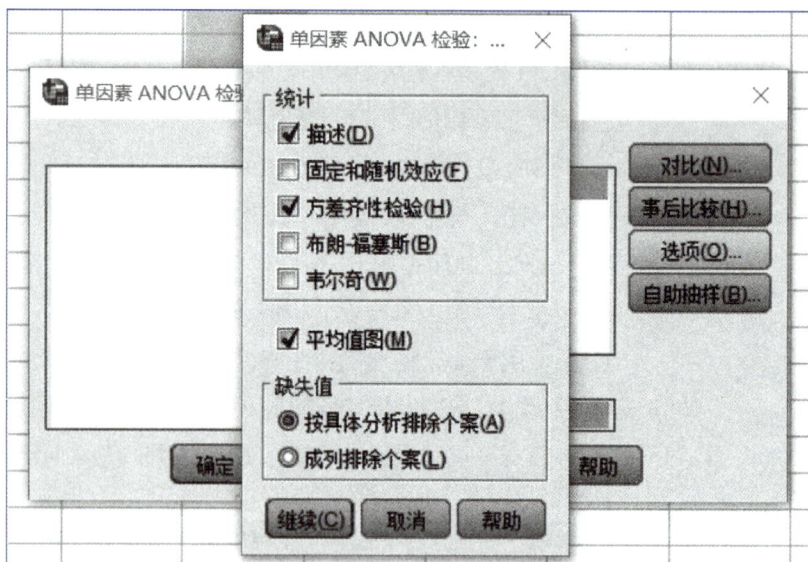

图 10-4 单因素 ANOVA 检验选项卡

2. 方差分析结果

表 10-3 为方差齐性检验表，可以看出客单价基于平均值的显著性 P 值为 0.701 大于 0.05，无法拒绝原假设，即数据符合方差齐性。通过 ANOVA 表（见表 10-4）可以得出结论：客单价的 P 值为 0.006，小于 0.05，表明不同营销策略下客单价有显著差异。

表 10-3 方差齐性检验

客单价	莱文统计	自由度 1	自由度 2	显著性
基于平均值	0.359	2	27	0.701
基于中位数	0.296	2	27	0.746
基于中位数并具有调整后自由度	0.296	2	24.127	0.746
基于剪除后平均值	0.329	2	27	0.723

表 10-4 ANOVA 表

客单价	平方和	自由度	均方	F	显著性
组间	51.667	2	25.833	6.156	0.006
组内	113.3	27	4.196		
总计	164.967	29			

第四节 一元和多元回归分析

一、一元回归分析的基本过程

回归分析是预测因变量的发展趋势的一种重要方法，本节介绍一元与多元回归分析。在回归中，需要预测的变量称为因变量，一般用 Y 表示；用来预测的变量称为自变量，一般用 X 表示，回归模型中的因变量只有一个，自变量可以有多个。回归分析的基本思想是：虽然自变量和因变量之间没有严格的、确定性的函数关系，但可以设法找出最能代表它们之间关系的表达式。目的就是通过研究自变量 X 和因变量 Y 的相关关系，解释 Y 的形成机制，进而达到通过 X 去预测 Y 的目的。

回归分析预测法有多种类型，依据相关关系中自变量的个数不同分类，可分为一元回归分析预测法和多元回归分析预测法。只有一个自变量的为一元回归，有两个或两个以上自变量的为多元回归。一元线性回归模型用公式描述：$Y = a + bx + \varepsilon$（a 为常数项，b 为回归系数，ε 代表数值中的随机扰动），回归分析的过程，就是预测 Y 随 X 变化而变化的过程。一元回归分析的基本过程为：

1. 根据预测目标，选择变量

在市场研究的回归预测中，预测目标就是因变量。例如，当市场研究的目的是预测下一年度的销售量，那么销售量 Y 就是因变量，再通过市场调研和资料分析，寻找销售量的相关影响因素，即自变量，并从中选出最主要的影响因素作为一元回归分析的自变量。

2. 设定回归模型类型

依据自变量和因变量的历史统计资料，绘制散点图，也可以结合理论、常识、想象、数学推理、类比分析等多种方式设定回归分析方程，即回归预测模型。回归分析不能帮助我们设定回归分析模型，只能帮助我们验证回归分析模型，因此只有正确设定回归分析模型，回归分析的结果才有意义。

3. 进行相关分析

相关分析其实是进行回归分析的必要前提工作，主要是为了描述自变量与因变量之间相关关系的密切程度。相关分析是定性、回归分析是定量，在确定衡量某个变量时要遵循"先定性、再定量"的原则，操作中要先做相关分析，再做回归分析。只有当变量与因变量确实存在某种关系时，通过回归模型进行预测才有意义。因此，作为自变量的因素与作为因变量的预测对象是否有关，相关程度如何，以及判断这种相关程度的准确性，是进行回归分析的一项重要步骤，要求出相关关系，以相关系数的大小来判断自变量和因变量的相关程度。

4. 参数估计

估计方程 $Y=a+bx+\varepsilon$ 中的 a 和 b 遵循所有样本点到估计方程所代表直线的距离尽可能小的原则，最小二乘法是参数估计的一种方法。

5. 回归预测模型的检验

回归预测模型是否可用于实际预测，取决于对回归预测模型的检验和对预测误差的计算，只有当回归方程通过各种检验，且预测误差较小，才能将回归方程作为预测模型进行预测，回归模型的检验主要包括拟合优度判断和显著性检验。例如，回归模型的拟合优度判定系数 R^2 取值越接近 1，表示拟合度越好。

6. 利用回归预测模型进行预测

利用上述回归预测模型计算出预测值，并对预测值进行综合分析，确定最后的预测值。

二、多元回归分析的基本理论模型

用回归方程定量地刻画一个因变量与多个自变量间的线性依存关系，称为多元回归分析。无论是一元回归还是多元回归，强调线性是因为非线性的关系可以通过函数变化线性化，就比如：$Y=a+b\ln X$，令 $t=\ln X$，模型就变成了 $Y=a+bt$，完成线性化。一个含有 n 个解释变量的多元回归模型如下式：$y=\beta_0+\beta_1 x_1+\beta_2 x_2+\beta_3 x_3+\cdots+\beta_n x_n+e$，其中 $E(e|x_1, x_2, x_3, \cdots, x_n)=0$，$\beta_0$ 表示截距，e 是误差项。

在这里，y 称为估计值或预测值，表示给定自变量 $x_1, x_2, x_3, \cdots, x_n$ 时，因变量的估计值；β_0 在回归模型中称为常数项，表示各自变量均为 0 时，因变量的估计值；$\beta_1, \beta_2, \beta_3, \cdots, \beta_n$ 为偏回归系数，简称回归系数，分别表示其他自变量不变时，对应某项自变量改变一个单位对所预测的 y 的改变程度。例如，当预测销售量时，x_1, x_2 分别为产品价格、营销投入支出，并求得 $\beta_1=-0.5$，则表示价格每上升一个单位（即增加 1 元）时，产品销售量平均下降 0.5 个单位。如果上述回归模型存在，可以借助 SPSS 等分析软件求出每一项 x 前的系数 β_i 和常数项 β_0。

三、多元回归分析的描述

多元回归模型的适用条件与一元线性回归类似，都是需要满足独立性、正态性和齐方差性。但由于多元回归相较于一元回归而言更为复杂，因此，市场研究人员在应用和解释多元回归模型时也有一些需要格外关注的点：

1. 自变量的选择

多元回归分析的自变量选择过程中，自变量的数量为两个及以上，因此，进行多元回归分析时，在变量的选择上，不是所有的自变量都对因变量有意义，在确定自变量时要考虑数据获取的容易性和可解释性，并结合指标间的相关系数进行取舍。例如，在实际中常常选择与因变量相关系数高、可解释性强的指标作为自变量进行回归。

2. 哑变量

在构建回归模型时，如果自变量 X 为连续性变量，回归系数 β 可以解释为：在其他自变量不变的条件下，X 每改变一个单位，所引起的因变量 Y 的平均变化量。但当研究的自变量为多分类变量（如血型、职业等）时，仅用一个回归系数来解释多分类变量之间的变化关系及对因变量的影响，就存在困难。

在市场研究中，多元回归分析中常涉及类别自变量，如人口特征中的性别、婚姻状况，行为特征中的是否采取促销活动等，因此，就需要哑变量（又称为虚拟变量）。二分类别变量可以设定一个值（如未婚）为"0"，将另一个值（如已婚）设定为"1"。对于拥有两个以上值的类别自变量，例如，血型这种的无序多分类变量，一般分为 A、B、O、AB 四个类型，通常情况下在录入数据的时候，为了使数据量化，常会将其赋值为 1、2、3、4；当面临连续性变量离散化时也会引入哑变量，如年龄按照 10 岁一个阶段进行划分，如 0—10 岁、11—20 岁、21—30 岁、31—40 岁分别赋值为 1、2、3、4，此时构建模型的回归系数就可以解释为年龄每增加 10 岁时对因变量的影响。

3. 样本容量

为了保证参数估计的准确性，多元回归对样本量有一定的要求，即需要保证样本量为解释变量数目的 20 倍以上，以防止出现系数不稳定和检验不可靠的问题。例如，当模型中纳入 4 个自变量时，样本量应该在 80 个以上。实际上，在大数据背景下，市场研究样本数量往往可以高达数十万。

4. 共线性

多元回归分析一个重要假设是自变量彼此不相关。如果自变量彼此相关，那么当分析自变量如何影响因变量时，回归系数 β 则会由于共线性而有偏差。多重共线性就是指线性回归模型中的自变量之间存在高度相关关系（相关系数 >0.7）。解决共线性问题的常用方法可以是将相关变量结合起来形成一个新的复合自变量，用于后续新的回归。当两个自变量高度相关时，也可以考虑省略其中一个变量。

5. 回归系数大小的比较

只有计量单位相同或是数据标准化的情况下，自变量间的回归系数大小才可以直接比较，如在 $y=12+30x_1+30x_2$ 中，若 y 为销售额估计值，x_1 为广告支出（万元），x_2 为营销人员数量，则无法直接认为增加 1 万元广告支出和增加一位营销人员对销售额的影响是相同的，因为两者的测量单位明显不同，因此必须借助数理统计中的标准化才可以进行比较。

6. 因果关系

虽然回归分析可以证明解释变量与因变量间存在相互联系，仅依靠回归分析就判断变量间的因果关系是不明智的，尤其是在市场研究中，必须要有逻辑性的理论基础，才可以表明可能存在的因果关系。

四、多元回归分析的应用

在市场研究中，多元回归可以用来探索和建立各种变量之间的关系，解释和预测市场现象。其应用场景非常广泛，例如，预测各种营销组合变量对销售额的影响。通过建立一个多元回归模型，可以分析各种营销组合变量（如价格、促销、广告等）对销售额的影响程度，并确定哪些变量是最重要的，从而帮助企业做出更加明智的营销决策。再如，预测人口统计学因素或心理因素与消费者行为之间的关系。通过分析消费者的人口统计学特征（如性别、年龄、收入等）和心理因素（如态度、信念等）与其购买行为之间的关系，可以为企业提供更加深入的市场洞察，帮助企业更好地了解目标客户的需求和偏好。也可以用来明确各个因素对客户满意度的影响。通过分析客户满意度与各种因素（如产品质量、价格、服务等）之间的关系，可以确定哪些因素对客户满意度的影响最为显著，从而指导企业改进产品和服务质量，提高客户满意度。

总的来说，市场研究中回归的目的是进行解释和预测，主要解决的问题可以归纳为三类：确定几个特定的变量之间是否存在相关关系并找出合适的表达式；根据一个或几个变量（自变量）的值预测另一个变量（因变量）的取值并确定预测能达到什么样的精确度；在共同影响一个变量的许多因素之间找出重要因素和次要因素。

五、SPSS 应用案例：多元回归

下面以某商家进行广告投放的用户选择为例，进行多元回归分析。大数据背景下，商家在制定广告投放策略时，需要考虑什么样的用户更容易点击商家广告，以寻找广告的集中投放人群。因此，要分析用户特征与用户对广告点击量之间的关系，建立拟合多元线性回归模型。数据如图 10-5 所示。

	用户	性别	年龄	消费档次	购物深度	是否大学生	城市层级	用户的广告点击量
1	64217.0	.0	26.0	1.0	1.0	.0	4.0	2.0
2	90905.0	.0	26.0	1.0	1.0	.0	4.0	2.0
3	447114.0	1.0	20.0	1.0	1.0	.0	4.0	1.0
4	1127504.0	.0	33.0	1.0	2.0	1.0	4.0	2.0
5	689334.0	.0	33.0	1.0	2.0	1.0	4.0	2.0
6	254491.0	.0	35.0	1.0	2.0	.0	4.0	1.0
7	598185.0	1.0	46.0	1.0	2.0	.0	4.0	1.0
8	317387.0	1.0	35.0	1.0	2.0	.0	4.0	3.0
9	193031.0	1.0	35.0	1.0	2.0	.0	4.0	3.0
10	409721.0	1.0	35.0	1.0	2.0	.0	4.0	3.0
11	12794.0	1.0	35.0	1.0	2.0	.0	4.0	3.0
12	42906.0	1.0	35.0	1.0	2.0	.0	4.0	3.0
13	566707.0	1.0	35.0	1.0	2.0	.0	4.0	3.0
14	214670.0	1.0	37.0	1.0	2.0	.0	4.0	2.0
15	203222.0	1.0	37.0	1.0	2.0	.0	4.0	2.0
16	784584.0	1.0	55.0	1.0	2.0	.0	3.0	14.0
17	785908.0	1.0	55.0	1.0	2.0	.0	3.0	14.0
18	1063524.0	1.0	55.0	1.0	2.0	.0	3.0	14.0
19	339572.0	1.0	55.0	1.0	2.0	.0	3.0	14.0
20	779316.0	1.0	55.0	1.0	2.0	.0	3.0	14.0
21	837905.0	1.0	55.0	1.0	2.0	.0	3.0	14.0
22	24330.0	1.0	55.0	1.0	2.0	.0	3.0	14.0

图 10-5　数据视图

自变量：用户性别（0 代表男性，1 代表女性）、年龄、消费档次（衡量用户消费金额的多少，1、2、3 分别代表低、中、高）、购物深度（衡量用户过去购物频次的高低，1、2、3 分别代表购物深度低、中、高）、是否大学生（1 代表是，0 代表不是）。

因变量：用户的广告点击量（衡量用户是否经常点击该商家的广告）。

1. 多元回归分析的假设条件

值得注意的是，选择多元线性回归分析，需要数据满足以下 4 个假设：①需要至少 2 个自变量，且自变量之间互相独立（本案例中共 5 个自变量）；②因变量为连续变量（本案例用户的广告点击量为连续变量）；③数据具有方差齐性、无异常值和正态分布的特点（检验方法）；④自变量间不存在多重共线性。前两个假设可根据试验设计直接判断；假设③的方差齐性检验在本章第三节案例中已有呈现，无异常值和正态分布的检验在第九章有所介绍。关于假设④的检验方法，SPSS 具体操作步骤如下：

第一步，点击分析→回归→线性，如图 10-6 所示。

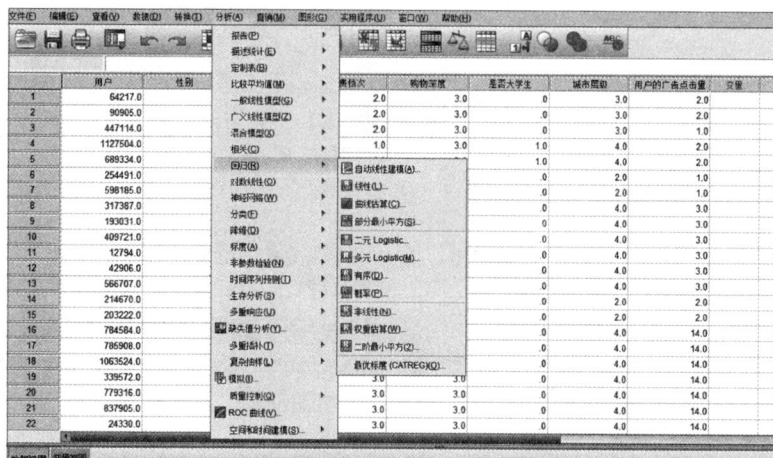

图 10-6　分析→回归→线性

第二步，将用户性别等自变量选入自变量框，将用户的广告点击量选入因变量框，点击统计，如图 10-7 所示。

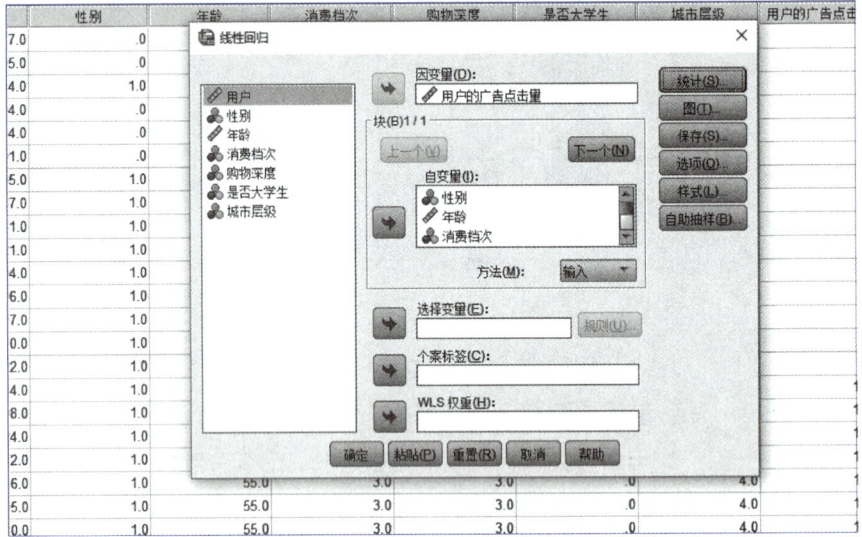

图 10-7　选入自变量和因变量

第三步，在统计窗口选择共线性诊断，点击继续，然后在主页面点击确定即可，如图 10-8 所示。

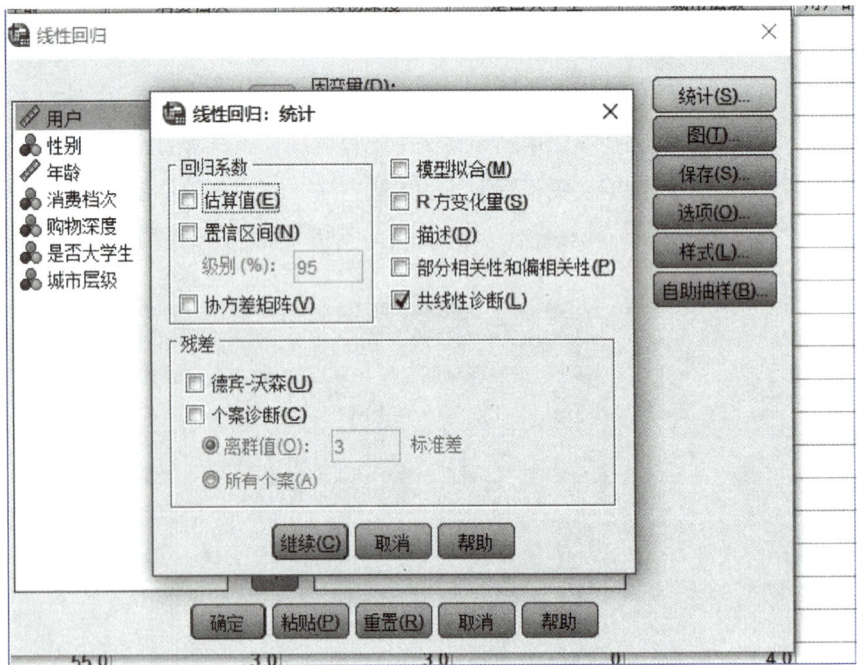

图 10-8　在线性回归：统计选项卡勾选"共线性诊断"

第四步，结果判断。在结果中关注系数表即可，如表 10-5 所示，当 *VIF*

值大于等于 10 时，我们认为变量间存在严重的共线性，当 VIF 值小于 10 时，我们认为数据基本符合多元线性分析的假设④，即不存在多重共线性问题。

表 10-5 共线性诊断结果

变量	共线性统计量	
	容差	VIF
性别	0.944	1.06
年龄	0.919	1.089
消费档次	0.54	1.853
购物深度	0.52	1.924
是否大学生	0.932	1.073

因此，本案例数据均满足以上 4 个假设，可以进行多元线性回归的运算。

2. 多元回归分析

用 SPSS 进行多元线性回归的过程如下：

（1）点击分析→回归→线性。

（2）将用户性别等自变量选入自变量框，将用户的广告点击量选入因变量框，点击统计。

（3）在统计界面勾选估算值、模型拟合、描述、部分相关性和偏相关性、德宾－沃森、个案诊断等需要的指标，点击继续，如图 10-9 所示。

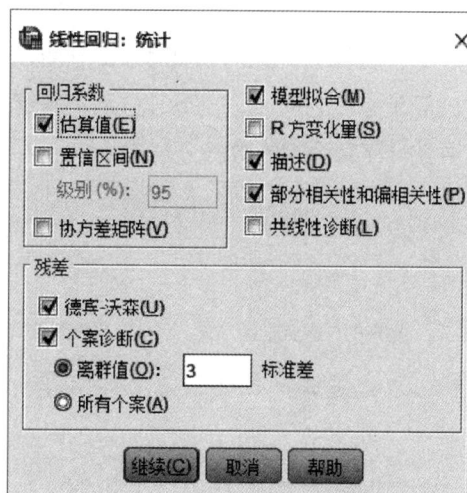

图 10-9 线性回归：统计选项卡

（4）点击主页面的保存，然后在新窗口中勾选需要的选项，点击继续，如图 10-10 所示。

（5）点击主页面中的"确定"即可得到分析结果。

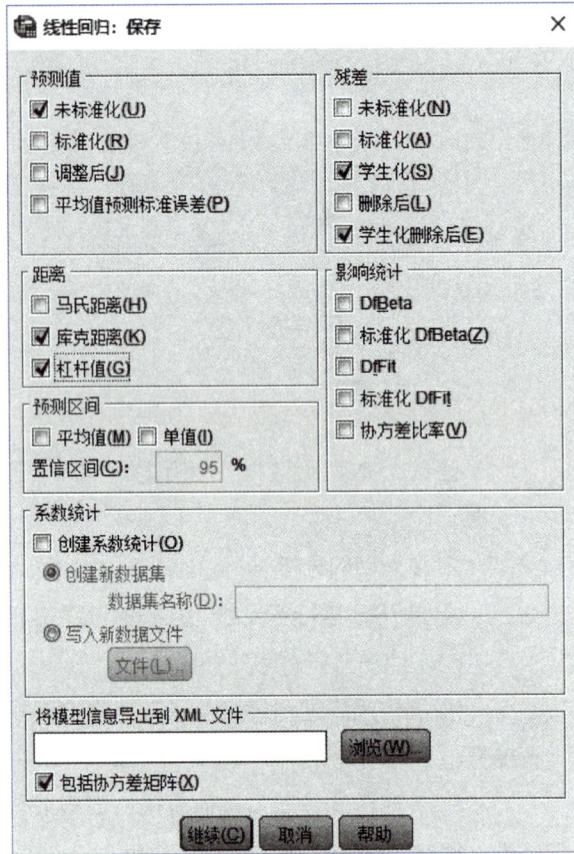

图 10-10　线性回归：保存选项卡

多元回归结果分析如表 10-6 所示。描述性统计结果是对各变量数据的简单指标的描述，SPSS 分别对各指标的数据计算了平均值和标准偏差，并统计了每个组的数据个数。

表 10-6　描述性统计结果

项目	平均值	标准偏差	个案数
用户的广告点击量	56.994	49.9852	1 587
性别	0.487	0.5000	1 587
年龄	39.328	11.8257	1 587
消费档次	1.750	0.8274	1 587
购物深度	1.996	0.8452	1 587
是否大学生	0.025	0.1549	1 587

模型摘要表（表10-7）中 R 为多重相关系数，主要用于判断自变量和因变量的线性关系，同时也是回归模型的拟合程度指标，可做模型优度的参考指标。一般采用调整后 R 方来衡量回归分析中因变量变异对自变量的解释度。本案例中可以解释为：用户年龄和性别等5项指标能解释点击量变化的90.8%（0.908），这表明本案例中的年龄和性别等用户特征指标对用户广告点击量的解释性较强，用户特征能够明显影响用户对商家广告的点击量。

表10-7　模型摘要表

模型	R	R 方	调整后 R 方	标准估算的误差	德宾－沃森
1	0.953[a]	0.908	0.908	15.1583	0.146

表10-8 ANOVA 结果表是模型显著性的检验。该表中 P 值 <0.001，根据 F 值计算而来，$P<0.05$ 则表明因变量和自变量之间存在线性相关。

表10-8　ANOVA 结果表

模型		平方和	自由度	均方	F	显著性
1	回归	3 599 381.807	5	719 876.361	3 132.955	0.000[b]
	残差	363 275.142	1 581	229.776		
	总计	3 962 656.949	1 586			

表10-9 显示了回归系数。本案例中的回归模型可以假设为：用户的广告点击量 $=\beta_0+\beta_1\times$ 性别 $+\beta_2\times$ 年龄 $+\beta_3\times$ 消费档次 $+\beta_4\times$ 购物深度 $+\beta_5\times$ 是否大学生。首先关注各自变量在模型中的显著性检验结果。当 $P>0.05$ 时，该自变量在本模型中没有统计学意义，应当在回归模型中删除相应变量；当 $P\leq0.05$ 时该变量在模型中具有统计学意义，应当保留。根据回归模型系数表，本案例中仅是否大学生的显著性检验结果大于 0.05，因此，本案例的回归模型为：用户的广告点击量 $=-17.679-2.397\times$ 性别 $-0.905\times$ 年龄 $+15.527\times$ 消费档次 $+42.238\times$ 购物深度。

表10-9　回归系数结果表

模型		未标准化系数		标准化系数	t	显著性	相关性			共线性统计	
		B	标准误差	β			零阶	偏	部分	容差	VIF
1	（常量）	-17.679	1.889		-9.361	0.000					
	性别	-2.397	0.784	-0.024	-3.058	0.002	-0.076	-0.077	-0.023	0.944	1.060

模型		未标准化系数		标准化系数	t	显著性	相关性			共线性统计	
		B	标准误差	β			零阶	偏	部分	容差	VIF
1	年龄	−0.905	0.034	−0.214	−26.943	0.000	−0.291	−0.561	−0.205	0.919	1.089
	消费档次	15.527	0.626	0.257	24.794	0.000	0.739	0.529	0.189	0.540	1.853
	购物深度	42.238	0.625	0.714	67.617	0.000	0.915	0.862	0.515	0.520	1.924
	是否大学生	−1.367	2.546	−0.004	−0.537	0.591	−0.141	−0.014	−0.004	0.932	1.073

第五节 推断变化的预测分析

一、预测分析的概念

预测分析是指使用历史数据来预测所选业务领域中未来可能的变化，使用历史数据进行商业预测，首先要知道什么是能够被预测的。在商业场景中，预测分析的场景并不少见，例如，银行放贷时，希望预测出当前贷款人是否有违约可能；保险公司希望预测出客户今后可能的理赔风险，以实现灵活制定保费；工业企业希望预测设备的运行状态，以降低库存成本；商场超市希望预测出产品的销量，以精准备货。如果营销人员有足够多的历史数据，那么上述场景中的预测分析都是能够做到的。比如，银行可以从贷款人过去多年的贷款信息记录中找出某种规律，这些信息包括贷款人的收入水平、负债情况，贷款金额、期限、利率，以及贷款人的工作职位、居住条件、交通习惯等，再碰到新的贷款客户，可以根据该客户的各项历史信息来匹配规律，确定当前客户违约的可能性有多大。当然，预测并不能保证 100% 准确，但能保证一定的准确率，仍然是很有意义的，也就是说对于贷款业务，预测出来的高风险客户未必都是真的，但准确率只要足够高，仍然能够有效地防范风险。

二、时间序列建模的流程

预测分析的关键是基于时间序列的规律进行建模。时间序列是指将同一统计指标的数值按其发生的时间先后顺序排列而成的数列，它是现实的、真实的一组动态数据，而不是数理统计中通过实验得到的，时间序列背后是某一现象的变化规律。时间序列模型考虑的不是变量间的因果关系，而是变量在时间方面的发展变化规律，并为之建立各种模型。使用时间序列模型要求有足够长的数据序列并具有连续的时间维度，以发现稳定而有规律的时间变动。时间序列建模的基本流程为：

1. 获取数据集，进行数据预处理

一个与研究问题相关的目标数据集是进行预测分析的前提，大数据市场研究需要通过数据库、网站爬取、观测、调查、统计、抽样等方法取得被观测系统的历史动态数据。数据集通常需要足够大才可以包含现实中可能存在的情况，才有助于预测未来可能的结果。目前，阿里云天池等第三方供应商和爬虫等技术手段都是获取大数据集的重要渠道，获得的历史数据通常需要整理成一张宽表（字段比较多的数据库表）。

取得数据集后，需要对数据进行预处理，数据的质量直接决定了模型的预测和泛化能力的好坏。缺失数据删除或填补、噪声数据处理、最小化极端值等都是常用的预处理方法。

2. 绘制相关图，从历史数据中找出规律，建立模型

根据动态数据制作相关图，相关图能显示出变化的趋势和周期，并能发现跳点和拐点。跳点是指与其他数据不一致的观测值。拐点则是指时间序列从上升趋势突然变为下降趋势的点或是从下降趋势突然变为上升趋势的点。如果存在拐点，则在建模时必须用不同的模型分段拟合该时间序列。

对于短的或简单的时间序列，可用趋势模型和季节模型加上误差来进行拟合；对于平稳时间序列，可用通用 ARMA 模型（自回归滑动平均模型）及其特殊情况的自回归模型、滑动平均模型或组合 ARMA 模型等来进行拟合。当观测数量多于 50 个时一般都采用 ARMA 模型；对于非平稳时间序列则要先将观测到的时间序列进行差分运算，化为平稳时间序列，再用适当模型去拟合这个差分序列。

在建模过程中，可以采用聚类、分类、估计等手段。聚类的目的是寻找数据中与预测变量相关的集合，通常要经过大量的测试才可以找到最好的聚类方法；分类是利用如人口统计信息这种完全可获得的数据来区分个体的关键行为（广告点击或产品偏好），分析得到的客户划分也可以被用来预测客户的行为类型；估计是指通过计算个体或群体的一些关键值如历史购买比率、历史访问记录等，来检测客户行为的变化，从而预测后续客户流失情况，以采取对应策略。

3. 结果验证与运用

预测分析结果的验证依赖于将预测模型算法运用到更广泛的数据集中，因为并不是在建模过程中的所有关系都能够在现实生活中得到运用。在验证过程中，需要通过测试集来验证模型算法，测试集是指未被用来建立模型算法的数据。最终将验证过程的输出结果与建模结果进行比对，只有当预测模型的测试结果达到预期的精准水平，才可以运用到现有的以及将来的客户记录中，否则需要重复之前的步骤以修正模型。

三、时间序列的几种类型

时间序列是待预测变量在各个时间点或相同时间间隔上观测值的序列。时间可以是小时、天、周、月、年、季度等，时间间隔需要根据具体问题进行选择。通过时间序列，可以观察市场现象随着时间变化所表现出来的状态和规律，当所发现的状态或规律在一定概率下能在未来某个时间段内持续，就可以进行时间序列预测。对给定的时间序列，可以通过绘制时间序列图来识别可能的规律，一般用横坐标表示时间，纵坐标表示时间序列中的观测值，最常见的是时间序列折线图。下面根据时间序列变化状态的不同，介绍几种比较典型的时间序列。

1. 平稳时间序列

观测变量的值围绕着某个常数，随着时间变化而随机波动，也就是观测变量的值同时满足序列的期望值和方差都为常数，就说明这个时间序列是平稳的，这种时间序列也叫作水平变化状态的时间序列。在平稳时间序列中，时间序列的统计特性不随时间变化而变化，产生数据的过程存在一个常数均值，时间序列的波动在各个时间上大致相同，其绘制出来的图总是表现出水平状态的随机波动。

2. 周期性时间序列

周期性时间序列是时间序列中呈现出来的围绕长期趋势的一种波浪形或振荡式变动。周期性通常是由商业和经济活动引起的，它不同于趋势变动，不是朝着单一方向的持续运动，而是涨落相间的交替波动，表现为观测值围绕总体趋势水平出现有节奏的周期变动，如经济发展中出现时快时慢的周期变化。

3. 带趋势的时间序列

通过分析多个时间间隔历史数据的变动，可以识别出在长时间范围内时间序列的总趋势，根据时间序列呈现出向更大或更小的数值逐渐移动的现象，可以分为向上趋势和向下趋势两种。趋势现象往往是长期因素作用的结果，如消费者偏好的变化导致对旧产品需求的减少趋势、技术更新导致生产商品数量的逐渐增加等。

4. 同时带周期和趋势的时间序列

当碰到的时间序列既具有周期，又包含了长期趋势，我们就认为这类时间序列是同时带有周期和趋势的时间序列。在经济学中，对周期的定义为持续时间超过一年，但在市场中，许多现象的周期往往比较短，例如，按季度进行的促销活动导致产品销售增长的周期可能为一个季度，而不是一年或更久。

四、时间序列预测的方法

时间序列预测的方法不计其数，从不同角度看有不同分类：从实现原理的角度，可以分为传统统计学和机器学习。按预测步长区分，可以分为单步预测（一次预测未来一个时间单元）和多步预测（一次预测未来多个时间单元）。按输入变量区分，可以分为自回归预测和使用协变量进行预测，区别在于维度中是否含有协变量。例如，预测未来销售量时，如果只接受时间和历史销售量数据，则是自回归预测，如果可以接受天气、经济指数、政策事件分类等其他相关变量（称为协变量），则称为使用协变量进行预测。按输出结果区分，可以分为点预测和概率预测。按目标个数区分，可以分为一元、多元、多重时间序列预测，例如，使用历史的销售量预测未来一天的销售量为一元时间序列预测，使用历史的进店人数、销售量、退货量预测未来一天的进店人数、销售量、退货量（预测目标有三个）为多元时间序列预测，使用历史的红烧牛肉面、酸菜牛肉面、海鲜面的销售量预测未来一天的红烧牛肉面、酸菜牛肉面、海鲜面的销售量（预测目标有三种）为多重时间序列预测。

比较常用的两类预测分析方法是移动平均法和指数平均法，适合于呈水平状态变化的时间序列的预测。移动平均法是使用时间序列中最近一组的 n 项观测值的算术平均数，来作为下一个时间间隔的预测值，当每期的历史需求权重一样时，就称为简单移动平均；当权重不同的时候，就称为加权移动平均，在加权移动平均中，需求历史越近，权重一般越大，也就是说更重视最新的信息，但所有的权重加起来等于 1。简单加权平均法的公式为：

$$\hat{y}_{t+1} = \frac{\sum\limits_{i=t-n+1}^{t} y_i}{n} = \frac{y_{t-n+1} + \cdots + y_{t-1} + y_t}{n}$$

式中 $\hat{y}_{t+1}$ 是 $t+1$ 时期的预测值。

指数平滑法是特殊的移动平均法，利用时间序列观测值的加权平均作为预测值，其公式为：

$$\hat{y}_{t+1}=\alpha y_t+(1-a)\hat{y}_t$$

α 表示平滑系数（$0 \leqslant \alpha \leqslant 1$），$t+1$ 期预测值是 t 期观测值和 t 期预测值的算术平均数，对 t 期观测值 y_t 采用的权数是平滑系数 α，对 t 期预测值 $\hat{y}_t$ 采用的权数是 $1-\alpha$。

五、评估预测的准确性

无论使用何种预测方法，都需要判断预测的准确性，也就是预测精度问题。由于预测是事件发生在未来，需要等到事件实际发生后才可以验证预测是否准确。但是当比较预测值与实际观测值之间每个时间单元的差值时，发现有时预测数高于实际值，有时预测值又低于实际值。与预测精度相关的关键概念，就是预测误差。用 y_t 表示时间序列 t 时刻的实际值，$\hat{y}_t$ 表示预测值，则预测误差 $e_t=y_t-\hat{y}_t$。为了解决一段时间内预测误差正、负相抵消导致错误地认为不存在预测误差的问题，常用平均绝对误差代替直接加减误差，或是对预测误差进行取平方、求均值。

第六节　基于机器学习的预测方法

一、机器学习的基本概念

机器学习（machine learning，ML）是人工智能的一个子集，它是指计算机通过算法对大量的历史数据进行学习从而建立模型，进而实现当新的数据过来时通过模型来进行预测的目的。机器学习是一门多领域交叉学科，涉及概率论、统计学、算法复杂度理论等多门学科。在这里，列举几个常见的机器学习的商业应用场景。

1. 推荐引擎

作为推荐算法人工智能技术家族的一个重要成员，机器学习通过推荐算法为客户推荐引擎提供了动力，帮助企业增强了客户体验并提供个性化体验。在这种场景中，算法处理单个客户的数据点，如客户过去的购买记录或公司当前的库存、其他客户的购买历史等，来确定向每个客户推荐适当的产品和服务，目前国内许多大型电子商务公司都已经使用推荐引擎来增强个性化并提升购物体验，美团的"猜你喜欢"、淘宝的"推荐"功能等都是典型应用。

2. 自然语言处理

人工智能技术家族的另一个成员——自然语言处理（NLP），使聊天机器人更具交互性和生产力。聊天机器人是商业领域使用最广泛的机器学习应用之一，有些智能助手的编程能知道何时需要提出明确的问题，以及何时对人类提出的要求进行分类，例如，乘客通过聊天平台或语音请求服务，可以接收司机牌照和车型图像，以确定乘车情况。

3. 反欺诈应用

数据分析师利用客户的历史行为信息和一些个人基本信息等数据集，在短时间内判断用户后续的哪些行为是属于正常范围，当用户行为超出正常范围，则被认为是可能的欺诈。机器学习的反欺诈应用在金融行业、保险行业等都极为普遍，例如，在金融行业中被用于判断用户交易是否正常，在保险行业中用于判断客户是否存在骗保行为等。

4. 图像分类与识别

京东、淘宝等电商平台含有数以百万计的商品图片，"拍照购""找同款"等应用通过对图像数据进行学习，对用户提供的商品图片进行分类，同时提取商品图像特征，以达到对图像进行分类划分的目的，进而可以提供给推荐、广告等系统，提高广告效果。图像分类和图像识别有着越来越多的其他应用，例如，配备具有计算机视觉和机器学习的机器人可以扫描货架以确定哪些物品缺货或放错地方；使用图像识别可以确保从购物车中取出的所有物品被成功扫描，从而限制无意中的销售损失；通过分析图像可以识别可疑活动，如进店行窃以及检测违反工作场所安全的行为等。

机器学习的应用场景还有很多，比如语音识别、人脸识别、天气预测等，本质上，它们都是为了解决预测问题。

二、机器学习的实现原理

现在很多实现机器学习的算法都是基于统计原理，使用算法解析数据，从中学习，然后对事物做出预测。机器学习的一般过程如图 10-11 所示。

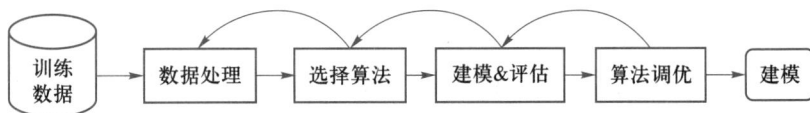

图 10-11　机器学习的一般过程

数据处理到算法调优这个过程是一个不断完善、循环往复的过程。算法是计算机用来建立模型的特定指令集，所有机器学习都基于各种算法，如线性回归、逻辑回归、决策树、朴素贝叶斯法、K-means 聚类算法、随机森林、梯度提升算法等。

按照学习的方式，可以将机器学习分为：监督式学习、无监督式学习以及强化学习方式。相应地，机器学习算法大致可以分为三类：监督学习算法、无监督学习算法和强化学习算法。

1. 监督学习算法

在监督式学习下，输入数据被称为"训练数据"，每组训练数据要求有一个明确的标识或结果，被称为"标签"，即监督学习算法要求特定的输入和目标输出，主要算法包括神经网络、支持向量机、最近邻居法、朴素贝叶斯法、决策树等。

2. 无监督学习算法

这类算法没有特定的目标输出，算法将数据集分为不同的组，因此，这类算法主要是一些聚类算法，如随机森林、主成分分析、K-means 聚类算法等。

3. 强化学习算法

强化学习算法的原理是迭代，主要基于决策进行训练，算法根据输出结果（决策）的成功与否来训练自己，通过大量经验训练优化后的算法，可以进一步给出较好的预测。

三、机器学习的不足和展望

机器学习作为人工智能的关键核心技术，受到了前所未有的重视，正在经历快速发展。今天，机器学习已经与人们生活密切相关，除了本节前面列举的一些常见应用场景外，机器学习还为许多交叉学科提供了重要的技术支撑，例如，生物信息学从"生命现象"到"规律发现"的整个过程涉及数据获取、数据分析、仿真实验等环节。数据分析是机器学习的重要舞台，各种机器学习技术得以在数据分析和数据挖掘舞台上大放光彩，然而机器学习在发展过程中也遇到了一些问题。因为机器学习是选择学习算法对数据进行训练的过程，因此机器学习最可能的不足主要来源于"数据"和"算法"问题。

1. 坏数据

机器学习的数据问题主要体现在训练数据的数量不足、训练样本不具有代表性、低质量数据（错误、异常值过多的数据）、无关特征等问题。

大部分机器学习需要大量数据样本才可以正常建模和运行，即使是很简单的问题，也可能需要成千上万个数据，这就使得语料库的建立面临巨大的成本问题；此外，为了实现泛化，训练数据必须具有代表性，即便是大样本，也可能因为采样方式的偏差而导致非代表性数据集，这就是常说的采样偏差；低质量数据问题意味着巨大的清理数据的投入，否则系统将很难检测到底层模式；一个成功的机器学习离不开取出一组好的训练特征集，整个过程就是特种工程，无关特征的问题容易导致"垃圾入、垃圾出"的现象。

2. 坏算法

算法问题包括黑箱问题、鲁棒性问题、自适应性问题等。

以机器学习中的深度学习为例，学习过程是一个黑盒过程，无法可视化观察整个学习过程，因此，输出的结果常常难以解释，会影响结果的可信度和可接受程度。机器学习的另一个困境就是鲁棒性不强，比如存在对抗样本，也说明现有的模型训练方法和模型本身的构造可能存在问题。机器学习模型的自适应性问题常体现为将在一个数据集上训练出来的模型用到另外一个数据集上，其效果就会减弱，这就让 AI 能力受到了限制，尤其是在对于不同的特定场景建立了定制化的训练数据集来训练模型时，模型在通用性方面的效果则是比较差的。

机器学习发展到现在，还有很多新的问题需要解决，面临新的方向有待探索，只有不断提出新的方法，拓展新实践，才能够真正扩大机器学习的适用范围。

本章小结　本章介绍了推断分析的概念和方法。首先，介绍了推断分析的重要性和统计指标，其次，讲解了差异性分析中的卡方分析和推断分析，接着介绍了预测分析中的回归分析、时间序列分析和基于机器学习的预测分析。随着计算机软件与硬件技术的发展，快速调取和分析海量数据成为现实，所以大数据背景下的推断性分析在市场调研中的运用越来越广泛并发挥重要的作用。

即测即评

复习思考题　1. 对比分析、探索性分析与推断性分析的差别与联系有哪些？

2. 有哪些推断性分析的统计方法？

3. 卡方分析和方差分析的适用场景有哪些？

4. 简述一元回归分析的步骤。

5. 多元回归分析需要注意哪些问题？

6. 举例说明机器学习实现的基本原理。

综合实训

尝试对数据集进行推断性分析。二维码中的数据集是关于淘宝和天猫用户婴儿用品的购买数据，一共包含两个表，第一个表是用户购买商品的历史数据，包括购买商品的基本信息和购买数量、时间、用户 ID 七个字段，第二个是婴儿的基本信息，包括用户 ID、出生日期和性别三个字段。

数据集

任务目标：使用推断性统计的方法解决以下问题：

（1）结合上一章展示商品总销量的波动情况，对未来一周的总销量进行预测。

（2）不同婴儿性别、年龄对商品需求有无差异（婴儿信息表中的出生年龄和性别与购买商品表中的购买数量、购买时间可以帮助解决此问题）。

（3）探究影响商品需求的因素，并说明与商品需求的关系。

任务要求：

针对任务目标中的问题撰写推断性统计报告。

考核标准：

作业考核采用小组互评的打分方式，总分 100 分。从两个角度对推断性统计报告进行考核：统计分析中样本的丰富性和合理性（70 分）、分析报告的准确性和美观程度（30 分）。

案例分析　　　选择性情绪改变用户生成内容，智能手机或成互联网戾气助推手

随着移动互联网技术的发展，各类网络社交媒体逐步成为人们信息获取、观点表达的主要方式，但无论是哪个平台似乎都难逃互联网戾气的侵袭，以新浪微博为例，微博上性别对立、抬杠互骂、网络暴力等事件层出不穷，微博也被附上了"情绪垃圾场""拳师聚集地""键盘侠大本营"等称号，人们时常感慨现今微博戾气之重，怀念曾经平和的微博氛围。回望过去，互联网确实平和许多，到底是什么导致了这样的改变呢？发表在 JMR 上的这篇文章也许会给出答案。

该研究指出，由于"移动革命"，越来越多的消费者使用智能手机，进而导致用户生成内容（UGC）越来越多地在消费者的智能手机上产生。目前 UGC 在市场上正呈爆发式增长，同时大多数消费者决策都依赖于 UGC。基于此背景，文章作者提出了一个新颖的论点：智能手机对用户生成内容（UGC）产生了根本性影响。

一、研究假设及模型

该研究的目标是：研究智能手机（与个人计算机相比）的使用如何改变消费者生成内容类型，并探索导致这些差异的机制。

该研究的核心假设是：在智能手机上生成的内容（与个人计算机相比）通常会"更情绪化"（即，选择性地包含情绪化语言，并被读者认为更情绪化），而这种差异将是由在设备上写作时产生更短内容的倾向驱动的。

该研究的理论模型如图 10-12 所示。

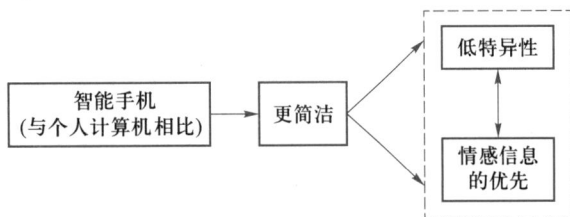

图 10-12　理论模型

二、研究内容

（一）智能手机（与个人计算机相比）上的内容包含更多情绪词汇，积极情绪更多

研究 1

在研究 1 中，文章作者就 TripAdvisor 平台直接获取数据进行分析。使用的两个数据集：一个由费城餐馆的 29 157 条评论组成，另一个由旧金山餐馆的 32 485 条评论组成。这些评论来自 593 家餐厅，发布时间是 2012 年至 2017。每个帖子包含评论的标题、评论的文本、被评论者的姓名、发帖的日期以及发帖的设备（智能手机还是个人计算机）。

1. 变量的测量

（1）内容情绪性和情绪效价。作者使用 LIWC 检测评论中情绪词汇比例以及积极、消极、中性词比例。得到如下结论：

相对于在个人计算机上生成的内容，在智能手机上写的内容优先考虑情感信息。积极情感（在综述中普遍存在）比消极情感的影响更大。具体来说，虽然写在智能手机（与个人计算机相比）上的内容同时包含更大比例的积极和消极情绪词汇，但对积极情绪的影响更明显。

（2）语言特性。在智能手机上写作时，关注个人性经验要点的倾向也会表现为较低的内容特异性。为了衡量各种设备在语言特异性方面的差异，文章作者使用了一种称为 Speciteller 的算法，它分析大量的词汇特征，从而预测文本中包含的句子被人类判断为特定句子还是要点样句子的可能性。预测以 0-1 为连续评分标准，评分越低表明特异性越低，因此更强调要点。

（3）内容简洁性。文章作者通过测量评论的字数（即评论长度）来实现对内容简洁性的测量。

2. 中介效应的检验

文章作者通过 SPSS 软件对内容简洁性在跨设备影响内容情感性的路径上的中介作用进行检验。并得到如下结论：

设备的转换（从个人计算机到智能手机）会造成内容简洁性提高，而简洁性的提高会降低语言特性、提高内容情绪性。语言特性与内容情绪性存在相互影响关系。

文章作者提出，观察到的情绪差异可能是由与智能手机使用相关的其他因素引起的，如评论撰写的时间差异或不同设备上评论者的个体差异。为了验证这两种解释，文章作者进行了如下两个实验。

（1）撰写的时间差异。文章作者从每篇评论中提取了两种关于评论撰写时间的语言学证据：评论使用关注现在和关注过去的词语的程度（例如，"is"和"was"），以及评论中明确提到的时间（例如，"今晚"和"昨晚"）。

结果显示，与时间邻近性账户的预测相反，智能手机生成的评论比个人计算机生成的评论包含更小比例的关注现在的词和更大比例的关注过去的词。作为时间解释的额外测试，文章作者在控制以下时间标记的协方差混合分析中分析了积极、消极和中性情绪词的比例：关注现在、关注过去和关注未来的词的比例。结果的模式保持不变：智能手机生成的内容继续包含更大比例的情感词汇。

接下来，文章作者单独分析了那些对就餐经历和评论创建之间的时间流逝有特定类型参考的评论。结果证实，智能手机生成的内容比个人计算机生成的内容包含更大比例的情感词，这些内容可能是在体验后的第二天撰写的评论。

（2）自我选择。自我选择的解释包括两方面：一方面，观察到的情绪差异是由选择偏见造成的。通常更倾向于写情感评论的用户可能倾向于使用他们的智能手机（而不是个人计算机）。另一方面，在智能手机上回顾的体验类型可能系统地不同于在个人计算机上回顾的体验类型。

为了测试这些可能性，文章作者对 1 103 名至少使用过一次移动和个人计算机设备在 TripAdvisor 上发布评论的独立用户进行了重复测量的 t 检验。结果证实，即使用户实际上保持不变，智能手机生成的内容仍然比个人计算机生成的内容传达更大的情感。

最后，文章作者针对研究 1 的结论稳健性通过人工识别进行进一步检验。通过 MTurk 的参与者量表打分识别评论中的情绪。为了衡量对内容情绪化的认知，受试者用 1（"不突出"）到 7（"非常突出"）的评分标准，对"幸福""快乐""积极情绪""愤怒""失望""消极情绪""积极或消极的情绪"七种不同的情绪属性在评论中占据显著位置的程度进行评分。最后对打分结果进行方差分析，发现如下结论：

与使用自动化测量获得的结果一致，相对于个人计算机生成的评论，智能手机生成的评论被认为传达了更突出的情绪使用，无论是积极还是消极，尤其是更高的积极影响。与使用 Hedonometer 的发现一致，在智能手机和个人计算机上写评论的概率有显著的二次效应。中介效应检测结果复制了使用自动测量观察到的结果，即智能手机（相对于个人计算机）的使用导致了更大的简洁，这导致了更低的特异性。

研究 2

研究 2 是通过实验室实验的方法，控制各种无关变量，进一步验证研究一的结论。具体内容为：

（1）71 个人随机分为用手机和用个人计算机进行评论，消除了在研究 1 中可能出现的因个人选择差异造成的影响。

（2）使在各种条件下目标保持不变（消除了研究 1 中因为不同的餐馆和不同的餐馆体验而可能带来的评论的差异，如餐厅本身服务不够好而造成的消极评论增加。研究 2 的都为对学校餐厅的评论）。

（3）随机化最近的经历，这进一步解决了时间接近的潜在差异。前面提到在手机上更容易生成高情绪化的评论是因为手机方便了人们在时间更接近时做出评论，且因为时间越接近情绪化越高。而研究 2 收集到的数据中，在个人计算机端做出的评论的时间与体验发生时间更为接近，但研究结果依然显示手机端生成的评论情绪化更加严重。就说明体验与评论时间接近并不是生成评论高情绪化的原因。

通过对情绪类型和设备进行多因素方差分析，得到如下结论：与研究 1 相同，评论中有更高比例的积极词汇，用手机写的评论包含更多的情绪词汇。在研究 1 的基础上，进一步排除了因为时间邻近情绪效价更高的假说对实验结果带来的影响。同时，再次验证内容简洁性的中介作用，发现其中介效应依旧成立。最终得到如下结论：人员被随机分配为用个人计算机和手机写评论，依然手机生成的评论带有更多情绪，且有更多正面情绪。研究 2 证实了因果推论，即能绕过潜在自我选择因素，最小化不同用餐经历带来的影响。

（二）评论的长度直接影响评论情感词汇

研究 3

研究 3 意在证明评论的长度直接影响评论情感词汇，由此说明中介变量对情绪性的影响。研究 3 将 133 个人随机分为用手机和用个人计算机进行评论,并随机分配其对最近的一次用餐经历撰写长评(40个词)与短评(20个词)(数据基于研究2中手机与个人计算机撰写的评论平均字数)。

然后文章作者将设备及评论长度作为组间变量,情绪类型作为组内变量,对实验数据进行混合效应方差分析。得到结论:评论长度直接影响评论情感词汇的多少,中介变量对情绪性有显著影响。短评中积极情感词汇更多,消极词汇难以观测到。

（三）智能手机相较于个人计算机对生成内容的消极影响与积极影响类似

研究4

研究4意在证明智能手机相较于个人计算机对生成内容的消极影响与其对内容的积极影响类似。研究4将119名受试者随机分配到6组实验中。首先,随机分配的受试者被要求用他们的智能手机或个人计算机写一篇评论。为了控制体验的效价,受试者又进一步被随机分配到三种情况中,第一种情况,写一篇关于负面餐厅体验的评论;第二种情况,写一篇关于正面餐厅体验的评论;第三种情况,写下自己最近的餐厅体验。

文章作者将设备及经验效价作为组间变量,将情绪类型作为组内变量,对研究数据进行混合效应方差分析。得到结论:同先前的研究一致,在智能手机上写的评论中,情绪性词汇的比例更高;且这种机制并不受设备和体验效价交互所产生的作用影响,即智能手机生成内容的选择性情绪性不会随着特定的经验效价而变化。即使在积极情绪和消极情绪的表达被鼓励的情形中,智能手机相较于个人计算机对情感词汇比例的积极影响与消极影响依旧类似。因为尽管结果并不显著,但文章作者认为,在消极体验条件下,使用手机产生的消极情绪增加的百分比与积极体验条件下使用手机产生的积极情绪百分比增加相似。

三、总结与思考

综合以上四个研究,作者得出如下结论:相对于在个人计算机上生成的内容,在智能手机上生成的内容揭示了情感内容的优先性。这一现象被发现同时适用于积极情绪和消极情绪,由于数据中消极情绪的发生率相对较低,它在前者中更显著。消费者倾向于在他们的智能手机上生成更短的内容,这种对要点的关注,反过来,倾向于通过两个语言特征来表现出来:①排除了特定的细节;②优先展示情感内容。该研究证明了内容简洁性的中介作用,并证明当不同设备的审查长度保持不变时,情绪上的差异会消失,从而这一过程解释得到支持。

将该研究的结论应用于实际,就能部分解释前文中关于互联网戾气的困惑。随着移动互联网技术的发展,智能手机的普及给人们带来便捷的同时,也增加了人们在互联网平台上输出观点时的情绪表达，与之前多数产生于个人计算机端的内容相比，产生于智能手机的内容中的消极情绪被放大，而被负面情绪充斥的互联网平台，无疑难逃被戾气攻占的命运。这篇论文证明智能手机对用户生成内容产生了根本性影响，或许可以解释近年来互联网戾气不断增长的原因。

资料来源：Melumad S, Inman J J, Pham M T. Selectively emotional: How smartphone use changes user-generated content. Journal of Marketing Research, 2019, 56 (2): 259-275. 商科实验室 . 选择性情绪改变用户生成内容，智能手机或成互联网戾气助推手 [EB/OL]. (2022-06-16)

思考：

（1）该案例使用了哪些研究方法？数据的来源是什么？

（2）该研究运用了哪些推断性分析方法？

（3）该研究是怎么根据自变量和因变量的类别和分析的目标选择合适的推断性分析方法的？

本章参考文献

[1] 张文彤 . SPSS 统计分析基础教程 [M]. 3 版 . 北京：高等教育出版社，2017.

[2] 李小玲，李新建，陈志浩 . 网络营销：战略选择与运营分析 [M]. 上海：华东师范大学出版社，2014.

[3] 张溪梦，邢昊 . 用户行为分析：如何用数据驱动增长 [M]. 北京：机械工业出版社，2021.

市场调研报告 11
第十一章

本章提要

　　本章主要阐述了市场调研报告的内涵、结构、撰写原则、图表应用及口头报告的原则和技巧。本章的重点是掌握市场调研报告的结构、调研报告撰写的方法、调研报告结果的合理展示。本章的难点在于理解和掌握如何借助数智化工具，清晰、准确、有效地展示市场调研报告的结果。

学习目标

　　（1）知识目标：了解市场调研报告的目的和重要性；了解市场调研报告的结构；了解市场调研报告的写作原则。

　　（2）能力目标：掌握如何在市场调研报告中应用不同的图表；掌握如何展示和解释市场调研结果。

　　（3）素质目标：掌握市场调研报告的撰写方法和技能，能够结合实际调研项目进行书面和口头报告。

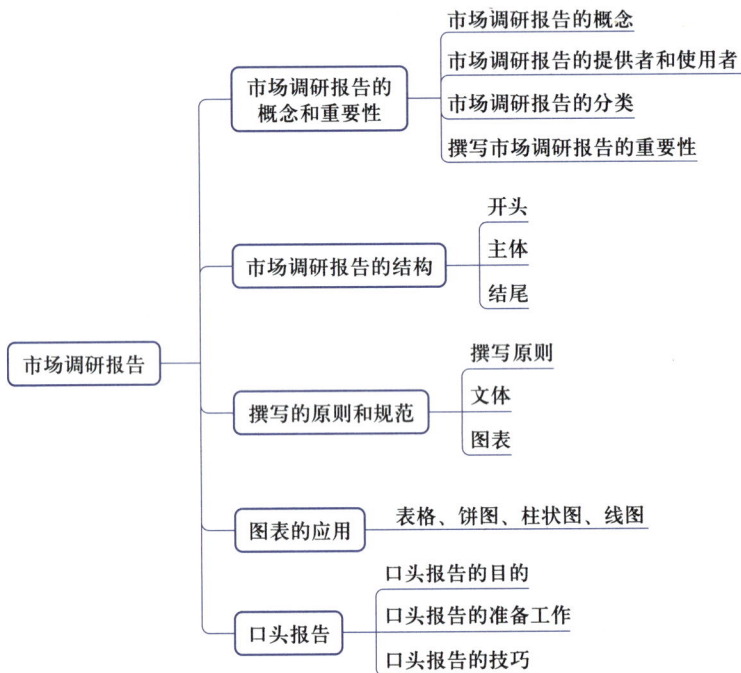

2023 年美妆和家清产品消费者洞察报告

随着快消品品类的迭代和各类品牌的涌现、移动互联网的数字化升级以及新消费主力人群的出现，新消费格局已然在快消市场刮起了一场革新之风。面对存量竞争的市场和更加理性的消费者，依靠创新技术、内容生态、多触点营销满足深层社交与情感需求，成为当下品牌企业捕获消费者心智的有效打法。

在此背景下，本报告聚焦彩妆、护肤、家庭清洁为代表的快消品市场，结合消费者调研数据，从消费需求、消费场景、品类发展、品牌格局等维度深入分析，剖析行业的市场营销现状和趋势。帮助快消品牌更好地理解消费者需求现状，优化线上触达消费者的策略。

一、美妆和家清行业的背景和趋势

美妆和家清信息搜索需求体量庞大，护肤、彩妆、家庭清洁三大品类的月均总检索量超过 3 亿次（如图 11-1 所示），新品牌和品类不断涌现。美妆（包含彩妆和护肤）、家庭清洁产品种类持续增长，透明质酸、胶原蛋白、益生菌等各种成分的应用领域得到开发，带动消费场景拓宽和消费需求细分。本土化趋势下新兴品牌持续崛起，国际大牌、传统国货、新兴品牌竞争不断加剧。天猫 6·18 期间珀莱雅、彩棠、薇诺娜分别实现 GMV 同比增长 76%、303%、22%，远超行业大盘。

护肤	彩妆	家庭清洁
1.6亿+	7.2千万+	7.0千万+
产品、成分、功效、护肤知识、…	产品、妆容、色号、教程、用法、…	消毒用品、日常清洁、卫浴杀菌、清洁工具…

图 11-1　百度搜索各品类行业月均搜索量

此外，品牌端营销方式不断升级。渠道多元化且碎片化的新消费时代，快消品企业开始考虑全渠道多触点的布局，通过多触点影响用户的认知和购买行为。品牌注重通过虚拟数字代言人、品牌联名、IP 合作等创新手段拉近和用户的距离，增强用户对品牌和产品的好感度。

二、目标人群画像及消费行为习惯

目标消费人群中，女性占比为六成，多集中在一二线城市。彩妆护肤品类 24 岁及以下女性用户比例更高，这类消费者更易被种草，易受广告和资讯影响，喜欢尝试新品牌和产品；而家庭清洁品类中 35 岁以上的已育人群比例更高，这类消费者日常家庭消费支出更高，也会更多关注食品饮料及保健品。美妆和家清消费者特征如图 11-2 所示。

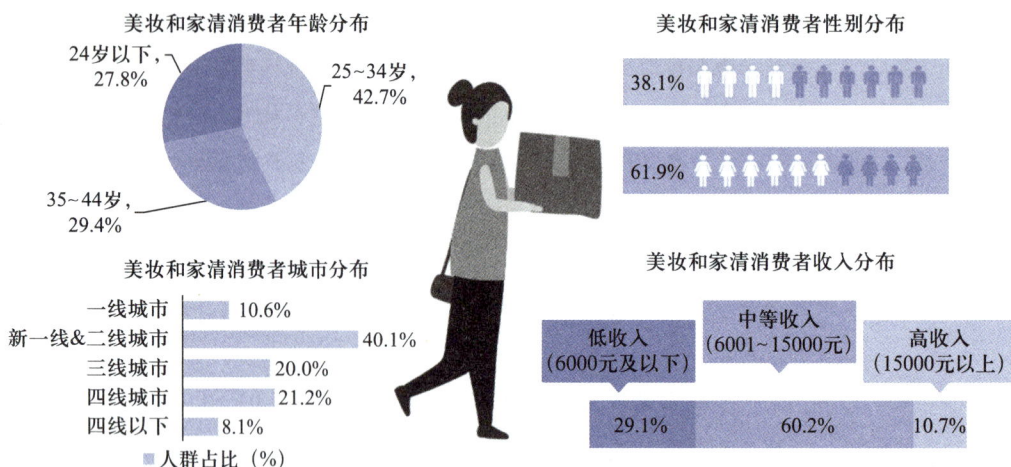

美妆和家清消费者年龄分布
- 24岁以下，27.8%
- 25~34岁，42.7%
- 35~44岁，29.4%

美妆和家清消费者性别分布
- 38.1%
- 61.9%

美妆和家清消费者城市分布
- 一线城市 10.6%
- 新一线&二线城市 40.1%
- 三线城市 20.0%
- 四线城市 21.2%
- 四线以下 8.1%
- 人群占比（%）

美妆和家清消费者收入分布
低收入（6000元及以下）	中等收入（6001~15000元）	高收入（15000元以上）
29.1%	60.2%	10.7%

图 11-2　美妆和家清消费者特征

三、美妆和家清产品信息获取特征和决策路径

消费者决策路径延长。随着消费者尝试更多的产品，寻找信息的经历增加，甄别能力也随之增强，可以通过不同场景详细验证、求知品牌和产品的关键信息点。搜、推、购场景均呈多元化的趋势，消费者会通过搜索平台、资讯平台、内容平台等渠道组合"去伪存真"，反复验证信息，随着消费经验增加，主动搜索和精心挑选的行为增加。

消费者购买渠道去中心化，如图 11-3 所示。除传统电商外，消费者会更多尝试在平台电商（如小红书商城和抖音商城等）、小程序等渠道下单。

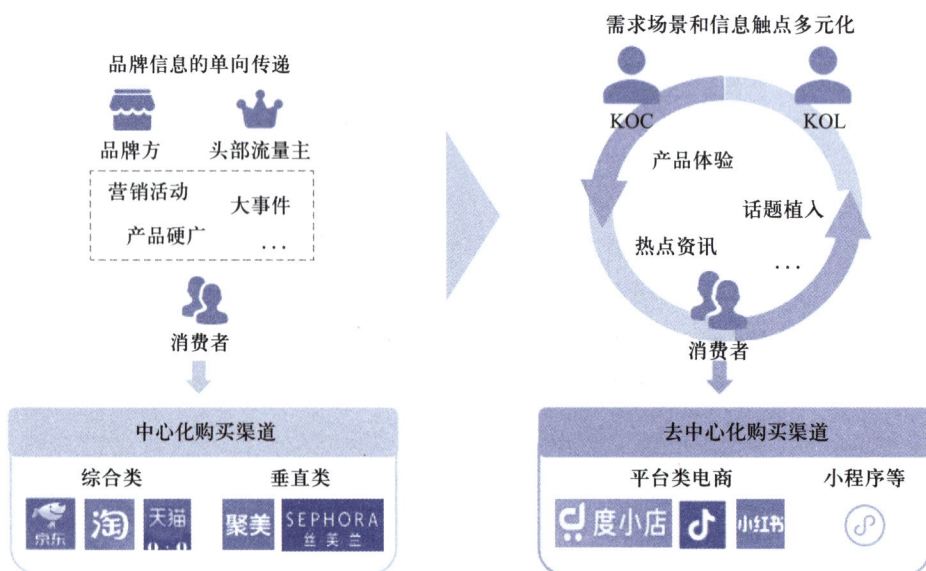

图 11-3　消费者购买渠道去中心化

四、美妆和家清品牌营销建议

由于用户触点增加和精力分散，品牌不但需要关注短期获客转化，更需注重长期心智建设。报告提出以下建议：采取全场域的运营，通过展示类品牌信息、资讯和内容种草持续影响用户；布局权威内容、加强品牌背书，提升用户对品牌的印象和信任度；应用创新营销和数字化手段激发用户兴趣，拉近品牌和用户的距离。

资料来源：艾瑞咨询官网。

思考：如果由你来撰写调研报告，你认为调研报告应包含哪些内容。

第一节　市场调研报告的概念和重要性

一、市场调研报告的概念

市场调研报告是以书面形式表达的市场调研最终成果。经过大量的市场调研，调研人员已经掌握了大量市场信息，例如，文本、数据等，并进行了大量的统计分析。最后，就是市场调研很关键的一步——撰写市场调研报告。即整理并归纳所有的调研内容，通过文字、图表等形式，连贯、清晰、准确、高效地向客户传达调研中的重要发现，让企业或决策者对其关心的问题有一个全面且系统的认知，从而指导最终的决策。

二、市场调研报告的提供者和使用者

1.市场调研报告的提供者

市场调研报告的提供者有两种类型：内部供应者和外部供应者。

其中，内部供应者指企业自身的市场调研部或企业内部有相同职能的部门；外部供应者指的是公司从外部雇佣的市场调研机构，例如，大型市场调研公司、辛迪加服务企业、定制化服务的调研公司、现场调研服务公司等。

2.市场调研报告的使用者

市场调研报告的使用者主要是市场研究人员和企业。其中，企业包括企业的职能部门（营销部门、新产品开发部门、制造部门、财务部门）和企业高层管理者。

三、市场调研报告的分类

市场调研的内容十分广泛，根据调研目的、调研类型的不同，市场调研报告可以分为不同的类型。此外，在不同的分类标准下，市场调研报告也可以有不同的分类。本节主要根据市场调研报告的研究层次和使用者的不同，对市场调研报告进行划分。

1. 根据研究层次分类

根据研究层次的不同，市场调研报告可分为三种：数据型报告、分析型报告、咨询型报告。

数据型报告是市场调研报告中最简单的形式。除了调研背景、调研目的等调研基本情况以外，在数据上只需要提供数据基本情况，并按照客户要求提供简单处理过的数据。需要注意的是，数据型报告一般要通过图表的形式展示统计结果。

分析型报告就是在数据型报告的基础上，对数据展示的结果进行进一步分析，是专业的商业调研机构向客户提供的主要报告形式。调研机构拥有长期从事数据采集、数据分析等工作的经验，能够对数据结果进行专业分析，深入研究数据中存在的各类问题，并通过图表和文字的形式表现出来。

咨询型报告是在分析型报告的基础上进一步深入和扩展，对调研团队有更高的要求，其内容不仅要包括分析型报告中涉及的内容，还需要针对其中得到的结论，结合企业状况提出具有可行性和可操作性的建议。这就要求调研团队兼顾数据收集的广度和数据分析的深度，可以采取的措施有组织专家座谈会、开展专项调查等。

2. 根据使用者分类

根据使用者的不同，市场调研报告可分为两种：供市场研究人员使用的专业性报告、供职能部门管理人员或企业管理者使用的一般性报告。

专业性报告的使用者是对市场调研的过程和方法都有较为了解的专业人士。因此，专业性报告的内容要详尽具体，包括研究背景、调查方法、抽样方法、数据分析与预测、研究结果、说明和建议等。此外，主要的统计数据资料、问卷内容、参考文献列表等内容也应该作为附录写在市场调研报告的最后。

一般性报告的使用者是关注研究结果和结论的非专业人士。因此，一般性报告的内容要简明扼要，重点突出研究结果、结论和建议。此外，为了体现研究结果的可信度，一般性报告也需要对调查方法、抽样方法、数据分析与预测过程进行简要说明。

四、撰写市场调研报告的重要性

1. 展示调研结果，传播关键发现

市场调研报告是将调研结果形象展示的重要载体，能够帮助调研人员清晰地传播调研中的关键发现，同时，也是决策者了解研究项目，与项目组进行沟通的重要途径。一份有效的市场调研报告还能够说服管理者认可调研的结果，并且基于调研结果制定相应的策略，最终影响企业的营销决策。

2. 综合整理信息，反映调研质量

市场调研报告可以将调研项目中产生的很多资料综合在一起，这些资料记录了从原始问题界定到最终调研结果的全过程，承载了调研活动中已完成的全部工作，包括采用的方法、样本情况、技术、数据处理、数据分析和预测等衡量市场调研科学性、可靠性的重要因素，可以帮助客户评价调研项目的质量以及调研服务提供商的服务质量。

第二节　市场调研报告的结构

市场调研报告的结构并没有绝对的标准，通常会根据调研委托方的要求、调研项目的特点等整理要传递给决策者的信息，据此对市场调研报告的结构进行合理安排。但是，大多数市场调研报告的基本构成要素是相同的。一般来说，一份完整的市场调研报告由三大部分构成，分别是开头、主体和结尾。

一、开头

开头部分由标题页、授权书、移交信、内容目录、图表目录、摘要六个部分组成。

1. 标题页

标题页一般是作为市场调研报告的封面，单独占用一页。标题页的版面没有统一标准，在内容上需要包括四个部分：

（1）项目名称：即市场调研报告的标题，标题的内容需要简要概括、准确地揭示报告的主题。

（2）报告的使用者：调研委托单位的全称。

（3）报告的提供者：执行调研项目的负责人姓名以及所属单位。如果是多个机构合作进行调研，则需要写出所有机构的全称。同时，还可以附上各机构的联系方式，便于联络。

（4）日期：标题页的日期为呈交报告的日期。

2. 授权书

授权书是在调研活动开始前，由客户写给调研机构的信函，即客户委托调研机构进行调研。信函中规定了调研项目的范围以及合同中的一些项目。例如，委托方和受托方名称及相关信息、调研主要内容、调研目的、调研要求、付款条件、预算、调研期限、授权日期。

3. 移交信

移交信是调研公司写给客户的信函，表示前者将报告提交给后者。在移交信中，调研人员需要对调研全过程进行总结，可以指出在调研过程中遇到的问题。需要注意的是，在移交信中通常不包括研究结果。

4. 内容目录

内容目录是完整反映报告各项内容的整体框架。包括报告的主要章节以及其对应的起始页码，以便读者能够迅速从报告中查询到特定信息。

5. 图表目录

如果市场调研报告中包含了大量的图表，则需要在目录中单独编制一个图表目录，在图表目录中需要列出每一个图表的标题和页码，以便读者能够迅速找到对应信息的直观展示。

6. 摘要

摘要是市场调研报告中的精华部分，是对整个市场调研报告作出的高度概括。企业高层管理者通常会通过摘要来了解报告的大致内容，然后根据目录找到自己关心的问题进行详细阅读，而不会阅读整个报告。因此，调研人员在撰写摘要的时候，需要做到内容逻辑清晰、简洁凝练，文字通俗易懂，避免使用生僻字或过于专业的术语。

具体而言，摘要需要涉及以下内容：①调研目的。②问题描述，包括调研对象、调研内容、调研时间、地点、范围等。③解决方案，包括调研方法、抽样设计等，④结论和建议。

二、主体

主体部分一般由引言、调研方案、调研结果、讨论和说明、结论和建议五个部分组成。

1. 引言

引言的主要目的是介绍调研背景，明确调研内容以及阐述调研意义，让读者对调研的项目有更深的理解。在调研背景中，调研人员需要对开展调研的必要性作出解释，即为什么要进行这项调研。论述过程中可使用市场数据来进行佐证；然后在调研内容中进一步提出在该背景下的调研目的、调研问题、调研方案等，为后续市场调研报告的撰写提供方向性的指导。

2. 调研方案

调研方案是体现市场调研报告科学性和可信度的主要依据。这部分需要详细描述调研方案设计以及使用这一设计的原因。具体内容包括：数据收集方法、抽样设计、量表和问卷设计与测试、样本基本情况、数据分析方法等。相关的设计细节材料，例如，问卷、量表的详细内容，可以写入附录，在降低正文冗余的同时保证整个市场调研报告的严谨。

3. 调研结果

调研结果是整个调研报告中最核心的部分，需要结合调研问题，对数据分析的结果进行归纳和总结。可以使用文字、图、表多种形式进行清晰的表达。此外，在必要的时候，还需要对分析的结果做出合理的解释。

4. 讨论和说明

这一部分主要是将调研中出现的问题以及解决方案进行总结，还可以指出这次调研中积累的可以用于后续调研的经验以及需要改进的地方。

5. 结论和建议

结论和建议是撰写市场调研报告的主要目的。结论是对一些论据的总结性陈述，不可以提出无论据的结论，不需要重复每一项调研结果。结论是回顾报告的关键发现，并说明这些发现的重要性。此外，在撰写结论时，需要注意紧密结合报告主体部分的内容，明确回答引言部分提出的问题。建议部分需要结合研究结论，不能提出没有结论作为依据的建议，而是要针对特定决策问题提议应该采取的行动，或是说明管理者如何利用调研结果来解决问题，提出具有可行性和可操作性的建议。但是，如果市场调研人员并没有掌握足够的决策者、公司信息，或被明确通知建议由决策者自己制定，市场调研人员需要避免提出十分具体的建议，而应给出一般化的建议或不提供建议，仅提供调研结论。

延伸阅读 11–1
市场调研报告正文的结构

三、结尾

结尾由一系列的附录组成，是对正文内容的补充或更加详细的说明。

这部分内容的目的是要向有兴趣的读者提供有助于深入理解或评估调研项目的资料，进一步提升市场调研报告的真实性和可信度。附录内容可以包括技术或方法中的细节，例如，抽样步骤、数据处理工具、二手资料详细信息等；如果有问卷或者访谈，可以附上问卷和访谈的详细内容；还可以提供调研现场的照片、调研项目组成员简介等。

第三节　市场调研报告的撰写原则和规范

一、市场调研报告的撰写原则

1. 实事求是

市场调研报告不同于文学作品，作为市场调研的成果，市场调研报告的目的是帮助委托者认识市场客观情况，把握事物的发展趋势。因此，在撰写市场调研报告的时候要实事求是，尊重客观事实，客观反映调研中发现的有利和不利的结果，不要掺杂任何虚假内容。避免因为调研的主观性对客户造成误导，最终影响决策结果。

2. 客户导向

市场调研报告有特定的阅读对象，而阅读对象与撰写者的思维方式可能存在差距，对市场调研报告的写作要求，关注的内容也各有不同。例如，阅读对象为公司经理，他们工作很忙，没有时间也没有兴趣阅读冗长的文字，更关注调研的结果，以及如何指导公司实践；而撰写市场调研报告的人可能希望突出市场调研报告的科学性，关注实现调研的方法。在撰写市场调研报告时，调研人员需要认识到双方的认知差异，在实事求是的基础上，考虑委托方的身份、背景、兴趣、关注的问题等方面来组织市场调研报告的内容。

3. 突出重点

市场调研报告的内容不仅需要全面、系统地反映客观事实，还需要详略得当，侧重于客户关心的问题，避免简单地堆砌资料，因为这会大大降低市场调研报告的内容质量和应用价值。例如，在市场调研报告中，可以适当使用图表、图片等可视化的方式来强调报告中的重要信息，这不仅能够避免文字堆砌，还能增强市场调研报告的可读性，让阅读者更容易理解报告内容，快速抓住市场调研报告的主要发现。

二、文体

市场调研报告是在市场运作及业务交往中所使用的文书，属于经济应用文体。这类应用文主要指金融、财税、工商、审计以及商业团体、公司和个人在市场运作及业务交往中所使用的文书，如财务报告、市场调查、招投标书、合同，以及财税、工商、审计、地产等部门的各种业务文书等。

作为经济应用文，市场调研报告有五个特点：

1. 真实性

市场调研报告的目的是客观反映市场真实情况，为使用者决策提供可靠依据。因此，市场调研报告必须在充分了解实情，全面掌握真实可靠资料的基础上，用描述性的语言实事求是地反映客观事实。

2. 政策性

社会上一切经济组织所从事的经济活动必须严格遵守国家的有关政策、法律、法规和规章制度。市场调研报告作为经济应用文，也必须符合国家的政策法规。

3. 规范性

规范性指的是市场调研报告有惯用的结构和格式。例如，所有市场调研报告的内容框架都包括开头、主体和结尾三个部分。

4. 实用性

市场调研报告以市场活动为主要内容，通过对客观事实的分析概括，反映市场情况，研究解决现实问题，具有很强的实用价值。

5. 时效性

在瞬息万变的市场中，及时有效的信息才能帮助报告使用者在当下做好决策，而过时的报告会失去应用价值，甚至导致决策失误。

三、图表

在市场调研报告中，能够清晰地将信息传递给报告使用者十分重要，这也是评估市场调研报告质量的标准之一。因此，在撰写市场调研报告时，调研人员需要将信息进行简化并以恰当的形式对调研的信息进行展示，而图表就是一种方便直观地展示信息的工具。图表不仅能够帮助调研人员整理信息，还能够帮助报告的使用者更好地理解和使用信息。

在使用图表时，需要注意：

（1）每一个图表都需要加上对应的标题和编号。

（2）注明数据单位。

（3）如果图表中数据代表的含义并不明显，要在图表中进行标注，简要说明数据的含义。

（4）如果图表中使用的数据不是一手数据，则需要注明数据的来源。

第四节　市场调研报告中图表的应用

对于市场调研报告中出现的数据，可以使用图表来传达。本节介绍四种在研究报告中常用的图表，即表格、饼图、柱状图和线图。

一、表格

市场调研报告中的表格要进行适当的数据筛选和设计，保证表格的内容和报告目的紧密相关，让报告的使用者能够快速理解表格想要表达的信息。表格的设计包括以下内容：

1. 表格框架

每个表格都需要编号和一个简洁的表格名称，表格的行列文字表述要清晰准确，避免使用不常见的缩写。选择表格的行列时需要按照一定的逻辑，例如，按照样本量、数据表现差异进行排列。

2. 表格数字

首先，在格式上，表格中的数据格式要保持一致，例如，统一保留两位小数或三位小数。其次，在形式上，可以使用指数、比率和百分数的方式展示数据的变化情况。例如，要体现某市从 2010 年到 2018 年八年间的 GDP 变化情况，可以用当前年的 GDP 除以前一年的 GDP 再减去 1，再乘以 100% 来表示。如表 11-1 中，GDP（亿元）列是原始数据，而 GDP 增长率（%）列就是通过这种方法转化而来的，这种转化方式可以让 GDP 的变化情况变得更加直观。

表 11-1　2010—2018 年某市 GDP

时间	GDP（亿元）	GDP 增长率（%）
2010 年	7 925.58	—
2011 年	10 011.37	26.32
2012 年	11 409.6	13.97
2013 年	12 783.26	12.04
2014 年	14 262.6	11.57
2015 年	15 717.27	10.20

时间	GDP（亿元）	GDP 增长率（%）
2016 年	17 740.59	12.87
2017 年	19 424.73	9.49
2018 年	20 363.19	4.83

二、饼图

饼图是表示一个数据系列中部分与整体关系以及数量比例的统计图，如图 11-4 所示。

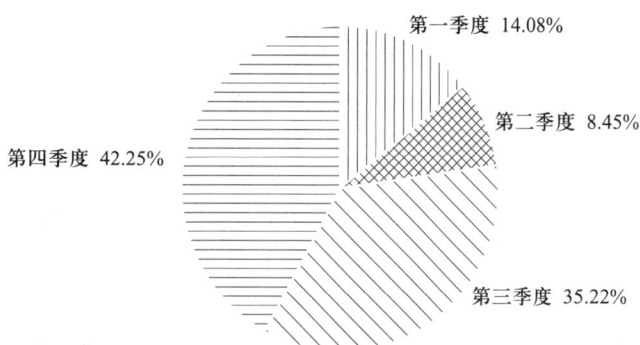

图 11-4　某公司的季度销售额

1. 适用情景

饼图适用于以下情景：仅有一个要绘制的数据系列；非连续性数据；要绘制的数值没有负值且几乎没有零值。

2. 优势

饼图能够直观地展示不同数据成分占总体的比例，了解一个系列数据的构成情况。

3. 缺点

当事物的构成很复杂时（如多于 10 个组成成分），饼图能够发挥的作用有限，无法很好地展示各个成分与总体的关系。此外，饼图是静态的图形，无法展示同一个事物的变化情况。

三、柱状图

柱状图是一种以长方形柱子的长度表示数据的统计图，可以横向或纵向排列，或用多维方式表达，如图 11-5 所示。

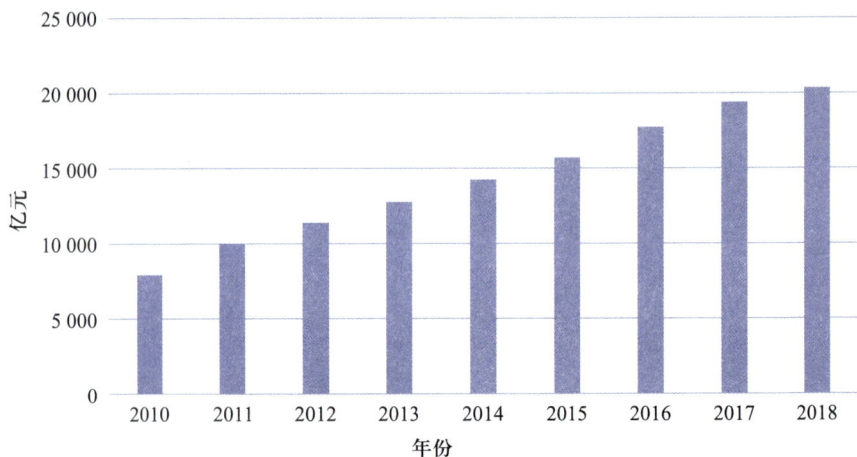

图 11-5　2010—2018 年某市 GDP 柱状图

1. 柱状图和直方图

柱状图和直方图的图像表达比较类似，很容易混淆。事实上，柱状图与直方图并不能完全等同，两者存在以下区别：

（1）柱状图主要用于直接比较数据大小，直方图主要用于表达数据的频次分布；

（2）柱状图的柱子有间隔，直方图的柱子无间隔；

（3）柱状图描述分类变量，直方图描述数值变量；

（4）柱状图描述数据名称或顺序数据，直方图描述等距数据或等比数据。

2. 优势

柱状图简单直观，柱子的长短能够直接反映数值大小，能同时对比各组数据在特定分组之间的差异。

3. 缺点

柱状图只适用中小规模的数据集，且无法直观反映数据增长规律。

四、线图

线图是用线条将一组数据点连接起来形成的图形。线图主要用于反映现象随时间变化的特征。如果数据是在不同时间取得的，即时间序列数据，则可以绘制线图。

1. 适用情景

线图适用于连续性数据，例如，年份、日期、小时等。

2. 优势

线图能够处理时间跨度较大的数据，便于比较多组数据间的差异，并且能够清晰地展示数据随时间变化的趋势，还能够用于预测。

3. 缺点

线图不能直观地看出各部分占总体的百分比，只能够看到各部分之间的差异。

通常，线图可以和柱状图结合使用，例如，表 11-1 中的内容就可以用线图加柱状图的方式进行表达（见图 11-6），两者结合后的图不仅能够让读者清楚地看到 GDP 随着时间的变化趋势，还能够看到每一年相对于前一年 GDP 的变化大小和整体的变化速度。

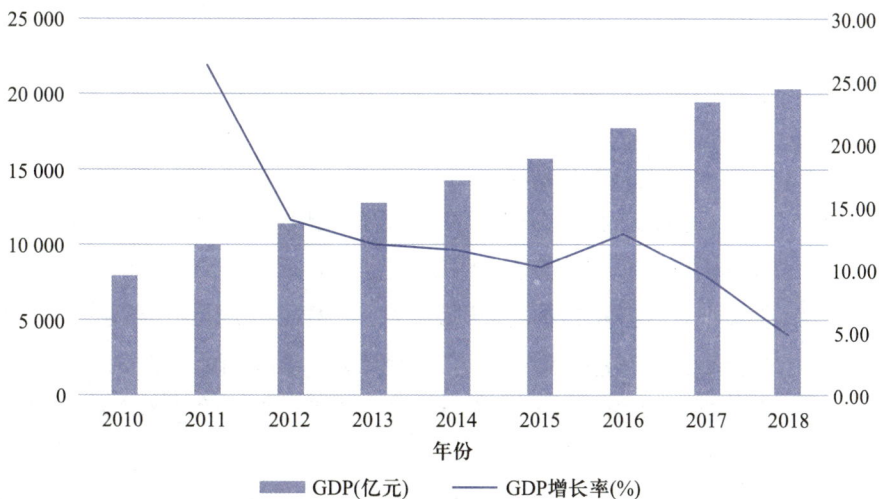

图 11-6　2010—2018 年某市 GDP 及增长率

第五节　口头报告

一、口头报告的目的

除了撰写书面的市场调研报告，调研人员还需要向委托人对市场调研结果进行口头报告。整体而言，口头报告是调研人员与委托人的双向沟通，为各方倾听市场调研结果和相关依据、讨论市场调研结果等提供了机会。口头报告能实现以下三个目的：

1. 充分发挥市场调研报告的应用价值

市场调研的最终目的是为企业的经营活动提供科学依据。如果调研项目双方没有针对报告内容进行有效的沟通，委托人可能无法合理地应用调研结果，市场调研报告不能发挥出最大的价值。

2. 强调委托人关注的重要事项

调研人员在口头报告时可以针对委托人关注的核心问题进行进一步的说明和阐释，有助于委托人更好地接受市场调研报告中的信息。相比较于单独的市场调研报告，口头报告的质量对委托人全面、准确地理解调研结果，作出正确的营销决策影响更大。

3. 进一步完善市场调研结果，提升调研人员的能力

在口头报告中，调研人员可以引导大家对市场调研结果进行讨论，进而获得更多来自委托人的信息和建议。这一方面能够获取更多的信息和建议来完善市场调研报告，促进整个调研项目的总结和提高。另一方面也能够让调研人员积累更多的经验，明确未来工作的改进方向。

二、口头报告的准备工作

口头报告和书面报告存在一定的相似之处，两者都需要针对报告对象及其需求来确定报告的内容和形式。例如，如果报告对象是企业高层管理人员，报告内容就需要侧重于报告的主要发现、主要结论和建议。如果报告对象是专业的商务咨询团队，报告就需要有条理地阐述调研中的技术问题。

明确报告对象后，调研人员需要准备以下三种辅助材料：

1. 提纲

口头报告并不意味着随心所欲，报告者需要一份详细的报告提纲。提纲中应该包含口头报告的大致结构和基本内容，以及重大的调研发现，并配上适当的图表和简短的说明，帮助自己梳理口头报告的逻辑。

2. 可视化工具

在口头报告的过程中，报告者应该使用一些可视化的工具帮助听众理解。目前流行的方式是使用 PowerPoint 制作幻灯片，然后通过多媒体平台将幻灯片投影到大屏幕上。在制作幻灯片的过程中需要注意，尽可能使用图表来展示结果，在关键结论部分可以通过色彩选择来吸引人们的注意力。

3. 摘要

报告者需要提前准备好报告摘要，摘要的内容即为口头报告的主要内容。摘要需要在报告前提供给每一位听众，其目的是让听众提前了解报告内容，避免听众错过口头报告中的关键内容。

三、口头报告的技巧

口头报告虽然具有一些优点，但是要充分发挥双向沟通的效果，除了充分的准备以外，还需要掌握一些报告技巧。

1. 简单紧凑

有效的报告应该以听众为核心，充分考虑听众的偏好、态度、时间等因素。虽然调研工作很复杂，但是在口头报告调研成果的时候需要围绕委托人关心的问题，尽可能简洁、清晰、凝练地将报告的关键内容展示出来。

2. 语言表达清晰、生动、有逻辑

例如，口头报告时可以从当前决策者急需解决的问题，或在决策时可能会遇到的问题出发，引入此次的调研背景、调研目的等较为简单的基础内容，用生动的案例吸引听众的注意力。也可以先展示本次陈述的框架图，让听众在一开始就清楚地知道接下来会展示哪些内容，使听众更加容易理解报告的内容。

3. 自信，积极主动

在口头报告中，可以合理运用体态语言来保持与听众的联系。例如，面对听众，与听众进行目光接触或肢体语言的交流，避免眼睛长时间盯着屏幕。此外，在报告前要多练习，熟悉汇报的内容，用"讲"而不是"念"的方式进行陈述。

4. 与听众沟通，而不是向听众灌输观点

例如，在措辞上，除了专有名词以外，在表达过程中可以使用更加口语化的方式，不需要与报告的书面内容完全保持一致，让表达更加亲切。在提出建议时避免使用"要""不要"这类具有较强势意味的词语，可以用"建议""考虑"这类更加委婉的措辞。

本章小结

市场调研报告是市场调研工作的最终成果，是调研成果的集中体现，也是决策者评估项目的重要依据。

一份完整的市场调研报告由包括标题页、授权书、移交信、内容目录、图表目录、摘要、引言、调研方案、调研结果、讨论和说明、结论和建议、结尾在内的十二个部分构成。在市场调研报告的撰写中要遵守真实性、政策性、规范性、实用性和时效性，形式上多使用图表来总结关键内容。最后，调研人员可以使用口头汇报的形式，借助 PowerPoint 与委托方沟通调研结果，通过双向沟通，帮助委托人理解和应用调研结果。

即测即评

1.市场调研报告的重要性体现在哪些方面？

2.市场调研报告的结构有哪些？

3.市场调研报告的撰写原则有哪些？

4.简述不同图表的应用场景。

5.口头报告的目的是什么？

综合实训

经过这段时间的学习，你应该对市场调研的流程、方法以及市场调研报告的撰写等有了系统性的了解。请你对第一章的实训进行整理和完善，并完成完整的书面市场调研报告和口头报告。

任务目标：假如你是某品牌智能手机市场部经理，请你针对智能手机终端市场低迷的原因展开调研，并为企业提供发展建议。

任务要求：以小组为单位，从调研流程、方法、报告的撰写等方面对调研进行修改和完善，要求尽可能运用多种调研方法，并进行合理分析。最终完成 Word 版书面报告，并在课堂上借助 PPT 进行口头报告，小组中每名成员都要进行报告。

考核标准：

作业考核采用小组互评和教师评分相结合的方式，总分 100 分，具体考核标准如下：

（1）对调研方案及实施情况的考核（60 分）：调研目的明确（10 分）、调研方法得当（20 分）、调研分析有理有据（20 分）、调研结论真实合理（10 分）。

（2）书面报告考核（20 分）：结构完整规范（10 分）、图表运用合理（10 分）。

（3）口头报告考核（20 分）：PPT 制作（10 分）、汇报人表现（10 分）。

案例分析

2023 年 AIGC 之 ChatGPT 行业研究报告

2022 年 11 月，智能对话机器人模型 ChatGPT 上线，用户可与该 AI 系统就日常生活、编写代码、文案创作、解决具体难题等相对复杂领域进行持续聊天，其回答有序且专业。ChatGPT 的连续对话能力、强大的理解力、回答的准确度和创造性使其迅速走红。World Of Engineering 数据显示，ChatGPT 发布短短两个月时间，用户数便突破 1 亿。具体而言，ChatGPT 能理解并生成文字，属于 AIGC（AI-generated content，人工智能生产内容）技术应用中的文本生成模态应用模型，如图 11-7 所示。

一、发展环境

1.技术端：新技术驱动 AIGC 生成的内容质量提升，实用性不断增强

ChatGPT 等 AIGC 模型的爆发式突破得益于生成算法、预训练模型、多模态技术等关键技术的落地。

AIGC

文本生成	音频生成	图像生成	视频生成	游戏生成	3D 生成
ChatGPT、JasperAI等	DeepMusic、WaveNet等	文心一格、Stable Diffusion等	VideoGPT、Deepfake等	腾讯 AI Lab、超参数等	Magic3D、DreamFusion等
✓非交互式文本 ✓交互式文本	✓语音克隆 ✓词曲生成	✓图像编辑 ✓图像生成	✓视频属性编辑 ✓视频剪辑 ✓视频换脸	✓元素生成 ✓策略生成	✓基于图像或文本生成3D模型
✓新闻撰写 ✓营销文案 ✓话题解析 ✓客服 ✓游戏	✓地图导航 ✓客服 ✓音乐 ✓培训	✓电影 ✓游戏 ✓设计	✓电影 ✓剪辑 ✓医学	✓游戏	✓电影 ✓元宇宙

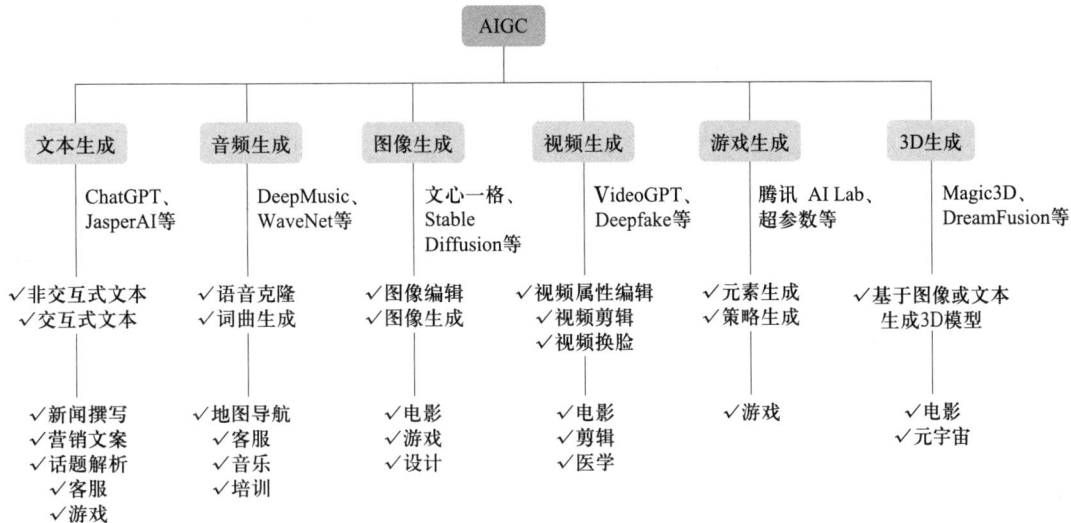

图 11-7　AIGC 模态划分

（1）生成算法模型。目前常用的算法模型包括生成式对抗网络（GAN）和扩散模型（diffusion model）等。GAN 是一种传统式深度学习模型，包含抓取数据、生成新数据的生成模型和判断数据是否真实的判别模型，主要用于图片和视频应用场景，但存在训练不稳定、样本重复和模型需根据需求压缩等问题。而扩散模型则在 2022 年实现技术突破，其图像生成逻辑较其他模型更接近人的思维模式，生成内容更具有开放性、创造性、效率性，且图像质量更高。

（2）预训练模型。预训练模型的发展是近年来 AIGC 的使用门槛和成本降低、生成内容和质量提升的主要原因之一。ChatGPT 即采用生成式预训练语言模型，使用大量参数和数据训练，并引入 RLHF 新技术（reinforcement learning with human feedback，基于人类反馈的强化学习），提高内容产生质量和效率，帮助该系统达到与人类价值观、常识和需求相一致的效果。

（3）多模态技术。多模态技术使 AIGC 可应用的广度不断扩展，可将跨文字、图像、音频、视频等多种类型数据进行关联，提高内容生产能力。

2.需求端：内容需求呈指数上升，AIGC 将成为未来内容生成主力

随着数字经济乃至元宇宙的快速发展，人们的内容需求不断多样化、个性化，从 PGC 到 UGC，但现有内容生成方式受限于人们的创造力和知识储备量，已难以满足井喷式数字内容需求。ChatGPT 等 AIGC 内容生成方式通过学习人类的思考方式，查阅、挖掘大量素材，以低边际成本、少人力限制等高效率的方式生成大量满足人们差异化需求的内容。

二、发展现状

1.应用场景：涵盖多个自然语言交互领域，应用前景广泛

（1）文本生成。以 ChatGPT 为例，ChatGPT 可与用户进行文字对话交

互，也可生成各类文字，实用性较高，应用场景较为广泛，如表11-2所示。①聊天机器人。ChatGPT语言理解能力较强，可以针对用户问题，结合自身储存的行业知识，构建自动回复体系，为用户提供快速回答，基本可满足个性化提问需求，可被应用于专业客服、游戏NPC、虚拟人等领域。②搜索引擎。与传统搜索引擎的"搜索框"不同，ChatGPT将其转化为"对话式"搜索。用户提出问题后，ChatGPT直接向用户提供完整语句答复，免去用户反复查找并点击跳转链接的麻烦，将对现有搜索行业竞争格局造成影响，业内主要搜索软件厂商百度、Google、微软等均开始布局ChatGPT类产品。近日，微软推出集成了ChatGPT的新版Bing搜索引擎和Edg浏览器，新版Bing以聊天形式直接回复用户搜索结果，并支持多轮对话。③智能创作。ChatGPT具备文本等内容创作能力，可用于小说、新闻、专业学术写作、小说和新闻等摘要生成、采访助手等。④编程机器人。ChatGPT拥有编程相关知识，并有能力根据用户需求编写代码或查找bug，可作为辅助工具大幅提升用户编程效率和质量。

表11-2　ChatGPT应用情况——文本生成

应用场景	应用领域	应用公司
聊天机器人	智能客服、虚拟人、游戏NPC等	—
搜索引擎	—	微软旗下Bing等
智能创作	创意写作、命题写作、摘要生成	Buzzfeed
编程机器人	—	亚马逊

随着ChatGPT在以上领域的深度应用，尽管部分舆论认为客服、记者、编剧、程序员、金融分析师等职位将受到一定程度的冲击，但ChatGPT仅能根据已有的数据库进行内容创作，难以超越人类自身的创造性和智慧，未来将更多以辅助性工具的形式存在，帮助人们高效完成部分重复性强、规则性高的任务。

（2）音频生成。音频生成除适用于有声读物制作、文字语音播报、语音客服和内容配音等音频的基础编辑制作外，也开始涉足医疗、辅助设计等行业，如可帮助无法说话的病人通过虚拟人开口说话。

（3）图像生成。图像生成可分为生成图像、图像属性编辑、部分编辑和图像端到端生成。随着元宇宙的逐步落地，虚拟人物、场景的建设需求激增，AIGC将帮助进行图像建模，大幅提升制作效率并降低成本。除商业价值外，AIGC也可在文物修复等领域创造社会价值，如百度曾借助AIGC修复《富春山居图》。

随着 AIGC 应用场景的拓展，叠加国内外科技巨头纷纷推出相关产品，如谷歌将推出 ChatGPT 竞品 Bard，百度也将推出类 ChatGPT 产品——文心一言，并将于三月份完成内测后对公众开放，拓展了 AIGC 的商业化想象空间。Acumen Research and Consulting 预测，2030 年，AIGC 行业相关市场规模将达到 1 100 亿美元。

此外，AIGC 的快速发展将催生巨大的高性能网络、芯片、训练数据存储和数据传输市场。AIGC 带来新增量的周边产业，如图 11-8 所示。同时，AIGC 的持续商业化落地离不开算力与数据支撑。在算力侧，微软数据显示，GPT-3.5 在微软 Azure AI 超算基础设施上消耗的总算力需 7~8 个 30 亿投资规模的数据中心支持运行；2 月 7 日—9 日，ChatGPT 官网多次出现因为满负荷而无法进入的问题，训练 AI 所需算力呈指数级增长，AI 芯片、高性能网络等基础设施作为算力底座，升级需求愈发明确。在数据侧，ChatGPT 等 AIGC 模型依靠大规模数据进行训练，并将产生海量数据，由此产生快速增长的数据传输需求。

AIGC带来新增量的周边产业

网络设备
✓ 中兴通讯
✓ 紫光股份

光器件和光模块
✓ 天孚通信
✓ 中际旭创
✓ 新易盛

芯片
✓ 海光信息
✓ 龙芯中科
✓ 寒武纪

电信运营
✓ 中国移动
✓ 中国电信
✓ 中国联通

数据中心
✓ 润泽科技
✓ 宝信软件
✓ 光环新网

PCB
✓ 深南电路
✓ 鹏鼎控股

注：只列出部分企业，未覆盖全产业

图 11-8　AIGC 带来新增量的周边产业

2. 投融资情况：行业投融资热度持续提升，融资轮次多处于早期

CB Insights 数据显示，近几年，全球 AIGC 行业整体投融资事件数和金额呈快速上升趋势，2019 年融资金额激增是由于微软投资 OpenAI 10 亿美元，这说明行业处于二八分化状态，业内顶尖企业获得大部分融资。此外，就融资轮次来说，超一半初创企业的融资进度在 A 轮或天使轮，行业仍处于发展初期。

3. 发展局限：受限于技术能力上限，AIGC 现仍存在一定缺陷并面临着发展瓶颈

一方面，目前实用性较强的 ChatGPT 也面临着因技术能力有限，给出答案准确性仍需提高，且重复性和对语料库的依赖度较高等问题。答案准确性不高、无意义的主要原因包括：①在强化学习过程中，没找到可使用的数据；②训练模型谨慎度提升，可能拒绝本可正确回答的问题；③监督训练中行为克隆对模型产生误导，导致信息失真。同时，训练数据的偏差和过度修正会导致 ChatGPT 过度使用某些短语，使答案过度冗长。此外，仅依赖大规模离线语料进行训练，无法像人类一样基于现有信息进行判断推测，导致 ChatGPT 算力、训练成本偏高，实时性不够及智能程度不足。

另一方面，AIGC 无法避免学习到存有偏见或不道德的答案，也无法明确用户使用目的，人工智能安全和伦理性问题依然存在。例如，学生使用 ChatGPT 完成考试是否为作弊、ChatGPT 生成内容的著作权归属及用于训练算法模型的数据是否侵犯他人版权等问题尚未有统一定论。

三、发展展望

当前，部分行业顶尖的 AIGC 公司已进行商业化落地，但应用场景、行业相对较窄，内容生产效率仍有待提高，主要原因是整体技术仍处在快速成长中。随着关键技术与基础理论不断突破，大算力、大数据、大模型将成为未来重点发展方向，带动自然语言处理、翻译模型、生成算法和数据集等细分要素持续提升，推动产出的内容细节、类型更丰富、质量更高。

资料来源：36 氪研究院 . 2023 年 AIGC 之 ChatGPT 行业研究报告 [EB/OL]. (2023-02-14)

思考：

（1）该报告属于什么类型？其使用者可能有哪些？

（2）结合报告内容，谈谈你对 ChatGPT 的看法。

本章参考文献

[1] 贾俊平，何晓群，金勇进 . 统计学 [M]. 7 版 . 北京：中国人民大学出版社，2018.

[2] 陈凯 . 市场调研与分析 [M]. 2 版 . 北京：中国人民大学出版社，2021.

[3] 王旭 . 市场调研 [M]. 2 版 . 北京：高等教育出版社，2017.

郑重声明

高等教育出版社依法对本书享有专有出版权。任何未经许可的复制、销售行为均违反《中华人民共和国著作权法》，其行为人将承担相应的民事责任和行政责任；构成犯罪的，将被依法追究刑事责任。为了维护市场秩序，保护读者的合法权益，避免读者误用盗版书造成不良后果，我社将配合行政执法部门和司法机关对违法犯罪的单位和个人进行严厉打击。社会各界人士如发现上述侵权行为，希望及时举报，我社将奖励举报有功人员。

反盗版举报电话　　（010）58581999　58582371

反盗版举报邮箱　dd@hep.com.cn

通信地址　北京市西城区德外大街 4 号　高等教育出版社法律事务部

邮政编码　100120

读者意见反馈

为收集对教材的意见建议，进一步完善教材编写并做好服务工作，读者可将对本教材的意见建议通过如下渠道反馈至我社。

咨询电话　400-810-0598

反馈邮箱　gjdzfwb@pub.hep.cn

通信地址　北京市朝阳区惠新东街 4 号富盛大厦 1 座
　　　　　高等教育出版社总编辑办公室

邮政编码　100029